HERÓI
MUTILADO

HERÓI MUTILADO

ROQUE SANTEIRO E OS BASTIDORES DA CENSURA À TV NA DITADURA

COLEÇÃO ARQUIVOS DA REPRESSÃO NO BRASIL

LAURA MATTOS SOARES QUINTAS

COORDENADORA DA COLEÇÃO
HELOISA M. STARLING

COMPANHIA DAS LETRAS

Copyright © 2019 by Laura Mattos Soares Quintas

Grafia atualizada segundo o Acordo Ortográfico da Língua Portuguesa de 1990, que entrou em vigor no Brasil em 2009.

PROJETO GRÁFICO
Kiko Farkas e Gabriel César/Máquina Estúdio

CAPA
Kiko Farkas e Bruno Sica/Máquina Estúdio

FOTO DE CAPA
Calazans/ CPDoc JB

PREPARAÇÃO
Officina de Criação

ÍNDICE REMISSIVO
Luciano Marchiori

REVISÃO
Ana Maria Barbosa
Carmen T. S. Costa

Dados Internacionais de Catalogação na Publicação (CIP)
(Câmara Brasileira do Livro, SP, Brasil)

Quintas, Laura Mattos Soares

    Herói mutilado: Roque Santeiro e os bastidores da censura à TV na ditadura / Laura Mattos Soares Quintas — 1ª ed. — São Paulo: Companhia das Letras, 2019.
    (Coleção arquivos da repressão no Brasil / coordenadora Heloisa M. Starling)

    Bibliografia.
    ISBN: 978-85-359-3270-6

    1. Censura – Brasil 2. Ditadura militar 3. Gomes, Dias, 1922-1999 4. História do Brasil 5. Roque Santeiro (Novela de televisão) 6. Telenovelas – Brasil 7. Televisão e política – Brasil I. Starling, Heloisa M. II. Título. III. Série.

19-28402   CDD – 302.2345

Índice para catálogo sistemático:
1. Censura : Televisão : Sociologia 302.2345

Cibele Maria Dias – Bibliotecária – CRB-8/9427

[2019]
Todos os direitos desta edição reservados à
EDITORA SCHWARCZ S.A.
Rua Bandeira Paulista, 702, cj. 32
04532-002 – São Paulo – SP
Telefone: (11) 3707-3500
www.companhiadasletras.com.br
www.blogdacompanhia.com.br
facebook.com/companhiadasletras
instagram.com/companhiadasletras
twitter.com/cialetras

para
Rose, Luciano, Rogério, Fernando e Henrique

INTRODUÇÃO 9

1º ATO, 1965
MORTO NO NASCIMENTO — *O BERÇO DO HERÓI*
1. A VIAGEM PROIBIDA 25
2. O DIÁRIO INÉDITO 30
3. CHEGA, CHEGA, CHEGA 41
4. O FALSO HERÓI E O MAJOR 53
5. MAIS QUE PORNOGRÁFICO 65

2º ATO, 1975
HOJE NÃO TEM NOVELA — *ROQUE SANTEIRO 1*
6. O VEÍCULO SUBVERSIVO 85
7. A GENTE SE VÊ NA GLOBO 96
8. O MEU, O SEU, OS NOSSOS COMUNISTAS 105
9. EMPREGO PARA CAMÕES 131
10. BOA NOITE, CENSURA 139
11. DESPERTAR LENTO E GRADUAL 162

3º ATO, 1985
A NOVELA QUE FOI SEM NUNCA TER SIDO — *ROQUE SANTEIRO 2*
12. ASAS PARA VOAR, SEM SE DIVORCIAR 189
13. ESPELHO QUEBRADO DA BURGUESIA 204
14. DEMOCRATURA 220
15. DIABO MORTO, INFERNO VIVO 234
16. A NOVA REPÚBLICA E O "SIC" DO SNI 243
17. BOSTA E COCOZINHO 257
18. TÔ CERTO OU TÔ ERRADO? 268

AGRADECIMENTOS 283
NOTAS 285
REFERÊNCIAS BIBLIOGRÁFICAS 331
CRONOLOGIA 347
CRÉDITOS DAS IMAGENS 379
ÍNDICE REMISSIVO 381

INTRODUÇÃO

CID MOREIRA VOLTOU À TELA LOGO APÓS A ABERTURA da nova novela das oito. Durante cerca de dois minutos, o apresentador do *Jornal Nacional* leu, com seu ar sóbrio, um editorial que pela primeira vez escancarava uma divergência entre a maior emissora de televisão do país e a ditadura militar. O próprio Roberto Marinho, dono da Rede Globo, escrevera o texto na véspera, quando recebeu com muita irritação a informação de que *Roque Santeiro*, de Dias Gomes, havia sido impedida pelo governo de estrear naquele 27 de agosto de 1975. Os 36 capítulos já gravados e editados tiveram de ser engavetados pela Globo, em uma censura inédita na história do Brasil. Nunca uma telenovela havia sido proibida dessa forma abrupta, com o telespectador sentado no sofá à espera de seu programa favorito.

Esse era o segundo ato na saga de tentar levar ao público a história de um povoado que gira em torno do mito de um falso herói. O primeiro se dera dez anos antes, quando a peça na qual a novela se inspirava, *O berço do herói*, do mesmo autor, foi proibida na data marcada para o lançamento, 22 de julho de 1965. O protagonista da peça teatral é um cabo da Força Expedicionária Brasileira (FEB), dado como morto na Segunda Guerra Mundial e transformado em santo na sua terra natal, que passa a lucrar com turistas em busca dos "milagres" do militar. Depois de dezessete anos, ele reaparece vivinho da silva. Em vez de morrer lutando pela pátria, desertara e passara a viver de bordel em bordel na Europa. Sua volta coloca em risco os negócios dos poderosos da cidade, que farão de tudo para manter o vivo morto, nem que para isso tenham de matá-lo.

Os militares, no comando do Brasil desde o golpe de 1964, não gostaram nada desse enredo e logo mandaram um recado a Dias Gomes, dramaturgo consagrado e um dos mais célebres membros do Partido Comunista: "Pode tirar o cavalinho da chuva", avisaram, com essas palavras. Enquanto estivessem no poder, a obra — que, para eles, "induzia ao desprestígio das Forças Armadas" — estaria vetada. E assim foi feito. O autor ainda tentou driblá-los em 1975: quando criou *Roque Santeiro* para a Globo, manteve sob sigilo a inspiração na peça censurada e, para despistar, mudou o protagonista, tirando-lhe a patente: em vez de um cabo, seria um jovem fabricante de imagens de santos, que teria morrido ao tentar proteger a cidade do ataque de bandidos. Mas a manobra foi descoberta pelo Serviço Nacional de Informações (SNI), por meio de um grampo ilegal em um telefonema no qual o autor contava a um amigo que estava aprontando "essa pequena safadeza". O truque de trocar o personagem até que era bom, mas, com disfarce ou sem disfarce, a segunda tentativa também deu em nada. Outra vez, Dias Gomes se viu forçado a tirar o cavalinho da chuva.

O falso herói só conseguiria reaparecer vivo em 1985, o ano da saída dos militares do comando do país. Foi quando a Globo decidiu produzir uma nova versão de *Roque Santeiro* para aproveitar o clima festivo do fim da ditadura. A novela que se tornara um símbolo da censura foi então ao ar para marcar a volta da liberdade de expressão, conquistando a maior audiência da história da televisão brasileira. Os laços coloridos da Viúva Porcina (Regina Duarte) e o bordão "Tô certo ou tô errado?" de Sinhozinho Malta (Lima Duarte) só não agradaram a um grupo restrito de telespectadores: os censores. Nesse terceiro ato, a história de Dias Gomes enfrentaria seguidos cortes da máquina repressiva montada ao longo dos 21 anos do regime militar, que não se desmontaria tão cedo na redemocratização.

Roque Santeiro era um mito. O novo Brasil também era.

Este livro segue a trilha dessa obra, que experimentou as mais variadas formas de repressão no início, no meio e no fim da ditadura, com uma trajetória ímpar. Além das interdições no palco e na televisão, foi barrada no cinema, quando Dias Gomes vendeu os direitos para a produção de um filme, mas não foi autorizado pelos militares nem mesmo a lhes enviar o roteiro para análise. Em 1965, antes do cancelamento do espetáculo teatral, o autor conseguira lançar a peça em livro. A relativa liberdade, consequência de um momento em que a Censura ainda se estruturava, cobrava um preço alto. Qualquer "subversão" era imediatamente registrada nos arquivos da inteligência do governo, usados como base para os inquéritos policiais-militares. Em torno dessa papelada pairavam as mais variadas ameaças, inclusive a de prisão, entre as punições oficiais, e a de tortura e até a de morte, no rol das possibilidades ofertadas pelos porões.

A reconstituição dos três enfrentamentos de *Roque Santeiro* contra a censura — em 1965, 1975 e 1985 — elucida a maneira pela qual a repressão cultural foi sendo arquitetada como instrumento de manutenção do poder, ao sabor das oscilações das políticas da ditadura e em completa sintonia com outras formas de violência.

A proibição de *O berço do herói*, em 1965, se dá na primeira fase do regime, que vai do golpe, em 1964, à assinatura do ato institucional nº 5 (AI-5), em 1968, oficializando as mais extremas medidas da ditadura, como o fim do habeas corpus e o confisco de bens. Foi a época da montagem do sistema de repressão, quando o foco da Censura era evitar a conexão entre a cultura da esquerda, à ocasião mais fortemente representada pelo teatro, e as classes populares.

O veto à novela, em 1975, acontece na passagem dos "anos de chumbo", entre o AI-5 e o extermínio das guerrilhas de esquerda, em 1974, para os da abertura "lenta, gradual e segura", que se arrasta até 1985, quando os militares finalmente deixam o poder. Nesse estágio, a televisão, que se tornara o grande veículo de comunicação de massa do país, representava uma preocupação central para os censores, que temiam o seu potencial de mobilização da classe média contra o governo.

Quando *Roque Santeiro* por fim estreou, em 24 de junho de 1985, José Sarney, o primeiro presidente civil depois da ditadura, estava havia pouco mais de três meses no comando da chamada Nova República. Aclamada como um ícone da volta da liberdade de expressão, a novela acumulou 597 páginas na Divisão de Censura de Diversões Públicas. Àquela altura, a maior parte das supressões se relacionava à "moral e aos bons costumes". Diante da rejeição da sociedade a restrições assumidamente políticas, esse foi o caminho dos censores para tentar preservar, apesar da redemocratização, os velhos princípios do poder.[1] Eram proibidos o adultério, beijos considerados picantes, mulheres ousadas e principalmente homossexuais. Em um capítulo, a caneta rabiscou a palavra "bosta", mas liberou "cocozinho". E, da sinopse ao último capítulo, a Censura se incomodou com um padre que, não bastasse ser da Teologia da Libertação, corrente de esquerda da Igreja católica, ainda se apaixonava pela filha de Sinhozinho. Apesar de tantos cortes, a censura à "novela da Nova República" foi ofuscada, na imprensa, pela euforia com sua audiência histórica e com o fim da ditadura.

Era preciso manter o mito.

A base da pesquisa para este livro são cerca de 2 mil páginas de documentos oficiais produzidos durante a ditadura militar, dentre os quais estão os relatórios sobre *O berço do herói* e *Roque Santeiro* da Divisão de Censura, subordinada à Polícia Federal e ao Ministério da Justiça, e os dossiês que mencionam Dias Gomes no Serviço Nacional de Informações. A maior parte traz os carimbos de "confidencial" e "secreto".

Consultei também o acervo pessoal do escritor, que inclui troca de correspondência entre ele e a direção da Globo, além de saborosas conversas com os amigos comunistas Ferreira Gullar e Jorge Amado. Tive acesso em 2011 a esse arquivo, em posse da segunda esposa e viúva do dramaturgo, Bernadeth Lyzio, que me autorizou a tirar uma cópia do mais precioso documento que dele faz parte: um diário pessoal em que Dias Gomes relata, entre outras histórias, o processo de criação e de montagem da peça *O pagador de promessas*, seu grande clássico teatral, cuja adaptação para o cinema obteve a Palma de Ouro, principal prêmio do Festival de Cannes, na França, em 1962.

São 78 páginas manuscritas, ora com caneta azul, ora preta, em um pequeno caderno, com 22 centímetros de comprimento por quinze centímetros de largura, envolto por uma capa dura costurada às páginas. As folhas estão naturalmente amareladas, algumas rasgadas e com as beiradas corroídas pelo tempo. A letra de Dias Gomes não era das mais legíveis; ele escrevia como um médico nos receituários. Quando errava, rabiscava a palavra com muitos traços, de forma que realmente tornasse impossível a leitura. Há passagens com até quatro linhas seguidas riscadas assim.

As anotações tratam dos dilemas para criar obras a partir de seu ideário de esquerda, com certa obsessão por retratar, e com isso idealmente transformar, o que entendia ser a realidade brasileira. Os registros vão de 1959 a 1962, período no qual Dias Gomes definiu as bases de sua dramaturgia, que depois seria transposta para a televisão. Há menções a todas as obras que ele escreveu ao longo desses anos: além de *O pagador de promessas*, são citadas *A invasão*, *A revolução dos beatos* e *O bem-amado*. A peça seguinte, de 1963, foi *O berço do herói*.

Rico documento para a história da cultura brasileira, o diário permaneceu inédito até a publicação deste livro (em setembro de 2019), que a ele dedica dois capítulos. São transcritos trechos nos quais o autor expõe suas angústias para conceber um teatro respeitado como arte e politicamente relevante, somadas a sua inquietude ao se ver entre a condição de militante de esquerda e a de intelectual midiático. Na última anotação, em 31 de maio de 1962, Dias Gomes provoca a si mesmo ao comentar a Palma de Ouro recebida pelo filme *O pagador de promessas*: "Passei a ser herói nacional. Parece-me que em tudo isso há um grande equívoco".

Se o sucesso das peças em meio à "burguesia" já lhe soava contraditório diante de suas intenções comunistas, ainda mais paradoxal pareceria sua relação com a televisão. Não por acaso, Dias Gomes entrou na TV Globo em 1969, logo após a assinatura do AI-5, no auge do autoritarismo do regime militar. Sua carreira no teatro estava inviabilizada pela Censura, e a TV, inaugurada no país em 1950, consolidava seu alcance em território nacional e já concentrava metade do mercado publicitário brasileiro.

O crescimento foi impulsionado pela ditadura, por meio de incentivos fiscais e do investimento na estrutura para a transmissão de sinais. Aos militares interessava um veículo capaz de unificar a nação, em uma estratégia para facilitar seu domínio. Exatamente por isso, a televisão tornou-se essencial na disputa ideológica, atraindo a esquerda, que antes a considerava um meio de "alienação", de afastar os telespectadores dos problemas reais.

Na Globo, Dias Gomes foi reforçar o projeto de uma nova teledramaturgia, que já contava com sua primeira esposa, a novelista Janete Clair. Pautada na realidade brasileira, essa nova teledramaturgia viria a substituir os roteiros melodramáticos estrangeiros, muitos deles histórias de príncipes e princesas, de capa e espada. Quem saía de cena era a cubana Glória Magadan, poderosa diretora e autora de telenovelas nos anos 1960. Para ela, o Brasil não era um país romântico. E nenhum galã poderia se chamar João da Silva.

A nacionalização passou a atender às aspirações de todos. Emissoras, militares e comunistas buscavam criar uma identidade brasileira, ainda que ela pudesse ser bem diferente na concepção de cada um deles. Formou-se, então, um triângulo amoroso de alta voltagem, em que João da Silva passou a ser um nome perfeito para o mocinho.

As telenovelas se tornaram, em especial na década de 1970, o epicentro dessa convergência conflitante, da qual Dias Gomes foi certamente o principal representante. Elas absorveram — e diluíram — as intenções revolucionárias da esquerda, que buscava transmitir aos telespectadores mensagens consideradas de conscientização, ao mesmo tempo que fortaleciam a unidade nacional pretendida pelos militares e geravam os maiores lucros da indústria cultural.[2] Sucesso sem precedentes no país, mocinhos e vilões da TV viveram sob o fogo cruzado entre os vértices desse triângulo.

Na documentação do SNI, fica evidente a ambiguidade com a qual o governo se relacionava com a televisão e suas telenovelas. Se as reconhecia como aliadas na consolidação do regime, também as considerava perigosas em virtude da "infiltração comunista". Relatórios destrinchavam o quadro de funcionários das emissoras, coletando dados das mais variadas formas, inclusive com informantes, para traçar um perfil de cada profissional. Dias Gomes colecionava descrições como "subversivo", "comunista infiltrado", "comunista notório e confesso", "incentivador da luta de classes" e "membro da esquerda festiva". Janete Clair, que enfrentou preconceito da esquerda pela carga romântica de suas tramas, tendo sido acusada de "alienada", era colocada no mesmo time do marido pelos militares, que percebiam a abordagem de temas sociais embalados pelas juras de amor.

Nesse jogo de conveniências, o regime, ao mesmo tempo que fomentava o crescimento das TVs, utilizava a censura para controlá-las. Os militares nem precisaram inventar uma legislação censória; apenas moldaram a já existente ao seu bel-prazer, reforçando-a com decretos quando julgavam necessário, e concentraram o controle em Brasília a fim de estruturar o que seria o tripé de sustentação do poder: vigilância, repressão policial e censura.³

Diretamente ligado ao Palácio do Planalto, o SNI estava no topo de um sistema de informações sem precedentes no Brasil. Além da agência central, em Brasília, possuía regionais em vários estados. Contava ainda com a colaboração das Divisões de Segurança e Informações (DSIs), instaladas em cada ministério civil, e com as Assessorias de Segurança e Informações (ASIs), presentes em todos os órgãos públicos e autarquias federais. Esse sistema acumulava dossiês de pessoas, empresas e outras instituições, com base nos quais o regime traçava ações contra quem fosse considerado "inimigo". O SNI reuniu 94 documentos que mencionam Dias Gomes, num total de 432 páginas, a maior parte delas com carimbos de "confidencial", "sigiloso" e alguns com o de "urgente".

Nas Forças Armadas funcionavam os temidos órgãos que combinavam a vigilância e a repressão: o CIE (Centro de Informações do Exército), o Cisa (Centro de Informações da Aeronáutica) e o Cenimar (Centro de Informações da Marinha). Foi a esse último que Dias Gomes teve de comparecer em fevereiro de 1971, apavorado com a fama de torturas e "desaparecimentos" que se davam no local. Lá, depois de ser obrigado a carimbar todas as digitais em sua ficha, ainda ouviu do agente uma pergunta sobre quem havia matado uma personagem de sua novela que ia ao ar na ocasião, ao que ele respondeu, com a ironia de sempre: "Isso eu não confesso nem sob tortura".

A esses três órgãos se somava, nos estados, o aparato não menos violento dos Departamentos de Ordem Política e Social (Dops), subordinados às Secretarias de Segurança Pública, e os policiais civis das Delegacias de Furtos e Roubos. A partir de 1969, a Oban (Operação Bandeirantes) reuniu Forças Armadas, policiais civis e militares em um agressivo esquema de vigilância e repressão. Por fim, surgiu o sistema DOI-Codi (Destacamentos de Operação Interna-Centro de Operação e Defesa Interna), comandados pelo ministro do Exército.⁴

O Departamento de Censura de Diversões Públicas (DCDP) também se ligava ao organograma da estrutura repressiva, subordinado à Polícia Federal e ao Ministério da Justiça. Ainda que a conexão com a vigilância não fosse prevista formalmente, na prática o sistema era de retroalimentação, com o SNI chegando a interferir diretamente na decisão sobre a produção cultural, como ocorreu com *Roque Santeiro*, o que fazia da caneta dos censores uma ferramenta estratégica da imensa máquina montada para coibir tudo o que soasse a contestação.

A fórmula já fora testada no Brasil. Na ditadura Vargas, o controle à produção cultural tornou-se política prioritária de Estado com a criação do DIP (Departamento de Imprensa e Propaganda), diretamente subordinado aos mandos e desmandos do ditador, que também o utilizava para se autopromover. Com a saída de Vargas, em 1945, o órgão foi extinto, mas não a sua herança maldita.

Na ditadura militar, o aparato legal para a censura foi o mesmo aplicado no Brasil durante os anos democráticos que se passaram entre o final da Era Vargas e o golpe de 1964, uma prova de que esse mal não é exclusividade de regimes de exceção. Da interdição de *O berço do herói*, em 1965, aos cortes de *Roque Santeiro*, em 1985, a justificativa foi o decreto 20943. Assinado em 1946, pouco após a deposição de Getúlio, serviu como base para a maioria dos pareceres de censores por mais de quatro décadas, até a Constituição de 1988, punindo tudo o que fosse visto como ofensivo ao "decoro" e aos "interesses nacionais". Independente do que fosse alegado juridicamente, os vetos sempre compreenderam propósitos políticos, como fica claro na documentação da ditadura sobre as telenovelas. A moral burguesa, deliberadamente criticada pelos autores de esquerda, era, ao lado da segurança nacional, um pilar do regime autoritário. Para os militares, os comunistas infiltrados nos meios de comunicação tentavam destruir os "valores tradicionais" a fim de criar um clima de desagregação social favorável à derrubada da ditadura. Cada cena de adultério, cada beijo lascivo e cada personagem homossexual, entre outras "perversões", eram considerados ataques diretos aos ditadores.

Em resposta a tamanho "perigo", criou-se uma complexa rotina em que linha por linha de todos os roteiros era conferida por um grupo de censores, que também assistia previamente, ora na Divisão de Censura, ora nas próprias emissoras, aos capítulos gravados, mais de 2 mil por ano, em média.[5] O trabalho era minucioso, chegando, por exemplo, à cronometragem de beijos e à discussão de quantos segundos deveriam ser suprimidos.[6] A depender da circunstância, técnicos eram designados para acompanhar a edição, determinando diretamente aos diretores o que devia ser eliminado e exigindo ajustes técnicos, como na iluminação e no foco das cenas, a fim de atenuar o que considerassem negativo.[7]

O formato das telenovelas, em capítulos escritos ao longo da exibição, fazia com que TVs e censores mantivessem uma negociação incessante em um relacionamento permanentemente tenso. Além de enviar os roteiros e os capítulos gravados, as emissoras eram obrigadas a informar detalhes corriqueiros da produção, como troca de cenários ou ausência de atores ou atrizes por motivo de doença ou outro qualquer.[8] Chegavam também a ser responsáveis pelo transporte dos censores. Certa vez, em 1974, dois deles reclamaram que a Tupi não fora buscá-los de carro para irem ao estúdio censurar capítulos de uma novela, o que não poderiam fazer a pé porque estava chovendo.[9]

Em telefonemas e trocas de correspondências, travava-se um verdadeiro cabo de guerra. Muitas vezes diretores e autores viajavam a Brasília na esperança de reverter, pessoalmente, decisões na Divisão de Censura, que mantinha uma sala de reunião para recebê-los. Roberto Marinho, em casos mais graves, como o de *Roque Santeiro*, intervinha para tentar uma solução por cima, negociando com o alto escalão do governo.

Diante do poder comercial e da popularidade das novelas, além do prestígio de seus autores, os acordos eram sempre o melhor negócio para todos. Nesse sentido, elas estavam mais protegidas de decisões peremptórias do que programas jornalísticos e de auditório, muitos dos quais foram tirados do ar por determinação direta dos militares ou através do sufocamento econômico. O governo, maior anunciante do país, costumava cortar verba publicitária do que não lhe agradasse, investir em conteúdo que lhe fosse amigável e pressionar empresas privadas a fazer o mesmo.

No jornalismo, não satisfeito em listar os assuntos proibidos, definia o foco de notícias do seu interesse e exigia a veiculação de conteúdos estratégicos para a guerra ideológica, como os vídeos de jovens participantes da luta armada que se declaravam "arrependidos" após serem submetidos à tortura.

Já a perseguição aos programas de auditório foi reforçada com base no marketing do "milagre econômico" do Brasil moderno. No afã de aniquilar tudo o que fosse taxado de "má qualidade", os militares protagonizaram um show de arbitrariedades. Abelardo Barbosa, o Chacrinha, um dos mais conhecidos animadores de auditório, chegou a ter ordem de prisão decretada por se desentender com uma censora que havia ido ao estúdio de seu programa reclamar das roupas ousadas das dançarinas, as chacretes. Ele nem pôde tirar a fantasia, costumeiramente usada nas apresentações, antes de ser levado à delegacia, onde prestou depoimento por cinco horas.[10]

No caso das telenovelas, ao modificar passagens do roteiro em vez de proibi-lo por completo, o governo fazia com que as TVs mantivessem forçosamente a contínua busca por arranjos, num estado de permanente "débito" com os militares, situação que tornava os censores coautores compulsórios dos novelistas e impulsionava a autocensura. Na tentativa de evitar problemas, as próprias emissoras determinavam vetos internamente, chegando a contratar ex-funcionários da Censura. E esses vetos podiam ser mais difíceis de reverter do que os oficiais. Dias Gomes, certa vez, em carta a Boni, diretor da Globo, reclamou que todos os funcionários da emissora, "desde os mais escalonados até os mais humildes", pareciam ter se transformado em censores: "Quando passo pelos porteiros, já temo que um deles me chame de lado e diga: 'Olhe, vi no videotape aquele episódio. Acho que você deve mudar aquela cena, aquilo não passa...'".

O clima de terrorismo terminava por moldar o processo criativo. Os autores costumavam preparar capítulos mais longos, já prevendo a porcentagem que seria cortada em Brasília, e carregar nas tintas em determinados trechos no intuito de atrair para eles a caneta dos censores e obter a liberação do restante, a tática do "boi de piranha".

A barganha sistemática prevaleceu na ditadura. Ainda que páginas inteiras de roteiros fossem não raramente rabiscadas e até o rumo de personagens pudesse ser determinado pelos censores, a coerção costumava ser imperceptível ao telespectador. A imprensa, sob censura em diversos momentos da ditadura, pouco noticiava a respeito. As emissoras, por sua vez, evitavam fazer alarde, temendo um agravamento da ingerência ou outras represálias por parte do governo.

A proibição drástica a *Roque Santeiro* em 1975, seguida da contundente reação da Globo, apesar de ter se tornado simbólica da censura à TV na ditadura, representou uma quebra nessa sequência, o que faz com que seus bastidores sejam ainda mais reveladores da complexidade do triângulo amoroso de alta voltagem.

Por trás do inesperado rompimento na rotina de negociação, está o início da derrocada do regime, que se debatia entre a abertura e a resistência da denominada "linha dura", com a Censura oscilando em meio às diferentes vertentes. Apenas dois meses depois daquele "boa noite" de Cid Moreira que acordou os telespectadores para o pesadelo da repressão à cultura, o jornalista Vladimir Herzog, diretor de telejornalismo da TV Cultura, foi assassinado no DOI-Codi de São Paulo, onde havia se apresentado espontaneamente para depor sobre sua atuação no Partido Comunista.

O tripé repressivo estava descontrolado e começava a ruir.

Este livro é uma versão revista e ampliada da dissertação de mestrado que defendi em 2016 na Escola de Comunicações e Artes da Universidade de São Paulo, orientada pelo professor e jornalista Eugênio Bucci. A edição contou com as observações da professora e historiadora Heloisa Starling, coordenadora da coleção Arquivos Abertos da Repressão no Brasil.

A escolha de *Roque Santeiro* como objeto de pesquisa está longe de pressupor que a censura à telenovela ou à televisão na ditadura militar tenha sido mais dramática ou relevante do que a outras áreas da cultura ou à imprensa. Trata-se de um enfoque, sem menosprezar o panorama do amplo cerceamento de que foram vítimas todos os que ousaram não falar a mesma língua do poder.

A intenção foi contribuir para um viés ainda pouco explorado. A censura aos programas televisivos costuma ser menos estudada do que a ocorrida no teatro, no cinema, na música e nos jornais, por exemplo. É, certamente, um resultado do papel ambíguo desempenhado pela TV, que se aliou ao regime e dele se beneficiou, apesar de ter aberto espaço a conteúdos críticos. Ainda que as outras áreas culturais e a imprensa tenham também experimentado essa relação dúbia em maior ou menor grau, nada se compara ao peso que a televisão brasileira adquiriu na ditadura, para o bem e para o mal. Cultivou-se, além disso, um velho preconceito com a produção da TV, considerada pouco nobre e menos significativa do que a de outros meios para a compreensão da realidade do país. Felizmente essa (falta de) noção vem sendo superada, e a documentação da Divisão de Censura e do SNI tem muito a contribuir para iluminar narrativas daqueles tempos sombrios.[11]

Os papéis guardam pistas para a investigação do cruzamento entre o poder e a televisão, que a partir dos anos 1960 tornou-se protagonista da construção de uma identidade nacional via indústria cultural. Percorrê-los é seguir uma rota que Bucci assim resumiu: "Pode-se pensar o Brasil a partir da televisão? Sim, sem dúvida. E talvez não haja mais a possibilidade de pensar o Brasil sem pensar a TV".[12]

Aqui, pensamos a ditadura militar a partir de *Roque Santeiro*, marco das telenovelas brasileiras, para as quais confluíram objetivos antagônicos do governo e da oposição, em um jogo balizado pela censura. A saga do falso herói de Dias Gomes, além de revelar o modus operandi dos censores no início, no meio e no fim do regime ditatorial, traz à tona a persistência do cerceamento à liberdade de expressão em governos democráticos. Na raiz dos vetos em 1985, após a saída dos militares, está a dificuldade de superar mecanismos autoritários. E o fato de a novela ter sido registrada na memória nacional como uma festa unânime da democracia, sem espaço para o contrassenso da censura, reforça a reflexão que o próprio enredo propunha: a resistência de romper com mitos.

Assim como é preciso romper com o mito de que a censura é restrita a ditaduras, igualmente não se pode esquecer de que ela é suprapartidária, "democraticamente" distribuída à direita e à esquerda, porque visa à manutenção do poder para qualquer que seja a tendência política. Dias Gomes, em seu diário, menciona a desaprovação de um personagem de uma de suas peças, *A invasão*, pelo Partido Comunista. Não fala em censura e sempre negou intervenção do PCB em seu trabalho, mas isso não era raro com outros artistas, até mesmo com alguns de seus amigos próximos, como o escritor Jorge Amado e o dramaturgo Oduvaldo Vianna.[13] A direção partidária inventava personagens, matava outros e proibia obras inteiras, em consonância com a caneta pesada da ditadura soviética.

No Brasil, a Constituição de 1988 determinou o fim da censura e o advento da classificação indicativa, baseada em uma proposta elaborada com a colaboração de um grupo de intelectuais "ex-censurados" da ditadura, entre eles Dias Gomes. O Estado, portanto, não poderia mais modificar ou proibir nenhuma obra, apenas indicar para qual faixa etária ela seria recomendada.

Em 1990, o Estatuto da Criança e do Adolescente estabeleceu uma vinculação entre a classificação de programas de televisão e os horários de exibição, estipulando, em caso de descumprimento da regra, punições que iam da multa à suspensão da programação por até dois dias. Quanto mais alta a faixa de idade a que o programa fosse recomendado, mais tarde deveria ser veiculado.

A exigência, apoiada por instituições de defesa da infância, foi acusada de censória pelas emissoras de TV, que tentaram derrubá-la na Justiça. No centro da discussão estavam as telenovelas. Classificadas antes da estreia por meio das sinopses, tinham de seguir as determinações do governo para a faixa etária a que se destinavam. Do contrário, poderiam ser reclassificadas para uma idade superior e obrigadas a mudar de horário. Como uma alteração assim representa risco financeiro para as emissoras, os autores eram, na prática, obrigados a alterar o roteiro conforme a determinação do Estado.

Coautor da versão de *Roque Santeiro* de 1985, Aguinaldo Silva, mais de duas décadas depois, precisou explodir um bar na novela *Duas caras*, em 2007. Naquele cenário, dançarinas faziam *pole dance* — dança sensual em torno de uma barra vertical —, o que foi considerado inadequado para as 21h pelo Ministério da Justiça, responsável pela classificação. À época, em seu blog, o autor relacionou o episódio à censura, lembrando que em 1985, apesar do dispositivo censório oficial, não foi preciso acabar com a boate Sexus, de *Roque Santeiro*, e comentou, irônico: "Hoje todos nós, criadores, devemos dar graças aos céus, pois vivemos num governo democrático, cujos líderes lutaram bravamente contra as arbitrariedades de então, e, por isso, jamais admitiriam o retorno desse estado de coisas".[14]

Em 2016 o Supremo Tribunal Federal julgou inconstitucional a vinculação obrigatória entre a classificação por idade e os horários de exibição.

Tanto uma quanto a outra devem ser apenas sugeridas pelo Estado. As faixas etárias dos programas têm de ser informadas aos telespectadores pelas emissoras, que podem ser responsabilizadas judicialmente por eventuais abusos.

Ainda que esse debate tenha amadurecido, concentra-se na censura praticada pelo Estado. Ela, porém, tem muitos outros tentáculos, inclusive na Justiça, em que a defesa da liberdade de expressão coexiste com magistrados travestidos de censores. Se na ditadura o martelo de juízes se somava à caneta do governo, após a Constituição de 1988 a "judicialização" da censura recrudesceu.[15]

Outro censor implacável, seja qual for o sistema político, é o poder econômico. No tempo de *Roque Santeiro*, as televisões e seus anunciantes eram grandes autoridades nesse departamento. A partir do surgimento da internet, companhias de tecnologia como Facebook, Google e Twitter, com monopólios internacionais e uma concentração de capital inédita,[16] determinam o que pode e o que não pode ser dito de um modo que TV Globo nenhuma jamais sonhou. Se, por um lado, as redes sociais diversificam as vozes, também se prestam a patrulhamentos capazes de dizimar pessoas e pensamentos. As correntes de intolerância, não raro, são alimentadas por notícias falsas, as *fake news*, produzidas por quem tem interesse na destruição alheia, divulgadas por empresas com critérios exclusivamente financeiros e disseminadas pelos internautas, cada um deles um operário não remunerado dessa nova máquina censória.

Ampla, geral e irrestrita, a censura conta com o suporte de parte da sociedade, que não só a deseja como a exige. E sempre terá, na ditadura ou na democracia, defensores confessos e aqueles que levantam a bandeira da liberdade de expressão, desde que concordem com o que é dito.

Roque Santeiro é um mito. O fim da censura também é.

1º ATO, 1965
MORTO NO NASCIMENTO
O BERÇO DO HERÓI

1. A VIAGEM PROIBIDA

CARLOS LACERDA NÃO SE DEU CONTA da pólvora que tinha nas mãos. No dia 18 de maio de 1953, seu jornal, *Tribuna da Imprensa*, publicou sem destaque uma foto enviada pela agência oficial de notícias soviética. No canto direito da página 5, a imagem, em apenas duas colunas, abria a seção O Pequeno Mundo, de notas internacionais, com uma legenda inofensiva: "Uma delegação de trabalhadores e partidários da paz do Brasil, em visita a Moscou, colocou coroas de flores no Mausoléu da Praça Vermelha".

Só duas semanas depois Lacerda identificou Alfredo Dias Gomes em meio aos tais "partidários da paz" da fotografia. Fosse ele apenas mais um autor teatral subversivo em início de carreira, vá lá, mas o homem era diretor de programação da Rádio Clube, propriedade de Samuel Wainer, arqui-inimigo de Lacerda.

A fotografia merecia ser promovida. Na edição de 27 de maio, ela voltou ao jornal, agora em três colunas e na primeira página, quase integralmente dedicada a atacar Wainer. "Diretores da Rádio Clube levam flores ao túmulo de Stálin", dizia o título. O texto afirmava que, na imagem, do "bando de Samuel Wainer" foram identificados Dias Gomes, diretor da rádio, e Cláudio Santoro, diretor musical. "Vale dizer que Dias Gomes detém o posto-chave da rádio, que todos os dias manda ao ar programas de ódio social." Mais grave: a quinta-coluna do rádio brasileiro, bradava a *Tribuna*, viajara a Moscou financiada pelo Banco do Brasil. A expressão "quinta-coluna", originada na Guerra Civil Espanhola, referia-se aos apoiadores das quatro colunas que marcharam em Madri para derrubar o governo. Passou a designar espiões e grupos que atendem interesses contrários aos da instituição vigente. O jornal de Lacerda o usou para denunciar a infiltração comunista na rádio.[1]

A excursão brasileira ao Primeiro de Maio soviético desembarcava em uma guerra da imprensa carioca que tinha, de um lado, Lacerda, e, do outro, Samuel Wainer e Getúlio Vargas. O texto sobre a viagem era parte de uma série de reportagens que acusava Wainer de formar seu grupo de comunicação graças a financiamentos do Banco do Brasil, facilitados pelo presidente em troca de apoio político.

Além da Rádio Clube e da então recém-lançada revista *Flan*, Wainer era dono do diário *Última Hora*. Fundado em 1951 como vespertino carioca, no ano seguinte já circularia em São Paulo e, no auge, chegaria à distribuição nacional, com sede própria em sete estados. Tornara-se, assim, o maior concorrente da *Tribuna*,[2] que Lacerda lançara em 1949 no Rio de Janeiro, após conseguir angariar fundos com a ajuda de influentes amigos católicos, como Alceu Amoroso Lima, Gustavo Corção e Sobral Pinto.[3]

Em meados de março daquele ano, Dias Gomes recebera o convite para se unir à comitiva de Moscou, organizada por Jorge Amado, seu camarada do Partido Comunista. Conterrâneos, eles se conheciam dos tempos em que Dias ainda morava em sua cidade natal, Salvador, quando seu irmão mais velho, Guilherme, e Amado formaram a autointitulada Academia dos Rebeldes, uma tentativa juvenil de se contrapor à Academia Brasileira de Letras.[4]

A proposta de viajar à capital soviética deixou Dias em um dilema: ele tinha, de um lado, seu patrão, Samuel Wainer, pró-Getúlio, e de outro o PCB, que, com lógicas paradoxais e complexas, estava naquele momento aliado a Lacerda na campanha para depor o presidente. O jovem comunista preferiu enganar o chefe e topou ir a Moscou, inventando que faria uma viagem de estudos à Inglaterra. Para isso, endividou-se — não com o Banco do Brasil, como denunciava a *Tribuna*, mas com um agiota.

Diante da repercussão da reportagem sobre a viagem, Wainer mandou demiti-lo, assim como a Santoro. Quem cumpriu a ordem foi o diretor comercial, Marques Rebelo, simpatizante do Partido. A emissora, como quase todas as outras, era coalhada de comunistas. Dias havia contratado pecebistas como o próprio Cláudio Santoro, músico clássico com quem ele dividira o quarto em Moscou, e o ator Mário Lago, seu companheiro nas noites de boemia.[5]

Havia um estagiário de dezoito anos, também ligado ao PCB, que não saía de seu pé. O garoto fora empregado a pedido de José Hernandes, que editara um romance de Dias, *Duas sombras apenas*, em 1945. Era José Bonifácio de Oliveira Sobrinho. Conhecido como Boni, chegou a participar de um congresso comunista em Praga. Havia sido levado à militância pelo radialista e pioneiro da TV Túlio de Lemos, mas sua filiação terminaria não muito depois, aos vinte e poucos anos. Decepcionou-se com membros que lhe solicitaram espaço na programação de rádio para a propaganda de uma exposição iugoslava. Eles não queriam um preço mais barato, para o Partido economizar, mas mais alto, a fim de dividir o superfaturamento.[6]

Entre um programa e outro, os estúdios da Rádio Clube eram usados para reuniões políticas e, tarde da noite, funcionários assistiam a filmes rejeitados pelo circuito comercial, muitos deles soviéticos, em um cineclube organizado por Luiz Alípio de Barros, crítico de cinema do jornal *Última Hora*.[7]

Apesar de disseminada, essa efervescência comunista tinha de se manter o mais sigilosa possível naquele ano para lá de turbulento. Em 5 de janeiro de 1953, foi assinada uma nova Lei de Segurança Nacional, mais ampla e severa do que a por ela revogada, a primeira da República brasileira, de 1935. Greves e qualquer movimento de crítica ao poder constituído, como a "incitação à luta de classes", tornaram-se crimes, punidos com cadeia.

Dias perdeu o emprego em meio ao caos político do Brasil, com a divisão dos militares, a tentativa de deposição de Getúlio liderada por Lacerda e os reflexos da guerra fria. Além de demitido, foi condenado ao que na época costumavam chamar de "lista negra" da radiodifusão, um combinado informal entre empresários para barrar a contratação de comunistas e afins. Para o jovem dramaturgo apaixonado pelo teatro, o trabalho no rádio era um fardo, mas importante para a sua sobrevivência financeira. E aquela era uma hora especialmente errada para ficar desempregado, endividado com um agiota e com o nome incluído na relação dos vetados. Janete Clair, com quem se casara em 1950, havia interrompido a carreira de locutora e atriz de radionovelas no ano anterior, quando perdera um filho com poucas semanas. Ela era Rh negativo, e Dias, positivo.

O bebê herdara o sangue do pai, provocando uma reação de incompatibilidade com os anticorpos da mãe, e a medicina tinha então poucos recursos para evitar sua morte prematura causada pela chamada eritroblastose fetal.

Para piorar, o casal havia acabado de obter um empréstimo bancário a fim de comprar o primeiro apartamento da família, na rua Senador Vergueiro, no Flamengo, onde morava com o primogênito, Guilherme, de três anos, e com a mãe de Dias, d. Alice. Com a demissão da Rádio Clube, o escritor devolveu o imóvel e voltou para o aluguel, em uma casa na rua Saturnino de Brito, no Jardim Botânico.[8]

O teatro ele abandonara quase dez anos antes, desiludido com a preferência do mercado pelas comédias, com a resistência a uma estética mais realista e nacional e com vetos políticos a seus textos. Voltar aos palcos agora, com o nome na lista negra, era uma ideia descartada. Uma pena, pois os palcos fervilhavam. Naquele ano de 1953 nascia o Teatro de Arena, iniciado com o grupo da Escola de Artes Dramáticas de São Paulo e que tinha como objetivo contrapor-se ao modelo do TBC, o Teatro Brasileiro de Comédia, voltado a produções mais caras e a textos estrangeiros. O Arena logo se tornaria um centro de arte engajada, alinhado às estratégias da esquerda.[9] Suas peças, elaboradas com base na valorização de uma cultura de raízes nacionais, denunciavam injustiças sociais e eram voltadas às classes populares, com intuito de conscientização do público para uma transformação da sociedade.

Dessa turma, Dias Gomes só iria se aproximar depois. Diante das circunstâncias daquele momento, restava-lhe a televisão, tão sem prestígio, instalada havia três anos no país — a TV Tupi fora inaugurada em setembro de 1950 na cidade de São Paulo, na primeira transmissão da América Latina. Com recursos mínimos, não muito atrativo para o mercado publicitário, o veículo mantinha poucos profissionais com contrato e, quando precisava, comprava textos de roteiristas. Dias fez seus primeiros trabalhos para a Tupi do Rio com pseudônimo. Para assinar suas criações para o teatro de comédia na TV, usou o nome da esposa, o de Paulo de Oliveira, seu ex-assistente na Rádio Clube, e o do amigo Moysés Weltman, do Partido Comunista.[10] Em uma verdadeira "farra de troca de nomes", assinou, por exemplo, como Wanda Wladimir, junção dos nomes dos dois filhos de

Moyses.[11] Quando os amigos recebiam o pagamento, "miserável", Dias ia a suas casas para buscar o dinheiro. Assim seria durante nove meses, até ele ter um programa liberado com o seu nome pela Standard Propaganda, que produzia conteúdo para o rádio e para a TV. Dois anos depois, conseguiria novamente um emprego, na Rádio Nacional, de onde viria a ser expulso posteriormente também em virtude de sua ligação com o comunismo.

A entrada na lista negra do rádio não era sua primeira complicação por motivos políticos. Logo na estreia nos palcos, com uma peça escrita quando tinha apenas dezenove anos, aprendeu o significado de liberdade cerceada. *Pé de cabra*, sobre um ladrão filósofo que falava em hipocrisia e distribuição de renda,[12] só pôde ser montada por Procópio Ferreira, em julho de 1942, após ter dez páginas cortadas pelo Estado Novo, que a considerou marxista. Dias, que jurava nunca haver lido Marx, resolveu ler.

Dois anos depois, em 1944, iria se filiar ao Partido Comunista Brasileiro.[13] Ele e o PCB tinham praticamente a mesma idade. Sob o reflexo da Revolução Russa de 1917, o Partido fora criado em um congresso em Niterói, em março de 1922, com a intenção principal de promover a revolução do proletariado, substituindo o capitalismo pelo socialismo.[14] Sete meses depois, em 19 de outubro, nascia o dramaturgo, que passaria grande parte de sua vida seduzido por essa proposta, intercalando diferentes graus de ligação com o Partido, ora convocando seus princípios, ora os recusando, em um jogo complexo de culturas políticas.[15]

Independentemente da intensidade de seu engajamento com os comunistas, Dias Gomes recrutou, da primeira à última obra, um exército de personagens que denunciariam as mazelas sociais do país.

2. O DIÁRIO INÉDITO

A FILIAÇÃO DE DIAS GOMES AO PCB se deu quando ele tinha 21 anos e fora trabalhar na recém-inaugurada rádio Panamericana, em São Paulo, em 1944, a convite de Oduvaldo Vianna, que estava organizando uma célula entre os radialistas. As células comunistas eram como departamentos do Partido montados clandestinamente em empresas e outras organizações, com hierarquia própria e ação vinculada à central partidária. Quando Dias Gomes se filiou, o PCB vivia um curto período de legalidade, em que os comunistas aproveitaram para estreitar relações com a intelectualidade.

Pouco depois de o escritor ser contratado pela rádio, Oduvaldo e seus sócios a venderam, por pressões políticas e dificuldades financeiras, para Paulo Machado de Carvalho,[1] e Dias teve de deixar a emissora. Para a despedida, veiculou a adaptação de *Pé de cabra*, com seu grande amigo e comunista convicto Mário Lago no papel principal, que havia sido de Procópio Ferreira no teatro. A saída da emissora foi narrada por Dias de forma heroica: ao detectar a presença de dois policiais no estúdio, teria feito um discurso inflamado no ar, denunciando aos ouvintes a presença dos "cães". Microfone desligado, disse ter apanhado dos agentes e fugido pela sacada da rádio, aos berros contra a ditadura de Vargas.[2] Instalado no país em 1937 com um golpe do presidente, o Estado Novo iria perdurar até 1945, marcado por forte repressão ao "perigo vermelho" e à aproximação com o nazifascismo europeu. Em 1939, o governo ditatorial criara o DIP (Departamento de Imprensa e Propaganda), que, paralelamente à vigilância e ao cerceamento cultural, trabalhava para a construção de uma imagem positiva de Vargas. Nas rádios, à caça aos profissionais comunistas somou-se a obrigatoriedade da veiculação do programa *Hora do Brasil*, com notícias oficiais sobre o governo, todas, obviamente, favoráveis a ele.[3]

À época da fuga pela sacada, Dias Gomes, antes mesmo de assumir em sua produção artística a influência do Partido Comunista, juntou-se aos novos companheiros na militância de rua, aquela em que valia até pichar muros.[4] Enquanto acompanhava as reuniões partidárias, trabalhava em outras estações de rádio de São Paulo. Voltou para o Rio em 1950, onde manteria seus contatos comunistas paulistanos e agregaria os cariocas, em passagens por diferentes emissoras. Atuou na Tamoio e na Nacional até chegar à Rádio Clube e à fatídica demissão em 1953.

Nesse período, o engajamento com o Partido tornou-se intenso, e ele assumiu a coordenação do Comitê Cultural em algumas ocasiões. Chegou a realizar reuniões em sua casa, contra a vontade de Janete Clair, que questionava qual seria o sentido daquela ligação partidária, além de temer pela segurança da família. Em 1956, teve lugar na residência do casal um encontro no qual Agildo Barata, membro do Comitê Central, confirmaria as denúncias do Relatório Krushev. O documento, lido no 20º Congresso do Partido Comunista da União Soviética, em fevereiro daquele ano, denunciava graves crimes praticados por Stálin, dirigente soviético por quase três décadas (de 1927 a 1953, quando morreu), como a execução de lideranças partidárias críticas ao seu governo. Atordoado e sem respostas ao final da reunião, Dias sentiu vontade de chorar, sem conseguir, quando Janete lhe perguntou: "Já pensou que pode ser uma grande tolice essa sua ideia fixa de mudar o mundo?". Ele respondeu à esposa com outra questão: "Mas, sem essa tolice, que sentido pode ter a vida?".[5]

A convivência comunista amplificaria sua verve crítica, que parecia nata. Aos quinze anos, em 1937, escrevera a primeira peça, *A comédia dos moralistas*,[6] na qual uma família ultraconservadora aproveita um baile de máscaras no Carnaval para se comportar de forma libertina. A história, muito ousada para a época, havia sido criada quatro anos antes de *A mulher sem pecado*, de 1941, primeira peça de Nelson Rodrigues, sobre um marido obcecado em descobrir se era traído pela esposa. O dramaturgo, dez anos mais velho que Dias Gomes, faria sucesso bem antes dele com *Vestido de noiva*, de 1943, e se consagraria pela crítica mordaz à burguesia. Apesar desse viés artístico comum, os dois assumiriam caminhos políticos opostos. Em 1969, na entrevista que inauguraria as páginas amarelas da revista *Veja*, Rodrigues iria se definir como "anticomunista".[7] Assim, ele e Dias Gomes, dois dos maiores nomes da dramaturgia brasileira do século XX, seriam desafetos. Na versão televisiva de *O bem-amado*, na década de 1980, Dias batizaria um jegue, que vivia sendo humilhado, de Rodrigues, "homenagem" ao colega. Já Nelson comentaria certa vez, sobre a possibilidade de Dias ser considerado o melhor autor do Brasil, que ele não era "o melhor autor nem da casa dele", em referência a Janete Clair.[8]

Pé de cabra, estreia de Dias Gomes no palco, e suas obras seguintes, já profissionais, mas ainda chamadas de "peças da juventude", buscavam uma conciliação entre as exigências do teatro que se fazia no momento, da chanchada, conhecido também como "teatro de boulevard", e a perspectiva nacionalista, de crítica política e social. Eram os anos 1940 e, nas montagens, até então sem a presença de um diretor, as "estrelas" conduziam o espetáculo no palco, atuando como bem entendiam, com as falas sopradas por um ponto, como era chamada a pessoa que ficava na coxia com o roteiro na mão.

Mas as companhias teatrais, ainda que de forma prematura, já estavam em busca da consolidação de um modelo nacional, que representasse a nação, seja pela veia da comédia ou do teatro dito "sério".[9] A ansiedade de Dias Gomes para superar o "boulevard" e acentuar seu idealismo nos textos seguiria pela década de 1950, assim como o desejo de deixar definitivamente para trás o trabalho no rádio e na TV. Desde o início da carreira, ele buscava se afirmar nos palcos a fim de não precisar mais do suporte financeiro que o rádio lhe proporcionava. Apesar disso, admitia que nas rádios conseguia "dialogar com outras manifestações artísticas e temas não apenas com exacerbado sentimentalismo", considerando sua audiência popular, "mas também tratar de assuntos sociais colocados pelas obras realistas e modernistas".[10] Mais que isso, reconhecia o rádio "como espelho do sentir de nossa gente" e valorizava, assim como o Partido Comunista, seu "poder de penetração em grandes camadas de ouvintes".[11]

De todo modo, era um veículo no qual ele tinha de fazer mais concessões artísticas do que no teatro. Esse sim era o caminho da arte, acreditava, e da arte engajada. E por arte engajada se entendia, naquele momento, uma arte política de esquerda, de temática nacional, voltada às classes populares, com estética realista. Dias explicitou seu próprio conceito para isso em um artigo publicado em 1968, com o título "O engajamento é uma prática de liberdade".[12] Para ele, "toda arte é política" e "toda escolha importa em tomar um partido". Quem se pretende colocar em uma posição neutra, defendeu o escritor, favorece, por omissão, "o mais forte, ajudando a manter o status quo". Nesse sentido, o teatro era a única arte capaz de usar o ser humano como expressão, marcando um ato político-social.

O rádio e a recém-chegada TV não tinham essa aura. Dificilmente seriam considerados arte. Na melhor das hipóteses, uma arte menor, e quase sempre taxada de alienada. Meios de comunicação de massa eram sinônimos de alienação.[13] Dias achava que "corria perigo de emburrecer" caso se "deixasse absorver por uma atividade inteiramente voltada ao divertimento".[14] Ao final da primeira década de existência da televisão no Brasil, ele parecia ter encontrado uma saída contra esse "perigo", conforme registrou na primeira página de um diário pessoal. O documento, após sua morte, em 1999, permaneceria inédito para o público, sob os cuidados de sua viúva, Bernadeth Lyzio, com quem se casou um ano depois da morte de Janete Clair.[15] Foi escrito entre 1959 e 1962, período crucial para o autor, quando ele definiria os princípios de sua obra e se consagraria como dramaturgo. Ao longo das 78 páginas manuscritas em um pequeno caderno brochura de capa dura, ele revelaria o processo de criação de *O pagador de promessas*, sua obra-prima teatral, marco da cultura brasileira, além de outros dramas, conforme deixa claro o primeiro registro, de 10 de agosto de 1959:

> Faz três dias — 7 de agosto — completava eu dezessete anos de teatro. Dezessete anos desperdiçados. Terei coragem de levar avante um exame de consciência?
> Há cerca de dois meses, eu me sentia à beira da loucura. A ânsia de me realizar e a frustração que carregava comigo haviam se transformado em verdadeiras obsessões. Era uma ideia fixa que me perseguia de minuto a minuto. Agora estou melhor. Não sei a

que atribuir. Se ao tratamento médico que estou fazendo, se à peça que estou escrevendo, *O pagador de promessas*. Estou menos descontente comigo mesmo.[16]

A peça marcaria a mudança para uma nova fase de sua carreira, em que conquistaria reconhecimento nacional e internacional. O argumento central é inspirado em uma lembrança da infância do autor. Em 1935, quando Dias tinha treze anos, sua mãe prometeu ao Senhor do Bonfim assistir a missas em todas as igrejas da Bahia (a lenda dizia serem mais de 365, uma para cada dia do ano, mas eram 92) se o filho mais velho, que se formara em medicina, conseguisse ser aprovado no Exército.[17]

No diário, Dias demonstrava ter dimensão do que estava criando e previa o sucesso, conforme registro de 2 de setembro, quando falou sobre a formulação de Zé do Burro, o protagonista, que vive o drama de tentar entrar com uma cruz em uma igreja para agradecer pela cura do seu burro, mas é impedido porque a promessa para o salvamento do animal havia sido feita em um terreiro do candomblé:

> Desde sexta-feira passada que estou doente, gripado. Durante esses dias, pude adiantar um pouco o "Zé do Burro". Estou agora bastante entusiasmado com a peça, pois vários problemas vão encontrando solução. Creio que esta peça terá importância decisiva em minha vida. Nela, eu começo a reencontrar-me. Um reencontro após quinze anos.[18]

Sua primeira grande obra ficaria pronta em 13 de outubro de 1959. E assim o feito foi registrado, no dia 31 do mesmo mês:

> No dia 13 deste mês, terminei *O pagador de promessas*. Como eu supunha, é um reencontro. Dei a peça a Edison Carneiro[19] para ler e logo no dia seguinte ele me telefonou, entusiasmado. Fiz uma leitura para um grupo, do qual participavam Pascoal Longo e Silva Ferreira — pessoas que entendem de teatro — e as opiniões foram unanimemente entusiastas. Ontem, Pascoal me

telefonou. Havia falado a Fernanda Montenegro sobre a peça e a elogiara tanto que ela me pedia "pelo amor de Deus" que fosse enviar-lhe uma cópia para ler. Entreguei outra cópia ao Teatro de Arena (para o qual não serve a peça) apenas para saber a opinião de um grupo jovem e honesto. Eles vão organizar um debate sobre a peça. Estou pensando também em ir à Bahia no princípio de dezembro, não só para assistir à Festa de Sta. Bárbara como para propor à Escola de Teatro da Universidade da Bahia encená-la. São projetos. O fato é que a peça desperta entusiasmo em quem a lê e eu tenho a impressão de ter escrito algo de valor. E o mais importante é que reencontrei um caminho.[20]

Sim, ele havia encontrado um caminho para sua crítica social, um projeto autoral a ser conduzido até as novelas que viria a escrever para a televisão, veículo que, naquele início da década de 1960, preferia ignorar.

Em *O pagador de promessas*, Zé do Burro, homem simples e puro, é impedido por um padre de cumprir a promessa pelo salvamento de seu burro. O religioso representa a intolerância. Não só da própria Igreja, mas das instituições em geral, do poder constituído. Diante da boa aceitação da peça, o dramaturgo ganhava forças para dizer "não" às solicitações da TV. Em 8 de novembro de 1959, anotou no diário:

> Preciso me realizar como autor. Parece que reencontrei o meu caminho. Devo agora ter forças para não deixar que me afastem dele novamente. Recebi um convite de Aimeé[21] [atriz da TV Tupi] para escrever uns programas de televisão para ela. Não vou aceitar. Chega de mediocrizar meu nome.[22]

Em dezembro, ele optou pela montagem da peça pelo TBC (Teatro Brasileiro de Comédia), de São Paulo, uma vez que o Teatro dos Sete (Gianni Ratto e Fernanda Montenegro), do Rio, só poderia montá-la dali a um ano e meio.[23] Em seguida, visitou Salvador, sua cidade natal e cenário de *O pagador de promessas*, para "tomar um banho de inspiração".[24] Lá, assistiu a duas cerimônias do candomblé e à festa de Nossa Senhora da Conceição da Praia e concluiu: "Compreendo cada vez mais que só poderei realizar-me como autor identificando-me e traduzindo os problemas do meu povo. Zé do Burro é um caminho que preciso seguir".

Depois da viagem à capital baiana, esteve em São Paulo, no dia 19 de dezembro, para uma reunião com Franco Zampari, em sua casa, um palacete no Jardim América. Fundador e diretor do TBC, o italiano radicado no Brasil, então com 61 anos, contou a Dias que estava preocupado com o destino do grupo após a sua morte – que ocorreria em 1966.[25] Para garantir a sobrevivência da companhia e dar a ela um norte, achava importante criar um teatro "genuinamente nacional". E *O pagador de promessas*, afirmou ao autor, seria a primeira montagem dessa "nova fase". Para a direção, sugeriu o nome de Flávio Rangel.[26]

A preocupação de Zampari naquele ano de 1959 era reflexo do novo momento que o teatro brasileiro experimentava, aproximando-se cada vez mais do engajamento da cultura nacional. Entre o final dos anos 1950 e a década de 1970, teria lugar um sentimento revolucionário nas mais diversas áreas da arte brasileira, da literatura comunista de Jorge Amado ao Cinema Novo de Glauber Rocha e à música tropicalista de Caetano Veloso. Apesar de suas características particulares, eram todos movimentos ligados aos ideais de esquerda.

O Teatro de Arena havia encenado durante todo o ano de 1958, com enorme sucesso de bilheteria, a peça *Eles não usam black-tie*, pioneira ao levar aos palcos as questões de operários de uma fábrica, com um cenário de greves e piquetes.[27] Foi escrita por Gianfrancesco Guarnieri, ex-dirigente da União da Juventude Comunista em São Paulo. Dois meses antes da conversa de Zampari com Dias Gomes, Guarnieri publicara na revista *Brasiliense* o artigo "O teatro como expressão da realidade nacional", em que propunha o fortalecimento da dramaturgia nacional e elogiava a "lei dos dois por um — obrigando a apresentação de um texto nacional após a montagem de dois textos estrangeiros — [que] veio estimular os autores brasileiros e obrigar as empresas a procurar furiosamente textos nacionais".[28]

O Arena era um grupo formado por jovens de esquerda, muitos deles comunistas. Foi também assim o CPC (Centro Popular de Cultura), criado em 1961 pela UNE (União Nacional de Estudantes) e posto na ilegalidade pela ditadura militar em 1964, quando seus membros dariam início ao Grupo Opinião, formalmente estruturado por Ferreira Gullar em 1966.

Para Zampari, *O pagador de promessas* poderia ser uma resposta às críticas de que o Teatro Brasileiro de Comédia, apesar da reconhecida qualidade artística, não seguia o caminho da arte engajada, sendo distante dos problemas nacionais, concentrando-se em montagens estrangeiras.[29] Dias Gomes, ao se acertar com esse que pretendia ser o "novo TBC", pressentia a aproximação do triunfo, mas isso não significava o fim de suas incertezas artísticas.

Em pleno Natal, dividia seus lamentos com o diário:

> Preciso escrever outra peça. Sinto que, se Zé do Burro for um sucesso, eu precisarei ter uma peça pronta para aproveitar o caminho reaberto. No entanto, para surpresa minha, vejo que estou ainda um tanto desnorteado. Não há dúvida de que Zé do Burro é um rumo. Por que então esse desnorteamento? Certas coordenadas estão já estabelecidas definitivamente:
> a) meu teatro deve pôr em equação os problemas do meu povo;
> b) numa forma nacional.
>
> A verdade é que me encontro indeciso entre vários temas. Compreendo que, depois de Zé do Burro, minha responsabilidade cresceu. Preciso escrever algo melhor. O problema da imigração nordestina, do choque e da desagregação das famílias nordestinas chegadas ao Rio me tenta. Sinto tipos, ambientes, clima — falta-me entretanto uma história que seja um achado, como Zé do Burro.[30]

Ainda na véspera da virada de 1959 para 1960 chegaria ao tal "achado". Foi quando Dias Gomes começou a escrever *A invasão*. Para ele, o novo trabalho guardava "certa unidade" com "Zé do Burro" mas soava como "um passo adiante". "Vou abordar problemas sociais mais profundos e fazer enfim um teatro brasileiro, em forma e conteúdo."[31] Era uma ânsia absolutamente conectada com as intenções do PCB. A empreitada de artistas e intelectuais do Partido era popularizar a arte e a cultura brasileiras, registrando a vida do povo e do que supunham ser do seu interesse.[32]

A invasão fala de um grupo de favelados do Rio que, desalojado por uma enchente, ocupa o esqueleto de um prédio em construção e passa a enfrentar a ameaça do despejo em meio às promessas de um deputado demagogo e à polícia violenta e corrupta. Quando terminou o primeiro ato, o autor o considerou superior a *O pagador de promessas*. "Pelo menos é algo socialmente mais vingado",[33] anotou em 24 de janeiro. "Espero que essas duas peças definam as bases e as características do meu teatro."[34]

Com a montagem de *O pagador de promessas* acertada e a criação de *A invasão* fluindo bem, Dias voltou a comemorar, em 7 de fevereiro, sua reaproximação com o teatro e o afastamento do rádio. "Sinto que começo a reconquistar o tempo perdido durante quinze anos de rádio. Parece que o teatro volta a tomar conhecimento de minha existência."[35]

Ele concluiu *A invasão* no final desse mesmo mês e se voltou às dúvidas sobre um personagem chamado Rafael,[36] que não aparece em cena mas é diversas vezes citado nos diálogos. Apesar de não ser dito literalmente, fica claro ser um membro do Partido Comunista. Rafael está em contato com um dos invasores e, através dele, incentiva o grupo a resistir na ocupação, a realizar manifestações e um abaixo-assinado a ser enviado para a Justiça. Surge sempre na fala do favelado Lula, que se considera "um cara com pouco estudo", enquanto Rafael "leu uma porção de coisas, sabe falar". As ideias do comunista são vistas com desconfiança por outros moradores, que deixam escapar críticas como as do personagem Bené: "Pra ele é muito fácil dizer que a gente deve fazer isso ou aquilo, ele não mora aqui...".

Dias temia que o público pudesse supor que "a peça o repudia integralmente". O autor, ainda que tenha declarado nunca ter submetido suas obras ao Partido,[37] revelou, em anotação feita em 24 de março de 1960, que o personagem Rafael havia sido motivo de divergência entre membros do PCB:

> Este personagem "Rafael" não está sendo bem entendido por alguns companheiros do Partido. Seu sectarismo (pretendo demonstrar que embora haja no Partido comunistas sectários, estes comunistas são pessoas bem-intencionadas e eficientes, apesar de tudo, apesar de estarem errados em seus métodos). Seu sectarismo, acham esses companheiros, o torna antipático e leva a plateia a concluir que

todos os comunistas são assim. Não estou de acordo. E pretendo manter o personagem.[38]

Nesse mesmo registro, contou ter lido a peça a um companheiro de Partido que trabalhou por doze anos em favelas. "O intuito era o de verificar a autenticidade dos meus personagens e das situações. O companheiro vibrou com a peça e nenhum reparo fez."

Essa passagem do diário é um indício da forma como o autor lidava com as orientações do Partido em relação às suas obras. Ele também mostrou *O pagador de promessas* a Edison Carneiro, que era do PCB, ainda que não explicitasse se lhe apresentou o texto na condição de membro do Partido. Em sua autobiografia, ao mencionar o episódio, chama Carneiro de "grande folclorista e fraterno amigo". Dias declarou ser uma "falácia" que "no Comitê Central se discutiam e aprovavam ou reprovavam" a produção cultural de seus integrantes. "Nunca tive uma peça ou romance analisado ou discutido no comitê cultural ou em qualquer organismo partidário", escreveu.

Os apontamentos do diário levam a crer que a peça tenha sido lida no PCB, de maneira informal, por alguns membros que o dramaturgo escolheu. Mostram que a opinião entre os pecebistas não era unânime. Ele não dá a impressão, ainda que fale de reprovação por alguns "companheiros", de uma interferência tão direta em seu processo de criação. Tanto que, a despeito das críticas a Rafael por alguns comunistas, manteve o personagem em *A invasão*.

Há depoimentos que ilustram outro tipo de relação, bem diferente, com diversos casos de censura pelo Partido. Bráulio Pedroso, por exemplo, contou que "um dos romances de Rossine Camargo Guarnieri[39] foi proibido pela cúpula partidária". "O Partido proibiu. Disse que era uma história reacionária, com um argumento dos mais cretinos. Foi um baque tão grande que Rossine ficou inibido de escrever."[40] Diversos casos de vetos rígidos no Brasil, em um clima de grande cerceamento e de hegemonia da doutrina partidária, foram relatados por Dênis de Moraes no livro *O imaginário vigiado*. O escritor e historiador Paulo Cavalcanti contou que o dirigente Diógenes Arruda "matou e ressuscitou personagens de Jorge Amado, impediu que romances de Alina Paim fossem levados à

URSS para tradução, ridicularizou poetas e novelistas do PCB, tentou influir para manter inéditos manuscritos de Graciliano Ramos".[41]

Há que se considerar que à época da criação de *A invasão*, entre o final dos anos 1950 e início dos 1960, os comunistas estavam se distanciando da era conhecida como jdanovista. O nome vem de Andrei Jdanov, dirigente soviético ligado a Stálin, responsável pela propaganda de Estado, que determinou rígido controle da produção artística e cultural na União Soviética e nos partidos comunistas ao redor do mundo. O chamado realismo socialista era a linha a ser seguida, com mensagens simples, diretas e doutrinárias. Artistas abstratos ou que buscavam uma linguagem figurada eram banidos. Essa política totalitária começou a ser posta em xeque com a morte de Stálin, em 1953.

Além disso, a censura no Partido Comunista Brasileiro não era algo organizado, como a de Estado, e os dirigentes sentiam-se mais à vontade para cobrar obediência dos intelectuais financeiramente dependentes do PCB, em especial os que empregava, o que não era o caso de Dias Gomes.[42] De qualquer forma, o debate sobre a produção cultural comunista era intenso, sendo um procedimento comum entre os camaradas com lastro intelectual, colegas de profissão, trocar ideias sobre suas obras. Era política e era arte.

3. CHEGA, CHEGA, CHEGA

A POLÍTICA E A ARTE PERDERAM ESPAÇO para um drama familiar nos registros do diário de Dias Gomes em 23 de maio de 1960. Nesse dia, nasceu seu filho Alfredo, prematuro e também com incompatibilidade sanguínea com a mãe. Dessa vez, dez anos após a morte do primogênito, recém-nascido, em razão do mesmo problema, a medicina pôde salvar o bebê, mas a passagem é digna de roteiro de novela:

> Um exame de sangue do meu filho Alfredo revelou forte incompatibilidade sanguínea [...], fazendo-se necessária uma troca total de seu sangue [...], às 22 horas deveria ser iniciada. Durante duas horas, entretanto, tentaram os médicos encontrar as veias necessárias [...]. Desistiram, por fim [...]. Chamou-se então um especialista em cirurgia infantil que deveria tentar localizar a veia na virilha. Veio o dr. Paes, que, depois de uma hora, recusando-se a realizar a intervenção, alegando deficiência do aparelho da maternidade e aconselhando a remoção para o Hospital do Servidor do Estado [...]. Estávamos à meia-noite de uma noite feia e chuvosa. Era uma temeridade transportar a criança com aquele tempo. Mas disso dependia a sua vida. Entretanto, o médico do Hospital dos Servidores que deveria operá-lo, consultado por telefone, esquivou-se sob alegação de que deveria realizar outra intervenção pela manhã. Indicou um especialista em veias [...]. Telefonaram para o especialista e este se prontificou a rumar imediatamente para o hospital [...] pois ele próprio possuía toda a aparelhagem necessária. Toda... exceto uma pequena peça. Parecia que o destino brincava de "suspense".

Fui então de carro à casa do dr. Beckstein, que possuía a tal peça. Trouxemo-la [...]. Experimenta-se a peça. Nada, não se adapta. Bem, já eram 4 horas da madrugada, a operação precisava ser tentada a qualquer preço. E tentou-se. Felizmente, com pleno êxito. Às 9 horas da manhã, estava concluída a transfusão. Meu filho estava salvo.[1]

Passado o susto e com o filho saudável, Dias voltou-se, no diário, ao momento glorioso da carreira e, em julho, escreveu a respeito da estreia de *O pagador de promessas*, no TBC, no dia 29:

> Foi um sucesso extraordinário. Tudo aquilo que eu sonhava que acontecesse — mas que no fundo temia que não passasse de um sonho — aconteceu. Antes mesmo de cair o pano, a plateia levantou-se e aplaudiu de pé, gritou delirantemente. Fui arrastado ao palco e recebi uma verdadeira consagração.
>
> Finalmente reencontro o caminho e começo a realizar-me. Isto serviu, principalmente, para me dar a certeza de que estou no caminho certo.
>
> Já recebi três propostas para filmagens e todo mundo quer *A invasão*.
>
> Sinto-me como um homem que viveu duas vidas. A primeira encerrou-se na véspera da estreia do *Pagador de promessas*. Estou nascendo de novo.[2]

Dias Gomes tinha 39 anos quando iniciou essa nova vida. Em dezembro, já havia assinado contrato para a filmagem de *O pagador* e, no primeiro dia de 1961, fazia um balanço do que acabava de acontecer:

> No início deste novo ano (acho que será decisivo para mim), fazendo um balanço do ano que passou, chego a um resultado muito animador. A verdade é que minha vida mudou de rumo em [19]60. Eu me reencontrei. [19]61 será um ano de solidificar tudo o que conquistei em [19]60 (na escolha dos melhores do ano da Associação Paulista de Críticos Teatrais, *O pagador* foi considerado, por

unanimidade, o melhor espetáculo do ano, eu, o melhor autor, Flávio, o melhor diretor, Natália Timberg e Leo Vilar, os melhores atores, e Cyro del Nero, revelação de cenografia).[3]

Logo no dia 14 daquele mês de janeiro seria tempo de pensar na peça seguinte, *A revolução dos beatos*, ainda chamada de *O boi santo*. Ele queria tratar da "ignorância, da crendice em que vive imerso o sertanejo nordestino, por culpa do cálculo de políticas venais que disso se servem para explorá-los". Sua intenção, conforme confidenciou ao diário, era que da peça pudesse "emergir um grito de revolta contra o crime que é perpetuado contra essa gente miserável, cujo desespero leva à procura do milagre. O milagre, venha ele de onde vier, como única salvação". E concluiu: "O caminho não é combater a crendice como soldados o fazem; é educar essa gente".[4]

Poucos dias depois, começou o texto da nova peça, e em 28 de janeiro deixou ainda mais claro o seu objetivo: "Demonstrar o interesse criminoso dos políticos e do clero em manter a ignorância do sertão nordestino, a exploração dessa ignorância".

A história se passa em Juazeiro, no Ceará, e aborda como políticos se aproveitam do fanatismo religioso. Na primeira cena, uma tela instalada no palco traz informações sobre a cidade: "População: 20.000 habitantes; Milagres: 1302; Escolas: 2; Crianças sem Escolas: 94%". A abertura do texto não deixa dúvidas do passo que o autor pretendia dar:

> Esta é uma tentativa de teatro popular. Tentativa para encontrar uma forma brasileira para esse tipo de teatro, no qual o Povo se sinta representado, pesquisado, discutido e exaltado, em forma e conteúdo. Parece-me desnecessário dizer que esse teatro, além de popular, é também político — não poderia deixar de sê-lo. Se escrevemos para o Povo, uma pergunta se impõe: a favor ou contra? Pois não é possível ficar neutro com relação a ele. Como Povo, entendemos massa oprimida. Se lhe apontamos caminhos para livrar-se da opressão, se o armamos contra o opressor, estamos a seu favor; se apenas o distraímos — e por consequência o distraímos da luta — estamos contra ele. Não há neutralidade possível.[5]

Nesse primeiro semestre de 1961, o autor dividiu-se entre a finalização de *A revolução dos beatos*, as premiações de *O pagador de promessas* e de *A invasão*, além das negociações para a montagem das peças. Era um período frutífero, mas ele seguia tendo necessidade, por razões financeiras, de produzir para a televisão. Fez os teleteatros *O testa de ferro* e *Vendem-se terrenos no céu*.[6] As premiações às suas obras, ele recebia de forma incômoda, procurando zombar dos louros e de si mesmo. Foi assim quando *A invasão* ganhou o prêmio Cláudio de Souza, da Academia Brasileira de Letras, em junho. Primeiro, ele se disse surpreso com a conquista. Achava que "o sentido nitidamente socialista da peça haveria de desclassificá-la". "Estão de parabéns os acadêmicos", escreveu, para em seguida ridicularizar uma discussão interna que se travara, segundo os jornais, entre os imortais. Relator da comissão julgadora, o escritor Viriato Correia havia submetido à comissão julgadora "a conveniência ou não de ser premiada uma peça com tantos (!) palavrões", registrou Dias no diário. "Um dos energúmenos propôs então que fosse sugerida ao autor a supressão dos palavrões. Mas outros energúmenos se opuseram [...]. Após tremenda batalha, os palavrões saíram vencedores. Nem tudo está perdido nesta terra!"[7] Também foi com sarcasmo que ele recebeu a quantia de 55 mil cruzeiros pelo prêmio. Na cerimônia, relatou ao diário, teve de ouvir "discursos chatérrimos". Por isso, considerou que "o preço foi apenas razoável".[8]

Se no 1º de janeiro Dias se mostrara animado com 1961, que prometia ser o "ano da solidificação" do que plantara em 1960, o passar dos meses trouxe outro sentido a esse período. Em 14 de julho, ele traçou algumas linhas que se propunham a tentar organizar esse sentimento ambíguo em relação ao sucesso:

> Preciso escrever outra peça. Faz quase quatro meses que terminei *A revolução dos beatos*. Depois disso, escrevi apenas duas peças de televisão. Estou produzindo pouco. Não sei por quê. A verdade é que estou um tanto atordoado. Minha carreira teatral está sendo travada em algum ponto. Ganho prêmios, recebo homenagens, mas minhas peças não são encenadas. Não quero prêmios, não quero homenagens, quero ser representado. Fora disso, a vida de

dramaturgo não tem sentido. Amanhã oferecem-me um almoço em razão dos meus "êxitos" no teatro. Paulo Francis diz que eu sou o autor da moda. E tudo isso me parece tão injustificado.[9]

No dia seguinte, ele seria homenageado na Academia Brasileira de Letras com um almoço que reuniu nomes como os escritores Jorge Amado, James Amado, os dramaturgos Oduvaldo Vianna pai e filho, o cineasta Alex Viany e o mítico comunista Luís Carlos Prestes.[10] Ver-se consagrado diante de intelectuais imortais, grandes amigos e do maior líder do PCB parecia, para usar a ironia do autor, um sonho de consumo. Mas ele não enxergou dessa forma, bem ao contrário:

> Sinto-me como um traidor de mim mesmo. Três violantações de personalidade me ocorreram esta semana: recebi um prêmio da Academia, fui homenageado com um almoço e tive que comparecer (por dever e gratidão) à posse de Jorge Amado. Começo a ser dominado por esse sentimento de culpa inexplicável, como se estivesse me acomodando, me aburguesando, me academizando vergonhosamente. Chega, chega, chega.[11]

Seu drama de consciência, para além de suas questões pessoais, poderia ter como pano de fundo a paradoxal relação entre o Partido Comunista e os artistas e intelectuais, vistos como "burgueses". Em 1996, Dias Gomes relataria o incômodo, dizendo que, quando ingressou no Partido, havia uma "política de suspeição", não só em relação aos intelectuais, mas à classe média de modo geral. Vistos como suspeitos e possíveis traidores, procuravam se vestir da maneira mais simples possível. "Nas reuniões, alguns até iam com camisas um pouco esfarrapadas para se parecer mais aos proletários", contaria Dias.[12]

Era, de lado a lado, "uma relação contraditória de concorrência, admiração, inveja, medo, respeito e desrespeito, reconhecimento e ressentimento. Partiam de dirigentes comunistas — que se consideravam operários — as acusações contra os 'desvios pequeno-burgueses' da intelectualidade".[13] É bem verdade que a convivência havia se tornado menos conflituosa a partir de meados dos anos 1950, com o auge do comunismo mundial e a alta adesão da intelectualidade ao PCB. Mas Osvaldo Peralva, escritor e jornalista que participou da cúpula pecebista na década de 1950, relatou que, com o clima de abertura que se impôs após as denúncias ao stalinismo do Relatório Krushev, em 1956, reacendeu "o desprezo e o ódio nutridos pelos dirigentes máximos do Partido em relação aos intelectuais", ainda que a direção tivesse interesse político na participação desses nomes. O ímpeto da intelectualidade comunista em debater as necessidades de mudanças fez com que passassem a ser chamados internamente de "piroquetes", ou seja, indivíduos que dão opiniões sem fundamento, de forma leviana, "pequeno-burgueses em desespero", "elementos vacilantes ante a pressão ideológica do inimigo de classe", "funcionários do Dops" e "vendidos ao imperialismo ianque". Já o proletariado, em visão idealizada herdada da Revolução Soviética, era tido como a "classe eleita", "portadora de todas as virtudes morais e cívicas", "possuidor de qualidades superiores inatas".

Diógenes Arruda, dirigente do Partido e citado por Peralva como um dos que se relacionavam mal com a intelectualidade,[14] decidiu agrupá-los em um comitê de finanças, dirigido por Agildo Barata. O objetivo, logo, não seria pensar os rumos do país, mas arrecadar dinheiro, o que incomodava Dias Gomes. O fato de todos serem intelectuais e artistas facilitava as reuniões, travestidas de encontros sobre arte. Também para disfarçar, os comunistas costumavam levar as mulheres e os filhos, que ficavam em outro cômodo da casa, enquanto discutiam na sala as ações políticas.

Dias certa vez foi designado para conseguir dinheiro. Pediu para o ator e empresário de teatro Jayme Costa, com quem negociava a montagem de uma de suas peças. Simpatizante, ele colaborou. Muitos também acabavam dando dinheiro por medo. A ordem da direção era reforçar a simpatia dos simpatizantes e o medo dos medrosos.[15] Em 1950, a arrecadação feita entre os convidados do casamento de Dias Gomes com Janete Clair, para ajudar os noivos, foi entregue ao Partido. Dias chegou a pedir para ficar com uma parte, mas o secretário encarregado de buscar com ele o envelope não permitiu: "Companheiro, isso é dinheiro para a revolução".[16]

Dias não se sentia confortável com isso e, com o passar de mais de três décadas, diria haver "muita manipulação na utilização que o Partido fazia dos intelectuais, dos artistas, para obter fundos econômicos". "Como a minha participação era emocional e romântica, isso me chocava, até porque achava que eu não estava no Partido para conseguir dinheiro, mas para lutar por alguma coisa. E vinha daí um pouco de subestimação da intelectualidade. O Partido é aquela visão de que o intelectual não é muito confiável."[17]

Nada disso era tão claro para Dias Gomes naquele início da década de 1960. E, mesmo com o engajamento político de suas obras, era persistente a sensação de distância em relação ao "povo". Ainda que, em certa medida, existisse na política cultural do PCB a visão elitista de que os intelectuais comunistas, a "vanguarda", deveriam orientar as massas nos caminhos da revolução,[18] Dias considerou o início de seu sucesso um dilema, um "aburguesamento". E, quando usou esse termo no diário, naquele 18 de julho de 1961, sua glória estava só começando, ainda restrita ao âmbito nacional. Mas a internacionalização de seu nome estava sendo gestada.

Em agosto, contou ter estado em São Paulo para rever o roteiro cinematográfico de *O pagador de promessas*. O filme era algo que, até aquele momento, Dias parecia desprezar. Nem o nome do diretor, Anselmo Duarte, havia mencionado no diário — e essa já era a segunda vez que tocava no assunto —, para comentar sobre o script: "Parece-me medíocre, embora não traia o espírito da peça".

Mas o cinema passava ao largo dos muitos questionamentos que o atordoavam. Mais do que entender o caminho de sua arte, Dias ansiava descobrir o papel de sua geração. Eis o registro de 2 de agosto de 1961:

> Preciso escrever outra peça. Gostaria de traduzir algo do espírito de minha geração — geração que tem exata noção de seu papel de pioneira, de desbravadora de caminhos para gerações futuras. E se revolta contra as gerações passadas, que nada lhe legaram. E consciência de que todo esforço despendido servirá apenas para adubar a terra onde germinará a semente, que só as gerações futuras edificarão realmente alguma coisa, pois já encontrarão o solo fertilizado — essa consciência de um papel menor, de uma impossibilidade de realização completa, torna a minha geração amargada, revoltada. Embora ela se diga o contrário, a verdade é que não lhe agrada plan-

tar para ser colhido pelos que virão depois. Minha geração gostaria de ter um papel, de protagonizar alguma coisa. E sabe que isso não acontecerá. Muito embora tenha consciência de estar contribuindo para que as gerações futuras — talvez a próxima geração — possa realizar-se. Mas isso não basta. Gostaria de criar um personagem (que teria muito de Paulo Francis, um pouco de Flávio Rangel) que exprimiria tudo isso numa agressividade devastadora (atacando grandes medalhões, como o Jorge Amado, como o Schimit),[19] mostrando o ridículo dos que se julgam realizados, dos que se supõem projetados no futuro. Este é o país do tempo-dirá.[20]

Diante desse turbilhão, Dias Gomes faria apenas mais duas anotações nesse ano de 1961. Em 13 de outubro, relatou a estreia de *O pagador de promessas* pelo Teatro de Amadores de Pernambuco.[21] A última nota, de 2 de novembro, era uma passagem aparentemente sem importância, em que reclamava de uma montagem no Recife na qual haviam mudado o final de *O pagador de promessas*, com a porta da igreja abrindo-se milagrosamente para Zé do Burro ser colocado para dentro (no original, a abertura da porta é forçada pelo povo revoltado). Mas as linhas finais tornam essa página do diário histórica:

> Comecei ontem a escrever nova peça. Ainda não tenho o título, mas a história me parece muito boa. É baseada em fato real, ocorrido em Guarapari, cidadezinha do litoral capixaba. Vou fazê-la passar-se em Itaparica, entretanto.[22]

A história real a que o autor se refere lhe havia sido narrada por um amigo, o capixaba Nestor de Holanda, cronista do jornal *Última Hora*.[23] É do início do século, 1906, quando foi construído o primeiro cemitério de Guarapari, batizado São João Batista. Muito dinheiro e pompa na obra, mas acontece que o local não podia ser inaugurado porque a população "gozava de boa saúde" e ninguém morria na cidade. As críticas dos moradores ao gasto "inútil" só cresciam a cada dia sem defunto, e isso duraria dez anos. Em 1916, o cemitério finalmente seria inaugurado, mas com um morto emprestado de uma cidade vizinha, Benevente, hoje Anchieta. A cerimônia de inauguração foi uma cena pronta para a obra que iria inspirar. Diante de várias autoridades, o vereador Belarmino Santana fez um inflamado discurso em que exaltou Guarapari como "o país da saúde e das maravilhas", lugar onde "nunca ninguém morre nem se entristece". Lembrou que foi preciso "emprestar um defunto" de outro lugar, e "um defunto da pior espécie, pois não passa de um mulambo". Com o braço direito esticado em direção ao mar, comemorou que Guarapari "tem o oceano marital". E com o esquerdo apontando a floresta, exaltou: "E do outro lado tem o oceano matagal". Foi então vaiado pela plateia, de onde ouviu-se um grito: "Cala a boca, negro burro".

A resposta do político soa como embrião do protagonista que Dias Gomes criaria:

> Sou burro sim, porém artista como uma locomotiva que gera no azul do firmamento. Sou negro sim, mas porém a cor da epiderme não inflói nem contribói, como diria o grande general Marechal Hermes [...] Esse aparte que acabamos de ouvir é a prova das razões por que esta merda de cidade não vai adiante e eu me recuso a continuar falando para ignorantes e analfabetos.

E desceu do palanque dando uma banana para o público.[24]

É uma perfeita cena de Odorico Paraguaçu, o prefeito de Sucupira, protagonista de *O bem-amado*. O texto ficaria pronto no último dia de 1961 e seria o antecessor de *O berço do herói*. As peças se tornariam bases para a comédia de costumes que apresentam o interior brasileiro, especialmente o nordestino, como microcosmo do país. Em um pequeno intervalo, entre 1961 e 1963, Dias Gomes criaria as duas obras que dariam origem aos seus maiores sucessos televisivos, *O bem-amado* e *Roque Santeiro*.

No primeiro dia de 1962, o autor lembrou-se da perspectiva confidenciada um ano antes ao diário. "Há um ano eu escrevia: 'Este será um ano decisivo para mim'. Terá sido. Parece-me que decisivo mesmo será [19]62."

Contou ter terminado de escrever a nova peça e confessou não estar muito satisfeito com o texto, ainda com "vários defeitos".[25] Em meio à sua fase mais frutífera, não se sentia bem. *O pagador de promessas* e *A invasão* seguiam boas carreiras, mas detalhes o aborreciam "profundamente", como o fato de a história de Zé do Burro, apesar de prestes a estrear no cinema, não estar nos palcos no Rio. Em fevereiro, lamentou passar por dias de "depressão terrível", "num estado de nervos insuportável". Sua instabilidade reverberava no casamento: "Nem sei como Janete me suporta. A verdade é que ela não entende como posso dar tanta importância ao teatro em minha vida; e às vezes se revolta. Com razão".[26]

Haveria ainda as duas derradeiras anotações, que circunscrevem o exato tempo de virada, quando passaria de um estreante autor respeitado no país para dramaturgo conceituado internacionalmente. Em 31 de março, narrou o lançamento do filme *O pagador de promessas*, que o levou a comparar as particularidades da arte teatral às da cinematográfica:

> Foi uma grande noite a de ontem. O filme extraído de *O pagador de promessas* foi exibido em sessão especial para convidados. Repetiu-se então a da estreia da peça, em S. Paulo, com a plateia aplaudindo de pé e gritando "bravos". Foi um delírio. O filme (que foi escolhido, por unanimidade, por um júri composto de membros do Itamarati, do Geicine[27] [Grupo Executivo da Indústria Cinematográfica] e críticos, para representar o Brasil no Festival de Cannes) está sendo considerado o maior filme já feito no Brasil e a cena final do enterro de Zé do Burro, uma cena antológica, digna dos maiores cinemas do mundo. É realmente um belo filme, que me comoveu bastante, não só pela sua beleza plástica, como pela fidelidade ao meu pensamento. Entretanto, ele me convence também de que o palco é o veículo ideal ao drama; o cinema é uma arte plástica, essencialmente. Na tela as ideias ganham em plasticidade, mas perdem em densidade dramática e aprofundamento humano e filosófico. O que eu quero dizer, enfim, é dito no palco muito mais claramente, muito embora, no cinema, cresça em alegoria. Por que será? Parece-me que isso se deve não a um defeito

do filme, mas à própria condição do cinema. É porque no teatro o meio básico de exposição é o <u>homem</u> enquanto que no cinema é a <u>figura</u>.[28] O drama é inerente ao homem, ninguém melhor do que ele, ao vivo, para expô-lo.[29]

O embate que Dias Gomes colocou entre o teatro e o cinema pode ser visto como embrião de outro, que o perseguiria por toda a vida: os palcos versus a tela da televisão. E ele concluiria basicamente que se o teatro ganhava da TV em qualidade artística, perdia em alcance da plateia, que era um objetivo de sua arte revolucionária. Mas, naquele início dos anos 1960, apesar da grande plateia do cinema e dos louros, preocupava-se mesmo com sua carreira nos palcos. Na mesma data em que relatou o êxito da estreia cinematográfica, confidenciou ao diário desassossego em relação a uma montagem pelo TNC, o Teatro Nacional de Comédia. Estava descontente porque Edmundo Moniz, o diretor marxista do SNT (Serviço Nacional de Teatro) nos governos JK e João Goulart, estaria impondo a participação de uma "atriz medíocre, mas sua grande paixão". Dias confessou ter ponderado o fato de que o elenco masculino era bom e ter aceitado a imposição de Moniz por não estar em uma situação financeira "das melhores". E fechou esse quadro com a seguinte conclusão: "A concessão é uma regra e uma imposição do regime capitalista".[30]

O diário termina em 31 de maio de 1962. Não é conhecida a razão pela qual Dias Gomes decidiu interrompê-lo. Isso se deu quando seu nome ganhou projeção inédita, a partir da qual passaria a ser muito requisitado, de eventos e trabalhos a entrevistas para a imprensa. Essa era pelo menos a segunda vez que guardava em um caderno suas confidências. No acervo em poder de sua viúva, há uma pequena caderneta com relatos feitos ainda na adolescência, sobre as primeiras tentativas de escrever para o teatro.

Aos 36 anos, começou seu segundo e provavelmente último diário, noticiando o início da criação de *O pagador de promessas*. Dois anos, nove meses, 21 dias e 49 anotações depois, narrava o coroamento do filme, a versão cinematográfica da peça, no Festival de Cannes. Como bom dramaturgo, deu ao diário um arco dramático completo, com começo, meio e fim. E, no último capítulo, colocou em cena sua ironia cortante:

No dia 23 do corrente, *O pagador de promessas* ganhou a Palma de Ouro no Festival de Cannes. Só agora, nove dias depois, consigo sentar-me para registrar o feito neste diário. É que, de hora para outra, vi-me transformar no nome mais requisitado do Brasil. Entrevistas, programas de televisão, homenagens, tudo veio como uma torrente. Passei a ser herói nacional. Parece-me que em tudo isso há um grande equívoco.[31]

4. O FALSO HERÓI E O MAJOR

O PAGADOR DE PROMESSAS **FEZ COM QUE** o cinema brasileiro conquistasse repercussão internacional pela primeira vez, ao vencer, em 1962, o Festival de Cannes, a mais conceituada premiação cinematográfica do mundo. A Palma de Ouro foi concedida ao filme baseado no texto de Dias Gomes em um ano especialmente rico para a cultura do país. "Garota de Ipanema", de Tom Jobim e Vinicius de Moraes, embalava as rádios e logo seria produto de exportação. Era tempo de bossa nova, de Cinema Novo, de Garrincha e de bicampeonato na Copa do Mundo.

Zé do Burro veio consagrar esse orgulho nacional.

Dois importantes projetos iniciados em 1961 se fortaleciam na ocasião: o Centro Popular de Cultura (CPC), da União Nacional dos Estudantes, a UNE, e as campanhas de alfabetização de adultos com o método de Paulo Freire, em que cada palavra ensinada trazia uma conscientização, no dizer do educador, da realidade social. A atmosfera era de euforia e utopia, de empolgação da esquerda com o Brasil,[1] com acaloradas discussões sobre um despertar político da sociedade pela via da educação e da cultura. De um lado, havia a corrente que defendia que o artista deveria deixar sua condição de "burguês", abandonando modelos eruditos ou de vanguarda a fim de criar obras para uma comunicação mais direta com o povo. De outro, os que argumentavam que os compromissos ideológicos não deveriam atropelar os estéticos, que a arte não poderia buscar uma popularização forçada, o que chamavam de "populismo cultural".

De uma forma ou de outra, o domínio era de uma arte de esquerda. Essa "brasilidade revolucionária", no termo do sociólogo Marcelo Ridenti, foi aglutinada pelo governo de João Goulart. Político do PTB, o Partido

Trabalhista Brasileiro, acusado pela direita de aliança com os comunistas, ele assumira a presidência do país em setembro de 1961, após a renúncia de Jânio Quadros, de quem era vice, e depois de enfrentar uma tentativa de golpe militar para evitar sua posse.[2]

Se a temperatura estava alta no Brasil, externamente a política pegava fogo. No final daquele ano de 1962, os Estados Unidos descobriram mísseis nucleares instalados pelo governo soviético em Cuba. Os artefatos foram retirados após um acordo em que os norte-americanos se comprometeram a não invadir a ilha comunista. A sensação era a de que a guerra nuclear estava por um fio.

Com o acirramento da guerra fria, tornava-se cada vez mais patente o envolvimento da CIA, a Agência Central de Inteligência estadunidense, com o projeto de propaganda anticomunista baseado nos Estados Unidos e com tentáculos muito além de suas fronteiras. Na "batalha pela mente dos homens", como se dizia, não faltava dinheiro a nenhum projeto com mensagem antimarxista, assim como sobravam boicote, censura e perseguição a tudo que pudesse cheirar a comunismo. À frente dessa empreitada estava uma organização batizada de Congresso pela Liberdade de Expressão, com escritórios em 35 países e a participação de intelectuais dissidentes do marxismo, que davam respaldo às denúncias do totalitarismo soviético. Formou-se, assim, um cartel cultural anticomunista, em resposta a outro, comunista, que perdia força.[3]

A disputa ideológica internacional atingiria em cheio a política brasileira em um governo cujas bandeiras eram as chamadas "reformas de base", que incluíam reformas agrária, bancária, eleitoral e tributária, além da regulamentação da remessa de lucros das multinacionais para suas matrizes.[4] A elite financeira estava apavorada. E ficaria ainda mais a partir de janeiro de 1963, quando um plebiscito decidiria pela retomada do presidencialismo, em detrimento de um parlamentarismo imposto pelos militares após a renúncia de Jânio, na tentativa de anular o poder de João Goulart.

Com o presidente de volta ao comando, o país se incendiou.

A reação do empresariado se deu em torno do chamado complexo Ipes/Ibad. O Ipes (Instituto de Pesquisas e Estudos Sociais), articulado entre 1961 e 1962 por empresários de São Paulo e do Rio, buscou conexões em todo o território nacional assim que Jango voltou ao centro das decisões,[5] O Ibad (Instituto Brasileiro de Ação Democrática), criado em 1959 com a contribuição da classe empresarial nacional e estrangeira, principalmente a norte-americana, passou a viver um embate direto com Goulart. Entre maio e agosto de 1963, por determinação do presidente, uma Comissão Parlamentar de Inquérito investigou o instituto. A acusação era a de que o Ibad havia criado uma organização de fachada, a Adep (Ação Democrática Popular), para canalizar, de forma ilegal, recursos financeiros, principalmente dos Estados Unidos, a candidatos contrários ao presidente nas eleições para o Congresso Nacional e para o governo de onze estados, em 1962.[6] Em 31 de agosto de 1963, com o levantamento feito pela CPI de notas comprovando a negociata, Jango assinou decreto punindo o Ibad com a suspensão de suas atividades por três meses e determinando que a organização fosse dissolvida pelo Ministério Público Federal, o que ocorreria em dezembro do mesmo ano.

Mas a guerra já estava deflagrada, e o complexo Ipes/Ibad era só o centro de uma mobilização nacional e internacional contra Goulart, de bandeira anticomunista, que contava com o apoio das mais diversas instituições civis e militares. Nessa campanha, um orador incansável era Carlos Lacerda, eleito governador da Guanabara em 1960. O jornalista e agora político já havia vendido a *Tribuna da Imprensa*, que causara a demissão de Dias Gomes no episódio da viagem a Moscou. Seguia sua cruzada em diversos periódicos, nas rádios e na televisão, que ultrapassava a marca de 1 milhão de aparelhos no país.

A avalanche de propaganda foi uma arma poderosa do movimento anticomunista, tendo como munição palestras, simpósios, livros, peças de teatro, filmes e até desenhos animados, além dos veículos de comunicação. Se muitas redações de jornais e estúdios de emissoras de rádio e TV eram tomados por profissionais comunistas, a maior parte de seus patrões estava mobilizada em sentido contrário, vários deles diretamente associados ao Ipes/Ibad. O rádio em especial, ainda o grande veículo de massa no Brasil, tornou-se importante meio de propagação de mensagens anticomunistas e contrárias ao presidente. Através de agências de propaganda e de anunciantes, âncoras e artistas simpáticos à causa do empresariado eram generosamente financiados, e algumas atrações, exclusivamente elaboradas para servir à campanha de desestabilização do governo. O Ibad chegou a apresentar programas em mais de oitenta cidades das mais importantes do país e a patrocinar mais de trezentas atrações de seu interesse.

Em 1963, o complexo Ipes/Ibad e seus simpatizantes já haviam editado mais de 280 mil livros e distribuído 36 mil exemplares de boletins mensais, além de milhões de cópias de diversos manifestos assinados por personalidades de diferentes áreas, alguns dos quais pediam abertamente uma intervenção militar.[7] Na sombra do conflito ideológico, surgiu o CCC, Comando de Caça aos Comunistas, organização clandestina paramilitar de extrema direita e de apoio à tomada do poder pelos militares. Em outubro, em resposta a toda essa ofensiva, Goulart tentou impor o estado de sítio, mas nem mesmo a esquerda o apoiou. A base do golpe vindouro já estava sedimentada.

Foi nesse Brasil que Dias Gomes escreveu *O berço do herói*. A nova obra vinha na sequência da que tratava dos mandos e desmandos do prefeito corrupto Odorico Paraguaçu (*O bem-amado*, 1962), da exploração política do fanatismo religioso (*A revolução dos beatos*, 1961), do problema da falta de moradia (*A invasão*, 1960) e da denúncia à intolerância (*O pagador de promessas*, 1959). Era chegada a vez de dar holofotes ao mito dos falsos heróis.

A história de *O berço do herói* foi inspirada em um caso verídico registrado por Euclides da Cunha em *Os sertões*.[8] Aconteceu na Guerra de Canudos (7 de novembro de 1896 a 5 de outubro de 1897), quando se deu a disputa de um povoado do interior da Bahia, liderado por Antônio Conselheiro, contra o Exército da recém-instalada República. No conflito, um soldado foi dado como morto e transformado em herói. Mas apareceu três dias depois, vivinho da silva. A lenda que "abalou comovedoramente a alma popular", conforme registrou Cunha, teve origem na quarta expedição militar à pequena cidade de Canudos. Quando foi morto o capitão Salomão da Rocha (esse morreu mesmo), comandante da 4.ª Bateria do 2º Regimento de Artilharia a Cavalo, surgiu a figura do soldado que teria morrido ao tentar proteger o cadáver de seu superior, conforme descreveu o autor em *Os sertões*:

Um soldado humilde, transfigurado por um raro lance de coragem, marcara a peripécia culminante da peleja [...]. Quando desbaratara-se a tropa, e o cadáver daquele ficara em abandono à margem do caminho, o lutador leal permanecera a seu lado, guardando a relíquia veneranda abandonada por um exército. De joelhos, junto ao corpo do comandante, batera-se até ao último cartucho, tombando, afinal, sacrificando-se por um morto...

E a cena maravilhosa, fortemente colorida pela imaginação popular, fez-se quase uma compensação à enormidade do revés. Abriram-se subscrições patrióticas; planearam-se homenagens cívicas e solenes; e, num coro triunfal de artigos vibrantes e odes ferventes, o soldado obscuro transcendia à história quando — vítima da desgraça de não ter morrido —, trocando a imortalidade pela vida, apareceu com os últimos retardatários supérstites [sobreviventes], em Queimadas.[9]

O episódio do herói dado como morto, mas que não morrera, foi simbólico de algo maior que se passara na Guerra dos Canudos, o que Cunha chamou de "catástrofe" e explicou com curiosa matemática.

Os trezentos e tantos mortos das informações oficiais ressurgiam. Três dias depois do recontro, três dias apenas, já se achava em Queimadas, a duzentos quilômetros de Canudos, grande parte da expedição. Uma semana depois, verificava-se, ali, a existência de 74 oficiais. Duas semanas mais tarde, no dia 19 de março, lá estavam — salvos — 1081 combatentes.[10]

Em um estilo que guarda semelhança impressionante com o que marcaria a obra de Dias Gomes, Cunha finaliza a história da lenda com a seguinte ironia: "Vimos quantos entraram em ação. Não subtraiamos. Deixemos aí, registrados, estes algarismos inexoráveis". Mais do que inspirar a história central de *O berço do herói*, essa passagem de *Os sertões*, de 1902, parece ter sido fonte para o espírito sarcástico que caracterizaria a peça e sua versão televisiva, batizada de *Roque Santeiro*, além de tantas outras criações de Dias Gomes.

No prólogo de *O berço do herói*, o escritor orienta que se crie um ambiente que provoque o público, no bom sentido, desde o primeiro instante. O espetáculo deve começar com o palco escuro e o barulho de um gongo elétrico. Pelo microfone, uma voz diz: "Notícia de falecimento de todos os heróis". A fala é seguida por nova batida do gongo, até que um jato de luz é jogado sobre um coro, que canta:

> Morreram, morreram todos.
> De ridículo e de vergonha
> ante o advento do herói-definitivo;
> humilhados, ofendidos,
> morreram, morreram todos
> os personagens da tragédia universal.
> Voltamos, voltamos ao coro
> — símbolo do destino universal comum.
> Há um botão atravessado
> na garganta do universo
> — é o gogó da humanidade —,
> é o gogó de Deus...[11]

Ao final da canção, com o palco escuro, um ator surge segurando uma lanterna, que aponta para os espectadores: "Atenção, atenção. Se há algum herói na plateia, queira subir ao palco por favor. Nenhum herói? Nenhum herói? Obrigado. Temos então de nos arranjar com o que nos resta".

Uma tela montada no palco mostra um filme com a lenda de cabo Jorge. A fita conta o que foi dado como verdade: na Segunda Guerra Mundial, enviados da Força Expedicionária Brasileira, a FEB, estão em uma trincheira na Itália, que é bombardeada por nazistas. Para evitar a morte dos companheiros, cabo Jorge subitamente solta um grito de guerra e corre em direção aos inimigos, sendo metralhado. Encorajados pelo heroísmo, seus camaradas partem para o ataque. As botas dos soldados passam por cima do corpo ensanguentado de Jorge e seguem rumo à vitória, acompanhada por uma música dramática.

Após o filme, tem início a encenação no palco. Somente no quarto quadro, a plateia entenderá que a cena cinematográfica nunca havia acontecido, fora criada pela imaginação popular, era uma representação do que todos gostariam que tivesse ocorrido, porque constrói um herói. E em torno desse mito passa a girar a cidade do protagonista, rebatizada de Cabo Jorge, a crença de seus habitantes, o comércio de santinhos, de lembrancinhas e, claro, a ganância dos políticos.

Ninguém poderia supor, longe disso, que o cabo nunca havia saído da trincheira para salvar a pátria. Ele fugira, desertara, e passara os últimos quinze anos em bordéis europeus. Sua volta às origens ameaçará a cidade, que "progredira" com o turismo em torno do mito. Agora tinha até casa de raparigas! Políticos e comerciantes passarão a esconder Jorge. Farão de tudo para manter o vivo morto, mesmo que, para isso, tenham de matá-lo.

Os moradores de Cabo Jorge, ao se deparar com indícios da farsa, mostram-se dispostos a fugir da verdade para preservar o mito, e aí está uma grande riqueza da obra. Dias evita maniqueísmo na criação do povo, que não é colocado como massa uniforme completamente "boa", "perfeita", apesar da formação comunista do autor. No desenho de cada personagem, tenta fugir do simplismo, o que se tornaria um atributo de seu trabalho. Se cabo Jorge é um anti-herói, o major Chico Manga pode ser visto como antivilão, sendo assim descrito pelo autor no prólogo da peça:

> O major Chico Manga é o chefe político local. Negocista, demagogo, elegendo-se à custa da ignorância de uns e da venalidade de outros, convicto, entretanto, de ser credor da gratidão de todos pelas benfeitorias que tem conseguido para a cidade. *E talvez o seja, até certo ponto* [grifo nosso]. É dessa classe de políticos — bem numerosa, aliás, entre nós — que acha que o relativo bem que fazem os absolve de todo o mal que espalham. E que, se Deus fez o bem e o mal, foi para que coexistissem. O que se deve fazer é tirar o maior proveito possível do mal em favor do bem. Assim, se se permite a prostituição, o jogo, mas se se cobra uma boa taxa para a Igreja ou a Prefeitura, está tudo justificado. Podia-se atribuir a ele aquela célebre frase de um

parlamentar patrício: "Política se faz com a mão esquerda na consciência e a direita na merda".[12]

Ao fim da descrição, Dias Gomes deixa bem claro: "O título de 'major' não lhe advém de posto militar, mas de seu prestígio e de suas posses". Representa algo então comum nas cidades interioranas brasileiras, especialmente no Nordeste, regidas pelo coronelismo e inspiradoras das criações do autor. A ressalva de que o major não era major, contudo, não serviria para evitar os problemas que *O berço do herói* enfrentaria com o golpe de 1964. Era uma dose de vacina insuficiente diante da força crítica da obra e da ficha corrida comunista de seu criador. Mais do que o major que não era major, o falso herói de Dias Gomes teria como inimigos os militares da vida real.

Entre a criação de *O berço do herói*, em 1963, e a tentativa de montá-la, em 1965, viria o golpe de 1964. Naquele momento, Dias Gomes era diretor da Rádio Nacional, com intensa atividade política. Na madrugada de 31 de março para 1º de abril, estava em casa, com febre, mas correu para os estúdios da emissora, que mantinha no ar discursos contra a ocupação militar. O local estava repleto de militantes solidários a Jango, que faziam discursos improvisados ao microfone. Foi quando avistou, na confusão, Nelson Werneck Sodré, general reformado, historiador e seu camarada no Partido Comunista. Ambos haviam fundado, cinco meses antes, o Comando dos Trabalhadores Intelectuais (CTI), ao lado do escritor Jorge Amado, do arquiteto Oscar Niemeyer e do editor Ênio Silveira, entre outros. O CTI surgira em meio ao avanço da direita e na esteira do acirramento dos embates internos no PCB, defendendo, em seu documento de fundação, que os intelectuais tivessem papel ativo na luta por unidade entre as várias correntes progressistas do país.[13]

No caos dos corredores da Rádio Nacional, Dias solicitou a Sodré que fosse à máquina de escrever para redigir o primeiro boletim de guerra das forças antigolpe. Lido no ar, o texto era um delírio ficcional, como depois admitiria o diretor comunista, que dizia que o golpe seria esmagado. A estação não tardou a ser tomada pelo Exército. Dias e outros funcionários tiveram de fugir. Esconderam-se em um pequeno hotel durante a noite e, no dia seguinte, dirigiram-se para um apartamento que abrigava esquerdistas, onde planejaram pedir asilo na embaixada da Argentina. No caminho, contudo, o dramaturgo desistiu de acompanhar o grupo, desceu do carro e se refugiou por alguns dias na casa do amigo Flávio Rangel, diretor de *O pagador de promessas*. Foi depois levado para a fazenda dos pais de Paulo de Oliveira, aquele que lhe emprestara o nome para pseudônimos de seus roteiros, no episódio da lista negra em 1953. Lá passou um mês, profundamente deprimido, até tomar coragem de voltar para casa e enfrentar o país.[14]

Muito em breve iria sentir na pele as consequências dos novos ares. O ato institucional nº 1 do governo golpista, de 9 de abril de 1964, havia dado início a uma série de investigações sumárias, seguida de expurgos de quem era considerado opositor. Decreto de 23 de julho listou 36 demitidos da Rádio Nacional, entre eles os pecebistas Nora Ney, Mário Lago, Oduvaldo Vianna e Dias Gomes.[15]

No início daquele 1964, o dramaturgo havia entregue os originais de *O berço do herói* à editora Civilização Brasileira, de Ênio Silveira, reduto de intelectuais comunistas. Com a tomada dos militares, Mário da Silva Brito, estudioso da literatura brasileira que atuava na editora, escondera em sua casa o roteiro da nova peça. Foi a sorte, porque, nesse meio-tempo, Dias teve sua casa invadida por integrantes do Exército, que procuravam "livros subversivos" e chegaram a revistar até a bolsa de Janete Clair.[16]

Só um ano depois, no começo de 1965, a peça seria publicada pela Civilização. O prefácio do livro era assinado por Paulo Francis, que experimentara a profissão de ator de teatro nos anos 1950 e iniciara o trabalho de crítico no final da mesma década. Em 1963, quando *O berço do herói* foi escrita, Francis havia estreado uma coluna política no jornal *Última Hora*, mas, com o golpe, perdera o emprego. Posteriormente, ele se aliaria à imprensa de resistência à ditadura, chegando a atuar em *O Pasquim*,[17] símbolo dos periódicos de oposição.

No prefácio da peça de Dias Gomes, o crítico, logo no primeiro parágrafo, entrega aos novos donos do poder tudo o que eles queriam. Ou melhor, não queriam: "*O berço do herói* é uma comédia política, onde o mito do heroísmo vai pelos ares depois de examinado pelo autor à luz dos interesses da classe dominante em nosso país". Francis ressalta a evolução do dramaturgo: "O propósito de subordinar caracterização psicológica ao efeito coletivo das forças em choque".[18] Isso exige que o público observe cada personagem, do padre ao general, como pessoa e não apenas como elemento da equação política, explica o autor do prefácio. A humanização não diminui o impacto das críticas. Ao contrário, as valoriza, pois aproxima a obra da vida real, em que todos têm suas próprias contradições e ambiguidades, além do exercício de um papel social.

O final do texto de Francis se encaixa perfeitamente no que os militares qualificavam como provocação. O crítico chama o governo Castello Branco de "parafascista". Diz que *O berço do herói* é "naturalmente subversiva" e encerra lembrando frase atribuída ao líder nazista alemão Goering, "tantas vezes convertida em atos depois do 1º de abril: 'Quando ouço falar em cultura, sinto vontade de sacar o revólver'. Esta é a Ordem do Dia do Brasil de hoje".

A orelha do livro, assinada por Ênio Silveira, não seria menos ousada. Ele abre com um petardo: "A índole pacífica e civilista de nosso povo tem recebido com sorrisos irônicos toda e qualquer tentativa [...] de transformá-lo em adorador de pretensos heróis militares". Segue com tiro certeiro: "Estamos vivendo, desgraçadamente, uma dessas fases de agressiva convivência com os militares [...]. Os homens que se assenhorearam do poder pelo golpe de abril entendem que sua farda é uma espécie de toga sagrada". Os militares, continua a atacar o editor, são daqueles que passam a "entender de tudo, de importação de alpiste às tendências da bossa nova...". Mas, otimista, prevê que eles não conseguiriam "representar o país por muito tempo".

A nova peça, na opinião de Silveira, dá uma "ilustração precisa, conquanto caricata, dessa incompatibilidade entre os dois ângulos de visão — militar e civil". Ele encerra a orelha do livro com uma análise pronta para figurar em relatório de censor: "Dias Gomes tinha um alvo a atingir e o alcança plenamente. Os mitos brasileiros, espontâneos ou feitos a martelo, sempre acabam assim: explodem como bolhas de sabão e seus respingos atingem a muita gente".[19]

Escrita antes do golpe militar, a peça ganha ressignificação a partir dos acontecimentos de 1964. Sua publicação no ano de 1965 fazia dos militares um alvo ainda mais direto da crítica do autor. E, se o roteiro já possuía plenas credenciais para se complicar com o novo governo, prefácio e orelha terminaram por cobrir a obra de pólvora. Com essa edição, a prisão de Silveira e Francis chegou a ser pedida ao Conselho de Segurança Nacional, o que não aconteceu naquela ocasião, mas não tardaria.[20] Silveira seria preso meses depois, em maio de 1965, por ter servido uma feijoada ao ex-governador pernambucano Miguel Arraes, deposto pelos militares. O episódio ficou conhecido como IPM (Inquérito Policial Militar) da Feijoada e seria uma das sete vezes em que o editor comunista iria para a prisão na ditadura. Francis teria que enfrentar a cadeia quatro vezes, o que o levaria a se autoexilar em Nova York em 1971.

O berço do herói pôde ser editada porque, antes do ato institucional nº 5, de 1968, o aparato da Censura estava em fase de montagem, o que possibilitava a sobrevida de algumas liberdades individuais em meio às práticas autoritárias.[21] Quase simultaneamente à publicação da peça em formato de livro, Silveira lançou, em março de 1965, a *Revista Civilização Brasileira*, referência do pensamento de resistência aos militares. "Vivia-se uma ditadura suficientemente forte para reprimir os movimentos sociais e políticos", conforme explica o historiador Marcos Napolitano, "mas taticamente moderada para permitir que a esquerda derrotada na política parecesse triunfar na cultura, o que alimentou o mito da 'ditabranda'".[22]

E o triunfo aparente não tardaria a ser desbaratado. Silveira seria o alvo predileto da repressão às obras literárias dos primeiros anos do regime, que, sem critérios claros, fazia uso de batidas policiais, apreensões de livros e coerção física dos autores e editores.[23] Além das sete passagens por prisões, o editor comunista colecionaria processos, teria a editora invadida, atacada a bomba, e inúmeros de seus exemplares confiscados e queimados.

Os militares podiam até "deixar" que algo que os incomodasse fosse publicado, mas logo providenciavam uma maneira de tornar um inferno a vida dos "subversivos" signatários. Para isso, contavam especialmente com o Serviço Nacional de Informações, o SNI, criado em 13 de junho de

1964, apenas 74 dias depois do golpe. A função oficial do novo órgão governamental foi definida por um dos dez parágrafos da lei que o criou: "Superintender e coordenar em todo território nacional as atividades de informação e contrainformação, em particular as que interessem à Segurança Nacional". A estrutura cresceria ao longo dos anos, sendo até informalmente patrocinada pela iniciativa privada, mas a verba inicial já não era pequena: 200 milhões de cruzeiros, enquanto o salário mínimo de 1964 era 42 mil cruzeiros.[24]

O berço do herói foi "liberada" em formato de livro, porém Dias Gomes, Paulo Francis e Ênio Silveira ganharam, com isso, mais um bom motivo para serem fichados pelo SNI. À margem da lei, essa vigilância seria a gênese dos Inquéritos Policiais Militares, os IPMs. Toda essa engrenagem funcionava, em última instância, como censura, e da mais poderosa e perversa. Além dos órgãos oficiais da Censura, a repressão à cultura contava com a produção de informação, a vigilância e a repressão a cargo das Delegacias de Ordem Política e Social (Dops), das inteligências militares e do sistema DOI-Codi (Destacamento de Operações e Informações-Centro de Operações de Defesa Interna). Em inquéritos e processos judiciais, artistas e intelectuais eram tratados como inimigos da pátria, sob ameaça de uma variada gama de punições, muitas delas extraoficiais, para dizer o mínimo. Viviam o terror cultural.[25]

Nessa atmosfera, seria preciso muito destemor para levar aos palcos uma peça com um falso herói militar como protagonista. Mas Dias Gomes conseguiria encontrar um inimigo da pátria disposto a tanto.

5. MAIS QUE PORNOGRÁFICO

ANTONIO ABUJAMRA TINHA CURRÍCULO DE SOBRA para o cargo de inimigo da pátria. O ator e diretor havia fundado o Grupo Decisão, em São Paulo, no ano em que *O berço do herói* fora escrita, 1963. Regressara pouco antes de uma excursão pelo teatro europeu, onde estagiara em vibrantes companhias do teatro contemporâneo, entre elas a Berliner Ensemble, do dramaturgo alemão Bertold Brecht, antinazista de formação marxista. A escola brechtiana, com textos essencialmente políticos e encenações épicas, com cada gesto dos atores embutindo um significado, tornou-se um dos pilares do Decisão. A nova companhia tinha como fundadores, além de Abujamra, Emilio Di Biasi e Antonio Guigonetto. Logo outros iriam se reunir ao grupo, entre eles Lauro César Muniz, dramaturgo comunista que se tornaria próximo de Dias Gomes.

Naquele ano de 1965, antes da empreitada com *O berço do herói*, o Decisão desfrutava de grande prestígio com a montagem de *Electra*, de Sófocles, no Teatro do Rio. Escrita quatro séculos antes de Cristo, a tragédia grega foi recebida pelo governo militar brasileiro como uma crítica direta ao novo regime, ao discutir a legitimidade do poder e o autoritarismo. A montagem não mediu esforços para reforçar essa correlação, com ênfase para todos os trechos do texto que pudessem soar contemporâneos. Foi assim também com o panfleto do espetáculo, que destacou frases do roteiro como "A viver nesta lei, prefiro morrer", "A situação presente é dolorosa" e "Há de vir a vingança com muitas mãos e pés pesados". Certa feita, o teatro foi invadido por censores que procuravam o autor. Como Sófocles não pudesse estar presente mais de 2 mil anos após sua existência, a polícia iria deter, duas semanas depois e instantes antes de uma apresentação, uma das atrizes do elenco, Isolda Cresta. Na véspera, ela havia cometido o crime de ler um manifesto do Decisão contrário ao envio de soldados brasileiros para a invasão da República Dominicana pelos Estados Unidos.

Dias Gomes sabia que a montagem de *O berço do herói* também estaria impregnada das ideias do Living Theatre. Fundado em 1947 por um jovem casal em Nova York, o pintor Julian Beck e a atriz Judith Malina, o grupo iria se tornar a maior referência de teatro político do mundo a partir da década de 1960. Em 1963, enquanto Dias colocava no papel sua crítica a um falso herói da Força Expedicionária Brasileira, o Living Theatre estreava a controversa *The brig* (navio de dois mastros), com cenas de tortura em uma prisão de marines norte-americanos. Nesse mesmo ano, o grupo lideraria a terceira greve geral pela paz, destacando-se no movimento de contracultura dos Estados Unidos. Após uma série de pressões, como o fechamento do teatro pela polícia e a prisão do casal fundador, a companhia iniciaria uma fase nômade, passando por diversos países da Europa e chegando, na década de 1970, ao Brasil, a convite de José Celso Martinez Corrêa e Renato Borghi, do Teatro Oficina. Em uma apresentação em Ouro Preto, em 1971, 21 integrantes do Living Theatre, incluindo Julian e Judith, seriam presos pelo Dops (Departamento de Ordem Política e Social). A uma campanha internacional pela soltura dos atores, com nomes como o do músico inglês John Lennon, do filósofo francês Jean-Paul Sartre, do cineasta italiano Bernardo Bertolucci e da atriz norte-americana Jane Fonda, o presidente Médici respondeu com um decreto expulsando a todos do Brasil. Motivo: eram inimigos da pátria.[1]

Não havia dúvidas, a montagem de *O berço do herói* seria preparada para chocar. Para o elenco principal, Abujamra chamou Milton Moraes, no papel de Cabo Jorge, Sebastião Vasconcelos como o Major Chico Manga e Tereza Rachel, na pele da sedutora Viúva Antonieta. Um vendedor ambulante da história seria interpretado por Clóvis Bueno. Ator, diretor, cenógrafo e figurinista, era persona non grata do poder, com forte atuação no movimento estudantil, no CPC (Centro Popular de Cultura, da UNE) e com todas as associações de esquerda possíveis, além da bossa nova e do Cinema Novo. Outro com um papel menor na peça, mas não na política, era o ator Luiz Mendonça, ligado ao CPC, ao Teatro de Arena e ao Opinião.

O cenário ficou sob a responsabilidade do arquiteto Anísio Medeiros, a quem Dias já havia confiado *O pagador de promessas* e *A invasão*. A direção musical ficou a cargo do jovem Edu Lobo, pernambucano de 21 anos que começava a se envolver com a bossa nova e com peças de teatro engajadas, especialmente em razão do contato com o amigo Carlos Lyra, que atuava no CPC. Em abril daquele ano de 1965, Edu Lobo ganharia seu primeiro prêmio. Sua música "Arrastão", com letra de Vinicius de Moraes e interpretação de Elis Regina, venceu o 1º Festival Nacional de Música Brasileira, realizado pela TV Excelsior no Guarujá, litoral de São Paulo. Na ocasião, o músico radicado no Rio nem pôde se juntar à festa de comemoração na casa de Vinicius, na capital carioca, porque estava em São Paulo preparando a estreia do musical *Zumbi, rei dos Palmares*, que seria rebatizado de *Arena conta Zumbi*.[2] Dirigida por Gianfrancesco Guarnieri e Augusto Boal, a peça iria se tornar um dos símbolos do teatro de resistência à ditadura.

Para o grupo de músicos de *O berço do herói*, Edu chamou Osvaldo Sargentelli, que em 1964, por ordem da ditadura, deixara de apresentar na TV Tupi o programa *Preto no Branco*, no qual entrevistava convidados "polêmicos", entre eles muitos comunistas. O diretor musical convocou também Dori Caymmi, jovem de vinte anos que no ano anterior havia codirigido a peça *Opinião* e no seguinte seria levado por Edu para o espetáculo *Arena conta Zumbi*.[3]

Os ensaios de *O berço do herói* eram acompanhados pelo diretor musical no teatro Princesa Isabel, no Rio, ao lado de Abujamra e muitas vezes de Dias Gomes. A cada encontro, a peça ganhava novas tintas. Nesse processo, Dias ia mudando o texto e Edu, a música. O coro do início, decidiram, não só declamaria a poesia sobre a morte dos heróis, que já era forte, como o faria marchando, o que dirigia a crítica ainda mais diretamente aos militares. A cada nova alteração, os atores tinham de redecorar e reensaiar tudo, sempre em um caminho mais ferino.

A montagem contava veladamente com patrocínio de Newton Rique.[4] Eleito prefeito de Campina Grande, Paraíba, em 1963, fora deposto pelos militares em junho de 1964 e passara a administrar o Banco Industrial de Campina Grande, de propriedade de sua família, e a colaborar com produções culturais com as quais simpatizava. Era um inimigo da pátria com dinheiro.

O texto de *O berço do herói* foi encaminhado à Censura do estado da Guanabara no início de junho de 1965, como era de praxe, 45 dias antes da data marcada para a estreia, 22 de julho. Até então, o poder censório encontrava-se descentralizado pelos estados, com a estrutura federal em elaboração. Em 16 de novembro de 1964, uma lei havia atribuído ao Departamento Federal de Segurança Pública a função de censurar diversões públicas, mas, sem ênfase no teatro, deixava especialmente a cargo do novo órgão a fiscalização de "filmes cinematográficos que transponham o âmbito dos estados".

A censura ao teatro no país, base para o que depois se daria em outras áreas artísticas, inclusive na televisão, havia sido institucionalizada no século anterior, com a criação do Conservatório Dramático Brasileiro (CDB). Responsável pelas peças apresentadas na corte de 1843 a 1864, o CDB tinha o objetivo de selecionar obras e de determinar as mudanças necessárias, zelando "pela moral e pelos bons costumes". Contava dentre os censores com a fina flor letrada, como Machado de Assis e José de Alencar.

A partir da proclamação da República, em 1889, e da Constituição de 1891, a censura passaria a ser responsabilidade não dos próprios intelectuais, mas de órgãos policiais, e as motivações políticas das proibições ficariam mais perceptíveis. Na era Getúlio Vargas, a Constituição de 1934 vetou mensagens de guerra, de violência e a subversão da ordem política e social. Com o DIP, o Departamento de Imprensa e Propaganda, em 1939, as decisões sobre a repressão ficaram centralizadas no governo federal, ligando-se diretamente ao poder do presidente.

Após o fim do Estado Novo, a censura teatral seguiu, nos anos democráticos, priorizando oficialmente as chamadas questões morais, mas com a mesma estrutura legislativa que previa cerceamento a tudo que pudesse ferir os "interesses nacionais" ou depreciar as Forças Armadas. Quando se deu o golpe de 1964, a ditadura militar nem precisou inventar leis censoras, apenas ajustar as já existentes à nova conjuntura, investindo esforços em concentrar o controle em Brasília.[5] O teatro foi a área mais visada na fase pré-AI-5, ou seja, entre 1964 e 1968. A plateia não era quantitativamente significativa como a do rádio ou a da televisão, mas reunia os formadores de opinião, e o movimento teatral demonstrava vigor capaz de mobilizar setores da oposição, especialmente o estudantil.

O berço do herói, apesar disso, conseguiu vencer o primeiro obstáculo, sendo aprovada pelos censores do governo Lacerda. Para a liberação definitiva do espetáculo, porém, os agentes públicos deveriam assistir a um ensaio geral, o que costumava acontecer na véspera da data da estreia. Essa falta de antecedência era uma tortura psicológica para a equipe, que se preparava para entrar em cena sem saber se isso aconteceria. Funcionava também como censura econômica. O fato de o parecer definitivo só sair mediante um ensaio realizado na véspera fazia com que o teatro se tornasse um investimento de alto risco, o que inibia patrocinadores.

A censura prévia a espetáculos aparecera pela primeira vez na legislação republicana brasileira em 9 de dezembro de 1920. O decreto 14.529, de Epitácio Pessoa, que também proibia corridas de touro, garraios (bezerros) e novilhos, além de brigas de galos e de canários, impunha regras detalhadas ao funcionamento de casas de espetáculos públicos, desde a necessidade de um vestiário privativo para as senhoras, "conservado com o máximo asseio", até a colocação de pelo menos três cabides fixos nos camarotes e frisas. Vetava a exibição de anúncios "ofensivos à moral e aos bons costumes ou que se refiram a moléstias ou incômodos secretos ou repugnantes" e proibia os artistas de acrescentar ou retirar partes do texto. Tinha até regras para o espectador, que, "salvo o direito de aplaudir ou reprovar", não poderia gritar ou fazer discursos sem prévia autorização da autoridade policial. Determinava que os textos das obras deveriam ser entregues ao segundo delegado auxiliar pelo menos trinta dias antes da estreia. Assegurava que a polícia não entraria "na apreciação do valor artístico", mas trazia extensa lista de vetos previstos, da moral e dos bons costumes a ofensas à religião, a instituições nacionais e até a países estrangeiros.[6]

Quatro anos depois, em 10 de setembro de 1924, novo decreto, o 16.590, com assinatura de Artur Bernardes, determinava que as casas de diversão deveriam estar de portas abertas, de dia ou de noite, para "o chefe da polícia, delegados auxiliares, censores e autoridades do distrito". A lei falava de um "camarote da polícia" e de cadeiras nos teatros que deveriam conter, nas suas costas, uma placa com a palavra CENSOR. Com esses dois decretos, o de 1920 e o de 1924, começava a se desenhar nitidamente a ligação entre censura e polícia.

Novamente em um intervalo de quatro anos, em 10 de dezembro de 1928, mais um decreto, de número 18527, concebia o dispositivo do ensaio geral para referendar ou não a avaliação feita previamente do texto da peça. Assinado por Washington Luís, regulamentava a organização de empresas de diversão pública, autorizando, por exemplo, mulheres casadas, com mais de dezoito anos, a serem empresárias, desde que com autorização do marido. Nas regras sobre o contrato de trabalho entre empresários e artistas, definia que os funcionários não precisavam ser remunerados pelo ensaio geral à Censura, tarefa que estavam "obrigados a prestar, nos termos dos regulamentos policiais vigentes".[7]

Também reforçaria a obrigatoriedade do ensaio geral a lei que seria a cereja do bolo no aparato censório brasileiro do século XX. O decreto 20493 regulamentava a censura e criava para isso um novo órgão, o Serviço de Censura de Diversões Públicas (SCDP), vinculado ao Departamento Federal de Segurança Pública. Tratava, entre outros setores culturais, de teatro, programas de rádio e letras de música. Depois iria incorporar a TV. Foi assinado em 24 de janeiro de 1946 por José Linhares. O então mandatário do país havia sido convocado por uma junta para assumir a presidência em 29 de outubro de 1945, dia em que Vargas foi deposto por seus ministros militares. Foi escolhido porque era o presidente do Supremo Tribunal Federal, e permaneceu no comando do Brasil até o marechal Dutra, vencedor de eleições diretas, ser empossado, em 31 de janeiro de 1946.

Na rasteira de uma ditadura e de um golpe militar, e com a assinatura de um presidente-tampão a apenas uma semana de deixar o cargo, o decreto 20493 justificaria a maior parte dos pareceres dos censores por mais de quatro décadas.[8] Extenso, com 136 artigos, cairia como luva para o regime autoritário de 1964 e sobreviveria mesmo após a deposição dos militares, sendo revogado somente na Constituição de 1988. Entre outras exigências mais amplas aos produtores culturais, ia a pormenores, determinando, por exemplo, que nos dez primeiros dias de cada ano todos os empresários teatrais deveriam mandar quatro ingressos permanentes aos censores, cujos lugares seriam obrigatoriamente nas três primeiras filas da plateia, "em posição de visibilidade e audição completas". Sobre o ensaio geral, definia que deveria se realizar em data e hora marcados pelos censores, que passaram a escolher a véspera da estreia a fim de tornar o processo ainda mais angustiante para os produtores.[9]

Armados desse farto aparato legal, os censores do governo Lacerda compareceram ao teatro Princesa Isabel, no Rio, na tarde de 21 de julho de 1965 para assistir ao ensaio de *O berço do herói*. A ordem do diretor para os atores tinha sido a de amenizar o tom ácido ao máximo, e algumas passagens foram modificadas com o objetivo de evitar problemas.[10] Os censores estavam acompanhados de mais quatro homens, que não se identificaram aos produtores. Ao terminar a apresentação, Dias Gomes perguntou a eles se a peça havia sido aprovada. Uma censora respondeu que o veredito seria dado "só amanhã". O autor argumentou que isso seria complicado, pois a estreia estava marcada para o dia seguinte. Ela olhou para o grupo que a acompanhava, voltou-se ao dramaturgo e repetiu que "só amanhã" a Censura daria uma resposta.

A primeira sessão ao público seria às 21h30 de 22 de julho de 1965. Às 17h, o chefe do Serviço de Censura do Rio, Asdrúbal Sodré Júnior, assinou um documento vetando o espetáculo.[11] Por volta das 21h, compareceu à porta do teatro, que havia sido inaugurado seis meses antes pelo governador Carlos Lacerda, em homenagem ao quarto centenário do Rio. Lá, encontrou dezenas de espectadores que não sabiam da proibição. Dias Gomes e a equipe do espetáculo estavam no local, o que gerou tensão, pois o censor julgou que eles pretendiam encenar a peça à revelia, e ameaçou chamar a polícia.

Um diálogo que Dias Gomes considerou "kafkiano" se deu quando ele explicou a Sodré Júnior que pretendia apenas informar o público sobre a proibição da peça:

— O senhor não pode fazer isso.
— Por quê?

— Porque a peça não está proibida.
— Como assim?
— A peça não foi liberada.
— E não é a mesma coisa?
— Não.
— Qual é a diferença, se de qualquer forma não podemos encená-la?
— A diferença existe, pode ficar certo de que existe.[12]

Mais tarde chegariam dois censores "mais amáveis, simpáticos e compreensivos", de acordo com relato que Dias Gomes faria em setembro, em artigo na *Revista Civilização Brasileira* intitulado "*O berço do herói* e as armas do Carlos". No texto, os nomeou de sr. Machado e sr. Ottati, este último José Leite Ottati, que viria a ser contratado na década de 1970 pela TV Globo para fazer o meio de campo entre a emissora e a Censura.

O sr. Ottati e o sr. Machado explicaram que a proibição ocorrera porque, no ensaio, os censores observaram modificações em relação ao texto aprovado anteriormente. Ottati mostrou a Dias Gomes o que deveria ser alterado para que a peça fosse aprovada: 1) Mudar a cor do pano verde e amarelo que cobria a estátua do herói; 2) Chamar o "general" de "emissário do Ministério da Guerra" e o "major", de "deputado"; 3) Alterar a sigla IPM, que significa Inquérito Policial Militar, pela palavra "inquérito"; 4) Suprimir a localização da ação, riscando do texto "Brasil", "Salvador" e "Rio de Janeiro".

O autor se propôs a fazer as mudanças e, no dia seguinte, às 15h, compareceu ao gabinete da Superintendência da Polícia Judiciária. Deu-se nova conversa com ar "surrealista e kafkiano", como avaliou Dias Gomes, entre ele e o superintendente, Sales Guerra:

— A peça está proibida.
— Mas o texto não foi aprovado pela Censura?
— Foi.
— Por que então a proibição?
— Porque o texto sofreu alterações durante o ensaio.
— Mas isto é comum.

— Mas não pode. Não está de acordo com o texto aprovado.
— Podemos levar então o texto aprovado?
— Não.
— Por quê?!
— Porque fizeram alterações no texto aprovado.
— Suprimimos as alterações. Levamos o original, sem mudar uma vírgula. Podemos?
— Não.
— Por quê?!
— Porque o original foi alterado.[13]

O embate tornou-se um pouco mais esclarecedor quando o chefe de Censura, Asdrúbal Sodré Júnior, que assinara a proibição na véspera, resolveu falar:

— Os senhores infringiram o artigo 41 do regulamento.
— Perdoe-me a ignorância, mas não conheço esse artigo. O senhor poderia talvez esclarecer-me sobre o seu texto.
— Que texto?
— O texto do artigo 41.
— Ah, não sei. Também não sou obrigado a saber de cor todos os artigos de todas as leis.
— Mas o chefe da Censura deve saber.
— Eu? Por quê?
— Porque o senhor é o chefe da Censura.
— Quem aplica o artigo é o censor, no parecer.
— E o parecer? Posso ver o parecer?
— Não. O parecer é confidencial.
— Mas eu preciso saber de que me acusam.
— O senhor é acusado de ter infringido o artigo 41. Não basta?[14]

Dias Gomes não pôde ver o parecer e ele provavelmente se extraviou, não constando atualmente nem do acervo do Arquivo Nacional do Ministério da Justiça, que guarda os documentos da Divisão de Censura de Diversões Públicas, nem do Arquivo do Estado do Rio de Janeiro. Por sorte, o autor foi detalhista ao abordar o processo censório no artigo da Revista Civilização Brasileira, e a imprensa, ainda não censurada previamente à época, pôde registrar passagens do episódio.

Naquela tarde de 23 de julho de 1965, uma sexta-feira e "aniversário" de um ano do decreto que o demitira da Rádio Nacional, o autor saiu da Polícia Judiciária sem esperança de estrear O berço do herói ainda no final de semana. O superintendente lhe disse que somente na segunda-feira poderia dar uma resposta do recurso para encenar a peça com o texto original.

O elenco, caracterizado com os personagens, pegou um táxi diante do teatro e foi até a praia do Flamengo, na porta do apartamento tríplex do governador, que não concordou em receber os artistas.[15] Por trás da fúria de Lacerda contra Dias Gomes e tudo o que girava em torno do PCB estava a sua complexa relação com o comunismo. Antes de ser o grande porta-bandeira da direita no Brasil, o político experimentara atuante militância na esquerda. Seu passado vermelho fora herança de família, começando pela escolha de seu nome, Carlos Frederico Werneck de Lacerda, uma homenagem a Karl Marx e Friedrich Engels, ideólogos do comunismo. Sebastião de Lacerda, seu avô, fora abolicionista e republicano. O pai, Maurício de Lacerda, deputado ligado ao sindicalismo. Dois de seus tios atuaram na direção do Partido Comunista, ao qual Lacerda iria se filiar muito cedo e de onde seria rapidamente expulso. Foi em razão da atividade jornalística que o jovem, aos 23 anos, acabou se tornando um pária para o PCB, em uma controversa passagem da história brasileira. O Estado Novo encomendou a uma revista mensal em que Lacerda trabalhava um artigo crítico ao Partido, e ele foi o escolhido para escrevê-lo. Consultou a direção pecebista, que lhe deu o aval. Melhor isso do que deixar a missão para alguém que não fosse de confiança. O texto foi publicado em janeiro de 1939, com detalhes sobre a organização e o nome de vários membros importantes. Lacerda alegou que as informações já eram de conhecimento da polícia e se recusou a fazer uma retratação. Terminou sumariamente condenado por todos aqueles que formavam seu círculo profissional e social, pessoas que respeitava e que o respeitavam, e isso deu início a uma relação de ódio mútuo.[16]

Foi carregado dessa amarga memória que Lacerda se deparou com o elenco de *O berço do herói*. Os atores haviam se plantado à porta do prédio até que governador foi obrigado a sair para um compromisso. Entre eles estavam Ana Maria Nabuco, Ilva Niño e os protagonistas Sebastião Vasconcelos (Major Chico Manga) e Tereza Rachel (Viúva Antonieta). As lembranças da atriz registram brutalidade por parte de Lacerda, que, tentando se desvencilhar do grupo, chegou a segurá-la pelo braço e a empurrá-la.[17] Entre ele e o elenco deu-se o seguinte diálogo:

> — Já sei, vocês vêm falar de *O berço do herói*. Não adianta. Li a peça. É pornográfica e subversiva. Fui eu que mandei proibi-la.
> — Mas, governador, a peça havia sido aprovada pela Censura.
> — Eu sei. Mas enquanto houver Constituição neste país, peças desse tipo não serão permitidas. De agora em diante, vou ler todas e proibir uma por uma. Há algumas em cartaz que já deveriam ter sido proibidas. A do Nelson Rodrigues, por exemplo. Mas essa é só pornográfica. Dias Gomes é pior, é também subversivo. E vão embora daqui.[18]

A peça de Nelson Rodrigues em cartaz era *Toda nudez será castigada*, que estreara no Teatro Serrador um mês antes, em 21 de junho. A comparação com seu desafeto irritou ainda mais Dias Gomes, que se inspiraria nessa declaração de Lacerda para, 33 anos depois, em 1998, dar à sua autobiografia o nome de *Apenas um subversivo*. No livro, registraria que na primeira versão da peça *O bem-amado*, de 1962, o linguajar do populista e corrupto prefeito Odorico Paraguaçu era uma caricatura "do hiperbólico estilo oratório" do governador.[19]

O sermão nos atores de *O berço do herói* encerrou-se com Lacerda, logo antes de entrar no carro oficial, bradando: "Se querem fazer a revolução, peguem em armas!".[20] A frase diz muito sobre a guerra que o poder autoritário imprimia contra a produção cultural. Alguma semelhança com "Quando ouço falar em cultura, sinto vontade de sacar o revólver", do líder nazista citada por Paulo Francis?

A censura à peça mobilizou o meio cultural no país. Diversas mensagens de apoio chegaram a Dias Gomes e a toda a equipe, e grupos dedicaram suas encenações à obra censurada. No sábado, dia 24 de julho, dois dias após a não estreia, quem resolveu abraçar a causa foi Sobral Pinto, o mesmo que em 1949 havia ajudado o amigo católico Carlos Lacerda a fundar a *Tribuna da Imprensa*. Em 1964, o conceituado advogado apoiara a intervenção militar para afugentar o comunismo do Brasil, mas, uma semana após o golpe, mandara uma carta ao presidente Castello Branco dizendo que ele não tinha legitimidade para governar o país, pois não havia sido escolhido pelo povo e, portanto, sua presidência era inconstitucional.[21]

Sobral Pinto encarregou-se da defesa de Dias Gomes, o comunista que doze anos antes, em 1953, cometera o crime de viajar a Moscou e fora demitido em razão da reportagem do jornal criado com apoio do jurista. Anticomunista, o advogado apoiara o golpe de 1964, mas logo iria se destacar na luta contra a ditadura e a favor dos direitos humanos. Contrário à censura à imprensa e aos livros, nunca deixaria, entretanto, de defender um controle voltado "à moral e aos bons costumes".[22] Católico fervoroso, em 1988 escreveria ao presidente José Sarney pedindo a proibição do filme *A última tentação de Cristo*, de Martin Scorsese, que mostra Jesus em meio a tentações mundanas.[23]

Respeitado pela direita, Sobral Pinto ouvia dos censores de *O berço do herói* que a peça seria liberada, era questão de tempo, e pedia paciência aos produtores. Apesar de o superintendente da Polícia Judiciária ter dado parecer favorável à peça, a liberação não saía, e os dias se passavam. Durante duas semanas, o elenco se aprontou, com o figurino e a maquiagem, para a estreia que nunca acontecia. Entrava em cena outro tentáculo da Censura: o sufocamento econômico das produções culturais. Sem o lucro da bilheteria, os profissionais não recebiam e eram obrigados a partir para outros projetos.[24]

Em 5 de agosto, o jornal *Folha de S.Paulo* tratou do veto a *O berço do herói* pela quarta vez, a primeira de forma opinativa. Um artigo na capa da Ilustrada condenando a proibição era assinado pelo ensaísta e crítico literário Tristão de Ataíde. Tratava-se de pseudônimo de Alceu Amoroso Lima, um dos fundadores da Pontifícia Universidade Católica, do grupo de católicos influentes do qual Sobral Pinto fazia parte, e que também colaborara com Lacerda para fundar a *Tribuna da Imprensa*. O texto da *Folha* tinha como título "O trigo e o joio". Nele, o autor fazia uma comparação entre a censura e a parábola cristã. A censura, explicava, determina autoritariamente o que é trigo e o que é joio, para aniquilar o segundo. Já a história da *Bíblia* tem como princípio a liberdade, permitindo que os dois cresçam lado a lado para que, "a seu tempo, sejam distinguidos, e o bem possa vencer o mal".

O articulista, que havia assistido a um ensaio de *O berço do herói*, não gostara do que vira, o que relatou no artigo. "Mas pouco importa se ela é teatralmente fraca" porque o "terrorismo cultural dos censores transcende o caso particular da peça de Dias Gomes". Quem cunhava a expressão "terrorismo cultural" era um liberal. E, por isso, a censura a *O berço do herói* e esse texto de Alceu Amoroso Lima, assim como o engajamento de Sobral Pinto na causa, mostraram-se chaves para o entendimento de algo que se passou logo nos primeiros instantes da ditadura: a falta de liberdade de expressão tornou-se o epicentro da tensão criada entre os militares e os liberais, que pouco antes, em grande parte, haviam apoiado o golpe. A partir de então, a expressão "terrorismo cultural" seria endossada pelo Partido Comunista, que já começava a falar em uma coalizão dos setores democráticos contra a ditadura. Assim, criava-se um conceito hegemônico de resistência cultural ao regime autoritário, entre comunistas e anticomunistas, em nome da liberdade de expressão.[25] A censura, se por um lado conseguiria barrar em parte a circulação de ideias não favoráveis ao governo, por outro acabaria como um tiro no pé.

A repercussão em torno de *O berço do herói* crescia. Foi tornada pública uma carta, com 1,5 mil assinaturas, dirigida ao presidente Castello Branco. Os signatários defendiam que a proibição de uma peça com texto já aprovado pela Censura era inconstitucional. A classe teatral do Rio reuniu-se em assembleia para decidir como agir. Entre as várias propostas estava a encenação, antes de todos os espetáculos, de um trecho de uma obscura peça de Lacerda. Irônico como sempre, Dias Gomes escreveu em seu artigo da *Revista Civilização Brasileira* que isso não foi aprovado "porque resultaria na punição de um inocente: o público". Acabou vencendo a ideia de fazer uma noite de vigília em frente ao teatro Princesa Isabel, que teve, além dos profissionais do teatro, a presença de jornalistas, cineastas, músicos. O ato foi um marco do movimento teatral de resistência, que àquele momento começava a ganhar força. Outras várias manifestações públicas como essa vigília iriam ocorrer, fora uma série de manifestos, cartas abertas e passeatas, em um enfrentamento crescente que culminaria, em 1968, com a greve geral dos teatros e a organização da campanha nacional "Contra a censura, pela cultura".[26] Aos artistas, uniram-se intelectuais e estudantes, em um bloco considerado extremamente ameaçador pelo regime.

A censura a *O berço do herói* chegou aos discursos do Congresso, e o governo estadual achou por bem se manifestar, divulgando um despacho do secretário de Segurança Pública, Gustavo Borges. A secretaria havia sido criada três anos antes, em 1962, por lei de Lacerda, que reestruturava o estado da Guanabara após a transferência da capital federal para Brasília, em 1960. Borges era o primeiro a ocupar o cargo.[27] O documento assinado por ele acusa os produtores de terem feito de forma premeditada alterações no texto aprovado pela Censura, já vislumbrando um choque com os censores. De acordo com sua teoria, o objetivo seria fazer "propaganda gratuita" em notícias "pré-fabricadas visando demonstrar que o 'terrorismo cultural' vem sendo aplicado pelas autoridades". Em sua resposta oficial, o governo faz, então, referência ao termo do artigo de Alceu Amoroso Lima sobre a proibição da peça, publicado dias antes na *Folha*. O secretário de Segurança afirma que "a verdade é que esses senhores estão engajados na implantação de uma ditadura cultural, através do abuso da liberdade democrática e em estrita obediência à recente diretriz do PCB".

O despacho prossegue com a operação de demonstrar que a censura era legal, citando o famigerado artigo 20493. Com base nele, Borges informa aplicar aos produtores multa de mil cruzeiros, "uma vez que os artistas não observaram o que fora aprovado pela Censura". Cita o artigo 50 da lei, o qual obriga os artistas, no ensaio geral, a seguir as determinações do censor "tanto em relação ao texto, como em relação à indumentária, aos gestos, marcações, atitudes e procedimentos no palco". Era o censor se fazendo de diretor.

A proibição fica clara quando o secretário escreve que se "reprove totalmente" a exibição da peça, mencionando o tal artigo 41 do regulamento, que o chefe da Censura não sabia de cor na conversa com Dias Gomes. De acordo com os oito pontos desse artigo, será negada a autorização sempre que a obra:

a) contiver qualquer ofensa ao decoro público;

b) contiver cenas de ferocidade ou for capaz de sugerir a prática de crimes;

c) divulgar ou induzir aos maus costumes;

d) for capaz de provocar incitamento contra o regime vigente, a ordem pública, as autoridades constituídas e seus agentes;

e) puder prejudicar a cordialidade das relações com outros povos;

f) for ofensiva às coletividades ou às religiões;

g) ferir, por qualquer forma, a dignidade ou o interesse nacionais;

h) induzir ao desprestígio das Forças Armadas.[28]

O coronel Borges pontuava os problemas da peça, relacionando-os com itens previstos no artigo 41. O texto, escreveu, fere a alínea "c" ao "glorificar o lenocínio e a corrupção dos costumes". O lenocínio, ou exploração à prostituição, ocorre na "casa de raparigas" de Cabo Jorge. Também ofende o decoro público, o que é proibido pela alínea "a", "pelo emprego de palavras de baixo calão". E se dá ao trabalho de contá-las: "34 vezes". Ofende as religiões, o que é vetado pela alínea "f", "ao fazer grosseiras e intempestivas referências à Virgem Santíssima e ao apresentar o vigário em dança grotesca". E, de novo, vale-se de base quantitativa: "Além de 23 referências antirreligiosas". Uma delas aparece em diálogo entre Chico Manga e o Prefeito, que jura pela "Virgem Santíssima" não ter roubado certo dinheiro, ao que o outro retruca: "Não meta a Virgem nessa história, senão vão acabar duvidando da virgindade dela". Já a "dança grotesca" do Vigário acontece em torno da estátua de Cabo Jorge, na praça central, ao lado do Prefeito, do Major e do Vendedor, todos estufando a barriga, ao som do coro: "À sombra desta estátua/ uma cidade cresceu,/ cresceu, cresceu, cresceu,/ à sombra dela cresceu./ Barriga também cresceu/ de muita gente cresceu".

Até aí, a Censura tratava de questões, no dizer de Lacerda, "pornográficas". Obviamente, mesmo a repressão assim justificada mascarava interesses políticos por não querer outra coisa que não a manutenção da "moral e dos bons costumes" de quem detém o poder. Facilmente legitimada como ferramenta para evitar o risco de abusos, sobrevive em tempos democráticos, contando com o apoio de setores da sociedade que não só a desejam como a exigem.[29] Já a parte de *O berço do herói* que Lacerda chamaria de "subversiva", ou seja, a assumidamente política, o secretário de Segurança Pública deixa para mencionar na última linha de seu despacho: a peça infringe a alínea "h", que proíbe "induzir ao desprestígio às Forças Armadas", ao "ridicularizar um herói da FEB [Força Expedicionária Brasileira], além de várias outras aleivosias [traições]".

O veto ao falso herói da FEB tem em sua gênese algo que se instalaria no Brasil justamente após a passagem da Força Expedicionária Brasileira pela Itália durante a Segunda Guerra Mundial. Lá, nas trincheiras que iriam inspirar Dias Gomes na criação de Cabo Jorge, ficara nítido o desnível dos militares brasileiros em relação aos norte-americanos e a necessidade de um investimento na defesa nacional. Terminado o conflito, em 1945, essa ideia seria respaldada pelo advento da guerra fria e de sua disputa ideológica entre capitalismo e comunismo. Em 1949, o Brasil fundou a Escola Superior de Guerra (ESG), pautada na National War College dos Estados Unidos, de 1946. O objetivo da ESG, além da formação de militares, era a associação com uma elite civil para implementar um projeto de integração nacional que levasse o país a se tornar uma potência dentro do bloco capitalista liderado pelos norte-americanos. Naturalmente, o inimigo a combater era o comunismo encabeçado pelos soviéticos.[30]

Dentro da ESG surge a Doutrina de Segurança Nacional, segundo a qual a esquerda travava uma guerra psicológica para preparar campo para a guerra revolucionária. O pensamento dessa elite militar brasileira estava em consonância com a política anticomunista do Conselho de Segurança Nacional dos Estados Unidos, formado em 1947. Em sua origem, está o forte discurso proferido pelo presidente norte-americano no Congresso em março daquele ano. Henry Truman falou sobre a divisão do mundo em dois blocos. De um lado, ele disse, estava o mundo da liberdade; do outro, o da opressão. E defendeu uma política de apoio financeiro dos EUA a países que se tornassem aliados na guerra fria, com suporte para a reconstrução econômica, política e militar. Essas foram as bases da Doutrina Truman, voltada ao combate internacional do comunismo.

Golbery do Couto e Silva foi um dos integrantes da FEB que, antes de ser enviado à Itália, passara por um estágio nos EUA e absorvera toda essa mentalidade. Na década de 1950, ele iria coordenar os estudos da ESG e seria um dos ideólogos da Doutrina de Segurança Nacional. Nos anos 1960, passaria a figurar como um dos líderes do grupo de empresários contrários a Jango no Ipes, sendo uma personalidade central na articulação do golpe de 1964. Com os militares no poder, a ESG formaria quadros para o governo, e a política da ditadura se daria em torno de sua doutrina, que ganharia status de lei. O decreto-lei nº 314, de 13 de março de 1967, em seu artigo 1º determina que todas as pessoas são responsáveis pela segurança nacional. Já o 3º deixa claro pelo que se deve zelar: "A segurança nacional compreende, essencialmente, medidas destinadas à preservação da segurança externa e interna, inclusive a prevenção e repressão da guerra psicológica adversa e da guerra revolucionária ou subversiva". O artigo 33 veta "incitar publicamente à animosidade entre as Forças Armadas ou entre estas e as classes sociais e as instituições civis". Seria esse um artigo facilmente aplicável à censura de *O berço do herói* se a lei já houvesse sido assinada em 1965. Não havia, mas a doutrina da ESG permeava toda a estrutura de repressão criada pela ditadura militar: do SNI, pessoalmente elaborado por Golbery, ao sistema policial e à Censura. Foi a essência, por exemplo, da reorganização do Departamento Federal de Segurança Pública, determinada pela lei 4483, de 16 de novembro de 1964, que relacionava a censura ao combate aos inimigos dos "interesses da União".

Dois meses após a proibição de sua peça, Dias Gomes tentou responder a cada uma das questões apontadas no despacho do secretário de Segurança Pública. No artigo que assinou na *Revista Civilização Brasileira*, afirmava ser uma calúnia a acusação de que teria buscado um choque premeditado para chamar a atenção do público e defendia ser inconstitucional a proibição com base no ensaio geral, visto que ele havia posteriormente concordado em encenar o texto aprovado pela Censura.

Mas o motivo central da proibição não estava neste ou naquele detalhe da peça ou do ensaio visto pelos censores, mas no âmago da obra. Dias

Gomes sabia, como admitiria em sua autobiografia, em 1998, que os militares não aceitavam a ridicularização do herói da FEB. Não adiantava espernear; a peça seguiria proibida. Porque Dias Gomes não se contentava em ser pornográfico. Ele insistia em ser subversivo, e isso já era demais.

Três meses antes da censura a *O berço do herói* entrava no ar a TV Globo, no canal 4 do Rio de Janeiro. A primeira transmissão aconteceu no dia 26 de abril de 1965, quinze anos após a inauguração da televisão no Brasil, em 1950, pela Tupi de São Paulo. A nova emissora era de Roberto Marinho, dono do jornal *O Globo*. Nos primeiros meses, foi tocada por funcionários da Rádio Globo, entre eles o general Lauro Medeiros (ex-chefe das comunicações do Exército, que se tornou diretor técnico do novo canal), o locutor Rubens Amaral (que disse as primeiras palavras no ar e assumiu a direção-geral), e Mauro Salles (diretor de jornalismo). Desse grupo inicial fazia parte também Moysés Weltman, o amigo de Dias Gomes que o havia ajudado com pseudônimos quando ele estava na lista negra, em 1953. Seu parceiro comunista iria se tornar responsável pela programação artística da TV Globo, para a qual indicaria, entre outros nomes, o da novelista Janete Clair.

Enquanto os militares vetavam *O berço do herói* no teatro, o novo estúdio de televisão no Jardim Botânico se preparava para ser o cenário do segundo ato da saga do falso herói e de sua luta contra a censura.

2º ATO, 1975
HOJE NÃO TEM NOVELA
ROQUE SANTEIRO 1

6. O VEÍCULO SUBVERSIVO

"**FOI INSTALADA A ANTENA QUE VAI LEVAR** pioneiramente aos lares paulistas o mais subversivo de todos os veículos de comunicação." Quinze anos antes de Dias Gomes ser chamado de subversivo por Carlos Lacerda em razão da peça de teatro *O berço do herói*, o adjetivo era usado por Assis Chateaubriand, o Chatô, para se referir à grande novidade que ele trazia ao Brasil: a televisão. A frase estava no discurso proferido pelo dono dos Diários Associados a políticos, empresários, técnicos e artistas, em um estúdio no bairro do Sumaré, em São Paulo, poucas horas antes de ser transmitida de lá, no dia 18 de setembro de 1950, a programação inaugural da Tupi, primeira emissora de TV brasileira.

Na época, existiam poucas estações televisivas no mundo, concentradas em países ricos como Estados Unidos, Inglaterra e França. No Brasil, em seu lançamento, a subversão chegou para os duzentos presenteados por Chatô, um deles o presidente Dutra, com televisores que ele contrabandeara para o país. Quase um ano depois da estreia em São Paulo, entrou no ar a estação carioca da Tupi, em 20 de janeiro de 1951. Apesar da empolgação diante da nova mídia, o empresário, em 1952, gabou-se do fato de a revista *O Cruzeiro*, de seu grupo de comunicação, ter alcançado um número de leitores quase dez vezes maior do que a soma de telespectadores das suas duas estações de TV.[1] Naquele ano, a edição da cobertura da morte do popular cantor Francisco Alves, em um acidente de carro na via Dutra, em 27 de setembro, atingiu a vendagem de 550 mil exemplares.

Até 1960, a Tupi ganharia alguns concorrentes, e o mercado começaria a se formar aos poucos: em São Paulo, a TV Paulista (1952) e a Record (1953), e na capital carioca a TV Rio (1955) e a Continental (1959). Ainda dos

Diários Associados seriam inauguradas a TV Itacolomi (1955), em Belo Horizonte, e a TV Cultura de São Paulo (1960), que depois, em 1969, passaria às mãos do governo do estado.

O rádio, entretanto, era ainda o veículo de comunicação de massa no país, e a penetração da televisão caminharia a passos lentos. Em 1960, dez anos após a inauguração, existiam no Brasil apenas 598 mil aparelhos de TV, menos de 1% da população, segundo dados da Abinee, a associação de fabricantes. O censo do IBGE apontou nesse ano que 4,3% dos domicílios possuíam televisores, ante 35% com rádio. O número torna-se um pouco mais relevante se computadas apenas as residências urbanas, mas ainda baixo: 9,5% com TV contra 61% aparelhadas com rádio.[2]

Era um universo incipiente se comparado ao dos Estados Unidos, com 88% dos lares já equipados com televisores. Naquele ano de 1960, o primeiro debate televisionado entre candidatos à presidência dos EUA fez história, sendo considerado decisivo na vitória de John Kennedy contra Richard Nixon. No Brasil, no ano seguinte, Lacerda demonstrou saber que, apesar do alcance ainda restrito, a TV poderia ser usada politicamente. Em 22 de agosto de 1961, proferiu um virulento discurso em um debate na TV Excelsior, acusando Jânio Quadros de preparar um golpe de Estado. Formada por lacerdistas e estudantes de esquerda que se estapeavam, a plateia dava uma pista do clima instável do país. Os operadores de câmera, ao vivo, não sabiam se focalizavam Lacerda aos berros, na tentativa de se sobrepor a vaias e aplausos, ou o tumulto no teatro, que teve intervenção da polícia, com alguns dos espectadores detidos. Menos de 24 horas depois, o governador repetiu a dose em uma cadeia de rádio e TV no Rio. Na sexta-feira daquela semana, dia 25 de agosto, após sete meses desastrosos de um governo em que conseguira a proeza de romper com as mais variadas e opostas correntes políticas, Jânio renunciou.

Lacerda, acostumado a conduzir campanhas agressivas contra seus inimigos, na imprensa escrita e depois no rádio, foi o primeiro político a fazer uso do veículo subversivo de Chatô para conquistar corações e mentes.[3] Antes disso, em 1959, o presidente Juscelino Kubitschek, no momento em que convidou Armando Falcão para assumir o Ministério da Justiça, já o alertara do perigo: "Ministro, por favor, nunca perca de vista o Lacerda. Se deixarmos à disposição dele a televisão e o rádio, depressa vamos acabar no chão".⁴ E, em uma demonstração de que a censura não é restrita a períodos ditatoriais, Falcão, no governo democrático de JK, passou a se encontrar regularmente com profissionais responsáveis pela programação das emissoras de TV, com o objetivo de controlar as listas de entrevistados, delas excluindo, conforme admitiria em seu livro de memórias, os "radicais e os demolidores".

O regime militar também deixaria evidente a sua confiança no potencial da televisão para conquistar corações e mentes, além do perigo de "acabar no chão" se a deixasse com os "demolidores". Assim, colaboraria para que fosse ampliada a penetração do veículo, mas sempre sob seu controle. Em 1964, havia no país pouco mais de 1,6 milhão de televisores. Fomentado por incentivos do governo, que inaugurou em 1965 a Embratel, facilitando as transmissões, o crescimento seria exponencial: 4,9 milhões em 1970; 10,2 milhões em 1975 e 19,6 milhões em 1980.⁵ A participação no mercado publicitário acompanharia o salto. O veículo, que no ano de sua inauguração tivera apenas 1% do total de anúncios e tornara-se líder em 1963, com 32,9%, ante 23% do rádio, no ano do golpe passou para 36%. Abocanharia mais da metade da propaganda nos anos 1970, chegando a 56,2% em 1978. O recorde viria em 1981, com o domínio de 59,3% do mercado. E o maior anunciante do país era justamente o governo.

Foi na instalação da ditadura que a telenovela, veiculada desde 1951, consolidou-se como o grande gênero da TV brasileira, sendo chamada na imprensa de "mania nacional" e "doce epidemia".⁶ Em 1964, estrearam 31, e a Colgate-Palmolive, que patrocinava produções, contratou para o seu departamento de televisão no Brasil Gloria Magadan, cubana radicada nos Estados Unidos que fazia novelas no canal hispânico Telemundo. No ano anterior, quando Dias Gomes escreveu *O berço do herói*, havia entrado no ar a primeira telenovela brasileira diária, viabilizada graças à chegada do videotape. Até então, tudo tinha de ser apresentado ao vivo, o que dificultava a exibição de um capítulo a cada dia. Com Tarcísio Meira e Glória Menezes como o casal protagonista, *2-5499 ocupado* começou em 22 de julho de 1963, exibida às segundas, quartas e sextas. O sucesso de audiência levou a Excelsior a torná-la diária,⁷ conquistando a liderança no Ibope. Em 1964, a emissora resolveu colocar três novelas por dia na programação. A concorrente, a Tupi, chegou a exibir quatro.

Diante da ampliação, era preciso investir em contratações, e foi nesse fatídico ano da história do país que Janete Clair, já famosa autora de radionovelas, estreou na TV. Entre setembro e dezembro de 1964, a Tupi do Rio veiculou *O acusador*, trama policial ambientada no interior de Pernambuco sobre dois gêmeos, em que um assume o lugar do outro.[8]

Enquanto a telenovela inaugural de Janete Clair terminava, entrava no ar, em 7 de dezembro, o drama que pela primeira vez mostraria a capacidade desse formato para conquistar corações e mentes no Brasil: *O direito de nascer*, em que uma moça rica e branca tem um filho bastardo. Criado pela empregada negra, ele desconhece sua verdadeira história. O original cubano de 1946 foi comprado por José Bonifácio de Oliveira Sobrinho, o Boni, ex-estagiário de Dias Gomes na Rádio Clube que dava seus primeiros passos na televisão, e por Walter Clark, ambos empregados da TV Rio. Uma mala com US$ 5000 foi entregue ao autor, Félix Caignet, no México, pela atriz Dercy Gonçalves, amiga dos dois, que voltou com outra lotada com as folhas do roteiro. A TV Rio, em dificuldades financeiras, não quis assumir a produção da novela. Boni e Clark fizeram um acordo com a Tupi paulistana, que a produziu e a exibiu em São Paulo, deixando a transmissão carioca com a TV Rio. Ambas se tornaram líderes de audiência. Em 13 agosto de 1965, o encerramento do drama televisivo se deu de forma sem precedentes, com o elenco desfilando em carro aberto do centro de São Paulo até o ginásio do Ibirapuera, de onde o último capítulo foi apresentado ao vivo, em meio a um público que chorava e gritava os nomes dos personagens. No dia seguinte, a festa foi no Rio, com o Maracanãzinho abarrotado para a encenação. Posteriormente, evento semelhante aconteceu no estádio do Mineirão, em Belo Horizonte.[9]

O acordo entre emissoras diferentes para transmitir *O direito de nascer* foi possível porque elas tinham alcance local, com programações independentes e muito identificadas com a cidade de origem. Mas, naquele ano de 1965, uma nova estação nascia e não demoraria a consolidar o formato de rede nacional, o que interessava, e muito, aos militares, que almejavam a unificação política do território nacional, o que facilitaria a manutenção do controle sobre o país. O aniversário do golpe foi em uma quinta-feira, dia 1º de abril, e a inauguração da TV Globo estava marcada para a segunda seguinte, dia 5. Era a primeira televisão brasileira com um prédio construído exclusivamente para essa função, com três andares, cerca de 9 mil metros quadrados, no número 22 da rua Von Martius, no Jardim Botânico, Rio de Janeiro. O canal, cuja concessão havia sido dada a Roberto Marinho por Juscelino Kubitschek em 1957, começara a ser preparado três anos antes e, na inauguração, contava com duzentos funcionários, parte deles vindos da Rádio Globo. Os equipamentos eram os mais modernos, importados graças a um acordo de financiamento firmado em 1962 com o grupo norte-americano Time-Life. Os profissionais brasileiros não tinham experiência com aquela tecnologia de ponta, o que fez com que a inauguração tivesse de ser adiada para 26 de abril.[10] Logo no primeiro dia, a Globo exibiu um seriado que pode ser considerado embrião de suas novelas. *Rua da Matriz*, veiculado por dois meses, tinha entre os autores Moysés Weltman, amigo de Dias Gomes, também do PCB.

Dois meses depois da inauguração da Globo, o acordo com a Time-Life virou polêmica nacional. Em 20 de junho de 1965, Carlos Lacerda, em um pronunciamento, acusou o contrato de ser ilegal, uma vez que a Constituição vetava a participação de capital estrangeiro em empresas de comunicação do país. Entre essa briga e a que compraria no mês seguinte, quando censurou *O berço do herói*, o governador, que já fazia duras críticas aos militares que ajudara a colocar no poder, inspirou curiosa piada na imprensa. A galhofa, publicada em 3 de julho pela coluna O Cabresto, da *Folha de S.Paulo*,[11] misturava a política com o protagonista da novela que se tornara a doce epidemia nacional. "Com base na oposição violenta ao namoro de Albertinho com a prima, uns e outros dizem que quem escreveu *O direito de nascer* foi o Lacerda." Na mesma seção, um anúncio fictício brincava com o novo hábito do país: "Senhora fina, por motivos de viagem ao exterior, vende cadeira especial, tipo sanfona, própria para assistir a novelas emocionantes. Equipada com gavetas para lenços contra choro".

Essa mesma edição do jornal, algumas páginas antes, mostrava como a imprensa encontrava-se dividida em relação ao regime militar. Segundo a coluna Política na Opinião Alheia,[12] que pincelava frases de outros periódicos, o *Correio da Manhã* dizia que Lacerda estava aliado à "linha dura" para derrubar o presidente Castello Branco. De acordo com *O Estado de S. Paulo*, a "revolução afirma-se em cada dia que passa". Já *Última Hora* denunciava que, "enquanto o governo fala em inimigos, os adversários declarados do regime de liberdade são os homens da linha dura". O *Diário de Notícias* comemorava a recuperação da economia, ao mesmo tempo que, para a *Tribuna da Imprensa*, o país estava "imobilizado e estagnado".

Da seção política à piada com Lacerda e a novela, via-se uma imprensa em liberdade, em contraste com o rigor censório que Dias Gomes enfrentava com *O berço do herói*. Àquela altura, o controle do conteúdo dos jornais certamente iria evocar o Estado Novo, imagem da qual os militares queriam distância. E, embora já houvesse censura prévia para teatro, cinema, rádio e televisão, ela só seria estendida à imprensa depois de 1968, ainda de maneira informal, e, legalmente, ainda mais, com a publicação do decreto-lei nº 1077, de 26 de janeiro de 1970.[13]

Episódio envolvendo *O direito de nascer*, no entanto, evidenciava que antes disso a pressão chegava de uma forma ou de outra aos jornais, ainda que o governo precisasse manobrar. Denunciava também que, apesar do aparato jurídico disponível aos militares para justificar atos arbitrários, a repressão cultural extrapolava os limites legais, fazendo uso de pressão econômica, tortura psicológica e chantagem. A exibição de *O direito de nascer* já havia sido alterada das 20h30 para as 21h30, por determinação do Juizado de Menores do Rio, quando a Censura de Lacerda ameaçou exigir que passasse para as 23h30. O pretexto era o de que a personagem Sóror Helena era mãe solteira do protagonista Albertinho Limonta — logo, um mau exemplo para a sociedade. A mudança ameaçava não só a novela, que sofreria com a perda de audiência nessa faixa tão tardia da noite, como poderia representar a ruína da TV Rio, cujo alicerce econômico estava em *O direito de nascer*.

Walter Clark marcou um encontro com o secretário de Segurança, Gustavo Borges, o mesmo que em julho assinaria o despacho com as razões da proibição da peça *O berço do herói*. De acordo com o diretor da TV Rio, o coronel exigiu a demissão de Carlos Heitor Cony, contratado pela emissora para escrever uma comédia de costumes. O jornalista incomodava os militares desde o dia seguinte ao golpe, quando passou a criticar o novo regime em suas crônicas no jornal *Correio da Manhã*. Segundo Clark, o secretário, rindo, assim respondeu aos seus apelos para não alterar o horário da novela: "Você quer resolver o problema, meu filho? Então você tira de lá o Cony, e eu revejo a decisão de *O direito de nascer*". O diretor concordou, mas na saída teve de ouvir outra: "Tem mais. Aqueles escrotos da turma do Roberto Campos eu também quero que saiam". O economista era ministro do Planejamento de Castello Branco, mas crítico a Lacerda. Clark tirou Cony, raciocinando que "eram tempos de macarthismo tupiniquim, e eles tinham força para caçar os comunistas que quisessem". E concluiu que, "como os caras não podiam foder o Cony no *Correio da Manhã* sem agredir a liberdade de imprensa, decidiram pegá-lo na TV".

A "turma do Roberto Campos" pôde continuar, provavelmente por uma determinação de Brasília que se sobrepôs à de Lacerda,[14] o que evidencia a aflitiva situação de ordens, contraordens e de critérios confusos.

Com a suspensão das eleições presidenciais do final de 1965, a ditadura deixava claro que viera para ficar, e 1966 começava sem ilusões para o país. O clima político era dos piores quando, na madrugada de 10 de janeiro, teve início um temporal com estragos como o Rio de Janeiro nunca havia registrado. A chuva durou cinco dias e devastou a cidade e os arredores, deixando duzentos mortos e 50 mil desabrigados. Considerada a mais grave da região, a enchente demarcou o momento de virada da Globo. De uma jovem TV de pouco mais de oito meses, passou à emissora que conquistou corações e mentes dos cariocas. E logo o faria com o restante do país.

Walter Clark, que começara a carreira na TV Rio aos vinte anos e aos 24 havia se tornado seu diretor comercial, aos 29, no final de 1965, foi contratado por Roberto Marinho para alavancar a audiência e o faturamento da Globo, que patinavam. A programação era muito elitizada, recheada de concertos e até de cursos de inglês. Com o apoio de Moysés Weltman, autor da famosa radionovela *Jerônimo, o herói do sertão*,[15] e de outros pioneiros da TV, Clark repensou a programação às pressas, em dezembro, para reestreá-la na entrada de 1966, sob o slogan que parecia premonição: "Ano novo, ano Globo". A grade renovada começou relativamente bem, mas, como relataria Clark em sua autobiografia, "ainda faltava um grande lance, algum evento que cristalizasse a imagem da emissora no conceito do público e que criasse uma aura de simpatia". E o grande lance seria a decisão do novato diretor de colocar as câmeras na marquise do prédio da TV durante a enchente, de onde mostraram as ruas virando rios, casas desabando e pessoas ilhadas. A programação normal foi interrompida por três dias para dar lugar à transmissão da tragédia. Uma campanha, batizada "S.O.S Globo", arrecadou roupas, remédios e mantimentos para as vítimas. Daí em diante, concluiu Clark, "a Globo passou a ser amada pelos cariocas".[16]

Estava mais do que na hora de a esquerda fazer um debate mais profundo sobre a sua relação com a televisão. Dois meses após a enchente, em março, a *Revista Civilização Brasileira* publicou o artigo "Problemas estéticos na sociedade de massas". Espécie de manifesto sobre o papel da arte na indústria cultural, era assinado por Ferreira Gullar, um dos principais pensadores do PCB, muito próximo de Dias Gomes, de quem esteve ao lado em várias discussões sobre esse tema. No texto, Gullar admitia que a cultura de massas era irreversível e discorria sobre a necessidade de encontrar um caminho para atingir o grande público e conscientizá-lo politicamente, sem abrir mão da sofisticação estética. Considerava a televisão conservadora e alienante por mostrar ao público uma realidade inacessível, com "seres que parecem viver uma vida de sonho", e ocultar "a fome, a miséria, a injustiça, a exploração e sobretudo as verdadeiras causas desses fatos". Por outro lado, ressaltava sua essência potencialmente democrática, uma vez que a programação deveria conter elementos "díspares por natureza, estilo, gênero e situação histórica", o que poderia "contribuir para formar, no espectador, uma complexa visão de seu próprio mundo".[17]

A migração de pecebistas para a televisão passou a ser embalada por um discurso de ocupação de espaço pela esquerda, de infiltração na indústria cultural na busca de comunicação com o grande público. Era a "teoria da brecha". Àquele momento a TV se mostrava como uma oportunidade política, mas também profissional para os esquerdistas, uma vez que o teatro se encontrava em um impasse, aterrorizado pela Censura, e o rádio perdia prestígio e força comercial. A discussão proposta por Gullar podia ser nova, mas a presença de comunistas na televisão não. Grande parte dos profissionais pioneiros da TV vinham do rádio, que empregava diversos membros do Partido. As estações televisivas logo tiveram roteiros e programas criados por profissionais do teatro de esquerda. O "Teatro dos Nove", por exemplo, surgiu do Arena, como relata Álvaro de Moya, um dos fundadores da Excelsior, do qual se tornou diretor. Em 1961, um ano após a inauguração da emissora, Moya teve a ideia de criar um programa com textos nacionais. Para a estreia, a peça escolhida foi *Eles não usam black-tie*, de Gianfrancesco Guarnieri, o que fez com que o diretor, apesar da fase democrática do Brasil, tivesse de driblar um censor para colocar o espetáculo no ar.[18]

Dias Gomes foi um dos esquerdistas a realizar trabalhos esporádicos para a televisão nessa fase inicial, o que começou quando ele entrou para a lista negra após a demissão da Rádio Clube, em 1953. Menos visada que o rádio àquele momento, a TV Tupi comprou os textos de Dias, escritos sob pseudônimos, até que Sangirard Jr., simpatizante dos comunistas e diretor da agência Standard Propaganda, que produzia para a televisão, resolveu colocar o nome do dramaturgo nos créditos de seu roteiro para o "Teatrinho Kibon". Dias chegou a ser contratado pela agência para fazer teleteatros semanais. Como contou no diário, suas razões eram financeiras, e ele ainda não via um caminho artístico ou revolucionário no novo veículo. Para o dramaturgo, até ali, o dilema entre a qualidade artística, "a arte pela arte", e a necessidade de falar para grandes plateias, "a arte engajada", se dava entre o teatro e o rádio.

Mesmo em 1966, apesar do crescimento da TV, da consolidação da Globo e da discussão proposta pelo artigo de Gullar, Dias seguia focado no teatro, que subsistia, para ele, como o veículo da revolução. Pouco mais de um ano após o trauma da proibição de *O berço do herói*, conseguiu levar aos palcos seu novo espetáculo. A censura errática daqueles primeiros anos liberou *O Santo Inquérito*, que estreou em 23 de setembro de 1966 no Teatro Jovem, no Rio de Janeiro. Sob a direção de Ziembinski, era uma inequívoca condenação à ditadura militar, usando, como explicou Dias Gomes, "a caçada dos hereges pela Inquisição como uma forma de reflexão sobre a censura, a perseguição e a tortura" aos opositores do novo regime do Brasil. Em uma entrevista para *O Jornal*, em 12 de outubro, ao falar da peça, ele deixou claro seu objetivo:

A época em que vivemos é de angústia, apreensões e até delações. Temo que os ódios ultrapassem as fórmulas da paz. Teríamos, então, o caos. Considero essencial a liberdade de qualquer ação para podermos debater, sempre, mesmo com rispidez, nossas ideias e pensamentos.[19]

Ainda que a crítica à ditadura pudesse ser encenada nos palcos e até comentada em entrevistas na imprensa, a sombra da repressão seguia no encalço do autor. A própria montagem havia sido um sacrifício, uma vez que os patrocinadores, temerosos de uma nova proibição depois do que acontecera com *O berço do herói*, sumiram. Dias teve de correr atrás de financiamento alternativo, obtido com a ajuda do editor comunista Ênio Silveira, que reuniu pecebistas para uma vaquinha.[20] A iniciativa expõe uma condição importante da época: se, por um lado, a militância oferecia riscos, inclusive de morte, por outro, a exigência da disciplina partidária organizava uma rede de proteção entre seus membros, no Brasil e no exterior, em uma complexa relação de custos e benefícios. Em contraposição ao preconceito por parte da sociedade, artistas e intelectuais comunistas experimentavam o sentimento de fazer parte de uma comunidade que se julgava de vanguarda e revolucionária. Isso conferia prestígio a eles e ao Partido.[21] Buscava-se, além de objetivos políticos mais amplos, a legitimidade na atuação profissional e a hegemonia das ideias comunistas.[22]

Mas o preço a pagar pela militância ficava cada vez mais alto, e é daquele ano de 1966 o primeiro registro de fichamento de Dias Gomes pelo Serviço Nacional de Informações. Em 13 de abril, dois meses antes de o SNI completar dois anos, o autor foi incluído em uma "relação de brasileiros integrantes de diretorias de entidades que possuem intercâmbio cultural com os seguintes países comunistas: URSS, China e Cuba".[23] Constava também como presidente do Instituto de Intercâmbio Cultural Brasil-URSS. O órgão de inteligência do governo brasileiro, com o papel de vigiar opositores, rapidamente se debruçou sobre as atividades culturais de esquerda. O calhamaço que Dias Gomes acumulou ao longo da existência do SNI tem 432 páginas, sendo 94 documentos, a maior parte com carimbos de "confidencial", "sigiloso" e alguns com o de "urgente". O último registro foi feito a apenas dois meses da extinção do órgão por Fernando Collor. Em 13 de fevereiro de 1990, seis anos após o fim da ditadura, o SNI registrou uma viagem de Dias Gomes ao exterior, em uma lista de brasileiros "com antecedentes negativos" que estavam embarcando para outros países: o autor havia ido em 21 de outubro de 1989 para... os Estados Unidos.[24]

Em 1966, sem ter conhecimento do grau de monitoramento de suas atividades e animado com a aprovação de *O Santo Inquérito* pela Censura, Dias acreditou haver um outro caminho para *O berço do herói*. Vendeu então os direitos da peça a Herbert Richers, para a produção de um filme. Por precaução, antes das filmagens, o produtor enviou a Brasília o roteiro cinematográfico escrito pelo dramaturgo. A resposta veio em forma de recado, dado pelo general Riograndino Kruel, superintendente da Polícia Federal e cujo irmão, Amauri Kruel, havia integrado a FEB nas batalhas da Segunda Guerra Mundial, assim como o falso herói da peça: "Diga ao Dias Gomes que pode tirar o cavalinho da chuva porque, enquanto nós estivermos no poder, essa peça não será encenada nem filmada".[25]

Com uma obra liberada e outra proibida, Dias tentava entender o que podia e o que não podia naquele Brasil confuso. Realmente essa não era uma tarefa fácil. Em 22 de agosto, relatório da CPI da Câmara sobre o caso Globo/Time-Life considerou o acordo inconstitucional, pois a empresa norte-americana participaria da organização intelectual e administrativa da emissora. Seis meses depois, em 28 de fevereiro de 1967, o presidente Castello Branco assinou uma lei com modificações ao Código Brasileiro de Telecomunicações, que, apesar de manter o veto à participação de estrangeiros em empresas de radiodifusão, não tinha efeito retroativo e, portanto, isentava a Globo dos acordos assinados anteriormente. Para não sobrar dúvidas, em outubro o consultor-geral da República, Adroaldo Mesquita da Costa, emitiu parecer considerando não haver sociedade entre as empresas; assim, legalizou oficialmente a situação da TV Globo.[26]

Se facilitava com uma caneta, o governo complicava com outra. Uma portaria de maio desse mesmo ano estabeleceu a censura prévia de filmes, programas de rádio e TV, novelas, músicas, peças de teatro e de toda manifestação artística.[27] Estava cada vez mais difícil entender o que podia e o que não podia. E ficaria muito mais.

7. A GENTE SE VÊ NA GLOBO

"O ANO QUE NÃO TERMINOU" COMEÇOU de forma trágica para a família Dias Gomes. Em 21 de janeiro de 1968, o garoto Alfredo, filho do casal, então com oito anos, viu uma mariposa preta no sobrado da família e ficou assustado. Um amiguinho havia lhe dito que isso era sinal de morte próxima.[1] Nesse dia, Marcos Plínio, o caçula, com dois anos e meio, sentiu-se mal e foi levado para o hospital. Morreu subitamente de parada cardíaca, o que fez Dias Gomes dar um murro na parede da UTI; Janete Clair teve de ser dopada. O casal foi passar uma temporada na casa de praia de um amigo, no Recreio dos Bandeirantes, mas o isolamento só aumentou a dor, e os dois voltaram para a rotina. Janete, já na Globo à época, exilou-se em seu mundo fictício, uma vez que a realidade estava insuportável, e escreveu uma novela atrás da outra. Foram sete seguidas, cinco anos sem férias.[2]

Dias também tentou refúgio no trabalho, mas para ele isso foi mais difícil. O clima era de terror, com inúmeras peças censuradas, entre elas montagens de *A revolução dos beatos* em diferentes estados. Na Bahia, um grupo teatral conversou com uma autoridade militar encarregada de dizer o que podia e o que não podia ser encenado por lá. Um dos atores resolveu perguntar: "O coronel não acha que desse modo os senhores vão terminar por acabar com o teatro?". A resposta foi transparente: "Mas é isso mesmo. Teatro é uma coisa que precisa acabar".[3]

De fato, o teatro era, ao lado dos movimentos estudantis, grande foco de preocupação do governo em 1968. Em fevereiro, a classe teatral havia realizado uma concentração na porta do Teatro Municipal do Rio contra a censura, em mais um ato dos tantos que vinha organizando contra a ditadura. No dia 23 desse mês, um documento confidencial elaborado pelo Dops e depois encaminhado ao SNI tratou, simultaneamente, de "atividades subversivas no plano estudantil" e de "peças teatrais subversivas".[4] O nome de Dias Gomes surge na parte que menciona a peça *Auto dos 99%*. A obra, explica o relatório, havia sido criada pelo CPC da UNE e proibida em 1962 pelo governo. Apesar disso, "os estudantes utilizaram quatro atores do CPC, dentre eles Oduvaldo Vianna Filho, e a apresentaram". De acordo com o documento, o TAB (Teatro do Autor Brasileiro) pretendia realizar, em março, uma retrospectiva de peças do "ex-Centro Popular de Cultura" (o CPC havia sido extinto pela ditadura, por isso o "ex"), incluindo *Auto dos 99%*.

O grupo teatral, registra o Dops, fora formado por Dias Gomes, Gianni Ratto, Armando Costa e Oduvaldo Vianna Filho. Os fundadores, denuncia o documento, eram ex-integrantes do CPC, o qual "tinha por objetivo transmitir ao povo peças teatrais de rua, nas quais se mostravam as agruras existentes no Nordeste e nos demais estados". O TAB representou uma breve incursão de Dias nas companhias teatrais. Diante do clima de repressão no país, o grupo seria encerrado ainda em 1968, mesmo ano em que se formara. Diferentemente do que afirma o Dops, o dramaturgo nunca integrara formalmente o Centro Popular de Cultura, apesar de ter vários amigos entre os participantes. Dizia discordar fundamentalmente da visão do CPC, a qual, para ele, "privilegiava a política em detrimento da obra de arte". Defendia que "a obra é tanto mais política quanto mais artística ela for": "Em primeiro lugar, você tem que fazer uma obra de arte. Se ela for válida como obra de arte, ela o será politicamente. Se não, não será nada".[5] Tinha, além do mais, um espírito demasiadamente livre, que chamava de "rebelde", para se enquadrar nas regras das companhias teatrais, além das já determinadas pelo Partido Comunista.

O relatório do Dops segue abordando problemas com o movimento estudantil. Sob o título "Clima de agitação", conclui que "a propaganda que esses grupos alimenta [sic] identifica-se pelo ódio e intransigência contra uma classe legítima e necessária à boa ordem da sociedade, qual sejam as Forças Armadas, apresentadas como se não passasse [sic] de câncer nacional". Cita a Frente de Estudante do Calabouço, constituída por "elementos comensais do restaurante central dos estudantes". O restaurante Calabouço servia, desde o início dos anos 1950, refeições a baixo custo para estudantes e se tornara palco de reuniões e manifestações políticas. O local, pouco mais de um mês após a elaboração desse relatório, viria a se tornar o cenário do primeiro assassinato de um estudante pela ditadura. Em 28 de março de 1968, o secundarista paraense Edson Luís de Lima Souto, de apenas dezoito anos, seria morto por policiais que tentavam evitar uma passeata dos jovens contra o aumento do preço do restaurante, administrado pelos militares desde o golpe. Era o banho de sangue que faltava para inflamar a oposição ao regime.

Diversas manifestações foram organizadas, todas reprimidas com extrema violência. Uma sequência delas ocorreu no Rio de Janeiro entre 19 e 21 de junho de 1968, sendo esse último dia chamado de Sexta-Feira Sangrenta, com quatro mortos, sessenta feridos, dentre os quais 23 baleados, e mais de mil presos. As cenas de selvageria só aumentaram a adesão ao movimento e, na quarta-feira seguinte, 26 de junho, aconteceu a Passeata dos Cem Mil, na qual artistas, intelectuais, operários, líderes religiosos, jornalistas e as mais diversas personalidades foram às ruas da capital carioca na companhia dos estudantes, tudo amplamente noticiado pelos meios de comunicação.

Em São Paulo, também nesse movimentado mês de junho, o Teatro de Arena, de Augusto Boal, publicava uma série de anúncios provocativos na *Folha de S.Paulo* para anunciar a 1ª Feira Paulista de Opinião, com frases como "Que pensa você do Brasil de hoje?" e "Ganhou mandado de segurança contra a censura".[6] O festival teve espetáculos de Lauro César Muniz, Bráulio Pedroso, Gianfrancesco Guarnieri, Jorge Andrade, Plínio Marcos, além de Boal, com músicas compostas por Edu Lobo, Caetano Veloso, Ary Toledo, Sérgio Ricardo, Gilberto Gil e outros. Sofreu 84 cortes da Censura e chegou a ser suspenso pelo Departamento de Polícia Federal. Na mesma época, Dias Gomes foi convidado por José Celso Martinez Corrêa, do Teatro Oficina, a escrever uma peça para um evento semelhante, a Feira Brasileira de Opinião, que deveria acontecer na sequência. Dias criou *O túnel*, cuja história se passava em um congestionamento absurdo, com todos entalados no trânsito desde 1964. O autor estava interessado em uma experiência dramatúrgica radical, que certamente seria proporcionada pela montagem do Oficina.[7] Mais radical, porém, eram aqueles tempos. Esse texto, assim como acontecia com outras peças do autor, foi proibido, e o projeto da Feira Brasileira de Opinião, engavetado.

Em desespero para conseguir levar algo aos palcos, Dias pediu ajuda ao ex-presidente João Goulart, exilado no Uruguai. Viajou para lá com o roteiro de *Dr. Getúlio, sua vida e sua glória*, escrito em parceria com Ferreira Gullar. As páginas foram presas a seu corpo com esparadrapo, para driblar a fiscalização da alfândega. O presidente deposto gostou e concordou em dar algum dinheiro. Mas não foi muito. Apenas pagou a estadia da equipe em Porto Alegre, onde o espetáculo estreou em 10 de agosto, levado pelo Grupo Opinião. Depois seguiria em temporada para o teatro João Caetano, no Rio. O Opinião havia sido fundado em 1964, com artistas ligados ao CPC, posto na ilegalidade com o golpe, e essa era a primeira vez que uma companhia política encenava um texto de Dias Gomes. Trata-se da história de uma escola de samba cujo enredo do ano seria a vida de Vargas. Enquanto o drama do ditador é encenado na quadra da escola, seu presidente vive sob ameaça de perder para um bicheiro o seu cargo, conquistado no voto dos integrantes. A trama metalinguística em torno de Vargas, personagem com o qual os militares tinham uma relação ambígua, acabou passando pela Censura.

O espetáculo ainda estava em cartaz no Rio quando, em 13 de dezembro, após reunião no gabinete do presidente da República, Costa e Silva, o ministro do Trabalho, Jarbas Passarinho, disse "às favas" os "escrúpulos de consciência" antes de votar a favor do AI-5. O ato institucional fechava o Congresso, acabava com o habeas corpus e dava ao presidente o poder de cassar mandatos e de suspender direitos políticos em caráter definitivo. Foi anunciado naquela noite na televisão pelo ministro da Justiça, Gama Filho, e pelo locutor contratado pelo regime, Alberto Curi. A onda de cassações e prisões começou no mesmo dia, com a detenção de JK. Dias Gomes resolveu se refugiar no apartamento de um amigo. Carlos Lacerda, que três anos antes defendera o país do autor subversivo ao censurar *O berço do herói*, foi encarcerado pelos militares no primeiro amanhecer pós-AI-5. De certa forma, ficou mais fácil entender o que podia e o que não podia no Brasil: nada podia.

No mesmo dia em que assistiu ao anúncio do AI-5, o telespectador da Tupi acompanhou mais um capítulo da nova novela das oito da emissora. *Beto Rockfeller* estava no ar havia pouco mais de um mês, desde 4 de novembro. Baseada em um argumento de Cassiano Gabus Mendes e com roteiro de Bráulio Pedroso, a novela tinha como protagonista um anti-herói. Charmoso, o rapaz trabalhava como vendedor de sapatos e conseguia subir na vida, frequentando as altas rodas paulistanas, à custa de muita malandragem, aplicando os mais diversos golpes.

Para a literatura, o cinema e o teatro, o anti-herói era uma figura comum. Cabo Jorge, por exemplo, de *O berço do herói*, era um desertor, que abandonara os campos de batalha para viver em bordéis, e a peça tem como tema justamente o mito do falso herói. Mas para a telenovela isso era novidade. Concebida a partir da experiência das radionovelas, até aquele momento a novela de TV tinha forte influência do estilo melodramático, especialmente do cubano, utilizando adaptações de textos estrangeiros, com mocinhos e mocinhas idealizados, diálogos empolados e ambientação distante da realidade brasileira. Algumas, da linha "capa e espada", tinham príncipes e princesas. Em *Beto Rockfeller*, a linguagem era coloquial e repleta de gírias. Fatos da vida real eram inseridos na história, que abordava situações comuns do cotidiano do telespectador, em uma proposta realista.[8]

Beto não representou uma quebra abrupta no estilo. Seguia experiências anteriores, testadas muitos anos antes inclusive em fotonovelas e radionovelas, que buscavam uma modernização do formato, o que, naquele momento, significava aproximá-las da realidade do público.[9] Em 1965, a Tupi exibira *O cara suja*, adaptação de Walter George Durst de um roteiro mexicano, que fez sucesso com um protagonista feirante, um homem do povo. *Ninguém crê em mim*, escrita pelo comunista Lauro César Muniz para a Excelsior em 1966, contou a história de uma jovem à procura do assassino do pai, enredo então inusual e ousado. *Antônio Maria*, que havia estreado em julho de 1968 e estava no ar quando *Beto Rockfeller* foi lançada, também testou um personagem principal que tinha um pé na pobreza, com uma linguagem realista, em um processo de aclimatação do melodrama ao Brasil.[10] Mas, diante da força do protagonista malandro interpretado pelo ator Luiz Gustavo, *Beto Rockfeller* despertou os profissionais da TV para uma nova fase, e por isso tornou-se um marco.

Apesar de a novela da Tupi não ter sido um estrondo de audiência, seu avanço estilístico soou como alarme para a TV Globo. Desde o início de 1966, a produção de novelas era comandada na emissora por Glória Magadan. A cubana que antes fazia novelas para a Colgate-Palmolive levou para dentro da Globo, como contou Walter Clark, "os seus anos de janela na produção dos mais lacrimogêneos melodramas que a América Latina já viu". Ao contratá-la, o diretor sabia que "novela era o produto mais eficaz para fisgar os telespectadores e mantê-los fiéis à emissora".[11] O monopólio de Magadan havia acabado em 1967, quando Boni, recém-contratado pela Globo, chamou Janete Clair para salvar uma novela, *Anastácia, a mulher sem destino*, cuja trama, também sem destino, ia muito mal de audiência. É uma passagem famosa da história da TV: Janete inventou um terremoto para matar quase todos os personagens, recomeçando com apenas quatro deles e um novo enredo.

Boni também tinha clara a necessidade de investir nas telenovelas, porque, como dizia, elas "têm um ingrediente fundamental: são um grande formador do hábito de ver televisão".[12] Naqueles primeiros anos da Globo, Janete, apesar de já ter feito histórias mais próximas da realidade nacional em suas radionovelas, tinha de rezar a cartilha de Magadan, que acreditava no seguinte: "A única função da novela é entreter. Porque se pensamos em fazer algo de caráter mais elevado corremos o risco de não ser entendidos, nem de atingirmos a grande massa. A telenovela é um produto a ser vendido comercialmente, como uma geladeira, um tipo de tecido ou um par de sapatos. Não é literatura, nem subliteratura. É um produto industrial".[13] E esse produto precisava ter histórias que se passassem bem longe do Brasil. Uma das novelas, *O sheik de Agadir*, exibida entre 1966 e 1967, começava com a invasão da França pelos nazistas e tinha como protagonista um xeique árabe de olhos azuis que raptava uma princesa francesa e a levava para o Marrocos. As cenas do deserto africano foram filmadas na Restinga do Marambaia, com câmeras instaladas de forma a não mostrar o mar. Duas outras curiosidades: anticastrista refugiada em Miami à época da Revolução Cubana, Magadan resistiu a admitir no elenco

Mário Lago, comunista assumido. Já Sebastião Vasconcelos, que seria o Major Chico Manga na peça *O berço do herói*, foi vetado na novela porque tinha barba e bigode, e a diretora o achou parecido com Fidel Castro.[14]

Não faltavam, vê-se, motivos para que Dias Gomes não guardasse por ela os melhores sentimentos. Impregnado da brasilidade revolucionária, certa vez sugeriu a Janete Clair: "Diga a essa senhora para realizar novelas passadas aqui no Brasil, tratando de nossa cultura e de nossos problemas". E a mulher lhe respondeu: "Ela disse que o Brasil não é um país romântico e que não se pode admitir uma novela com um galã com o nome de João da Silva. Ele tem que se chamar Albertinho Limonta ou Ricardo Montalbán".[15]

Mas João da Silva logo se tornaria um nome ideal para mocinho da Globo. A emissora, que como todas as TVs nascera local, seria a primeira a se tornar uma rede nacional, com apoio do governo militar. Entre uma série de incentivos, em 28 de fevereiro de 1969 um decreto-lei assinado por Costa e Silva isentava as TVs do pagamento de impostos na importação de equipamentos. O benefício estava disponível para todas as emissoras, mas a Globo ganhou duplamente, pois conseguiu reduzir os custos da sua dívida com o grupo Time-Life. No dia da assinatura do decreto, o presidente participou de evento para marcar o início da comunicação via satélite no país, por meio de uma estação instalada em Itaboraí, na região metropolitana do Rio de Janeiro, ao custo de US$ 4 milhões.[16] Além da recepção de sinais internacionais, um sistema de micro-ondas desenvolvido pela Empresa Brasileira de Telecomunicações, a Embratel, permitia transmissões de longo alcance. Com essa política governamental, que mesclava investimento em infraestrutura a benefícios fiscais, a Globo teria rápida expansão, de três emissoras em 1969 (Rio, São Paulo e Belo Horizonte) para onze em 1973.[17] Além das estações próprias, o modelo de contrato de exclusividade com afiliadas, implementado em 1972, concorreu para tornar a Globo o maior império de comunicação do Brasil.

Enquanto isso, jornais importantes que criticavam o governo, como *Correio da Manhã* e *Última Hora*, eram depauperados. Em uma relação de amor e ódio com os meios de comunicação, a ditadura afagava com subsídios ao mesmo tempo que escolhia a dedo quem seria sufocado economicamente com a retirada da publicidade estatal e a pressão para que anunciantes privados fizessem o mesmo. Paralelamente, perseguia profissionais considerados inconvenientes e acirrava a censura.

As redações de jornais viviam clima de terrorismo mesmo antes da aprovação, em 1970, da censura prévia à imprensa. Com a suspensão das garantias constitucionais básicas pelo AI-5, o controle do noticiário político foi, como diria o futuro ministro da Justiça, Armando Falcão, "uma consequência lógica, imediata e inevitável". Afinal, resumiu, "na guerra, como na guerra".[18] O contato entre editores e proprietários dos jornais com autoridades tornou-se rotina, com bilhetes e telefonemas servindo de ferramentas para uma censura informal, não obstante categórica e onipresente.[19]

O aparato jurídico censório também se avigorava. Em 21 de novembro de 1968, nova lei, de nº 5536, havia sistematizado a repressão à TV, ao cinema e ao teatro. Determinava regras para a classificação etária das obras, de livros a impróprias para dezoito anos, lembrando que isso não se aplicava às que atentassem "contra a segurança nacional e o regime representativo democrático". Essas, certamente, eram impróprias para qualquer idade e deveriam ser banidas.

O berço do herói foi, desse modo, a primeira peça de Dias Gomes censurada no regime militar. Com o avanço da repressão, praticamente toda a sua obra estaria vetada, inclusive o filme *O pagador de promessas*. O dramaturgo tentava resistir. Mais que isso, em 1969, meses após o AI-5, escreveu uma peça que não só criticava a ditadura como questionava o papel do intelectual de esquerda na resistência. Com *Amor em campo minado*, provocou mais uma vez os donos do poder e, de quebra, irritou seus camaradas comunistas, que o acusaram de "dar armas ao inimigo".

O cerco se fechava quando ele recebeu um convite para conversar com Boni, da Globo. Estava sufocado do ponto de vista artístico e financeiro, com as despesas da família sendo pagas pela esposa. Preocupada com o marido por diferentes razões — a morte recente do filho, as dificuldades para trabalhar, os riscos da militância —, Janete exigiu que a Globo o contratasse, conta o filho Alfredo, na época com nove anos. "Eu só continuo se vocês o contratarem", teria dito a novelista.[20] Boni relata que, desde que empregara Janete, pensava também em chamar Dias para escrever novelas, mas "tinha medo, vergonha, achava que iria ofendê-lo". Então perguntou para a autora o que ela pensava da ideia. "Liga para ele. Está muito mal de dinheiro. Não diga que eu falei, mas está mal, sempre me pergunta se você não falou dele", respondeu Janete. O diretor lhe explicou que tinha receio de procurá-lo, pois imaginava que ele considerava as telenovelas "um subgênero". "Não, ele precisa", resumiu a novelista.[21]

Independentemente dos detalhes da contratação, o fato é que, naquele momento, e por diferentes razões, todos — comunistas, televisão e ditadores — queriam colocar o João da Silva nas novelas.

8. O MEU, O SEU, OS NOSSOS COMUNISTAS

DOCUMENTOS DO SERVIÇO NACIONAL DE INFORMAÇÕES acusaram Dias Gomes de utilizar o codinome Vitório para suas atividades subversivas. Na TV Globo, porém, ele estreou sob outra alcunha: Stela Calderón. Magadan havia sido demitida e deixara uma novela em fase de pré-produção. A emissora pediu para o dramaturgo roteirizá-la. *A ponte dos suspiros* se passava em Veneza, nos anos 1500, e Dias, agoniado com o enredo "alienante", conseguiu o verdadeiro malabarismo de encaixar nele referências à ditadura militar brasileira. Em meio à Inquisição e à destituição, por um traidor, de um doge, primeiro magistrado eleito na antiga república veneziana, Dias meteu até uma crítica à deposição de João Goulart, aliviando sua consciência.[1] Mas provocou o governo, que exigiu que a novela mudasse das 19h para as 22h. Em um dos pareceres, uma técnica da censura firmou que a novela, "para os menores, criaria o espírito de que os governantes são maus, desumanos, indiferentes ao sofrimento do povo etc.".[2] Esse novo horário, "lançado" pela Censura, seria mantido pela Globo para futuras novelas, e justamente nele Dias Gomes iria se consagrar.

A ponte dos suspiros foi ao ar de 6 de junho a 15 de novembro de 1969. No dia 1º de setembro, a Globo coroava sua capacidade de transmissão para todo o Brasil com o lançamento do *Jornal Nacional*, seu grande projeto de integração do território brasileiro, abençoado pelos militares. Não dava mais para perder tempo com princesas italianas nas telenovelas.

Dias pôde trocar a Veneza pela Bahia em *Verão vermelho* e estreou sua assinatura como autor de novelas. A nova história, que abordava temas nacionais como o latifúndio, a corrupção e o fanatismo religioso, entrou no ar, naquele novo horário das 22h, em 10 de janeiro de 1970. Um pouco antes, em 10 de novembro de 1969, no horário das 20h, Janete havia lançado sua primeira novela pós-Magadan (substituída por Daniel Filho), que também apostava em diálogos coloquiais, pautados no cotidiano da classe média brasileira, e cuja divulgação não deixava dúvidas sobre os novos rumos da Globo: "Em *Véu de noiva* tudo acontece como na vida real. A novela-verdade".[3] No mesmo ano, Jarbas Passarinho, o ministro do "às favas" os "escrúpulos de consciência", declarava ao *Jornal da Tarde* que "seria ideal existir uma cultura que se fundasse na 'crença da nacionalidade', e não uma cultura importada, uma 'forma de colonialismo cultural'". Em coro, o chefe da Censura federal dizia que "o objetivo do Estado era conseguir que somente o talento e a criatividade, sem apelações, [dessem] ibope nos programas de televisão brasileira".

Assim como as TVs e o governo, o mercado publicitário percebia que as tramas nacionais haviam se transformado em bom negócio. Um supervisor de mídia da Colgate-Palmolive, que tanto tinha investido em novelas com roteiros estrangeiros, concluiu que as adaptações acabavam se tornando mais caras e menos interessantes para o público do que os textos originais de autores nacionais.[4]

Tramas "nacionalistas" e "de qualidade" favoreciam a identificação do público com os personagens. Ideais para o merchandising, em que um produto é diretamente inserido na história, proporcionavam um ambiente de incentivo ao consumo. A elite econômica e a classe média eram os alvos principais, mas as camadas menos favorecidas tornaram-se também visadas em meio à política de concessão de crédito estimulada pelo governo. As novelas passaram a viver uma verdadeira história de amor com o chamado milagre brasileiro, quando o país experimentava altas taxas de crescimento econômico, e "modernização" era palavra de ordem da ditadura.[5]

Nesse cenário, a crítica de Dias Gomes e de outros autores de esquerda ao Brasil arcaico, feita com os limites da televisão comercial, poderia não só ser tolerada pelos militares como, de certa forma, lhes era interessante. Aquele político caricato do interior, da troca de favores e das pequenas corrupções, o coronel nordestino com seu poder desmedido, eram imagens das quais o regime do "milagre" e da "modernidade" queria se afastar, apesar da aliança que tinha com esses personagens da vida real.

Desse modo, a Globo, especialmente com suas novelas, tornou-se a principal ponte de uma confluência paradoxal de interesses dos militares e do Partido Comunista. Cada um a seu modo, e com objetivos contraditórios, estava interessado em construir uma imagem do Brasil por meio da televisão. A contratação de dramaturgos de esquerda pela televisão foi uma consequência natural. Até porque não seria nada fácil encontrar um bom nome da dramaturgia que não estivesse alinhado à oposição. E muitas foram as vagas da teledramaturgia preenchidas por comunistas, calados pela censura no teatro e no cinema, ameaçados pelos Inquéritos Policiais-Militares e, mais do que nunca, interessados em levar sua crítica da situação do país à grande plateia da televisão. Além de novas contratações, escritores que já estavam na TV para adaptar textos estrangeiros, como Benedito Ruy Barbosa e Walter George Durst, foram chamados a apresentar seus próprios roteiros.[6]

Na Globo, pelo menos metade das novelas exibidas entre 1968 e 1979 foi escrita por dramaturgos teatrais críticos à ditadura. Foram 32 entre 67 títulos, sendo nove de Dias Gomes e sete de Lauro César Muniz, também do PCB.[7] Se a vaquinha entre comunistas que bancara uma peça de Dias em 1966 expunha a condição ambígua dos esquerdistas entre os riscos da militância e a rede de apoio do Partido, agora essa equação passava pela televisão. Castrados pela Censura e vivendo sob constante ameaça de prisão e de exílio, fora o medo da tortura e do assassinato, artistas da oposição encontraram bons empregos, atuando em produções em muitos casos pagas por meio de leis de incentivo fiscal assinadas pelos ditadores ou por verbas diretamente estatais.

Assim, a brasilidade revolucionária dos anos 1960 dissolvia-se na indústria cultural, sendo as telenovelas da Globo o grande cenário dessa incorporação e Dias Gomes, certamente, um protagonista.[8] Com o fortalecimento desse "mercado de contestação", ainda que a brasilidade se mantivesse, a intenção revolucionária dos autores tenderia a ser diluída.[9] Nesse novo jogo havia limites de todos os lados, desde os colocados pelo processo industrial da produção, que tinha ritmo acelerado e exigia bons resultados de audiência, até os vetos da Censura.

Como não poderia deixar de ser, ditadura, televisão e comunistas formaram um triângulo amoroso de alta voltagem, com alianças fluidas, em uma relação frequentemente tensa. Se era consenso que o Brasil deveria ser abordado nos programas de TV, o retrato do país estava longe de ser o mesmo na visão do governo e de seus opositores. E as emissoras dependiam dos dois lados. Preenchiam sua programação com as criações dos comunistas, mas sempre alertas para não avançar o sinal a ponto de perder as benesses do regime. E, ao governo, era interessante um espaço de expressão para os artistas de esquerda que, diferentemente do teatro, pudesse limitar a radicalização de suas posições.[10]

Ainda assim, era importante mantê-los sob constante vigilância e pressão. Em 19 de fevereiro de 1971, Dias Gomes foi obrigado a depor no Cenimar (Centro de Informações da Marinha), conhecido pelas torturas e "desaparecimentos". Ele sabia que Walter Pontes, integrante do Comitê Cultural do Partido Comunista, do qual fazia parte, havia sido preso e, sob tortura, entregara companheiros. Naquele momento ia ao ar a segunda novela de Dias, *Assim na terra como no céu*, que tinha na trama um mistério sobre a morte de uma personagem, Nívea. No Cenimar, o encarregado do inquérito recebeu o autor falando do pedido que fizera para que o depoimento fosse adiado — queria ganhar tempo para avisar o maior número de pessoas, dentro da Globo principalmente. O militar quebrou o clima de pânico do escritor: "Só adio com uma condição. O senhor vai me dizer quem matou a Nívea". Respirando aliviado e irônico como sempre, Dias respondeu: "Isso eu não confesso nem sob tortura".

Folclórica, a cena dá conta de como a consagração midiática, de certa maneira, pode ter servido de escudo a Dias, que enfrentou sete IPMs mas nunca foi preso, fato do qual zombou em seu livro de memórias: "Uma falha em minha biografia que me envergonha, uma injusta lacuna, pois, por tudo que fiz, sem modéstia, eu acho que merecia uma honrosa cadeia". Alfredo, filho do autor, lembra que o pai prestava depoimentos praticamente todo ano na ditadura, e que, na Globo, era orientado a sempre informar a empresa, pois, em caso de problema, "o doutor Roberto", como o dono era chamado pelos funcionários, seria acionado.

Outro episódio é revelador dessa condição da emissora como protetora de seus empregados "subversivos". Na noite da promulgação do AI-5, enquanto os militares prendiam JK e se preparavam para levar Lacerda à cadeia, a Globo livrava Walter Clark de ter o mesmo destino dos políticos "inimigos". Assim como Boni e outros diretores de TV, Clark flertara com o comunismo na juventude. A exemplo do que aconteceu com várias pessoas ligadas às artes, Dias Gomes inclusive, tinha como missão arrecadar dinheiro para o Partido. Anos depois, em sua autobiografia (1991), iria se lembrar disso fazendo troça das "noites de discussões intensas sobre o futuro do Brasil proletário, tudo naqueles apartamentos luxuosos, ultraburgueses". Já afastado do PCB, mas com esse passado comprometedor, voltava para casa em 13 de dezembro de 1968, quando, por sorte, parou para tomar um chope e telefonou para a secretária a fim de saber os números do Ibope do dia. Ela lhe disse que mudasse de rota, pois na emissora haviam sido informados de que ele seria preso ao chegar a sua residência. A situação foi contornada por dois militares que a Globo havia contratado para fazer a ponte com o governo, Edgardo Manoel Erichsen e Paiva Chaves. Eles logo "ajeitaram as coisas".[11]

Sobre Erichsen, Boni foi direto: "Era um representante dos militares na TV Globo. Um agente duplo, servia aos interesses da TV Globo e dos militares. Foi indicado pelo próprio governo. Já que servia a dois senhores, tentava dourar a pílula dos dois lados". A relação era de amor e ódio: "Às vezes trazia total irritação dos militares com a gente e às vezes conseguia liberar coisas nossas lá. Como a gente convivia com isso, quando ele trazia uma solução era festejado. Quando não trazia, era odiado. Situação extremamente esdrúxula ter um sujeito do outro lado mediando a seu favor. Era difícil".[12]

Além de salvar a pele de funcionários da emissora e de fazer o meio de campo com a Censura, Erichsen, no auge da repressão aos movimentos armados de resistência, negociou diretamente com os militares a exibição de vídeos com depoimentos de militantes "arrependidos".[13] A forte campanha empenhada pela ditadura teve início em 1970 e consistiu em expor jovens que diziam ter abandonado a luta armada após concluírem que aquela violência não levaria a nada e de terem se convencido de que o regime militar era o melhor para o Brasil. A maior parte dessas declarações, com cerca de trinta ex-guerrilheiros, deu-se entre 1970 e 1971, mas prosseguiram com menor frequência até meados de 1975, com o aniquilamento completo da luta armada. Torturados até a negociação do "arrependimento", os rapazes apareciam nas telas da TV confirmando o discurso oficial de que não havia tortura nos cárceres do regime. Pelo menos quatro desses jovens foram levados diretamente de um quartel do Leblon, sob metralhadoras, para o estúdio da Globo do Rio, onde gravaram seus depoimentos.[14] Ficou famoso o caso de Massafumi Yoshinaga, da VPR (Vanguarda Popular Revolucionária). Em entrevista à Tupi, diante de autoridades militares, passou sete minutos condenando a oposição e elogiando o governo, dizendo, entre outras coisas, que a "trilha de violência" da luta armada "não corresponde ao verdadeiro sentimento do povo, [... que] está demonstrado no entusiasmo que houve em torno da Copa do Mundo". Solto, entrou em depressão e se enforcou.

Se Erichsen fazia as vezes de infiltrado do governo na Globo, Clark era simpatizante dos comunistas, como boa parte dos dirigentes das emissoras. Moya, da Excelsior, explica que a benevolência por parte dos executivos da TV, sem um engajamento direto na militância, tinha dois aspectos significativos. O primeiro era que isso limitava a influência do PCB na programação. "Muitas vezes o Partido queria se meter nos roteiros, mas a TV não aceitava." O segundo tinha a ver com a estratégia para a proteção dos artistas. "Os comunistas nem queriam que a gente se envolvesse muito para não se queimar e seguir na direção das emissoras dando abrigo a eles."[15]

Nessa complexa relação entre comunistas e empresários liberais, dá-se a já anedótica história de que Roberto Marinho disse certa vez: "Dos meus comunistas cuido eu".[16] Pouco antes do golpe, reuniu-se com a célula do PCB do jornal *O Globo*, em sua sala. Falou que haveria mudanças no Brasil em breve e expôs um trato: "Se as coisas penderem mais para o lado de vocês, o que eu duvido, queria pedir para me contratarem para ser redator, não me deixarem fora desta casa. Mas, se penderem mais para o meu lado, podem ficar tranquilos, nada acontecerá com vocês".[17]

Apesar dos "cuidados" de Roberto Marinho com seus comunistas e da piadinha sobre o assassino da personagem da novela feita pelo agente do Cenimar, Dias Gomes teve de carimbar as digitais dos dez dedos das mãos na ficha policial e responder a uma série de perguntas. Acima dos carimbos, o papel traz uma foto do autor com uma placa indicando a data, além de informações básicas como nome, endereço, cor ("branca"), cabelos ("castanhos"), barba ("raspada") e bigode ("sim"). No depoimento, confirmou que em 1967 participara de um encontro de intelectuais a convite de Walter Pontes, mas que lhe disseram que não se tratava de reunião partidária, apesar de ter o propósito de apreciar teses a serem levadas ao VI Congresso do Partido Comunista Brasileiro. Falou ter sido transportado ao local de olhos vendados, para que não soubesse o endereço. Respondeu não se recordar de muitos participantes. Perguntaram-lhe sobre diversos artistas, entre eles Ferreira Gullar, chamado nos relatórios do governo de José Ribamar Ferreira, seu nome no registro civil. Dias afirmou não se recordar de ninguém. Quando lhe perguntaram se teria adotado o codinome Vitório, disse que não, até porque não era do Partido. Negou, negou, negou. E assinou afirmando ter dado as declarações de forma espontânea, sem qualquer coação física e moral.

O depoimento foi utilizado pelos órgãos de vigilância quando entrou em pauta o projeto do autor de escrever a novela *Marcado para morrer*. Em 28 de maio de 1971, reportagem publicada pelo jornal *O Globo* sobre a obra seguiu, com suas declarações ao Cenimar, anexadas a um despacho encaminhado ao chefe do Cisa (Centro de Informações da Aeronáutica). O documento alerta para o fato de Dias Gomes ser um "notório comunista indiciado em IPM", cuja nova novela tem como protagonista um "NAZISTA NEURÓTICO e dificilmente não será destinada a assemelhar o 'GOVERNO DA DITADURA BRASILEIRA' ao 'REGIME TOTALITÁRIO DA ALEMANHA NAZISTA', levando o público a identificar um-com-o-outro-e-vice-versa", com todas essas aspas, hifens e letras maiúsculas.

Afirma ainda que o dramaturgo "é comunista ativo" e que "todas as suas peças são recheadas de temas a gosto das ideias marxistas. É voltado para a socialização do Brasil através da implantação do regime comunista". Lembra até a famosa viagem a Moscou em 1953 e uma outra, também suspeita, a Cuba, em 1968 (Dias menciona na autobiografia uma viagem à ilha comunista em 1963, para o lançamento do filme *O pagador de promessas*, quando tomou um drinque com Raul Castro em seu apartamento, e outra, "anos depois", sem precisar a data, na qual conversou com Fidel por alguns minutos).[18] O documento do Cisa sugere que a novela "não venha a ser exibida em nenhum horário".[19]

Percebe-se aqui, com clareza, a conexão entre os três pontos do tripé para a manutenção do poder na ditadura: vigilância, repressão e censura. Produzido pela Marinha e pela Aeronáutica, o dossiê une uma viagem feita para a URSS, quase duas décadas antes, à participação em uma reunião suspeita e ao projeto da novela com um protagonista nazista para fabricar nova culpa para Dias Gomes. E propõe punição imediata: o veto da obra.

Por pressão do governo ou não, a Globo desistiu dessa trama, e o autor escreveu para o seu lugar *Bandeira 2*, cujo personagem principal é um simpático chefe do jogo do bicho, Tucão, interpretado por Paulo Gracindo. Foi a terceira novela de Dias Gomes, após *Verão vermelho* e *Assim na terra como no céu*. A corrupção policial em *Bandeira 2* incomodou a Censura. Logo no segundo capítulo, foi cortada uma cena na qual um preso, filho de um bicheiro influente, trata o delegado com irreverência e é solto após um telefonema do pai para a delegacia. Várias passagens semelhantes continuaram sendo cortadas, inclusive uma que, de acordo com o parecer censório, mostrava o "delegado apologista de torturas". Também foram fortemente cerceadas as referências ao tráfico e ao consumo de drogas.[20] Ao final da novela, a Censura exigiria a morte de Tucão, uma vitória "do bem contra o mal", mas o autor conseguiria driblar essa intenção ao colocar outro bicheiro segurando a alça do caixão, em uma sugestão de que iria tomar o lugar do morto.[21] Foi um sucesso de audiência.

Com a ampliação da teledramaturgia nacional, relatório do Cisa encaminhado à agência central do SNI em 9 de junho de 1971 tinha como assunto algo que, àquela altura, tornava-se uma das grandes preocupações do poder: "A infiltração comunista na TV". Ali, havia o alerta de que as telenovelas, que se mostravam importantes na estratégia de unificação nacional, passaram a revelar outra faceta, a de "imoral" e "subversiva".[22]

O informe lista os problemas:

> 1. Ultimamente vem [sic] sendo levadas nas emissoras de TV algumas telenovelas de autoria de elementos ligados à ala intelectual das esquerdas brasileiras.
> 2. Essas peças trazem mensagens de desagregação de família,

rebelião da juventude e espírito antirreligioso e principalmente apologia ao adultério. Algumas delas:

a. SIMPLESMENTE MARIA — faz apologia da mãe solteira [adaptação de Benedito Ruy Barbosa de original peruano, exibida na Tupi]

b. O CAFONA — procura mostrar a rebelião da juventude através do "happening" [autoria de Bráulio Pedroso, Globo]

c. IRMÃOS CORAGEM — mostra a imagem favorável ao adultério e à venalidade da lei [Janete Clair, Globo]

d. ASSIM NA TERRA COMO NO CÉU — caracteriza-se por uma posição antirreligiosa [Dias Gomes, Globo].

3. Todas essas telenovelas foram vetadas pela Censura Federal. Mais tarde foram liberadas para 18 anos.

4. A liberação nessa faixa de idade traz prejuízos aos patrocinadores porque elas não podem ser levadas ao vídeo antes das 22h.

5. Visando mudar essa faixa de idade, as empresas de TV procuraram usar todos os meios de pressão contra os órgãos da Censura. Algumas alcançaram sucesso, como *Irmãos Coragem*, que saiu da faixa de 18 para 12 anos e está com uma audiência de 70% (Ibope).

6. Atualmente a Censura Federal está analisando a peça [novela] *O HOMEM QUE DEVE MORRER*, de autoria de JANETE CLAIR, esposa do novelista DIAS GOMES (esquerdista).

a. A estória é passada em Santa Catarina. Pela análise do "script", feita por este Centro, apresenta as seguintes mensagens:

1) Luta de classe numa região carbonífera.

2) Existência de preconceito racial, no Sul do Brasil.

3) Desagregação da família, mostrada por várias cenas de adultério.

4) Apelo contrário à democratização de massa.

5) Antirreligiosidade de massa, no sentido de pôr em dúvida os princípios religiosos do cristianismo.

b. Como a peça deverá ser vetada [e aqui o texto datilografado é riscado e, por cima, à caneta, se anota "ainda será apreciada"] pela CENSURA FEDERAL, a revista *VEJA* (anexa) publicou uma notícia fazendo promoção favorável à peça.

c. Como a TV GLOBO já investiu cerca de Cr$ 8.000.000,00 nesta

telenovela, já foi sentida a presença de seus dirigentes na área da PO-
LÍCIA FEDERAL, no sentido de conseguirem a liberação da mesma.²³

Além da preocupação do governo com as telenovelas, deve-se ressaltar a inclusão de Janete Clair na lista "problemática". Na época, a novelista, em razão da tradição mais romântica de suas histórias, era vista como "alienada", em oposição ao marido, "engajado", até porque ela nunca se filiou ao PCB. Essa imagem foi, de certa forma, cristalizada na memória nacional. O jornalista Artur Xexéo, na biografia da escritora, escreve que "os mesmos motivos que levaram o público a adorar as novelas de Janete Clair faziam os críticos rejeitá-la". "Doses exageradas de romantismo, nenhuma concessão ao realismo, excesso de escapismo. Não era o que a classe intelectual esperava de uma artista sob o tacão da ditadura." Reportagem publicada na revista *Veja* em fevereiro de 1971 — quatro meses antes da entrada do relatório no SNI, portanto — impunha a diferença entre o casal de autores. Sob o título "Novela a dois", revelava que ambos ganhavam o mesmo salário ("10 mil livres por mês"), desfrutavam de "idêntico sucesso", mas representavam "escolas opostas": "Janete não hesita em apelar para os dramalhões para prender a audiência, Dias Gomes tenta romper com isso, procurando fazer uma crônica mais profunda da sociedade".²⁴ Dois anos depois, em 1973, após conseguir 100% de audiência em um capítulo de *Selva de pedra*, a autora seria questionada, também por *Veja*, se não seria "muito cômodo poder falar para milhões de pessoas e só mostrar o lado positivo da vida". Janete considerou a acusação injusta.²⁵ A novela havia sido pesadamente cortada pela Censura, que chegou a ameaçar a Globo de mudar o horário de exibição das 20h para as 22h e exigiu uma série de mudanças no rumo dos personagens.²⁶ Novamente, em 1974, quando ia ao ar sua trama *Fogo sobre terra*, enorme sucesso no Ibope, como sempre, a autora seria novamente bombardeada pela crítica e responderia: "Tudo o que eu quero é contar uma boa história. De uma maneira simples, direta, popular. Minha responsabilidade, meu compromisso é com o grande público. Escrevo para milhões de espectadores. Não posso usar uma linguagem que faça o deleite de meia dúzia de intelectuais frustrados".²⁷

Um dos intelectuais que tinham críticas ao estilo de Janete era Ferreira

Gullar, o que a deixava magoada, pela proximidade do escritor com a família. Somente anos mais tarde, em 1978, o poeta comunista entenderia a lógica janetiana. Isso aconteceu quando ele colaborava informalmente com Dias Gomes na novela *Sinal de alerta*, que tratava do problema da poluição ambiental. Os dois estavam em uma polêmica sobre o destino de uma personagem, uma operária casada que, para a história ir em frente, teria de viver um caso de amor com um colega de fábrica. Na opinião de Gullar, uma vez que a mulher era honestíssima, a traição não seria plausível. Janete observava a discussão e resolveu opinar: "Não é plausível, mas ia ser lindo. Mandem o realismo à merda. Ela deve ter o caso e ficar grávida. O público ia adorar". Ideólogo dos mais importantes do PCB, Gullar finalmente cedeu: "Nós somos dois míseros realistas. Janete Clair é a verdadeira artista".[28] A passagem demonstra que o realismo defendido pelos comunistas, em sua intenção de retratar o que consideravam ser "a realidade brasileira", deparava-se com os limites da TV. A telenovela tinha raízes melodramáticas e a sua sobrevivência dependia dos números no Ibope. Esse era o Brasil real.

Mas os militares perceberam que Janete, além de seguir a receita do melodrama e de arrebatar o público, tratava, sim, de problemas nacionais. *Irmãos Coragem*, por exemplo, o primeiro marco da teledramaturgia da Globo, de 1970, falava de reforma agrária. A avaliação do governo sobre a novelista era sigilosa. Esse documento em que o regime aponta suas intenções "antidemocráticas" é um dos que traz o carimbo "confidencial". Logo, ninguém fora desse circuito poderia fazer ideia de que Janete estivesse em listas da subversão televisiva. E a Censura, que muito afetou suas obras, justificava-se, como era habitual, pelas questões da "moral e dos bons costumes", o que escondia seu fundamento político. *O homem que deve morrer* acabou aprovada depois que os censores proibiram, a dois dias do lançamento, algo central na história. O protagonista, interpretado por Tarcísio Meira, era tido como santo porque sua mãe seria virgem. Janete queria discutir a questão do hímen complacente, que não se rompe na primeira relação sexual. Com o veto, para explicar a mãe donzela, o personagem acabou se tornando um extraterrestre.

O despacho do Cisa ao SNI também joga luz sobre a forma como a TV, a Globo em especial, negociava com a ditadura a fim de evitar a censura nas novelas. Os pedidos para que as obras consideradas impróprias para dezoito anos tivessem classificação etária alterada para uma idade inferior e, assim, pudessem ser exibidas antes das 22h são chamados de "pressão" no relatório da Aeronáutica. O trecho datilografado e depois riscado com caneta dá pista de que a vigilância era parte da estrutura censória. Ao abordar a nova novela de Janete Clair, o Cisa escreve que "deverá ser vetada pela Censura Federal", o que depois é corrigido, à mão, para "ainda será apreciada".

Como a emissora já havia investido 8 milhões de cruzeiros na produção, observam os militares, "já foi sentida a presença de seus dirigentes na área da Polícia Federal, a fim de conseguirem a liberação". Essa negociação, ou "pressão", dava-se normalmente em torno da apreciação da sinopse pela Censura, que deveria trazer um resumo da história e as características de cada personagem. A partir dele, os censores podiam ou vetar a obra ou determinar sua classificação etária. Muitas vezes, "liberar" para determinada idade significava, na prática, proibir. Porque a cada faixa etária correspondia um horário de exibição, e sabia-se que muitas vezes uma faixa tardia não era viável na programação. Se tudo desse certo e a novela estreasse em um horário conveniente para a emissora, tinha início a nova fase do embate. O formato das telenovelas, em capítulos escritos paulatinamente ao longo da transmissão, dificultava o trabalho da Censura. Como era de se esperar, as sinopses evitavam mencionar questões espinhosas, que iam surgindo ao longo dos episódios. Por isso, cada roteiro era avaliado na íntegra e alterado quando necessário, antes da autorização para a gravação. No decorrer das centenas de capítulos (as novelas podiam ter até mais de trezentas), muitas vezes entravam no cabo de guerra censores com diferentes opiniões e ordens e contraordens de variados níveis hierárquicos do governo, mais ou menos tolerantes. E, do lado de lá, os apelos contra a Censura podiam partir dos militares contratados pela Globo, até dos próprios autores, diretores e, em casos extremos, chegar ao patamar do "doutor Roberto". Afinal, era em torno do produto de maior rentabilidade que girava essa guerra fria, com novelistas, elenco e tramas consagrados pela audiência. Ainda que a negociação fosse pesada, não se deviam medir esforços para buscar um denominador comum. Uma censura mais drástica embutia, para a TV, o risco de prejuízo com a audiência e, consequentemente, com os anunciantes, e, para o governo, o de desagradar a opinião pública.[29]

Joe Wallach, que entrou na Globo como representante da Time-Life e permaneceu como diretor até 1980, abordou, em sua autobiografia (2011), essa tensa convivência entre a emissora e a Censura, citando a participação direta de Roberto Marinho: "As novelas passaram a ser severamente censuradas e sempre tínhamos que lutar para que elas fossem ao ar. Os militares desejavam cortar partes delas, de modo que a tensão sempre foi muito grande, por vezes causando grandes dificuldades. Roberto Marinho foi o grande líder nessa luta".[30]

A conclusão do relatório do Cisa expõe os supostos perigos, por meio da "infiltração comunista" na TV, que a telenovela passou a representar ao país, relacionando questões morais a políticas:

> A infiltração nos meios de divulgação vem aumentando de maneira gradativa e cada vez mais agressiva. A telenovela, que é atualmente o veículo de maior receptividade na massa, tem trazido mensagens de desagregação da família, rebelião da juventude e principalmente a apologia ao adultério. Os temas usados pelos autores esquerdistas visam a atingir os objetivos comunistas a longo prazo.[31]

Se em 1971 Dias Gomes aparecia em três dossiês reunidos pelo SNI, em 1972 estaria em cinco deles. Em 11 de julho, relatório também do Cisa dava conta de que, com base nas várias prisões e apreensões de documentos efetuadas com o AI-5, foi possível constatar "o empenho do Partido em procurar por todos os meios recrutar [...] intelectuais com o objetivo de, através dos mesmos, aplicar o programa político marxista-leninista, visando à destruição do regime democrático brasileiro, para implementar um regime comunista".[32]

Poucos dias depois, em 24 de julho, o SNI registrava cópia de relatório de IPM instaurado no 1º Distrito Naval para apurar atividades do comitê cultural do PCB.[33] E então surgia documentada, pela primeira vez, a impressão do governo militar sobre *O berço do herói*, uma vez que, na ocasão da censura da peça, em 1965, os despachos haviam sido redigidos pelo governo Lacerda.

> Alfredo Dias Gomes, apesar de alegar não ter participado de reuniões do Comitê Cultural do Partido, tem feito sub-repticiamente campanhas contra o regime do País, com a publicação de obras literárias e dentre eles "Teatro de Dias Gomes", onde se pode observar a tentativa de levar à subversão e à destruição da imagem dos heróis brasileiros na tragédia *O berço do herói*. O livro com prefácio pelo sr. Paulo Francis datado de 3 de novembro de 1964 foi editado em 1972, que lhe confere um caráter atual, possui uma série de frases contrárias ao atual regime e comentários irônicos e até um reconhecimento de que a mesma é subversiva, logo no início pelo prefaciante.
>
> O conteúdo não trazendo nenhum fundo moral procura infundir uma imagem deformadora da vida brasileira, vivendo do culto dos falsos heróis, numa cidade em que os incautos são explorados pelas pessoas mais representativas do local, tais como o prefeito, o padre e o major e até por um general do Exército Brasileiro, de outro local que procura encobrir a verdade, para ocultar erros anteriores. O progresso naquela obra é traduzido por criação de novos lupanares e cassinos.
>
> A preocupação do autor em criar uma falsa imagem de heróis e militares é evidente. Na página 579 do Volume II de suas obras completas encontramos: "Branca deve ter morrido na cama, como os generais" e nas suas peças os heróis morrem em situações pouco compatíveis com o heroísmo.[34]

A análise conclui que "as novelas escritas pelo sr. Alfredo Dias Gomes também traduzem o seu temperamento nitidamente subversivo e a participação deste escritor no Movimento Comunista Brasileiro". Curiosamente, *Irmãos Coragem* é tratada como se tivesse sido escrita por ele, e não por Janete Clair:

> A novela *Bandeira 2* critica as autoridades brasileiras, pois nela se observa o jogo clandestino exercido no Brasil e o governo consti-

tuído não impedindo que grupos contraventores se organizem para explorar esse tipo de comércio ilícito. *Irmãos Coragem* é uma demonstração, em forma de crítica, do latifundiário dos garimpos, principalmente na opressão aos garimpeiros com cobertura ostensiva de autoridades policiais.[35]

O tema da "infiltração comunista nos meios de comunicação" volta à baila em um relatório secreto do SNI de 15 de setembro de 1972.[36] Desta vez, a fim de concluir que o objetivo dos comunistas é tomar o poder nos órgãos de comunicação, o relatório é aberto com uma citação a Stálin: "A imprensa é o mais poderoso instrumento com o auxílio do qual o Partido, cotidianamente e a todo momento, fala com a classe trabalhadora na língua que lhe for necessária". Nas considerações iniciais, o SNI diz que a infiltração de comunistas nas áreas culturais havia diminuído desde a "revolução de 1964", especialmente após a promulgação do AI-5. Com as punições impostas a partir do quinto ato institucional, "embora não tivesse ocorrido um saneamento total, constatou-se que os mais agressivos ou fugiram ou calaram-se, e assim os órgãos de comunicação social passaram a viver em ambiente de relativa tranquilidade". Mas há a "presença de remanescentes, aliás em número bastante significativo". Admite o documento que a "Lei de Segurança Nacional e a Lei de Imprensa determinaram o estabelecimento de uma autocensura dentro dos órgãos de comunicação".

A prática, largamente disseminada, protegia as empresas e muitas vezes evitava problemas maiores inclusive para a programação "subversiva", mas, de certa forma, as tornava coniventes com a repressão.[37] Na Globo, o advento da autocensura, que seria muito presente também nos telejornais, teve início com Dias Gomes, na narração de Walter Clark. Além dos já mencionados Edgardo Manoel Erichsen e Paiva Chaves, os "assessores militares" da emissora que livraram o diretor da prisão, foi contratado José Leite Ottati, aquele censor "mais amável e compreensível" que fora, em 22 de julho de 1965, à porta do teatro Princesa Isabel informar sobre a censura a *O berço do herói*. Aposentado da Censura do Rio, virou censor interno da Globo. Segundo Clark, Dias era "impermeável a qualquer recomendação de prudência", e, em uma cena de *Bandeira 2*, "exagerou", colocando a seguinte frase na boca do bicheiro Tucão, que citava o famoso colunista social de *O Globo*: "Televisão tem que estatizar mesmo! Televisão que tem Ibrahim Sued no ar não merece moleza do governo!". Depois de enfrentar "um terremoto" na emissora, com a reação da direção ao "exagero" de Dias, Clark colocou o censor para ler tudo o que o dramaturgo escrevesse, "fazendo a censura mais rigorosa que fosse possível". Clark contou: "Daí pra frente, passei a jogar o jogo: o Dias escrevia o que queria e eu punha no ar o que podia. Não ia oferecer o meu pescoço em holocausto, para ele posar de campeão da liberdade [...] Preferia decidir o que ia ou não para o ar do que ouvir isso dos censores do regime".

Boni tem na lembrança que a contratação de Ottati ocorrera por indicação de Dercy Gonçalves, outra grande vítima da repressão cultural e de quem os militares chegaram a "sugerir" a demissão para a Globo. Em 1969, o programa *Dercy de verdade* foi suspenso pela Censura por quinze dias, acusado de levar ao ar com alterações um roteiro previamente aprovado. "Foi a Dercy que nos indicou o Ottati. Ela disse: 'O cara dá um jeito nas minhas peças para passar na Censura'. Ele penteava os textos e nos atrapalhou muito, porque já tínhamos a Glória Magadan, que era muito conservadora. Os dois se juntavam, e estávamos perdidos."[38] Do lado dos militares, o censor acabou sendo considerado um traidor, conta Boni:

> O Ottati era censor no tempo da censura de costumes. Conhecia aquilo que ia pegar na Censura, "isso aqui passa, isso aqui não passa", porque os critérios eram absolutamente subjetivos. Estava lá para minimizar os problemas, não para corromper ninguém da Censura, mesmo porque, quando veio trabalhar para a gente, passou a ser odiado do outro lado, ele mudou de lado. Ele lia uma novela e dizia: "Isso aqui não passa". Chamávamos isso de "pentear". Ele dizia: "Essa história passa se tirar essa palavra, trocar esse troço. Não fala "o cara se vingou", fala "o cara ficou com raiva". Ele tinha a cabeça do censor.[39]

Dias Gomes iria relatar mais tarde que a censura interna chegava a ser pior do que a do governo. "Eu ia a Brasília, discutia com os censores, às vezes conseguia liberar alguma coisa. Mas contra a censura da empresa não se pode fazer nada." De qualquer forma, para uma ou para outra, acabou desenvolvendo uma técnica que atesta que o fato de ser "impermeável a qualquer recomendação de prudência" passava longe da falta de noção: "Você aprende a jogar com a censura. Muitas vezes, eu fiz cenas para serem cortadas, uma forma de entregar aquele boi de piranha. Você entrega um boi para passar o outro".[40]

Além de relacionar os "infiltrados" comunistas na TV, o relatório do SNI de 15 de setembro de 1972 lista nomes do "setor dos chamados 'intelectuais'" que agiam em redações de jornais, entre eles Alex Viany, Vera Gertel, Luiz Jorge Werneck Vianna e Antonio Callado. Sobre Dias Gomes, repete as informações do documento do Cisa, das peças *O berço do herói* e *O túnel*. É também mencionado o *Programa Flávio Cavalcanti*, "em que nossos maiores compositores estão sendo expostos aos maiores ridículos perante milhões de telespectadores, sob a descortesia irreverente de um chamado 'júri jovem'". Diz o SNI: "A atuação desse júri vem oferecendo um espetáculo chocante junto ao público não só pelos insultos que dirige aos mais lídimos representantes de nossa música popular mas também porque promove um aguçamento no conflito de gerações". Essa passagem é simbólica de uma tendência na televisão da época: o cerco da Censura aos programas de auditório, que foram extremamente perseguidos, apesar de terem sido acusados pela crítica de porta-vozes do governo na estratégia de "alienar as massas". Atrações comandadas por Flávio Cavalcanti, Dercy Gonçalves e Chacrinha, por exemplo, tinham bem menos poder de negociação do que as telenovelas em razão do formato, ao vivo e mais popular, além de uma participação inferior no faturamento das emissoras. Isso sem contar que, diante do regime, os apresentadores tinham menos prestígio do que os autores de novelas.[41] Eram enquadrados na televisão de "baixa qualidade", aquela que a ditadura da "modernidade" e do "progresso" queria extirpar.

Mais adiante, o documento do SNI menciona show no teatro João Caetano, com patrocínio do Diretório Central de Estudantes da PUC, em que Gonzaguinha cantou músicas "pornográficas" como "Bota na tua bunda" e "Acuda mãe, acuda pai, acuda gente". Vem em seguida uma descrição das atividades "subversivas" de Chico Buarque, "uma figura sempre em evidência pelo estilo contestatório que empresta às suas composições". Entre outras ocorrências suspeitas, ele "recentemente recebeu as homenagens da Rádio de Moscou pelo transcurso do seu aniversário", além de ter a letra de uma música, "Partido alto", transcrita em uma revista cubana. Ao final, na conclusão, o SNI lembra que, apesar desse "mar de subversão", ainda havia "heróis", como Nelson Rodrigues.

> Do que foi exposto, conclui-se que o perigo da influência comunista sobre os meios de divulgação é latente [...]. Em meio a tudo isso, há que se reconhecer o denodado esforço de determinados jornalistas que corajosamente abraçaram a causa democrática e procuram, apesar das violentas críticas dos seus opositores, veicular mensagens de otimismo, de esperança, de harmonia e de reconhecimento pelo esforço que o governo vem empreendendo no sentido de alcançar os seus objetivos estratégicos e cujos resultados já se fazem presentes. É um punhado de heróis em meio à turbulência desse mar de subversão, e que estão a merecer o apoio das autoridades constituídas e o estímulo necessário para que continuem a utilizar as suas penas a serviço do Brasil, e entre os quais destacamos os nomes de Nelson Rodrigues, Gustavo Corção e Raul Giudicelli.[42]

Mar de subversão mesmo era a imprensa alternativa. Entre 1964 e 1980 surgiram e desapareceram cerca de 150 jornais de oposição ao governo. Diante da censura oficial e da autocensura instaladas em redações de grandes periódicos, os chamados "nanicos" ganharam força nos anos 1970 criticando a ditadura de maneira destemida e das mais diversas formas, com humor, deboche ou sérias reportagens investigativas sobre corrupção e tortura. Fortemente perseguidos, eram muitas vezes editados em esconderijos, tendo periodicidade irregular e sendo financiados por entusiastas ou pela própria equipe que os produzia — em geral sem receber salário e até colocando dinheiro do próprio bolso. Parte desses jornais resultava da reunião de jornalistas e intelectuais interessados no movimento da contracultura e na crítica à moral da classe média. Um título de destaque foi *O*

Pasquim, cujas irreverência e criatividade influenciaram definitivamente a linguagem do jornalismo e da publicidade no país. Já *Lampião da Esquina* era um jornal de militância gay, algo para lá de subversivo à época. Tinha na chefia Aguinaldo Silva, que anos depois iria se tornar autor de novelas e cruzar o caminho do falso herói de Dias Gomes. O então repórter já havia atuado em dois dos principais jornais da imprensa alternativa, representantes da parcela que mantinha conexões com organizações políticas: *Movimento* (PCdoB) e *Opinião* (Ação Popular e PCdoB).[43]

Este último, em 4 de março de 1973, publicou ousada entrevista com Dias Gomes. Logo nas primeiras linhas, o texto lembrava o veto a *O berço do herói*, que chamava de "ato ilegal do então governador Carlos Lacerda".[44] A reportagem registrou um momento crucial para o dramaturgo: se até ali sua carreira fora marcada por peças teatrais, a partir daquele momento o seria pela criação da telenovela *O bem-amado*, que, com Odorico Paraguaçu, o corrupto e encantador prefeito, e seus desmandos na cidade fictícia de Sucupira, construía uma "alegoria do Brasil, mostrando a sobrevivência da tradição do autoritarismo e do coronelismo sob uma armadura modernizante".[45]

No ar havia pouco mais de um mês, a produção tinha por base peça homônima sobre a qual Dias escrevera no diário, no início da década de 1960. Era a primeira novela em cores da televisão brasileira e a mais cara já produzida no país,[46] cartão de visita do que mais tarde seria chamado de "padrão Globo de qualidade". O selo envolvia apuro técnico, mas também buscava excelência artística, o que levou a emissora a reforçar a contratação de profissionais ligados ao Cinema Novo, à MPB, ao CPC e a outros grupos de teatro engajado, além de dar cada vez menos espaço a programas de auditório e a tudo que pudesse ser considerado "popularesco". Se, por um lado, abria ainda mais as portas para a esquerda intelectual, por outro o padrão Globo conectava-se à imagem propagada pela ditadura do "Brasil grande", do "Ninguém segura este país".[47] Eram tempos de convivência entre os anos de chumbo e o milagre brasileiro.

O bem-amado também elevou a um novo patamar de prestígio o horário das 22h, reservado para as novelas de Dias Gomes. A faixa das 20h, de maior audiência, era de Janete Clair (com o tempo, foram contratados outros nomes para revezar com o casal, entre eles Bráulio Pedroso, Walter

Negrão, Walter George Durst, Lauro César Muniz e Cassiano Gabus Mendes). Com menos cobrança em relação ao Ibope e, teoricamente, mais liberdade com a Censura por ser dirigido a um público mais velho, a faixa das 22h era mais favorável a experimentações técnicas e temáticas, ideal para a brecha desejada por Dias para suas mensagens críticas. Com uma audiência formada em maior escala pelas classes média e alta, tendo, presumidamente, menor alcance social, poderia soar menos preocupante para o governo, que centrava esforços em cortar o elo entre artistas de esquerda e as camadas mais populares. Para a Globo, era interessante investir em conteúdo voltado a esse telespectador mais intelectualizado e rico. Visado pelos anunciantes, esse consumidor virou freguês do novo "mercado de contestação". E os interesses iam se acomodando no triângulo amoroso de alta voltagem.

A entrevista ao *Opinião*, cuja manchete é "Do *Pagador de promessas* ao *Bem-amado*", é exemplar do discurso adotado pelo autor comunista a fim de justificar sua "polêmica" adesão, no dizer da reportagem, às telenovelas, principal fonte de lucro da emergente indústria cultural brasileira. Se até meados dos anos 1960 ele não via outro caminho para a sua arte política que não o dos palcos, a partir de sua entrada na Globo e do sucesso de suas novelas, passou a se referir à TV como um poderoso meio de comunicação para atingir uma enorme plateia popular.

O autor afirma ter transferido o seu "laboratório de experiências, momentaneamente, para a televisão", apesar de acreditar que os meios de comunicação de massa divulguem "a cultura da classe dominante". Mas também assume que um dos motivos de ter deixado o teatro havia sido o "processo de intimidação e castração imposto à dramaturgia brasileira depois de [19]64". Embora ainda considerasse o teatro a "arte conscientizadora por excelência", admite que as telenovelas, dentro das limitações impostas, ofereciam uma nova rota:

> Claro que uma determinada telenovela, ou até mesmo a maioria das telenovelas, pode ter um efeito acomodatício, alienatório, anestesiante. Também uma peça de teatro (ou quem sabe a maioria das peças de teatro encenadas entre nós) pode ter o mesmo efeito, po-

dendo-se estender a alegação ao cinema. Mas nem o cinema, nem o teatro, nem a novela, como formas de expressão, têm nada a ver com isso. E do mesmo modo que o teatro pode ser um elemento conscientizador, também a novela pode desempenhar esse papel. Podemos levar esse objetivo às últimas consequências? Talvez não. Existem fatores limitativos, como censura e o caráter de grande indústria que cada vez mais assume a televisão. Mas o cinema também é uma indústria e também sofre censura. E no teatro a contradição básica arte-comércio é, queiramos ou não, um fator castrativo. Enfim, o artista, numa sociedade como a nossa, é sempre um homem ilhado. E em nossa pequena ilha temos que construir alguma coisa, sem cairmos na posição cômoda e suicida de cruzarmos os braços porque estamos cercados de água (ou de limitações) por todos os lados e ficarmos à espera do navio que virá nos salvar.[48]

O entrevistador, Abel Silva, volta a mencionar a censura a *O berço do herói*. Afirma que, na ocasião, Dias havia escrito em artigo que "jamais abriria mão de sua liberdade de expressão e que nenhum artista pode furtar-se a participar da luta contra a censura". E pergunta: "Como autor de telenovela, você ainda permanece fiel a esta posição de total independência quanto à censura?". Dias relativiza o significado de "independência". Diz que, no momento, todos eram dependentes do sim ou não da Censura. E encerra com uma visão pragmática: "A independência, que consistiria em escrever peças para guardar na gaveta (como eu tenho algumas), na televisão seria quixotesca, destituída de qualquer sentido. Muitas vezes o fato de aceitarmos as regras do jogo não importa em abrir mão da liberdade de expressão, mas num desafio".

No encerramento da entrevista, o repórter pergunta se entre *O pagador de promessas* e *O bem-amado* o dramaturgo vê "continuidade, involução ou progresso". Na resposta, fica clara a estratégia do autor de justificar sua trajetória, ajustando ao passado teatral a nova carreira televisiva. O argumento é o de que não importa o meio, e sim a comunicação com o público. Ele, entretanto, não deixa de ressaltar a vantagem do tamanho da plateia da TV em comparação à do teatro.

> Acho que é uma evolução dentro do que me propus na TV: encontrar uma linguagem comum a uma plateia de milhões de pessoas, a mais heterogênea que já tive, composta de elementos de todas as classes sociais, do intelectual ao marginal. Faço parte de uma geração de dramaturgos que levantou entre os anos [19]50 e [19]60 a bandeira quixotesca de um teatro político e popular. Esse teatro esbarrou numa contradição básica: era um teatro dirigido a uma plateia popular, mas visto unicamente por uma plateia de elite. De repente, a televisão me ofereceu essa plateia popular. Recusar, virar as costas, seria incoerente, burro e reacionário.[49]

Seu discurso soava como uma resposta à ideia de que havia sido "cooptado" pela indústria. Reportagem da revista *Veja* sobre a estreia de *Assim na terra como no céu*, em 1970, começava com a seguinte questão: "A telenovela mancha a carreira de um escritor ou dramaturgo?". Dias apresentou sua "defesa": "A televisão é o mais poderoso veículo de divulgação de cultura de massa do nosso tempo".[50]

O autor costumava dizer que era encorajado pelas pessoas mais próximas, as que respeitava, mas escrachado por "intelectualoides, uns idiotas que achavam que estava cometendo uma traição, aderindo ao sistema, à alienação que era considerada a telenovela". Certa vez, foi hostilizado em um debate de estudantes, que fizeram uma peça na qual um personagem dizia: "Dias Gomes, nós jamais o perdoaremos por isso".[51] Em refutação, colocava-se como um "infiltrado" da oposição no sistema, apesar de ter consciência das contradições dessa opção.

> O que a Globo me deu... A minha geração de dramaturgos nos anos 50, 60 sonhou com quê? Sonhou com um teatro político e popular. A geração Guarnieri, Vianinha, eu, Boal, era esse o nosso sonho. Nunca conseguimos fazer um teatro popular. Nunca conseguimos um teatro de plateia popular. Enquanto fazíamos no palco uma peça contra a burguesia, na plateia estava sentada a própria burguesia. Era uma contradição que nunca conseguimos resolver. Para se fazer um teatro popular, era preciso mudar o regime, por-

que o regime é que impedia o teatro popular, desde que nos obrigava a cobrar uma entrada que o povo não podia pagar, e o governo que deixava o povo em condições de não poder pagar essa entrada. Então era uma contradição insolúvel. Quando a Globo me chama, o que eu penso: Muito bem, a Globo está me dando uma plateia popular, aquilo com que eu sonhei no teatro o tempo todo, está me dando uma plateia que vai de A a Z. Vai desde o intelectual até a cozinheira, faxineiro. Tenho o direito, quer dizer, politicamente está correto recusar? Não. É uma estupidez. "Ah bom, mas você está fazendo isso de dentro de um órgão que apoia o regime." Mas e daí? Aquele espaço ali [da minha telenovela] é meu. Se, depois daquilo, você tem algo de que discorda, tudo bem. Quando escrevo um livro, ele vai para uma livraria, exposto numa vitrine que tem de tudo. Tem obras do mesmo lado que são contrárias ao meu pensamento. E não quero dizer com isso que o sonho do teatro popular tenha se resolvido com a telenovela, de modo algum. Porque são coisas completamente diferentes, são gêneros diferentes. Mas em termos políticos foi resolvido, porque no Brasil, uma coisa intrigante, a telenovela — esse gênero folhetinesco considerado subliterário, melodramático — se desenvolveu e se transformou no maior produto de consumo cultural. Nem o livro, nem o cinema, nada alcança o consumo da novela. Esteticamente, ele se desenvolve e acaba dando, ainda que prejudicado pelas limitações e pelas censuras de diversas naturezas, um retrato da vida brasileira. E se incorpora à cultura do País.[52]

Era uma postura em consonância com o Partido Comunista. No fim dos anos 1950, entrou em decadência a rígida política que exigia que todos os produtos culturais seguissem os padrões do "realismo socialista", com suas mensagens diretas e doutrinárias, o que dificultava a inserção das obras em espaços que não fossem dos próprios comunistas. Desde então, adotou-se o chamado "frentismo cultural", do filósofo marxista húngaro Georg Lukács: a fim de penetrar nos grandes veículos de comunicação, e assim atingir a maior plateia possível, os comunistas deveriam, dentro de certo limite, ser flexíveis nas suas ideias. No Brasil, entre os anos 1960 e 1970, artistas e intelectuais ligados ao PCB foram fundamentais nessa estratégia, consagrando, em meio à classe média, um conteúdo esquerdista, sobretudo através da TV, do cinema e da música popular.[53]

O bem-amado seguiu com sucesso de público e de crítica e sem incômodo da Censura por mais de cem capítulos. Dias Gomes condenava o coronelismo por meio do prefeito corrupto Odorico Paraguaçu (Paulo Gracindo), mas o fazia em tom afetivo, o cabra era para lá de simpático. Nossos modernos generais não teriam muito que se preocupar com o arcaico coronel do Nordeste. Mas acabaram percebendo que Sucupira não era tão distante assim de Brasília. Quando faltava menos de um terço para a novela acabar, a Divisão de Censura de Diversões Públicas decidiu emitir um parecer com os "problemas". Os pareceristas apontaram a "extrapolação" da "nuance puramente regional": "As situações afloradas, pelo seu duplo sentido, a essa altura dos acontecimentos, podem ser claramente interpretadas como alusivas à conjuntura nacional, particularizando instituições, pessoas ou mesmo outros valores consagrados". Dos 177 capítulos, 133 foram liberados sem alterações e 44 com vetos. Eles se deram em torno de cenas que continham críticas a instituições e à autoridade, da prefeitura às Forças Armadas, do latifúndio à Igreja católica.[54] Dentre os cortes que a Globo foi obrigada a fazer, ficaram famosos os dos termos "coronel", usado para o prefeito Odorico, e "capitão", para o cangaceiro Zeca Diabo (Lima Duarte). A cinco capítulos do encerramento, o personagem Cabo Ananias foi obrigado a perder a patente. Muitas vezes os episódios já estavam gravados e editados, e o diretor, Paulo Ubiratan, tinha de cortar os filmes com gilete, perdendo cenas inteiras.[55] A Censura também se voltou "à moral e aos bons costumes". Zelando pela virgindade, pelo casamento e pela família, cortou, por exemplo, uma cena em que uma personagem caía na areia da praia e tinha sua calcinha focalizada pela câmera.[56] Nada de sexualidade, de adultério ou de drogas.

O bem-amado terminou em 9 de outubro, mês em que o governo começou nova ofensiva contra a guerrilha do Araguaia. Era o auge da repressão contra a luta armada. A disputa entre a ditadura e os guerrilheiros concentrou-se entre 1972 e 1974, embora alguns militantes estivessem em treinamento na floresta desde o final da década de 1960. Localizado na região amazônica do sul do Pará, às margens do rio Araguaia, o movimento foi articulado pelo Partido Comunista do Brasil, o PCdoB, dissidência do PCB, que não apoiava a reação pelas armas. Eram cerca de setenta combatentes, boa parte jovens que abandonaram a universidade no sonho de liderar uma revolução comunista a partir da mata, nos moldes do que ocorrera na China, em 1949, e em Cuba, em 1959. Contra essas sete dezenas, estima-se que as Forças Armadas tenham mobilizado no mínimo 3 mil homens. Mataram pelo menos sessenta dos setenta no local, uns quinze em combate, e executaram o restante. Alguns foram degolados por moradores da região, que exibiam a cabeça aos militares em troca de recompensa. Àquele outubro de 1973, deu-se a terceira e última operação do Exército no Araguaia, quando a ordem foi a de não prender ninguém, e sim de eliminar todo mundo. Tudo silenciado pela Censura.

Dois meses antes dessa derradeira investida e do final da exibição de *O bem-amado*, o nome de Dias Gomes voltara à mira do SNI. O documento, de 15 de agosto de 1973, elencou o dramaturgo entre "elementos indiciados em inquéritos por subversão, assaltos, fugas de presídios e sequestro de avião". No dia 17, Heitor Ferreira, secretário dos generais Golbery do Couto e Silva e Ernesto Geisel que circulou no centro do poder durante a ditadura, anotava em seu diário uma conversa entre Roberto Marinho e o futuro presidente do país. O dono da Globo "queixara-se de humilhações, mas reconhecera que 'a censura está bem nessa questão de terrorismo'". Geisel resumira o que dele havia escutado: "Aberturas etc., acha besteira. Liberdade, é essa aí mesmo. O importante é o Brasil tocar pra frente".[57]

Não muito tempo depois, o próprio empresário iria censurar a obra seguinte de Dias Gomes, *O espigão*. A intenção da novela era chamar a atenção para o crescimento desordenado das cidades, com o avanço dos arranha-céus, e outros efeitos desumanos do progresso, em uma alusão ao "milagre econômico" da ditadura. O vilão seria um empresário do ramo imobiliário. Ao saber da sinopse, Sérgio Dourado, importante anunciante do jornal *O Globo* e proprietário de uma construtora do Rio que comprava casas para demolir e construir prédios altos nesses terrenos, telefonou para o dono da Globo, que imediatamente mandou cancelar a novela — em

1977, Dourado não conseguiria evitar a bem-humorada *Carta ao Tom*, composta por Vinicius de Moraes e Toquinho, sátira a *Carta ao Tom 74*, cujos versos diziam: "Minha janela não passa de um quadrado/ a gente só vê Sérgio Dourado/ onde antes se via o Redentor".

A saída para contornar a censura interna a *O espigão* foi mudar o protagonista, de empresário do setor imobiliário para dono de uma cadeia hoteleira, que tentaria derrubar um tradicional casarão a fim de construir um prédio para um grande hotel. A novela foi exibida de 3 de abril a 1º de novembro de 1974,[58] não sem enfrentar também o rigor censório oficial.

Poucos meses depois, seria rompida inesperadamente essa forma como a Globo se relacionava com a Censura, ora impondo seus próprios vetos, ora acatando cortes do governo, ora tentando reverter proibições. Em 1975, o dono da maior rede de televisão do país iria, de mãos dadas com seu principal autor comunista, confrontar publicamente a Censura da ditadura militar pela primeira vez.

O falso herói de Dias Gomes de fato não havia morrido e voltaria para assombrar o triângulo entre a oposição, o poder e a televisão.

9. EMPREGO PARA CAMÕES

DIAS GOMES CONHECEU LAURO CÉSAR MUNIZ em 1963. Encontraram-se por acaso no escritório de Oswaldo Massaini, que no ano anterior ganhara prestígio em razão da Palma de Ouro recebida pelo filme *O pagador de promessas*, do qual havia sido produtor.

Aos 25 anos, Lauro trabalhava como engenheiro e frequentava a Escola de Artes Dramáticas à noite, mas sua vida começara a mudar naquele ano, com a estreia da peça que lhe daria projeção, *O santo milagroso*. Ele fora ao escritório, na rua do Triunfo, região central de São Paulo, a fim de conversar com o produtor sobre a adaptação cinematográfica de sua obra, o que aconteceria em 1965 (assim como *O pagador de promessas*, o filme *O santo milagroso* teria produção de Massaini e Leonardo Vilar no papel principal). Após o encontro, Lauro ofereceu uma carona a Dias. O dramaturgo, com quarenta anos à época, era seu ídolo em razão da carreira teatral e de sua trajetória política. Entraram no fusquinha azul-marinho, com banco de tecido, que o novato ainda pagava à prestação. Era início de noite, fim de expediente, mas São Paulo não tinha trânsito, e o carro parava apenas nos semáforos. Passaram pelas avenidas Ipiranga, São Luís e pela praça da República, até chegar ao hotel onde Dias estava hospedado.

No caminho, Lauro se divertia com a ironia debochada de seu passageiro. Dias falava mal de São Paulo, da paisagem ("Aqui a gente abre a janela e dá de cara com outro prédio") à política ("Um absurdo ter um feriado para a Revolução de 32, aristocrata e separatista"). Ao comentar o premiado filme francês que acabara de ser lançado, *Trinta anos esta noite*, fingia não entender a densidade da história, cujo protagonista vive a angústia da finitude do ser, do conformismo burguês e da insatisfação sexual, até se suicidar ("Imagina um cara se matar só porque não deu uma trepada").

Onze anos se passaram até os dois trabalharem juntos na televisão pela primeira vez. Em 1974, Dias vomitava sangue às golfadas quando Lauro foi chamado às pressas para escrever alguns capítulos de *O espigão*. O dramaturgo paulista, que também militava no PCB, começava a fazer novelas para a Globo. Dias o recebia em casa, deitado na cama, de pijama, para tentar, apesar da enfermidade, orientá-lo sobre os dez capítulos que lhe couberam. Era a primeira vez que contava com ajuda na árdua tarefa de produzir uma média de trinta páginas diárias de roteiros[1] — esse ritmo insano do processo industrial era, aliás, mais presente em suas críticas às novelas do que qualquer outro aspecto.[2] Janete Clair às vezes aparecia com uma xícara de café ou com um copo d'água para o visitante, mas não opinava. Dias havia sofrido uma bronquiectasia (rompimento de uma veia do pulmão), que os médicos disseram ter sido consequência de uma tuberculose dos tempos do golpe militar, não tratada corretamente porque o autor teve de se refugiar na ocasião.

Quase dezesseis anos mais novo que Dias, Lauro estava absolutamente envolvido com o discurso do Partido Comunista e se incomodava com o tema central de *O espigão*, a ecologia, ainda longe de se tornar assunto da moda. Achava um mote menor que a luta de classes. Em um dos diálogos que criou, fez um personagem dizer "O problema mesmo não é o verde, mas as lutas pelos direitos dos oprimidos". Dias reagiu ao revisar o trabalho do novo colaborador. "Não, não. Pode manter a ecologia", reprimiu, certo de que abordar os danos da modernização das cidades era, além de algo de vanguarda, um modo de questionar o resultado do "milagre econômico" propagado pela ditadura ao Brasil — no processo de criação da novela, fizera uma pesquisa para descobrir como o progresso interferia nos relacionamentos humanos e constatara que, quanto mais neuroses e engarrafamentos, menos solidariedade.

Apesar desse pequeno contratempo ideológico, os dois autores comunistas se deram bem e logo depois escreveram juntos o roteiro do filme *O marginal*, que investiga as razões que tornam um homem criminoso, dirigido por Carlos Manga e produzido por Massaini. Também nesse ano de 1974, Dias e Janete receberam da Globo para avaliação a sinopse de *Escalada*, que, aprovada pelo casal, tornou-se a primeira novela das 20h de Lauro na emissora. A trama estreou em 6 de janeiro de 1975 e, com linguagem realista assim como a de Dias, rompeu com o tom mais melodramático de Janete, comum para aquele horário.

Em uma das visitas ao casal, Lauro não sabia como agir quando o amigo, que era calvo, surgiu de peruca, todo vaidoso. Janete entrou na sala e ele, passando a mão pelos fios artificiais, comentou: "É, acho que vou usar, não está incomodando". "Usa sim, ficou bom", disse ela. Dias virou-se para Lauro e perguntou: "O que você achou?". Ele, encabulado, fingiu-se de morto: "Achei do quê?". "Da peruca." "Ah, sim... Ficou boa." A cabeleira falsa seria uma das características pitorescas mais marcantes do adorável vilão da novela seguinte de Dias Gomes, *Roque Santeiro*. Com Sinhozinho Malta, o autor voltaria a utilizar o coronelismo como metáfora do poder no país — e aproveitaria para brincar com a própria vaidade.

A agência de Salvador do SNI registrou, em 31 de janeiro de 1975, uma entrevista de Dias Gomes para a *Tribuna da Bahia*.[3] Ao encaminhar ao escritório central uma cópia da reportagem, o informe colocou como primeiro item de observação que as declarações do dramaturgo ao jornal continham "severas críticas à Censura no Brasil", e grifou alguns trechos da reportagem. O primeiro trecho, destacado logo na abertura, conta que a "carreira de autor teatral tem sido muito acidentada, devido às frequentes proibições de suas peças, como *A invasão* e *O berço do herói*, censurada no dia da estreia". Em seguida, são sublinhadas duas declarações: 1) "Teatro não dava para a minha sobrevivência pois uma censura rígida proibiu meu trabalho"; e 2) "Ainda há pouco, o presidente Geisel, numa reunião com atores em Manaus, considerou a nossa censura inepta. Imagine que absurdo proibir a pesquisa da realidade brasileira e taxá-la de subversiva". O jornalista indagou sobre a censura nas telenovelas, e o autor deu detalhes de seu modus operandi:

Ela proíbe diretamente determinados temas e interfere às vezes na condução da estória. Vou te dar um exemplo. Na novela *Fogo sobre terra*, da Janete, exigiram que o personagem Pedro Azulão fosse preso no capítulo 150. Observe os critérios que ela usa nos horários: às sete horas os temas devem ser mais leves que os das oito, porque, segundo eles, há mais crianças vendo TV às sete. Às dez horas, são mais liberais, e assim por diante. Depois (irônico) o que não permitiriam à meia-noite? Será que os censores fazem isto para tranquilizar suas próprias consciências? Ou estão no tempo em que se botavam crianças para dormir às seis horas? Veja que absurdo: moral variar com o horário. É possível que à meia-noite não haja mais moral... Censura é um negócio pré-histórico.[4]

O repórter quis saber se o entrevistado via sinais de abertura política no país. "Acho que sim. Agora, pelo menos, já se pode escrever a palavra censura." O tom de esperança acabou cortado pelo de ironia no encerramento da entrevista, quando Dias foi convidado a "acrescentar alguma coisa para terminar o bate-papo": "Olha, tenho um amigo chamado Camões que foi despedido do jornal *O Estado de S. Paulo*. Sabe se tem emprego aí pra ele?".

Dias Gomes se referia à famosa decisão do periódico paulistano de publicar poesias no lugar dos textos censurados. Versos de *Os lusíadas*, de Camões, apareceram 655 vezes nas páginas de *O Estado de S. Paulo* entre 2 de agosto de 1973 e 3 de janeiro de 1975, quando censores do governo estavam instalados na redação. Em 1974, a manchete "Os Lusíadas — Canto Primeiro" substituiu a notícia de que o governador Laudo Natel havia proibido a divulgação de informações sobre casos de meningite,[5] em meio à grave epidemia que o Brasil enfrentava. O surto tivera início em 1970, com o principal foco na região periférica de São Paulo. O governo federal foi logo informado, mas optou por negar a existência do problema e exigir o mesmo da imprensa. Sem investimento em vacinação e tratamento, e com a desinformação da população, a doença avançou, chegou aos bairros ricos e atingiu toda a capital, além de outras cidades em diferentes estados. Calcula-se que só em São Paulo tenham ocorrido mais de 12 mil casos, com pelo menos novecentos óbitos, principalmente crianças das áreas mais pobres. Em julho de 1974, o SNI alertou o governo para o risco de "notícias alarmantes" sobre a epidemia serem "exploradas pelos meios de comunicação".⁶ O Brasil do milagre não podia ficar doente.

Desde março de 1974, quando Geisel tomara posse, o país vivia sob a promessa de abertura "lenta, gradual e segura". Aventava-se a ideia de que finalmente seria criado o Conselho Superior de Censura, previsto em lei desde 1968, que incluiria membros do governo e da sociedade civil para avaliar recursos em cortes ou proibições de obras. Mas também havia sinal de que a repressão cultural não esmorecia, muito pelo contrário. Foi nessa época realizado o primeiro concurso para técnico de censura, cargo criado pela lei nº 5536, de 1968. O objetivo era reforçar a equipe do Sigab (Serviço de Informação do Gabinete), ligado ao Ministério da Justiça e responsável por telefonemas e bilhetinhos com recados do poder à imprensa. O órgão fazia uma ponte mais direta das ordens do presidente do que a Divisão de Censura.⁷ Além da epidemia de meningite, foram proibidas nesse período notícias relativas ao fim do "milagre econômico", ao início da recessão e mesmo à discussão sobre o possível fim da censura.

O otimismo cauteloso de Dias Gomes na entrevista à *Tribuna da Bahia* poderia ser trocado por pessimismo se ele soubesse que, além do fato de a volta da liberdade de expressão estar muito distante, o governo Geisel iniciaria, acobertado pelo discurso da "abertura", o desbaratamento do Partidão, espécie de apelido carinhoso do PCB. Os pecebistas viviam uma espécie de liberdade vigiada, ainda que episódios de violência tenham ocorrido. Até aquele momento, inclusive por razões estratégicas, fora importante para o governo resguardar um discurso de esquerda contrário à luta armada, como fazia o PCB, especialmente contando com formadores de opinião de peso, como Dias Gomes. Amigo de Carlos Marighella, que trocara o Partido pela guerrilha urbana, o dramaturgo achava romântica essa opção de pegar em armas contra o governo e teve com o guerrilheiro uma discussão sobre o assunto, mas contou que "felizmente, ele teve a delicadeza de não forçar a barra", porque, "se tivesse forçado um pouco, talvez [eu] tivesse entrado".⁸

Após a dura repressão ao movimento estudantil e à luta armada, cujo fim, em novembro de 1974, foi marcado pelo aniquilamento da guerrilha do

Araguaia, era preciso eleger um inimigo com o propósito de justificar o gigante aparelho de segurança da ditadura. Foi então que, em 1975, o regime vestiu no velho Partidão a fantasia de o grande vilão da democracia.[9] Fortaleceu-se a Operação Radar, de caçada ao PCB, implementada entre 1973 e 1974, em São Paulo, sob o comando do CIE (Centro de Informações do Exército).[10] Ramificações surgiram em diferentes estados, como a Barriga Verde, em Santa Catarina, e a Marumbi, no Paraná. No Rio, uma gráfica do Partido foi descoberta, e dois dos militantes que operavam no local, assassinados. Na sequência, o ex-deputado Marco Antônio Coelho foi preso e, torturado rotineiramente, teve um tímpano lesado por choque elétrico no ouvido e emagreceu 25 quilos em um mês. Dirigente do partido como ele, o ator, jornalista e poeta Hiram de Lima Pereira foi levado ao DOI-Codi de São Paulo, onde "desapareceu". Posteriormente, um ex-sargento revelou que ele havia sido um dos pecebistas mortos, esquartejados e jogados na represa de Avaré, no interior paulista. Outros membros foram eliminados em um dos centros clandestinos de tortura e extermínio da ditadura, a Casa de Itapevi, na estrada da Granja, em Itapevi, interior de São Paulo. Lá, pelo menos oito pessoas "desapareceram". Só em São Paulo, 347 militantes comunistas foram presos, dezesseis dirigentes partidários, assassinados, e houve 585 denúncias de tortura.

Dias Gomes não era mais, formalmente, membro do PCB. A saída ocorrera havia não muito tempo, por volta de 1973, sem que ele apontasse um motivo único. Em sua autobiografia, iria comparar a desfiliação à "tranquilidade dos casamentos que terminam simplesmente porque os cônjuges se dão conta de que não existem mais motivos para viver juntos":

> De minha parte prevaleceu uma profunda autocrítica: após quase trinta anos de militância, chegava à conclusão de que era um péssimo ativista. Certa vez, numa entrevista, defini-me como anarco-marxista-ecumênico, e não estava brincando. Conservando ainda os mesmos ideais que me haviam levado ao Partido, era obrigado a reconhecer que nunca me ajustara à disciplina partidária, que ela me incomodava e me tolhia. Sempre discordara da linha do Partido em vários aspectos e sempre fora obrigado a recolher minhas dis-

cordâncias em nome do centralismo democrático e de um objetivo maior. Procurara ser disciplinado, refreando minha tendência natural à indisciplina. Isso não me fazia feliz nem ajudava o Partido.[11]

Ele levantou outro aspecto para o rompimento, além da exigência da disciplina: a sensação da falta de apoio do PCB. Coincidência ou não, sua saída deu-se no momento em que experimentava o sucesso como autor de telenovelas e, em tempos sombrios, o escudo que essa consagração e a própria influência política da Globo lhe conferiam. Em entrevista posteriormente, contou ter se sentido "abandonado" pelos pecebistas justamente quando a situação havia piorado no Brasil:

> Depois de [19]68, quando a ditadura se tornou mais rígida, e durante o período em que respondi a mais inquéritos policiais-militares, no começo dos anos [19]70, senti que o Partido me abandonava. Não tive assim, vamos dizer, uma solidariedade efetiva do Partido nos momentos piores por que eu passei. Entendo que também o Partido não estava em condições de fazer isso, porque todo o comitê central estava exilado, muitos tinham sido assassinados, outros tinham abandonado o país. O Partido estava destroçado. Isso fez com que eu me sentisse muito isolado, na verdade eu me sentia totalmente isolado, um livre atirador, não havia partido nenhum atrás de mim, mas isso forçou um pouco psicologicamente a minha decisão de daí em diante partir como livre atirador mesmo [...]. Sempre fui um mau militante e acho que individualmente, como livre atirador, como escritor, era muito mais útil do que militando no Partido, nas tarefas, vamos dizer, cotidianas do Partido.[12]

Nos trinta anos de militância, Dias Gomes chegara a ter papel central na hierarquia partidária, como dirigente do Comitê Cultural, e, em razão da carreira, tornara-se um dos nomes mais famosos do Partido. Assim, apesar da desfiliação, seguia com sua imagem colada à do PCB, inclusive para a máquina da repressão. Em 9 de abril de 1975, seu nome surgiu em um relatório da agência carioca do SNI sobre a "atividade soviética".[13] Era a informação de que um representante da rádio e TV de Moscou estivera na Globo a fim de tratar da participação da emissora no Festival Internacional da TV, em abril. A inteligência "esclarece que os soviéticos têm se infiltrado nos meios culturais e artísticos nacionais conquistando e utilizando nomes de projeção, reconhecidamente de esquerda". E que, nos meios de comunicação de massa,

> objetivam divulgar mensagens subliminares, ou mesmo ostensivas, buscando a massificação de ideias em torno da liberdade do sexo, da "aldeia global", do desestímulo à luta pelos princípios democráticos, da dissolução da família, da deturpação e desmoralização de medidas governamentais, dos problemas das minorias raciais etc.

Para finalizar, o informe cita alguns dos "grandes colaboradores dessas ideias, que se encontram responsáveis pela programação da TV Globo", como (o diretor de jornalismo) Armando Nogueira, Janete Clair e Dias Gomes, que, por "coincidência" (a palavra está entre aspas no original), "produzem e divulgam os programas de maior audiência da emissora".

A preocupação do SNI era a de que a participação da Globo no festival russo pudesse veicular internacionalmente uma imagem "irreal do Brasil, de seu povo e de seu governo, já que possivelmente os esquerdistas ali infiltrados deverão ter a missão de representar, através de seus trabalhos, aquela TV". O Brasil "irreal" que Dias elaborava naquele início de 1975 seria representado pelo povoado de Asa Branca.

10. BOA NOITE, CENSURA

O PAÍS SERIA SINTETIZADO, EM 1975, PELA PEQUENA ASA BRANCA, um vilarejo do interior do Nordeste que precisava de um herói — falso — para sobreviver. Pela primeira vez, e justamente quando se vivia a esperança, se não do fim, ao menos do abrandamento da censura, o autor faria uma novela para as 20h, horário de maior audiência, o principal faturamento da Globo.

A decisão foi de Boni, que deixou Janete magoada ao deslocá-la para as 19h, faixa das tramas mais "água com açúcar", considerada de menor prestígio.[1] A estreia da nova produção de Dias, batizada de *Roque Santeiro*, estava prevista para o final de agosto e, em 8 de maio, por telefone, ele conversou sobre a novela com Nelson Werneck Sodré, ex-militar e historiador comunista, seu amigo de longa data, o mesmo a quem, no dia do golpe de 1964, pedira que escrevesse um discurso de resistência para ser lido na Rádio Nacional. Assim se deu o telefonema:

— Como é? Já está amarrado no pé do tronco?
— Eu já.
— Já começou?
— Já. Sendo chicoteado pelo feitor.
— Qual é o assunto agora, o tema geral?
— Bem, o tema, muito sigilosamente...
— Diga só aquilo que você puder dizer, porque eu não perguntaria se supusesse que fosse uma...
— Eu estou fazendo uma pequena safadeza. Fiz uma adaptação e um disfarce do *Berço do herói*.
— Ah, vai ser difícil.

— Mas eu tirei o problema militar, fiz então... torci a coisa um pouco, ficou a mesma coisa, mas...
— Sem farda, não é?
— Mas de uma maneira mais simpática e tal, mas no fim dá tudo no mesmo. Eu tenho a impressão que, com isso, ninguém pode dizer nada. Eu tiro a farda e... [gargalhadas]
— É, aí é o importante. O importante é você despir o cidadão.
— É. Tirou a farda, acabou, ninguém nota, tenho a impressão que não vão nem perceber nada.
— Você vai despir formalmente e vestir no conteúdo.
— Exatamente.
— [gargalhadas] Tá bom.
— Estou esperando a resposta da Censura.
— Você já mandou os primeiros materiais?
— Não. Mandei a sinopse para que eles se pronunciem, depois é que vamos ver. Mesmo assim, mesmo liberado, fica sujeito, depois, a um exame.
— É, claro, sinopse é sinopse.
— De qualquer maneira, é a liberação inicial. Estou esperando.
— É possível, eles veem muito o lado federal da coisa.
— Vamos ver, o pessoal da televisão acha que não tem problema. Uma ou outra pessoa já reconheceu, aí é que está meu receio, porque, percebendo, eles ficam com o pé atrás.
— Não, passaram-se anos e, depois, as pessoas que podem reconhecer são pessoas que não vão fazer nada.
— Meu receio é que se espalhe, afinal de contas, foi ontem.
— Ah, sim, sim.
— Eu tenho a impressão que eles não têm onde se pegar, só se for uma coisa assim de marcação, e tal.
— É claro, mas você é a liberalidade. Evidentemente, para enfrentar o problema dessa confrontação, se ela ocorrer... Eu penso que não ocorrerá.
— Bem, se eles liberarem, iniciaremos. Não tem problema, o pior será se vetarem de início.

— Dá para desenvolver bem?
— Dá, dá muito bem.
— Com aqueles costumes de província.
— É.
— Aquilo é um manancial muito rico.
— Passei o negócio pra cangaço e tal.
— É, cangaço, muito boa ideia, um bom paralelo, aliás, muito adequado [gargalhadas].[2]

Como fizera com *O bem-amado*, de maneira bem-sucedida, Dias Gomes resgatava mais uma de suas peças teatrais para explorar, em versão televisiva, a temática do Brasil provinciano. Nos bastidores da Globo, circulavam boatos de que *Roque Santeiro* era uma adaptação de *O berço do herói*, mas com comentários velados. Todos temiam que o governo pudesse desconfiar de que a novela tinha praticamente a mesma história da peça banida dez anos antes.

A fim de driblar a Censura, Dias colocou, no lugar de Cabo Jorge, Roque, um fabricante de imagens de santos que havia sido dado como morto ao tentar proteger a Igreja e a população do ataque de um criminoso. Para os moradores, virou um santo, que curava as doenças de quem se banhava na lama de um riacho local. Na verdade, o santeiro havia fugido com parte do dinheiro roubado pelo bandido. Reaparece vivo dezessete anos depois, tornando-se uma ameaça ao "progresso" da cidade, na qual a política e todos os negócios haviam passado a girar em torno do falso santo e herói, que atraía turistas em busca de "milagres". O vilão Major Chico Manga virou Sinhozinho Malta, e Antonieta foi rebatizada de Viúva Porcina (para a versão da TV, o autor inspirou-se em Adélia, arrumadeira da pensão onde morara nos anos 1940, que prestava favores sexuais aos estudantes e acabou se casando com um deles, filho de um rico usineiro pernambucano).[3]

A história se passaria em 1960, antes do golpe militar, a fim de evitar maiores complicações. Dias confidenciou a Boni que a novela era uma versão da peça e lembrou ao diretor que o texto havia sido lançado em livro. Mas lhe garantiu que tiraria os aspectos mais sensíveis, aproveitando apenas os personagens. À ocasião da apresentação da sinopse, o exe-

cutivo procurou se certificar: "Você não vai dar conotação política, né?".
"Não", Dias assegurou. "Vou apenas usar a história, que é boa."[4]

A resposta inicial do governo, que no telefonema a Sodré o autor dissera aguardar, chegou em 16 de maio, em ofício encaminhado à Globo por Rogério Nunes, diretor da DCDP (Divisão de Censura de Diversões Públicas).[5] Solicitava a apresentação dos textos dos capítulos, em grupos de vinte a trinta. A exigência se justificava, explicou Nunes, porque a sinopse de *A fabulosa estória de Roque Santeiro e sua viúva, a que era sem nunca ter sido* (nome provisório da novela) tratava de "problemas sociais da região nordestina envolvendo diferentes classes, o que requer da Censura, na apreciação dos episódios, o máximo de atenção e cuidado para com as cenas e diálogos". Como a Globo pedia a exibição para as 20h, a DCDP necessitava dos capítulos para se manifestar sobre a classificação etária, dizia o ofício, "a ser depois confirmada com a verificação dos tapes". Em 5 de junho, Edgardo Erichsen cumpriu mais uma de suas funções como ponte entre a Globo e os militares, encaminhando os roteiros dos dez primeiros capítulos de *Roque Santeiro* aos censores. Pouco depois, no dia 24, mandou mais um pacote, do 11º ao 20º capítulo.

Enquanto isso, a produção da novela, que seria a primeira em cores às 20h, seguia a todo vapor. Daniel Filho assumiu a direção e escolheu o elenco a dedo. Francisco Cuoco foi escalado para ser Roque; Lima Duarte interpretaria Sinhozinho Malta e Betty Faria, a Viúva Porcina. A cidade cenográfica, construída em Guaratiba, a uma hora de ônibus do Rio, havia consumido dois meses de trabalho e aproximadamente 400 mil cruzeiros, investimento bem acima da média na emissora. Durante quase quatro meses, o elenco ia e voltava diariamente. Houve um intenso trabalho de pesquisa e laboratório com os atores, com a contratação até de psicólogos. Mais comum no cinema, esse tipo de preparo era uma novidade na televisão.

A direção de arte ficou a cargo dos responsáveis pela encenação de *A Paixão de Cristo*, tradicional espetáculo ao ar livre em Nova Jerusalém, Pernambuco. A ideia era dar um tratamento menos exuberante, mais regional e realista. O elenco trabalhou o sotaque, assistiu a filmes e a documentários sobre o Nordeste e estudou as crenças brasileiras. Deveria entender que não era uma crítica a quem crê em milagres. Daniel Filho queria mostrar "que todos nós acreditamos em milagres, que era muito fácil a gente pertencer a Asa Branca". O ator Emiliano Queiroz, que interpretava Zé das Medalhas (comerciante que vendia medalhinhas e outros souvenires com a imagem de Roque), levou o pai, ourives, joalheiro e topógrafo, para uma palestra aos colegas. Outros artistas foram chamados para falar sobre cordel e ajudar a criar o clima do interior da Bahia. No início de julho, começaram as gravações em estúdio e de algumas cenas externas. Além da cidade cenográfica em Guaratiba, a Globo alugou dois estúdios de Herbert Richers, na Tijuca. Imagens aéreas foram registradas em fazendas do Recife. Era grande a euforia de fazer a primeira novela em cores das 20h, especialmente por ser a estreia de Dias Gomes no horário. O autor acompanhava tudo de perto, da escalação e a preparação do elenco às gravações.

Em 30 de junho, menos de uma semana depois de receber da Globo a segunda remessa de capítulos da novela, a DCDP redigira um parecer a respeito de *O berço do herói*, sem que nenhuma montagem da peça tivesse sido solicitada. O documento, assinado pelo técnico Antonio Gomes Ferreira, tinha texto truncado e construções dignas da imagem folclórica que a Censura adquiriu:

> Peça desataviada de aspectos ideológicos mas contundente em suas afirmações e ataques ao modus faciendi de figuras consideradas possuidoras de valores morais acima da média dos seus compatriotas... É uma peça afoita e carente de estudo coerente e, principalmente, patriótico, para esclarecer ou desanuviar possíveis dúvidas que certamente advirão a todos que venham tomar conhecimento de fatos semelhantes. O erro é possível a todo ser humano, a qualquer povo, mas não é admissível que ele se perpetue conscientemente, como efeito do orgulho ou da vaidade ou da loucura do poder, do domínio... Se há erro, que seja solucionado com tal, porque a Pátria só é digna dos seus filhos, se se fundamenta na verdade, na honra, no espírito de liberdade e respeito aos valores indeléveis da virtude, que dignifica o homem e imortaliza um povo, diante de Deus e do consenso nas nações.
> É muitas vezes irreverente, tendencioso e prosélito. Sua mensagem

> exige plateia esclarecida, evitando assim deturpações e generalizações. Seu erro é criar nos menos esclarecidos a dúvida sobre os demais vultos de nossa história, e agredir os militares da Revolução, como se encontra nas orelhas do livro.
> Relata o DRAMA do pracinha da FEB — CABO JORGE — tido como herói e, posteriormente, surgindo são e salvo, louco de saudades de sua terra e de sua gente. Mas a vaidade dos seus e a insanidade dos usurpadores deram-lhe morte desastrosa num bordel, preparada friamente, covardemente.[6]

Na conclusão, o censor aponta as doze páginas do roteiro em que determinara cortes, por ferirem o artigo 41 do decreto 20493/46, o mesmo citado na proibição da peça dez anos antes. À época, o secretário de Segurança Pública do Rio, Gustavo Borges, dissera que a obra violava três alíneas das oito presentes no artigo ("a", "c" e "f"). Agora, para o técnico de censura, eram sete das oito: apenas a alínea "e", que vetava conteúdo que pudesse "prejudicar a cordialidade das relações com outros povos", não foi citada.

Diante disso, o parecer sugeria a liberação para maiores de dezoito anos, "solicitando especial atenção para o ensaio geral e fiscalização permanente durante o espetáculo, visto a peça se propor exploração ou improvisações [sic] negativas, de fundo ideológico, ou antirrevolucionário ou regime vigente [sic]".

Apenas três dias após esse exame sobre a peça, dois técnicos da mesma DCDP entregaram parecer a respeito da novela *Roque Santeiro*, avaliando os capítulos enviados pela Globo. Maria José Bezerra de Lima e L. Fernando começaram a análise com um resumo da história, para concluir que ela continha as seguintes "implicações":

> Amores clandestinos;
> Visitas de rapazes às moças, após as 23 horas;
> Tendência ao amor livre (João Ligeiro);
> Sabotagem (o corte de energia pelo professor);
> Distúrbios civis (as beatas contra a boate);
> Agitação conclamando o povo a participar, em favor dos bons

costumes, contrariando o alvará da Prefeitura, envolvendo o padre como mentor intelectual;
Depreciação da autoridade do delegado;
Justiça pelas próprias mãos;
Referência ao terrorismo, levando a população ao pânico.[7]

A liberação se daria com a condição de que a novela cumprisse a promessa de ser situada nos anos 1960, e não na época atual. Para isso, exigem, é preciso tirar referências contemporâneas, como a Jaqueline Onassis, minissaia, *Programa Silvio Santos* e *Jornal Nacional*. Seguia então uma lista de seis cortes, como as palavras "brasileira" (em "realidade brasileira") e "sabotagem, bomba", além de "todas as cenas do quarto de Porcina, onde ela e Roberto aparecem [na novela, um filme sobre Roque Santeiro está sendo gravado, e Roberto Matias é o ator que faz o personagem principal]". Apesar disso, os técnicos encerravam o parecer afirmando que,

> superadas as implicações supramencionadas e atendidas as partes condicionadas, somos pela liberação da presente novela para o horário das 20h, ou seja, imprópria para menores de doze anos, vez que o tema abordado não influirá negativamente na formação psicossocial e moral do jovem adolescente dos dias atuais.

No dia seguinte, 4 de julho, Rogério Nunes enviou ofício à Globo informando que, a partir da verificação dos capítulos 1 a 20, a novela havia sido aprovada para as 20h, mas que a liberação estava condicionada à verificação das gravações, o que não era praxe nem estava previsto na lei. Ele reforça as condições colocadas pelos técnicos no parecer, afirmando que "merecem especial cuidado da direção as cenas em que Tito e Linda se encontram deitados, assistidas pelo marido".

O último parágrafo tem tom mais ameaçador:

> Permanece a exigência da remessa antecipada dos textos dos capítulos subsequentes e a produção deve cuidar de manter os assuntos no mesmo nível apresentado até agora, posto que, ocorren-

do maiores implicações de ordem moral ou social, poderão ser vetados os outros capítulos ou mudado o horário da novela.[8]

Três dias depois de assinar esse documento, Nunes mandou, em 7 de julho, arquivar o parecer sobre a peça *O berço do herói*. À caneta, sublinhou o seguinte parágrafo datilografado pelos técnicos: "Seu erro é criar nos menos esclarecidos a dúvida sobre os demais vultos de nossa história e agredir os militares da Revolução, como se encontra na orelha do livro". O diretor da DCDP anotou, à mão, que não existia pedido de liberação da peça. "O exame foi determinado de ofício em virtude da apresentação assinada por Ênio Silveira, o que constitui a orelha do livro", justificou, utilizando como desculpa algo que se dera dez anos antes, quando a peça havia sido publicada pela editora Civilização Brasileira. E mandou "formar processo e arquivar". Era um claro indício de que os militares queriam avaliar o conteúdo da peça antes de decidir sobre a novela porque certamente sabiam da "safadeza" que Dias Gomes aprontara, driblando a censura imposta à obra em 1965.

Enquanto isso, como era de se esperar, a repercussão sobre a nova novela das oito seguia forte na imprensa. Em meio a uma série de notas a respeito da escalação do elenco e do início das gravações, em 15 de julho o caderno Ilustrada, da *Folha de S.Paulo*, publicou uma entrevista com Lima Duarte, que se preparava para interpretar Sinhozinho Malta. Ele falava de sua carreira na TV após a experiência de conhecer o país através do Teatro de Arena: "A televisão é o meu campo de trabalho, é onde estou, uma opção. Por isso meu sonho é fazer o Brasil nela". Sobre *Roque Santeiro*, comentou:

> O público das oito horas da noite estava merecendo uma mudança no horário, que aconteceu a partir de *Escalada*, de Lauro César Muniz. Tanto ele como Dias Gomes são autores que têm o espírito do Brasil. Agora é preciso que também a parte de realização, interpretação, tenha essa brasilidade. As pessoas que trabalham com a arte no Brasil se instruem através de fontes universais sem aprender uma lição fundamental que elas ensinam: que a gente pode ser universal na medida em que se aprofundar no que é nosso, porque esse ninguém vai saber fazer melhor.

Porque um Laurence Olivier é um excelente Hamlet, mas vai ele fazer um Zeca Diabo pra ver quem é o melhor. Não há universo maior do que o da gente. Um artista deve ser o intérprete do seu tempo e da sua gente. Brasil não é essa vidinha Zona Sul, esse chopinho, esse biquíni, esse solzinho.[9]

A imprensa demonstrava ter informações sobre as dificuldades com os censores. Em 12 de julho, nota da Ilustrada havia dito que a novela poderia estrear às 20h ou às 22h ("Tudo depende da Censura"). No dia 15, colocou o seguinte aposto em *Roque Santeiro*: "a nova novela das oito, provavelmente".

Em pouco tempo começaria a ficar mais claro o que "provavelmente" iria acontecer e que a ditadura não estava para aceitar "safadezas" de autores comunistas. O país enfrentava a nova onda de perseguição ao PCB, a máquina repressiva estava fora de controle e a inteligência, idem, prestando-se a disputas internas entre os militares e até a bisbilhotar a vida do próprio presidente (Geisel descobrira que o CIE, Centro de Informações do Exército, produzia uma lista diária com todas as pessoas que iam visitá-lo em casa e teve dificuldades para encerrar a xeretagem).[10]

A situação se agravara em novembro de 1974, com as eleições legislativas, cujo resultado foi péssimo para o governo. Representante da oposição, o MDB recebeu 4 milhões de votos a mais do que a Arena, governista, para o Senado, ficando com dezesseis das 22 vagas em disputa. Na Câmara, conseguiu 44% das cadeiras (161 contra 203 da Arena), além da maioria em assembleias de estados importantes, como São Paulo, Rio de Janeiro e Rio Grande do Sul.[11] A caçada ao PCB tinha também o objetivo de buscar depoimentos e provas de que a vitória da oposição legalizada se dera com o apoio clandestino dos comunistas. Se os porões estavam em plena atuação, tornara-se clara a falta de respaldo à ditadura na sociedade, que, diante do resultado eleitoral e do fim da luta armada, colocara a volta da democracia no centro do debate nacional.

Mas o aparato repressivo resistia. Em 16 de junho, um informe do CIE intitulado "Estudo e apreciação sobre a revolução de 64," defendia que a abertura "já andou demais", já era hora de "envolvê-la em hábil entorpecimento'". Especificamente sobre a censura, defendia:

A abertura pode realizar-se com o setor de comunicações, mas sempre sob controle. Deve-se reconhecer que a censura, efetivamente, exercida in loco por pessoas tantas vezes despreparadas e sem discernimento lançou descrédito sobre esse necessário meio de controle. Impõe-se uma reestruturação. Escolher pessoas a dedo. Para cada jornal de grande cidade, para cada grupo de publicações não muito empenhativas, haveria um censor. Assim também para cada canal de televisão bastaria um único censor. Não teriam sua sede no órgão de comunicação, a não ser que fosse impossível outro modo. Nem visitariam o órgão. Havendo algum órgão comunicador que se recuse a colaborar a autocensurar-se (será talvez o caso de *O Estado de S. Paulo*), um censor se instalaria outra vez dentro do órgão de comunicação. Só que, garantia-se, seria um censor inteligente e bem-dotado, incapaz de mesquinharias e culto. *Abertura vigiada nos meios de comunicação, sim* [grifo nosso].[12]

O mesmo relatório afirmava que o "combate atual do mundo é PELA POSSE DA MENTE HUMANA", assim mesmo, com letras maiúsculas. Nesse clima de pressão e de desgoverno, Geisel foi à TV em 1º de agosto de 1975, em cadeia nacional, deixar claros os limites da "distensão". Em um longo discurso com dezoito páginas e 3704 palavras — com conteúdo que ia de saneamento básico a salário-maternidade —, o então presidente guardou as últimas para esclarecer que os falatórios sobre a abertura política "absolutamente não correspondem à realidade, mas constituem fruto da imaginação e, por vezes, além do que contêm de intriga e de ação negativista, representam apenas o desejo íntimo de seus autores". Conhecido como "pá de cal", o pronunciamento rejeitou o fim do AI-5, a revogação do decreto-lei nº 477 (que previa punição a alunos e professores considerados subversivos), a revisão da Lei de Segurança Nacional e a promulgação de uma anistia ampla. O presidente afirmou textualmente que "o governo não abrirá mão dos poderes excepcionais de que dispõe".[13] E encerrou: "Assim, ajude-nos Deus!".

Deus nos acuda foi o corre-corre para gravar e editar os dez primeiros capítulos de *Roque Santeiro* a tempo de serem liberados pela Censura. A estreia estava marcada para 27 de agosto, e no dia 14 a Globo encaminhou ofício a Rogério Nunes informando que estavam à disposição os seis primeiros episódios, marcando para o dia seguinte a exibição para os censores. Em 15 de agosto, uma sexta-feira, foi avaliado esse primeiro pacote, e Nunes recebeu novo informe da emissora, marcando para a segunda-feira, dia 18, a apresentação do sétimo ao décimo capítulo.

Em 20 de agosto, a uma semana do lançamento, veio a bomba. A mesma censora que havia lido a íntegra dos vinte primeiros capítulos e aprovado todos eles para as 20h, "vez que o tema abordado não influirá negativamente na formação psicossocial e moral do jovem adolescente dos dias atuais", mudou misteriosamente de opinião. Ao assistir aos tapes, Maria José Bezerra de Lima, em parceria com Gilberto Pereira Campos, escreveu:

> Efetivamente, os dez capítulos iniciais da telenovela ROQUE SANTEIRO, de autoria de Dias Gomes, conduzem-se numa atmosfera fortemente acentuada de movimentação dramática e psicológica, tornando, sobremaneira, sua apresentação inadequada para o telespectador juvenil, quer pelo impacto de cenas e diálogos, quer pela mensagem, quer pelo grau de influência dos personagens (revoltados, prostitutas, adúlteros, levianos, aproveitadores, fanáticos etc.).
>
> É, sem dúvida, uma estória mística de cunho sócio-rural com matizes de parareligiosidade [sic] e nela se envolvem os habitantes de um vilarejo — Asa Branca —, que cresceu à sombra de um mito. Entretanto este mito, Roque Santeiro, tido como santo milagreiro, não morrera heroicamente em defesa de sua cidade, mas continuava vivo, desfrutando do produto de seu roubo, dinheiro e objetos sacros.
>
> De um lado, verifica-se em toda a extensão dos capítulos examinados a verticalização de apelos negativos que vão desde cenas irreverentes e diálogos gratuitos até a indução da crendice.
>
> Por outro lado, nota-se que a ofensa à moral, à ordem pública e aos bons costumes, bem como o achincalhe à Igreja, a emotividade exagerada e os registros contínuos de cenas amorosas (para os

quais sugerimos veto [grifo do original], considerando sua veiculação na TEVÊ) a tornam, flagrantemente, problemática, cujos diálogos (ver, em especial, capítulo 2, pág. 17 [fala do personagem Roberto Matias: "O pior é que acabei ficando na mão. Nem a filha do coronel, nem as pistoleiras, nada. Jejum total"] extrapolam a regularidade da linguagem televisiva.

Em síntese, há aspectos intoleráveis para a faixa das 20 horas. A começar pelo tema-mensagem, que é, sem sombra de dúvida, ímpar para este horário, mormente quando se sabe, por analogia, que o mesmo geralmente aborda temas atenuados, sem afetações e implicações de quaisquer ordens.

Enfim, se liberada para o horário das 20 horas, o seu desenvolvimento, fatalmente, levará o agente fruidor juvenil a receber carga incomum de apelos e de influências, por certo, negativas.

Em vista do exposto, opinamos, feitos os cortes assinalados abaixo, e levando em consideração a sua forte temática, negativa, sob todos os sentidos, para uma classificação etária inferior, pela liberação da telenovela *ROQUE SANTEIRO* com a IMPROPRIEDADE DE 16 ANOS, ou seja, exibição a partir das 22 horas.[14]

Além de mudar a classificação para as 22h, os técnicos ainda exigiram diversos cortes, alguns deles de cenas inteiras. No mesmo dia, Rogério Nunes enviou ofício à Globo, informando a nova classificação.[15] Segundo ele, "a censura procedida nos dez primeiros capítulos gravados permitiu uma melhor avaliação da novela por parte deste órgão, levando-o, consequentemente, a reconhecer que há aspectos intoleráveis para a faixa das 20h". A classificação ficava para as 22h, informou, para em seguida alertar: "Sujeita, ainda, a vários cortes, a fim de suprimir cenas e situações inconvenientes pela televisão".

Drásticos, os cortes tinham algumas vezes motivações incompreensíveis. No capítulo 1, por exemplo, Sinhozinho Malta comentava com a Viúva Porcina as críticas que estava recebendo por ter construído um aeroporto que passava em suas terras só para valorizá-las. Dizia que a obra iria beneficiar a cidade e, já que tinha que valorizar as terras de alguém, melhor que fossem as dele. Nenhum corte nisso, apenas na última frase: "Que fui quem pariu a ideia. Tô certo ou tô errado?". A palavra "pariu" estava grifada, um indício de que a questão aí pudesse ter sido moral... Já o corte seguinte, no mesmo capítulo, era claramente político, em uma frase inteira de Roberto Matias: "E quando a gente reclama melhores condições de trabalho pro ator, dizem que a gente é ditador subversivo". Uma cena do capítulo 2 censurada na íntegra misturava não só as questões moral (boate) e política (incitação a distúrbios civis, conforme apontou a Censura), como cutucava a Igreja. Na missa, o padre se dirigia aos fiéis:

> Padre: Meus amigos, com tudo isso Paulo quis dizer que o culto da carne em lugar do espírito leva à perdição. E eu quis lembrar as palavras do profeta neste momento porque, como todos sabem, anuncia-se para depois de amanhã, nesta cidade, a abertura de uma casa noturna, um lugar onde será feito, todas as noites, o culto da carne. O que equivale a dizer, meus irmãos, o culto do demônio. Vamos permitir que isso aconteça?
> (Close de Pombinha e Mocinha, que balançam negativamente com a cabeça.)
> Padre: Vamos assistir de braços cruzados a essa invasão do vício e do pecado em nossos costumes?
> (As beatas bebem, fanatizadas, as palavras do padre.)
> Padre: Dizem que isso é resultado do progresso, do crescimento da cidade... O preço que todos devemos pagar...
> (O padre solta uma gargalhada sarcástica.)
> Padre: Mentira! Conversa! Patifaria! Safadeza! O patrono desta cidade, Roque Santeiro, se voltasse hoje à terra onde nasceu, ia ficar escandalizado com tanta hipocrisia, tanta sem-vergonhice.[16]

Mais adiante, em uma fala do diretor do filme que está sendo rodado em Asa Branca, sobre Roque Santeiro, Dias Gomes provoca a Censura. O comentário do personagem sobre a exigência da Viúva Porcina de ler o roteiro do filme é cortado pelos censores: "Tem mais esta. Ainda tenho uma censora! Fazer cinema no Brasil é pra herói! Só pra herói!".

Foram violentos os vetos nos capítulos 9 e 10. No 9, cortou-se uma sequência inteira em que a filha de Sinhozinho Malta diz a ele desconfiar de que a mãe não se suicidara, e sim havia sido assassinada. Ao final do episódio, tem início uma passagem em que o ator Roberto Matias, disfarçado de padre, aparece para um encontro amoroso com Porcina. Não há nada forte do ponto de vista sexual, e o problema parece ser o fato de ele estar de batina. Essa cena e a sua continuação, que ocupam boa parte do capítulo 10, foram completamente riscadas.

Apesar da quantidade de mudanças exigidas, seria possível realizá-las a tempo da estreia. A dificuldade maior seria remanejar para as 20h a novela que estava sendo exibida às 22h. Ia ao ar *Gabriela*, adaptação de Walter George Durst do romance de Jorge Amado, que sofria também com exigências da Censura.[17] A estratégia foi tentar liberá-la para o horário anterior, enquanto se recorria de todas as formas da classificação de *Roque Santeiro*.

Àquela altura, já se instalava o pânico na equipe de produção. Mas o pensamento ainda era de que, como sempre acontecia, a Globo chegaria a um entendimento com o governo. Daniel Filho corria para adiantar ao máximo as gravações. Havia naquele momento trinta capítulos gravados, sendo os dez primeiros, os enviados para a Censura, editados e finalizados. A uma semana da estreia, enquanto gravava uma cena, o diretor, ao ver a dedicação dos profissionais, resolveu alertar a todos sobre o risco que a novela corria.

Com as chamadas no ar, os "assessores militares" da Globo movimentavam-se a fim de reverter a situação. Walter Clark também foi mais de uma vez a Brasília negociar com representantes do governo. Entre os boatos que chegavam à emissora, um deles foi o de que a novela fora vetada por ter preconceito religioso, racial e por fazer parte de um plano subversivo para desestabilizar o país. A informação teria sido obtida em depoimento de um comunista preso. Boni questionou Dias, que negou. O executivo voltou a conferir o texto e nada encontrou que pudesse respaldar essa teoria conspiratória.[18]

A Globo tanto acreditava que o veto seria revogado que só enviou o pedido para classificar *Gabriela* para as 20h, a fim de exibir *Roque Santeiro* às 22h, no dia do último capítulo de *Escalada*. Ou seja, na véspera da estreia da nova novela. *Gabriela* terminaria em outubro e, invertendo os horários, a Globo teria três meses para elaborar uma nova produção para as 20h. Rápida, a resposta sobre a reclassificação de *Gabriela* para as 20h, àquela altura a única solução para o impasse, mostrou um rompimento inédito e inesperado na relação de permanente negociação entre a Globo e a Censura, que desde o golpe vinha evitando consequências mais catastróficas. E a sentença teve peso maior. Não foi assinada por Rogério Nunes, diretor da Divisão de Censura de Diversões Públicas, mas por Moacyr Coelho, diretor-geral da Polícia Federal. Se o país esperava avançar para uma abertura, o ofício era uma demonstração de retrocesso. Afinal, a Censura havia saído das atribuições diretas do Departamento de Polícia Federal em 1972, ao menos teoricamente. Desde então, ficara a cargo da DCDP; assim, embora estivesse subordinada à PF no organograma, gozava de certa autonomia.

No início de seu informe, o coronel Coelho foi quase amável, uma versão torta do *"hay que endurecer, sin perder la ternura"*. Mas seu veredito nada tinha de terno:

> Apraz-me acusar o recebimento do ofício sem número, de hoje datado, no qual essa empresa solicita modificação de horário da telenovela intitulada *GABRIELA* [...].
> Em atenção ao assunto, cumpre-me informar a V. S. que não nos é dado o prazer de atender à solicitada, visto que a referida novela vem mostrando, ultimamente, cenas e situações que agridem os padrões normais da vida no lar e na sociedade, tornando o espetáculo inconveniente para qualquer horário de televisão, mas que a Censura, em virtude de haver estabelecido no início uma classificação etária, e ciente de que se aproxima do seu término, vem tolerando as apresentações, para evitar transtornos à emissora, com a retirada de todos os capítulos comprometedores, como também pelo fato de não haver, em época oportuna, advertido para a possibilidade de interromper o programa, pelos motivos indicados.[19]

O diretor da Polícia Federal, desse modo, ameaçava tirar *Gabriela* do ar, o que deixaria a Globo sem as novelas das oito e das dez, seus dois principais programas. Ele explicava por quê:

> Como exemplo de inconveniências pode-se apontar o personagem que mantém ostensivamente casa com sua concubina; a dona do cabaré que promove festa comemorativa da amancebia de sua afilhada com influente político, de que resultou na agressão à amásia deste, contratada por sua mulher; o chefe de família que mantém contato voluptuoso com a empregada, em sua própria casa; o personagem que revela anomalia sexual; favorecimento a autor de crime de homicídio, por parte de autoridades, e outros aspectos desaconselháveis para espetáculos televisionados.[20]

Ao final, vem uma aberta intimidação em relação a *Roque Santeiro*, a comprovar que a "liberação" para as 22h na verdade significava proibição. Estava mais do que claro que seria melhor a Globo nem cogitar um contorcionismo para colocar a obra no ar, fosse qual fosse o horário.

> Relativamente à novela *A FABULOSA ESTÓRIA DE ROQUE SANTEIRO*, cujos dez primeiros capítulos gravados foram liberados para apresentações após as 22:00 horas, dá para notar, já no seu início — normalmente suavizado pela produção para obter a classificação etária baixa — que será conduzida numa atmosfera fortemente acentuada de movimentação dramática e psicológica, tornando sua transmissão inadequada para o telespectador juvenil, quer pelo impacto de cenas e diálogos, quanto pela mensagem, quer pelo grau de influência dos personagens, dentre estes aparecendo revoltados, prostitutas, adúlteros, levianos, aproveitadores, fanáticos etc.
> A forte temática — negativa sobre [sic] todos os aspectos — poderá conduzir a uma situação intolerável para o meio de comunicação a que se destina, o que somente revelará o exame da gravação dos capítulos subsequentes. Isto ocorrendo, *a novela será, inevitavelmente, proibida, ficando desde já a critério dessa empresa assumir o risco de ver interrompida, a qualquer tempo, a transmissão do pro-*

grama [grifo nosso], visto que a Divisão de Censura de Diversões Públicas tem instruções no sentido de não mais tolerar, como o faz com a novela *GABRIELA*, as cenas e situações que agridam os padrões normais da vida no lar e na sociedade ou que possam ferir, por qualquer forma, a dignidade ou o interesse nacional.[21]

A exemplo do que se passava nos porões, a Censura também endurecia naquele Brasil da "abertura". Quando o documento chegou à Globo, foi entregue a Boni, que imediatamente avisou Roberto Marinho. Levou uma bronca do chefe: "Você colocou a empresa em risco. Como você põe a empresa em risco dessa forma?". O executivo argumentou que não havia visto nada que pudesse ser censurado. Que lera os capítulos, assistira às gravações. Não existia problema com militares, preconceito religioso ou racial. Era uma grande comédia, por que haveria de se preocupar? "Era rodar e correr pro abraço."

O dono da Globo quis ler os capítulos e assistir às fitas. Fortemente pressionado, Boni só não pediu demissão porque pensava haver uma solução e queria brigar por ela. Sugeriu ao patrão que procurasse o ministro da Justiça, Armando Falcão, de quem o empresário era amigo próximo. Mas os dois estavam brigados, e Marinho não quis dar o braço a torcer, queria marcar posição: "Ele não pode fazer isso comigo".

Rapidamente as cópias dos roteiros e os tapes foram levados à sala de Marinho, que leu os textos e assistiu a uns cinco episódios ao lado de Boni. O tom era de humor. Sinhozinho, que abria um armário para escolher suas perucas, lambia a mão da Viúva Porcina imitando cachorrinho. Havia um lobisomem. Na porta da igreja, uma placa dizia ser proibido entrar de bermuda, short e frente única. O padre, interpretado por Milton Gonçalves, dizia que "quem tem fé voa". E a política aparecia mais diretamente em uma frase de um personagem que afirmava que "a oposição só sabe contestar, não sabe governar".[22]

Roberto Marinho concordou com Boni: o veto era "sacanagem". "Não tem nada para censurar", afirmou. Achou, inclusive, que podia haver algo de pessoal, talvez com o dedo de Falcão para prejudicá-lo. Ou, quem sabe, a questão teria sido levada ao ministro, que preferiu não agir para evitar ser acusado de ajudar o amigo. A situação era tão inesperada e fora dos padrões que se buscavam hipóteses das mais variadas, algo que pudesse acrescentar lógica à proibição. Fosse qual fosse a teoria aventada, o fato é que Marinho ficou muito irritado. E a sua decisão surpreendeu a todos: fazer um editorial para ser lido no *Jornal Nacional* no dia seguinte, quando *Roque Santeiro* deveria estrear. Para Boni, o "doutor Roberto" sentiu-se humilhado:

> Acho que ele se sentiu humilhado, preferiu o editorial. O doutor Roberto era muito inteligente, esperto, sensível. Acho que ele percebeu que a coisa era com ele, e não com a novela. Se alguém pensa que era conivente com os militares, acho que era o contrário, os militares é que eram coniventes com ele. Eles eram parceiros na ideologia. O doutor Roberto tinha pavor da implementação do comunismo no Brasil, não por questões de interesse financeiro, mas ideológicas. Achava que o Brasil tinha que ser um país de economia de mercado. Então ele e os militares rezavam a mesma cartilha. A diferença que havia entre os dois é que o doutor Roberto nunca foi um homem violento. Era essa coisa poliana. Você falava em tortura, ele não acreditava, achava que eram pessoas que queriam salvar o país. Ou fingia que não acreditava. Eles tinham a mesma ideologia, eram parceiros, mas o doutor Roberto nunca foi subserviente. Nesse momento [da censura de *Roque Santeiro*], acho que teve medo de ligar [para o Armando Falcão] e fazer um pedido, porque aquilo ia ser cobrado de maneira muito maior. Então ele engoliu. Em um primeiro momento, botou a culpa em mim, depois percebeu que não era comigo, era com ele, e assumiu a responsabilidade de que aquilo era uma atitude arbitrária da Censura.[23]

Ao mesmo tempo que se preparava o texto-bomba, duas operações de guerra foram armadas. A primeira, com os funcionários de Brasília, para tentar reverter até o último minuto a proibição. Seria difícil, acreditavam, mas não impossível, visto que outros vetos haviam sido revogados anteriormente. Ofícios como o assinado pelo diretor-geral da Polícia Federal, de tom mais duro, também costumavam ser utilizados pelo regime a fim de assustar a emissora, que cedia mais facilmente às mudanças exigidas nas obras. Podia ser apenas uma ameaça para intimidar a Globo...

A segunda operação urgente naquela véspera da estreia ficou a cargo de Daniel Filho. Ele começou a editar um compacto de *Selva de pedra*, novela de Janete Clair exibida entre 1972 e 1973, que chegou a ter episódio com 100% de audiência. No pior cenário, a reprise ficaria no ar até que uma nova novela fosse produzida para as 20h.

Marinho convocou o diretor de jornalismo, Armando Nogueira, para ir à sua sala escrever com ele o editorial. Boni achou por bem se certificar de que o empresário sabia que *Roque Santeiro* era uma versão de *O berço do herói*. Sim, informantes em Brasília já o haviam alertado. Em uma primeira versão, o editorial escrito por Nogueira era cauteloso, prolixo e colocava panos quentes na situação. À mão, Marinho mudou o texto para que a mensagem ficasse mais clara e direta.

Em 26 de agosto, o último capítulo de *Escalada*, de Lauro César Muniz, foi exibido sem que se soubesse o que entraria no ar em seu lugar no dia seguinte. Não foi uma noite fácil, e Boni a passou em claro. Sentia que um certo divórcio havia ocorrido em sua relação com o patrão, e chegou a se questionar: será que a culpa por aquela situação em que a emissora se encontrava não seria dele? Não deveria ter previsto que algo assim pudesse acontecer com uma novela de Dias Gomes às 20h, baseada em uma peça censurada pelos militares? Teria sido ingênuo?[24]

Não. O executivo não tinha culpa. Nunca uma telenovela havia sido inteiramente censurada, a negociação entre TVs e governo sempre prevalecera para esse tipo de programa tão caro a ambos. Um veto drástico, que pudesse prejudicar a emissora financeiramente, não era algo que a própria Censura desejasse. Isso estava claro em um livro lançado poucos meses antes por um censor tido como exemplar, que dava cursos para técnicos da Censura na Academia Nacional de Polícia. *Censura & liberdade de expressão*, de Coriolano de Loyola Cabral Fagundes, iria se tornar uma espécie de manual para os profissionais da área. O autor menciona as novelas de televisão em uma passagem na qual faz um alerta para que a cassação de certificado de filmes não seja arbitrária e considere o investimento na produção:

O mesmo se dá com programas em série, gravados em videotape para a televisão, sobre os quais há contratos com patrocinadores, envolvendo vultosíssimas somas, estando já acertado inclusive o horário de transmissão. Será lícito dar ouvidos a meia dúzia de donas de casa frustradas, as quais em cartas se queixam à Censura contra determinada telenovela, e prejudicar financeiramente a empresa produtora, legalmente estabelecida e pagadora de impostos que revertem em benefício da coletividade?

Tampouco é válida a tese de uma censura alheia aos problemas financeiros das empresas produtoras de filmes cinematográficos ou outros programas gravados para a televisão. Como órgão do governo federal, que se esforça por propiciar ambiente de estímulo para a iniciativa privada, cujo fortalecimento econômico-financeiro reflete na maior arrecadação de impostos e, consequentemente, em mais meios de promover o bem-estar social, a Censura não pode se constituir num entrave capaz de conduzir à bancarrota essas organizações.[25]

Por isso, todos na emissora tiveram esperança até a última hora. Mas, no dia seguinte, os dois jornais do grupo Estado já davam como certo que *Roque Santeiro* não iria ao ar. Em *O Estado de S. Paulo*, uma nota discreta, com dois parágrafos, tinha como título "Suspensa exibição de novela", e informava que a Globo "decidiu cancelar a exibição [...] devido aos cortes impostos" pela Censura, "que reduziriam cada capítulo a quinze minutos no máximo". "A decisão foi tomada ontem à noite em reunião do elenco e do autor com diretores da emissora", afirmava o texto, encerrado com a informação de que uma comitiva planejava ir a Brasília tentar uma audiência com o presidente Geisel.[26] O *Jornal da Tarde* avançou o sinal. A reportagem abria a página 19, tinha como título "Um herói impróprio para as 20h", e o subtítulo era "*Roque Santeiro* enfrenta a censura. E não estreia hoje". O tom era editorializado:

> Dias Gomes escreveu uma novela para ir ao ar às 20h. Por isso, não carregou no sexo, na violência, nem nos conflitos entre pais e

filhos. Também evitou qualquer conotação política. Mas a Censura Federal parece ter visto *Roque Santeiro* com outros olhos e só liberou a novela para as 22h.[27]

A reportagem falava em clima de "velório" nos bastidores e trazia declaração de Dias Gomes contra a Censura: "Os problemas que isso tudo vem trazendo à televisão são imensos". O autor afirmava ainda que *Roque Santeiro* era a novela "mais leve" já escrita por ele, afirmação da qual a reportagem, apesar de contrária à sua proibição, discordava, dizendo não ser essa a impressão do resumo publicado no boletim da Globo, que transcrevia:

> A história de um homem consagrado como herói e em torno do qual gira a vida de toda uma cidade. A novela traz como proposta a discussão da necessidade de mitos em determinados momentos históricos. Particulariza o caso da fictícia cidade de Asa Branca onde, há dezessete anos, Roque Santeiro, um jovem sem maiores perspectivas, foi transformado em herói ao salvar a população de um ataque de cangaceiros, o que lhe valeu a glória e a morte.[28]

O *JT* também informava que a "Globo deve divulgar uma nota hoje", mas ninguém imaginava que a tal nota seria um editorial lido por Cid Moreira no *Jornal Nacional*. Às 17h, a Globo teve uma resposta definitiva de seus "assessores militares": nada feito. Naquele momento, já havia 36 capítulos completamente finalizados e 51 escritos. Iam todos para a gaveta. Cancelar uma novela cujas chamadas já estavam no ar era, para a Globo, como quebrar a palavra diante dos telespectadores e dos anunciantes. No dizer de Boni, "aquilo desmoralizava nossas competências".[29] Algo impensável para o padrão Globo de qualidade. Ideologias à parte, era uma questão estratégica, naquele momento, deixar claro que a culpa era do governo.

Após a última notícia do *Jornal Nacional* daquele 27 de agosto de 1975, entrou no ar a abertura de *A fabulosa estória de Roque Santeiro e de sua fogosa viúva, a que era sem nunca ter sido*. Os arranjos especiais eram de Dori Caymmi (o jovem que aos vinte anos havia participado da produção musical de *O berço do herói* e a sonoplastia, de Antônio Faya. A coordenação musical tinha a assinatura de João Araújo e a produção, de Nelson Motta. O produtor havia elaborado a trilha completa da novela, com músicas especialmente compostas para cada personagem, todos mostrados a ele por Daniel Filho. Foi grande a sua frustração ao saber que o público veria somente a abertura, e apenas uma vez.[30] Uma sequência de xilogravuras do artista J. Borges ia passando ao som de um baião que começava assim: "Quem sabe não quer falar/ quem fala não quer dizer/ Eu vou mostrar pra vocês/ a história que o povo conta/ É história feita de fé, de ambição e de glória/ é história dentro da história, é favor prestar atenção".[31]

Encerrada a abertura, em vez de os personagens aparecerem, o locutor do *JN*, Cid Moreira, voltou à tela. Por cerca de dois minutos, leu o editorial em que a Globo assumia pela primeira vez, desde o golpe, discordância com os militares. Sabia exatamente o significado daquela locução e estava tenso. Por orientação do "doutor Roberto", usou um tom sóbrio, mas não tão forte. O texto já tinha impacto suficiente.[32]

> Desde janeiro que a novela *Roque Santeiro* vem sendo feita. Seria a primeira novela colorida do horário das oito da noite. Antecipando-se aos prazos legais, a Rede Globo entregou à Censura Federal o script dos vinte capítulos. No dia 4 de julho, finalmente, o diretor de Censura de Diversões Públicas, sr. Rogério Nunes, comunicava à Rede Globo: os vinte primeiros capítulos estavam aprovados para o horário das oito, "condicionados porém" — dizia o ofício — "à verificação das gravações para obtenção do certificado liberatório". O mesmo ofício apontava expressamente os cortes que deviam ser feitos e recomendava que os capítulos seguintes, a partir dos vinte já examinados, deviam manter — palavras textuais da Censura — "o mesmo nível apresentado até agora". Todos os cortes determinados foram feitos.
>
> A Rede Globo empregou todos os seus recursos técnicos e pessoais na produção da novela *Roque Santeiro*. Contratou artistas, contratou diretores, contratou cenógrafos, maquiladores, montou uma cidade em Barra de Guaratiba, enfim, a Globo mobilizou

um grandioso conjunto de valores que hoje é necessário à realização de uma novela no padrão da Globo. Foram mais de quinhentas horas de gravação, das quais resultaram os vinte primeiros capítulos, devidamente submetidos à Censura.

Depois de examinar devidamente os capítulos gravados, o Departamento de Censura decidiu: a novela estava liberada, mas só para depois das dez da noite. Assim mesmo, com novos cortes. Cortes que desfigurariam completamente a novela.

Assim, a Rede Globo, que até o último momento tentou vencer todas as dificuldades, vê-se forçada a cancelar a novela *Roque Santeiro*. No lugar de *Roque Santeiro*, entra em reapresentação, e em capítulos concentrados, a novela *Selva de pedra*, com Regina Duarte e Francisco Cuoco. Dentro de alguns dias, porém — esse é um compromisso que assumimos com o público —, a Rede Globo estará com uma nova novela para o horário das oito. Para isso começou hoje mesmo a mobilização de todo o nosso patrimônio: o elenco de artistas, os técnicos, os produtores, enfim, todos os profissionais que aqui trabalham com o ânimo de apurar cada vez mais a qualidade da televisão brasileira.

Foi desse ideal de qualidade que nasceu a novela *Roque Santeiro* e é precisamente com esse mesmo ideal que, dentro de alguns dias, a Globo estará apresentando no horário das oito da noite uma novela — esperamos — de nível artístico ainda melhor que *Roque Santeiro*.[33]

Apesar do tradicional "boa noite" de Cid Moreira, naquele 27 de agosto de 1975 os telespectadores despertaram para o pesadelo da censura.

11. DESPERTAR LENTO E GRADUAL

DIAS GOMES ASSISTIU AO EDITORIAL na sala de Walter Clark, e seu temor era de que o canal fosse cassado. O executivo passou vinte minutos colado ao telefone, em diversos contatos com os representantes da Globo em Brasília, até ouvir que essa hipótese estava descartada.[1]

Boni acompanhou a leitura do texto por Cid Moreira em sua sala, ao lado do diretor Daniel Filho, e os dois caíram em prantos.[2] O chamado "todo-poderoso" da Globo passou mal. Sentiu uma forte dor de cabeça e pensou estar tendo um derrame. Levado à clínica São Vicente, foi medicado com calmantes e apagou. Às 6h estava acordado e agoniado para receber alta. Como o médico não aparecia, "fugiu" da clínica, direto para a emissora. Claro que não encontrou ninguém no local àquela hora da manhã. Estava desesperado para saber o ibope da noite anterior, o tamanho do prejuízo. Os números só costumavam chegar às 11h. Bem antes disso, ligou para Paulo Montenegro, executivo do Ibope: "Manda alguém somar essa porcaria logo". Às 10h30, teve a resposta: "um espetáculo". Também foi animador o resultado de uma enquete que solicitara a Homero Icaza Sánchez, diretor do Departamento de Análises e Pesquisas da Globo. Dos telespectadores consultados por telefone, 71% haviam assistido ao editorial, com 100% de aprovação, e 65% afirmaram que iriam acompanhar a reprise compacta de *Selva de pedra*. O primeiro capítulo da novela, exibido na íntegra, deu 41% de audiência. O segundo, já em versão compactada, iria subir para 47%, sendo que o último capítulo de *Escalada* havia registrado 56%.[3] Boni e toda a direção comemoraram: "Quando descobrimos que *Selva de pedra* estava dando uma audiência melhor do que a que esperávamos de *Roque Santeiro*, relaxamos".

Definitivamente, a consequência da censura para a Globo estava longe da "bancarrota", como temia o manual do censor Coriolano. No saldo, a perda maior parecia ter ficado com o governo. Não bastasse o editorial lido no mais prestigiado telejornal do país, Marinho determinou que se publicasse sua íntegra no jornal *O Globo* do dia seguinte. O título era lacônico: "Roque Santeiro".

Nesse primeiro momento, entretanto, talvez por estarem desavisados, talvez por ceticismo em relação ao conflito entre a Globo e o governo, ou quem sabe temendo represálias, outros jornais entraram discretamente no assunto e evitaram qualificar o ocorrido como censura. Na *Folha de S. Paulo*, uma reportagem pequena, no canto de uma página da Ilustrada, tinha como título "Globo decide não exibir *Roque Santeiro*". O primeiro parágrafo era pouco esclarecedor, uma pista do quão confusa a situação soava. Assim como a manchete, colocava a carga do cancelamento na emissora:

> Embora se comentasse ontem à noite na sede da TV Globo, que a Censura Federal teria voltado atrás em sua decisão de permitir a ida ao ar da novela *Roque Santeiro* sem cortes, cancelando sua decisão anterior que liberava o espetáculo para as 22h bastante cortado, a direção da empresa anunciou, em nota oficial, que não mais exibiria a novela.[4]

O Estado de S. Paulo, que se livrara da presença de censores na redação havia pouco, trazia uma nota ainda menor, no pé da página, e mais favorável ao governo, sob o título "Novela é liberada mas TV a cancela". Eram apenas dois parágrafos, e o primeiro continha erro de informação ao dizer que a novela, "proibida anteontem pela Censura para exibição às 20h, foi ontem liberada sem cortes mas para apresentação às 22h", o que "não foi aceito pela TV Globo, que ontem à noite anunciou ter cancelado a exibição".[5] Do mesmo grupo, mas com postura mais ousada, principalmente por ser voltado a um público jovem, o *Jornal da Tarde* abriu uma de suas páginas culturais com letras maiúsculas: "*ROQUE SANTEIRO*, CAPÍTULO II".[6] Acima de uma foto de Daniel Filho, um subtítulo dizia: "No Rio, um dia agitado. Com discussões e choro de Daniel". A matéria, com dez parágrafos, destacava a decisão tomada por parte do elenco de viajar a Brasília a fim de tentar um encontro com o presidente Geisel para falar sobre censura. Daniel Filho "desabafava": "Que importância tem o artista brasileiro em seu próprio país, já que somos artigo supérfluo e podemos ser extintos a qualquer hora?". Afirmava que o prejuízo financeiro da emissora havia sido de 1,5 milhão de cruzeiros, com 51 capítulos já escritos e trinta gravados (na verdade, foram 36), além da manutenção de um elenco com quarenta atores e centenas de figurantes. Dias Gomes dizia que os cortes haviam sido "incoerentes", pois não se referiam aos assuntos mais visados, "como adultério, conflito entre pais e filhos, choque de classes, tóxico e sexo".

Abaixo do texto sobre *Roque Santeiro*, outras três notícias estavam sob a vinheta "Censura". A primeira era sobre o fato de o Supremo Tribunal Federal ter julgado "insuscetível de apreciação judicial a censura prévia de qualquer publicação literária ou artística". A segunda dava conta de que o ministro da Justiça, Armando Falcão, havia se recusado a comparecer a um debate na Câmara sobre censura, atitude pela qual estava sendo criticado. A terceira falava da apreensão de um catálogo do artista plástico alagoano Pierre Chalita, por apresentar na capa uma figura erótica.

O *JT*, contudo, era um jornal menor, e a direção da Globo considerou que nesse primeiro dia não houve grande eco. Possivelmente, avaliou Boni, a imprensa não queria colocar a poderosa emissora como mártir. "Tinha muita gente achando engraçado, pensando: 'Bem feito para eles, bem feito!'"[7]

Mas a repercussão tornou-se bombástica quando as estrelas da TV resolveram pegar um avião para bater à porta do presidente. A decisão havia sido tomada na véspera em uma reunião da qual Dias Gomes também participara e falara sobre a possibilidade de o veto ter a ver com *O berço do herói*. Na manhã pós-editorial, 23 profissionais do primeiro time da Globo viajaram a Brasília para entregar um manifesto ao presidente, em um ato que certamente seria o mais midiático contra a censura desde o golpe. No grupo, havia participantes do elenco da novela, como Betty Faria, Francisco Cuoco, Lima Duarte e Milton Gonçalves, o diretor Daniel Filho, além de Paulo Gracindo, Glória Menezes, Tarcísio Meira, Regina Duarte e Lauro César Muniz, entre outros.[8]

Às 11h, todos já estavam no Palácio do Planalto, mas a recepção foi frustrante. Nada de Geisel. Quem os atendeu foi o subchefe da Casa Civil, Alberto de Eduardo Costa, que confessou estar diante de uma "situação desagradável". Todos falavam ao mesmo tempo. Lima Duarte mencionou a "preocupação cultural pelos efeitos da censura", Paulo Gracindo, a "castração das obras", e Carlos Eduardo Dolabella disse que eles não queriam falar com o ministro da Justiça, como aventou-se, porque "censura não é caso de polícia". Pela janela, o funcionário público mostrou um helicóptero que estaria levando o presidente Geisel a compromissos.

Gracindo então leu a carta em voz alta, diante de repórteres, fotógrafos e câmeras de televisão. O texto havia sido elaborado pelo dramaturgo Paulo Pontes, um dos vários membros do Partido Comunista contratados pela Globo, e atribuiu ao episódio uma "gravidade sem precedentes", que colocava em risco "os destinos da cultura brasileira".

> Exmo. sr. presidente da República, general Ernesto Geisel,
> Como artistas de televisão, teatro e cinema, tomamos a liberdade de vir aqui neste momento, movidos pela necessidade inadiável de exprimir a V. Exa. a nossa apreensão diante dos crescentes obstáculos que estamos enfrentando para o exercício da nossa atividade profissional.
> Conhecemos as preocupações de V. Exa. em relação aos destinos da nossa cultura. Elas foram manifestadas em várias oportunidades, inclusive em encontro com colegas nossos em Manaus. Por isso, não pretendemos repetir o que têm sido as dificuldades destes últimos anos para a produção cultural no Brasil. As consequências são evidentes: a ação excessivamente rigorosa da Censura tem empobrecido a qualidade do nosso produto cultural, estreitado o nosso mercado de trabalho e descaracterizado as nossas obras. O país vive uma triste contradição: enquanto a sociedade se moderniza, a cultura, por efeito de um código de censura anacrônico e implacável, se avilta, se desfigura e se desnacionaliza.
> Não se pode negar ao artista e criador brasileiro de hoje moderação e bom senso na aceitação dos limites cada vez mais estreitos

impostos ao trabalho cultural. No entanto, o exemplo mais recente dessa situação agravou a nossa intranquilidade, sobretudo porque não é um exemplo isolado. Uma produção de televisão envolvendo quinhentos profissionais, entre atores, técnicos e figurantes, teve que ser suspensa depois de dezenas de capítulos gravados e de anunciada em todo o país. Os cortes impostos à obra foram de tal ordem e em tamanha extensão que se tornou impossível sua transmissão. No momento em que o governo declaradamente se preocupa com a invasão de valores alienígenas e com a elevação do nível cultural das programações de televisão, 30 milhões de espectadores ficarão privados de assistir a uma produção brasileira, com tema e ambiente brasileiros, escrita por um autor reconhecido unanimemente como um dos renovadores da narrativa teatral no Brasil.

Há, senhor presidente, uma visão distorcida de nossa atividade, que nos procura situar como uma categoria social à parte. Na verdade, numa sociedade complexa como a do Brasil de hoje, somos os responsáveis por uma diversificada indústria de diversões e produção cultural. Produzimos por ano, no eixo Rio-São Paulo, cerca de trezentos espetáculos profissionais ao vivo, uma média de cem filmes de longa-metragem, dezenas de novelas, shows e noticiários na televisão. É um conjunto de atividades que envolve grandes investimentos, trabalho, responsabilidades sociais. É da natureza dessa atividade sentir os impasses e as vicissitudes da sociedade e recriá-los através dos nossos instrumentos de expressão — a televisão, o palco, o rádio, o jornal, o disco, o livro etc. Sem o mínimo de liberdade, sr. presidente, o que está em risco é a nossa sobrevivência profissional.

Sabemos que nos últimos cinco anos foram proibidas mais peças do que em toda a história republicana; sabemos que filmes, jornais, revistas, discos, livros continuam sofrendo cortes que desfiguram irremediavelmente seu sentido original; sabemos que a autocensura é o ânimo predominante no meio dos criadores e artistas.

Mas agora, diante dessa medida de gravidade sem precedentes, que ameaça a atividade de quinhentos profissionais e destrói uma

obra já previamente liberada para a TV, de um dos autores brasileiros mais representativos, não nos resta outra alternativa senão confessar a V. Exa.: sr. presidente, com perplexidade e apreensão manifestamos a nossa preocupação pelos destinos da cultura brasileira.
Respeitosamente.[9]

O subchefe da Casa Civil pediu que a carta fosse deixada com ele para ser entregue ao presidente. Os artistas resolveram não sair dali enquanto não fossem recebidos por alguém do alto escalão. Pressionado com a presença de tantas grifes e com a cobertura da imprensa, o governo achou melhor resolver logo o impasse e em quinze minutos o grupo foi informado de que o general Golbery do Couto e Silva, ministro-chefe do Gabinete Civil, receberia um — e apenas um — representante da comitiva. Daniel Filho, escolhido para a missão, foi avisado de que o general concederia a ele três minutos de seu precioso tempo. O diretor calculou que os 180 segundos não seriam suficientes para ler a carta, o que também achou que poderia soar ridículo, ficar plantado em frente ao general declamando o texto. Foi recebido de pé pelo homem que era um dos principais articuladores do regime militar. Entregou-lhe a carta, pedindo que a encaminhasse a Geisel e explicando que se tratava de um manifesto contra a censura. Golbery pegou o papel e colocou em cima da mesa, respondendo que seria entregue. Os três minutos duraram uma eternidade, tão tenso estava o clima. Até que se despediram, e Daniel voltou frustrado ao encontro dos outros globais. Na saída do palácio, o ator Cláudio Marzo foi fotografado com o polegar para baixo, anunciando como negativo o resultado. A sensação do grupo naquele instante era de viagem perdida. Sensação completamente equivocada.

O impacto midiático era imprevisível quando até a namoradinha do Brasil, a atriz Regina Duarte, batia à porta do Planalto para reclamar. A fim de reduzir danos, uma nota da Censura foi divulgada. Não era usual que eles se dessem ao trabalho de se explicar. Matéria do *JT* falava que a atitude era uma "surpresa", uma mudança de hábito — mas para o falso herói de Dias Gomes a história se repetia, pois dez anos antes, diante da repercussão da proibição de *O berço do herói*, a Censura também se vira obrigada a justificar-se publicamente.

O texto do governo sobre *Roque Santeiro* foi elaborado em reunião entre o ministro da Justiça, Armando Falcão, e o diretor do Departamento da Polícia Federal, Moacyr Coelho, que assinara o ofício vetando a novela para as 20h. Resumia o passo a passo de ofícios e dizia que a proibição se dava por "ofensa à moral, aos bons costumes, bem como achincalhe à Igreja".

O caso reverberou na Câmara, onde o manifesto dos artistas foi lido e se decidiu pela criação de um grupo de trabalho para elaborar uma nova legislação de censura. Deu-se extensivo debate entre deputados, com críticas e elogios à proibição da novela. Mais do que a discussão entre os parlamentares, entretanto, o impacto do veto e da comitiva global em Brasília levou a censura para a boca do povo com uma intensidade inédita na ditadura. Como bem resumiu o texto-legenda da ampla fotografia do grupo de atores publicada no dia seguinte em reportagem que ocupou uma página inteira no *Jornal da Tarde*, sob o título todo em letras maiúsculas, "A TEVÊ ENCENA UM GRANDE SUCESSO: A CENSURA":

> Os artistas mais populares do país — como Regina Duarte, Francisco Cuoco, Paulo Gracindo, Glória Menezes, Tarcísio Meira, Ioná Magalhães e Lima Duarte —, com a colaboração da emissora de maior audiência, a TV Globo, transformaram uma rotineira decisão da Censura Federal no maior sucesso do ano. Nenhuma novela conseguiu despertar tanto interesse e provocar tantas discussões como a obrigatoriamente inédita *Roque Santeiro*. E nenhum episódio fez com que as tensas relações entre as artes e a Censura se transformassem no assunto obrigatório das discussões populares, das salas de jantar aos botequins. *Mais do que isto, a proibição da novela estabeleceu uma harmoniosa unidade de protestos* [grifo nosso]. Ontem, as recentes decisões da Censura, bem como sua aplicação, foram contestadas com a mesma franqueza na Câmara dos Deputados, na Associação Brasileira de Imprensa e em reuniões de artistas e intelectuais.[10]

O ponto grifado, sobre o fato de a censura a *Roque Santeiro* ter estabelecido "harmoniosa unidade de protestos", revela de que maneira esse tipo de cerceamento, como um remédio, ao buscar acabar com um "mal", muitas vezes pode trazer efeitos colaterais. No período entre o AI-5 e 1978 deu-se a segunda fase da repressão cultural na ditadura, quando o objetivo do regime era vetar uma produção cultural que pudesse incitar uma postura mais radical da classe média, especialmente dos estudantes, que haviam retomado as manifestações antigovernistas.[11]

Não foi a censura a *Roque Santeiro* que estabeleceu a "união harmoniosa de protestos". Ao menos não exclusivamente. Ela, porém, jogou, sim, holofotes em algo que iria demonstrar força a partir de 1975: uma grande frente oposicionista, reunindo desde o empresariado insatisfeito com o fim do "milagre econômico" e a política de estatização até ex-guerrilheiros da luta armada, os quais, após o aniquilamento das ações urbanas e rurais pelas Forças Armadas, passaram a buscar uma via não violenta de combate. Entre esses dois polos, havia políticos de diferentes matizes, dos liberais aos comunistas, novos movimentos sociais e estudantes. Silenciado pelo AI-5, o movimento estudantil voltara às ruas em 1973. Em 17 de março daquele ano, Alexandre Vannucchi Leme, de 22 anos, membro da ALN (Aliança Libertadora Nacional), o movimento armado criado por Marighella, morreu em consequência de tortura no DOI-Codi da capital paulista. Liderança entre universitários, era estudante de geologia da Universidade de São Paulo. Uma missa em sua homenagem na catedral da Sé reuniu entre 3 mil e 5 mil pessoas. Foi celebrada pelo cardeal d. Paulo Evaristo Arns, referência na luta pelos direitos humanos que muito incomodou os militares por sua incansável empreitada em denunciar as prisões arbitrárias e a tortura. No altar, o músico Sérgio Ricardo cantou "Calabouço", criada em razão da morte do estudante Edson Luís de Lima Couto no restaurante Calabouço, no Rio, em 1968. A canção cabia perfeitamente nesse novo homicídio de um jovem pela ditadura, com sua letra que repete 33 vezes a frase "Cala a boca, moço". "Pra não dizer que não falei das flores", de Geraldo Vandré, espécie de hino da oposição banido pelos militares, foi entoada pela multidão, com seu refrão "Vem, vamos embora, que esperar não é saber...".

A celebração também foi marco no rompimento entre o regime e uma importante ala da Igreja católica, que se somou à frente oposicionista. Muitos dos movimentos sociais surgidos nos anos 1970, em especial na periferia de São Paulo, tiveram como esteio as Comunidades Eclesiais de Base (CEBs), ligadas à Teologia da Libertação, espécie de esquerda católica conectada à população menos assistida. Cada quintal de morador, boteco ou pátio de escola podia dar lugar a uma celebração religiosa comandada por leigos, em reuniões extremamente politizadas. Surgiram daí grupos como o Movimento do Custo de Vida (ou Movimento Contra a Carestia), as Sociedades dos Amigos de Bairros e as Associações de Favelas. Aderiram ainda à frente entidades tradicionais, como a Associação Brasileira de Imprensa (ABI), a Sociedade Brasileira pelo Progresso da Ciência (SBPC), a Ordem dos Advogados do Brasil (OAB) e a Conferência Nacional dos Bispos do Brasil (CNBB), apelidadas então de "siglas da democracia".

O slogan desse novo bloco era "Pelas liberdades democráticas". Mais do que questionar modelos políticos, exigia-se a democracia. O movimento estudantil também reviu antigas crenças marxistas, repelindo conexões com o autoritarismo, da ditadura dos militares às comunistas. Mais "amigável", essa nova roupagem facilitou a adesão da classe média, a partir da qual introduziu-se uma expressão que se tornaria moda no vocabulário nacional: "sociedade civil". E isso queria dizer "não governo".[12]

Todo esse caldo de insatisfação e de enfrentamento também explica o fato de Roberto Marinho ter decidido colocar no ar o editorial sobre *Roque Santeiro*. Tratava-se de uma razão que ia muito além da irritação pessoal. O telespectador, o cliente da Globo, em outras palavras, era, afinal, alguém da "sociedade civil". Esse puxão de orelhas do "doutor Roberto" nos militares teve uma força inédita, mas estava longe de ser uma atitude isolada nas empresas jornalísticas, que, nessa segunda metade dos anos 1970, passariam a questionar mais abertamente a censura.

Acuada, a ditadura adotou o discurso da "abertura" a fim de tentar acalmar os ânimos e de mascarar a política mais rigorosa de repressão. Era a estratégia do morde e assopra. Por um lado, pressionava a produção cultural com a Censura; por outro, a estimulava com a Política Nacional de Cultura. Lançado em 1975, esse programa favorecia o patrocínio, criava instituições como o Concine (Conselho Nacional de Cinema) e a Funarte (Fundação Nacional da Arte), e fortalecia as já existentes Embrafilme (Empresa Brasileira de Filmes) e SNT (Serviço Nacional de Teatro). Com a intenção de manter um maior controle sobre a área cultural, até então dominada pela esquerda, a Política Nacional de Cultura terminou por revigorar o setor.

O ano do veto a *Roque Santeiro*, como se vê, foi especialmente nebuloso sobre o que podia e não podia no Brasil, um reflexo direto da crise que se instalara no regime. A censura prévia às telenovelas havia sido incluída na legislação em 21 de novembro de 1968, menos de um mês antes da decretação do AI-5. No lugar do teatro, foco do primeiro período de repressão, a TV se mostrava mais ameaçadora nesse segundo momento, mesmo para Coriolano, o censor da linha mais "liberal". No seu livro de 1974, com pretensões de manual para a censura, ele havia criado, sob o intertítulo "Maior ou menor rigor", uma escala de perigo para a área cultural:

> O censor deve levar em conta as características do veículo pelo qual se apresentará o espetáculo, com vistas no rigor do critério do julgamento. Entendemos estarem em escala ascendente os seguintes entretenimentos, dentre os principais meios de comunicação:
>
> a) **Teatros e congêneres** — o censor deve ser mais condescendente com espetáculos de palco em geral, porque não é um público qualquer o que lhes tem acesso. O elevado preço do ingresso, nesse setor, já é fator de seleção da plateia;
>
> b) **O cinema** — neste campo o censor já pode ser um pouco menos liberal ao julgar, porque o cinema é a diversão popular por excelência;
>
> c) **Televisão** — os programas de televisão são os que devem ser julgados mais rigorosamente, especialmente tendo em vista que a programação das emissoras não deixa praticamente margem alguma de escolha para o espectador, além da dificuldade que se tem de evitar sejam os espetáculos de mensagens prejudiciais mostrados para jovens.[13]

Para Coriolano, a TV e o rádio representavam "preponderantes papéis no sentido da educação ou deseducação populares" e constituíam "poderosíssima arma de doutrinação política, que pode desacreditar qualquer líder ou forma de governo, da noite para o dia". Ele lembrava ainda que as organizações de radiodifusão tinham "significativo poderio econômico" e "grande influência política", razões pelas quais se tornava "bastante difícil a ação coercitiva do órgão censório nesse setor".

Pensamento semelhante tinha o ministro da Justiça, Armando Falcão, para quem "a televisão e o rádio são duas forças psicológicas de tamanha e tão instantânea influência que não é possível admitir que o poder público olhe para os dois com indiferença e passividade".[14] Se ele admitiria em sua autobiografia, escrita já no período democrático, em 1989, que para imprensa escrita, livros, teatro e cinema "vá lá, a liberdade ampla é tolerável", para o veículo que "penetra escancaradamente nos lares, no recesso sagrado da família — aí, não! — há que haver controle, há que haver censura". Porque, se não houver, "como defender a pureza na formação da alma da criança, como cimentar a crença nos bons princípios e no espírito do adolescente?".[15] Conhecido como o ministro da expressão "nada a declarar", Falcão não abordaria especificamente o caso *Roque Santeiro* em seu livro de memórias, mas admitiria que as telenovelas lhe "criaram problemas na área da censura" e que foi "forçado a usar a tesoura com largueza". "É que todos os autores de novela são marxistas disfarçados ou assumidos, que utilizam indevidamente a novela para infiltrar a propaganda de suas ideias, de modo ostensivo ou subliminar."[16]

A imprensa, com o relativo respiro dado após a saída de censores do governo das redações, entrou abertamente na cobertura da proibição a *Roque Santeiro* no segundo dia, publicando reportagens sobre a ida da comitiva global a Brasília. O material de uma página do *Jornal da Tarde* trazia cinco textos, um deles dedicado à discussão gerada na Associação Brasileira de Imprensa, em razão do veto à novela, sobre a censura em geral. A *Folha*, em contraste com o laconismo da véspera, dava chamada na primeira página ("O 'Santeiro' leva artistas ao presidente")[17] e reportagem com duas colunas do alto até o pé da página, ilustrada por foto da comitiva, trazendo a íntegra do manifesto e a nota da Censura.[18]

No quarto dia depois da não estreia, em 31 de agosto, entrou em cena o tom mais opinativo. Na coluna O Jornal dos Jornais, da *Folha*, espécie de precursora do papel de ombudsman (que o jornal criaria em 1989), Alberto Dines dizia que o clima de "frenesi censório" do momento se assemelhava ao do AI-5, mas que *Roque Santeiro* tivera o "mérito" de fazer com que o tema da censura, restrito à elite intelectual, ganhasse repercussão nacional. O título da coluna foi "Ascensão e milagres de 'Roque Santeiro'". Eis um trecho:

> As 5 mil pessoas que se importavam e sofriam com a censura no Brasil multiplicaram-se da noite para o dia e converteram-se em 20 milhões. Onde há um aparelho de TV no Brasil há gente irritada com as autoridades que lhes surrupiaram o espetáculo e o entretenimento.
>
> Um dos escopos e razões da censura é atuar sob disfarce, sub-repticiamente, sem mostrar-se. É por esta razão que os regimes autoritários preferem sempre a autocensura e a colaboração do censurado. Só assim leitores e espectadores engolem e aceitam as informações que lhes são oferecidas. Mas quando a censura se desvenda, como aconteceu agora, fica evidente para a população brasileira que ela existe para roubar-lhe alguns momentos de bem-estar [...]. A censura virou coisa pública, vedete. [...]
>
> Artistas, intelectuais e técnicos quase sempre foram favoráveis à estatização da televisão brasileira. Hoje, são eles que estão apontando a proibição de *Roque Santeiro* como a primeira incursão estadista na área da TV. *O governo conseguiu, de uma penada só, esta façanha de unir empresários e profissionais numa frente única* [grifo nosso].[19]

Com o tempo, se mostraria romântica a ideia de que a sociedade é unanimemente contrária à censura, que sobrevive em regimes democráticos porque tem suporte de parcela dos cidadãos. Mas o artigo de Dines aponta para a questão central da repressão à cultura: a sua capacidade, desde o início da ditadura, de colocar esquerda e liberais em torno de um interesse unificado, a favor da liberdade de expressão. O jornalista elogiou a postura da Globo, que fez, segundo ele, um "protesto calmo e firme" com a divulgação do editorial, um "ato de coragem que obrigou as autoridades a explicar-se, o que é raro" e, assim, "impôs às autoridades o jogo democrático". Eram palavras fortemente contrárias à visão esquerdista da Globo como TV oficial da ditadura.

Por fim, Dines salientava que o veto evidenciou o conflito entre o governo e a Igreja, que tinha como epicentro a questão dos direitos humanos. Na véspera, o presidente da CNBB (Conferência Nacional dos Bispos do Brasil) declarara que a instituição não tivera contato com os censores para falar sobre a novela, uma forma de deixar transparecer que não assinava embaixo da censura, justificada, entre outras razões, pelo "achincalhe à Igreja". Mais uma vez, ficava patente quão encurralada estava a ditadura. Dines resumiu o feito da novela que não foi ao ar: "*Roque Santeiro* fez um novo milagre. Transformou um mito do Nordeste em herói nacional".

O assunto seguiu diariamente nos jornais, com repercussões na política e entrevistas com o elenco. Mas nem tudo eram flores nessa onda anticensura. O diretor da Central Globo de Comunicação, João Carlos Magaldi, foi demitido por Roberto Marinho por ter distribuído o boletim de imprensa daquela semana com a capa em branco, onde se lia apenas a palavra SILÊNCIO — a demissão foi revogada após o apelo de Boni.[20] O próprio *O Globo*, depois da publicação do editorial, fez uma discreta cobertura, assim como outros jornais cariocas, o que Dias Gomes criticou em uma reportagem de uma página da *Folha de S.Paulo*, uma semana após a censura.[21]

O *Jornal da Tarde*, que nas páginas de reportagem dera amplo espaço ao caso, sempre com tom contrário à repressão, quase um mês depois, em 23 e 24 de setembro, publicou dois artigos do ultraconservador Lenildo Tabosa Pessoa defendendo a censura e dizendo que, se os autores queriam levar ao ar, via Embratel, "ofensas à moral, à ordem pública e aos bons costumes", além do "achincalhe à Igreja", que ao menos fizessem isso após as 22h. À tarde e antes desse horário, ironizou, "a juventude pode corromper-se nos cinemas".[22]

Na busca por uma razão mais sólida para essa decisão drástica da censura, um jornalista de *O Estado de S. Paulo*, Paulo Maia, escreveu longo artigo, em 9 de setembro, levantando a hipótese de ter sido um "golpe de marketing" da Globo para gerar curiosidade do público e posteriormente exibir o "fruto proibido".[23] Em sua teoria conspiratória, levantava algo real: a sustentação da sociedade para vetos a "questões morais". Falava da rejeição da classe média "ao liberalismo conjugal" da novela *Escalada*. Quem sabe a Globo, devaneava o jornalista, com o cancelamento, não estaria evitando colocar algo novamente ousado no ar e assustar o público? E, por isso, em conchavo com o governo, resolvera voltar a dar a "dose diária de açúcar com a novelinha da Janete Clair", garantindo o ibope?

Maia foi longe demais, mas a verdade é que ninguém engolia a "ofensa à moral etc. etc." como a verdadeira razão para o veto. Afinal, tantas outras novelas de Dias Gomes e de outros autores traziam elementos censuráveis de sobra, muitas das quais com uma dose de crítica bem maior do que a do falso herói.[24] Havia diferença entre Sinhozinho Malta e Odorico Paraguaçu? Não. Ambos denunciavam o coronelismo e o utilizavam como metáfora da própria ditadura. E, enquanto Sinhozinho era um fazendeiro, o protagonista de *O bem-amado* tinha ainda o "agravante" de ser um político, o prefeito da cidade, tornando mais clara a crítica ao poder. Então por que *O bem-amado* havia ido ao ar com dois terços dos capítulos sem cortes, enquanto *Roque Santeiro* não pôde estrear?

A edição da revista *Veja* da semana da censura, que dedicou duas páginas ao assunto, muito discretamente aventou que o enredo seria uma adaptação de *O berço do herói*, "do mesmo Dias Gomes que escreveu *Roque Santeiro*, e que está proibida desde 1965".[25] Mas isso não era suficiente para explicar o caso. Havia, de modo inequívoco, uma razão política mais profunda, como disse Roberto Marinho, quando deixou claro para Boni que sabia que a viagem dos artistas a Brasília não conseguiria liberar a novela, porque não estava em questão algo lógico, relacionado ao conteúdo da obra.[26] Exceção no rotineiro processo de negociação entre as emissoras de TV e a Censura, que sempre evitara uma situação-limite como essa, o veto não podia ser explicado pela atuação dos censores, e sim por uma intervenção direta das Forças Armadas.[27]

Por volta de duas semanas após o cancelamento, a Globo soube por seus "assessores militares" que o SNI havia gravado a conversa entre Dias Gomes e o amigo Nelson Werneck Sodré, em que ele contava tentar engambelar os militares fazendo ajustes em alguns personagens de *O berço do herói* para transformá-la em *Roque Santeiro*. Essa seria a gênese da proibição, ou no mínimo uma parte dela. Boni ligou para Dias Gomes: "Você falou esse troço?". Ele confirmou: "Mas eu falei brincando...". A Globo e o autor jamais disseram ter tido essa informação à época. O grampo só se tornaria público em 1987, quando o jornalista Ayrton Baffa, de *O Estado de S. Paulo*, revelou o conteúdo de diversos documentos até então secretos do SNI. Segundo Dias Gomes, em reportagens da época e em sua autobiografia, foi só aí que ele soube do caso.[28]

Certamente falar sobre o grampo no calor dos acontecimentos seria algo bem mais grave do que questionar a censura. Afinal, o regime havia construído para o cerceamento à liberdade de expressão um arcabouço legal, com o qual buscava legitimar atos de arbitrariedade. Já a escuta no telefonema era claramente ilegal. Um mês depois do grampo e dois antes da censura da novela, relatório do CIE recebido pelo SNI registrava que as Forças Armadas agiam "muitas vezes ao arrepio da lei", pois não tinham "outra alternativa, senão a de chamar a si o combate, rápido e enérgico, aos diferentes agrupamentos antirrevolucionários".[29]

Chamada de "dragão" (o apelido vem de DG, sigla de distribuidor geral das centrais telefônicas, onde as linhas eram grampeadas),[30] a escuta havia sido feita no telefone de Werneck Sodré, apontado pelo CIE como "jornalista e escritor marxista", que vinha "despontando como o provável coordenador e orientador das campanhas de cunho comuno-esquerdista desencadeadas através da imprensa, particularmente da escrita e televisionada". O grampo durou 24 horas, justamente naquele 8 de maio em que ele falou com Dias Gomes sobre *Roque Santeiro*.

Outra faceta da espionagem na ditadura, ou seja, das ações "ao arrepio da lei", deu as caras no dia seguinte à leitura do editorial no *JN*. Infiltrados registraram uma conversa sobre *Roque Santeiro* em um almoço entre Ênio Silveira, o editor da Civilização Brasileira que havia escrito a orelha do livro com o roteiro de *O berço do herói*, e dois cassados pelo regime, Wilson Fadul, que fora ministro da Saúde de João Goulart, e o ex-brigadeiro Francisco Teixeira.[31] Chamados de "besouros", esses profissionais se aproximavam dos considerados suspeitos a fim de repassar informações para o SNI. Podiam agir apenas por observação, por exemplo, sentando-se à mesa ao lado do restaurante, como se fossem clientes, para escutar uma conversa, ou mesmo se fingir de esquerdistas e se integrar a um grupo.

A inteligência, ao mesmo tempo que se debruçava sobre uma telenovela, refletia a crise governamental ao fazer pouco-caso de doze panfletos apócrifos distribuídos entre janeiro e julho daquele ano, todos contrários a Geisel. A panfletagem, descobriu o CIE, não partira da esquerda, mas de grupos de militares "inconformados" com "o abandono pelo governo dos objetivos revolucionários". Circulavam por quartéis roteiros da *Novela da traição*, que condenava Golbery e Geisel pela "abertura", uma clara demonstração da cisão na hierarquia militar. No quarto capítulo da "novela", havia uma ilustração de Golbery com uma corda em torno do pescoço e a legenda: "Castigo de traidor é a forca".[32] Se a frente oposicionista buscava uma via pacífica para derrubar a ditadura, os militares "traídos" iriam usar da violência para mantê-la.

O falso herói de Dias Gomes estava envolvido em uma trama na qual o próprio presidente não tinha controle de seus órgãos de vigilância e de repressão. Esse panorama de disputa interna entre a chamada "linha dura" e os "moderados" deve ser considerado na explicação para a censura a *Roque Santeiro*.[33] Não deixa de ser uma hipótese, nesse sentido, que Geisel tenha pretendido, com a proibição, demonstrar força diante das acusações de que estava perdendo o comando. O grampo em que os militares eram chamados de bobos por não perceberem a transposição de *O berço do herói* para *Roque Santeiro* pode ter sido usado pela linha mais dura para colocar o presidente na parede, obrigando-a a romper até com a Globo. E o fato de o presidente estar acuado também deve entrar na equação que levou Roberto Marinho a decidir expor o governo publicamente no editorial lido no *Jornal Nacional*.

Espécie de trama paralela, o rompimento da amizade entre o dono da Globo e Armando Falcão pode ter ajudado a tornar o ministro um aliado da ideia do veto. Ele, assim, fazia uma "molecagem" com o empresário, no dizer de Boni, e agradava o SNI.

> O Dias por telefone se "embacaneou" com um troço que não tinha feito: "Driblei a censura, sou craque...". E não era isso, já tínhamos

filtrado aquilo. Se o Armando Falcão tivesse um bom entendimento com o dr. Roberto naquele momento, poderia ter visto a novela e dito: "Olha, dr. Roberto, isso aqui tem que consertar". Mas ele não falou nada, não ligou para o dr. Roberto, não havia o que consertar.[34]

Independentemente da exata razão, a censura a *Roque Santeiro*, apesar de ser lembrada como simbólica da repressão cultural da ditadura, pela força da repercussão que gerou, foi, na verdade, uma exceção na rotina de negociação do triângulo amoroso de alta voltagem.

Uma semana após o editorial-bomba, a agência do Rio de Janeiro do SNI encaminhava à central, em Brasília, um documento confidencial cujo assunto era: "Complexo Globo".[35] Na abertura, explica-se que o levantamento fora feito "atendendo a solicitação verbal da chefia do SNI". Com quinze páginas, além da capa, lista funcionários de empresas de Roberto Marinho, TV, Rádio Globo, gravadora Som Livre e até a gráfica. Na sequência dos nomes dos funcionários, seguem resumos de seus prontuários. O relatório tem início pela televisão, e o primeiro da lista é Gianfrancesco Guarnieri, "filo-comunista", cujos trabalhos são "veículos de 'conscientização' e protesto". Dias Gomes vem em segundo lugar:

> Produz novelas para a TV Globo (núcleo das 20h), a última delas, *Roque Santeiro*, proibida pela Censura, recentemente. Comunista notório e confesso, com longo prontuário na ARJ [Agência Rio de Janeiro do SNI]. Demitido pelo AI-1 da Rádio Nacional. Integra a Base dos Artistas, que apoia o PCB, segundo depoimento de Marco Antônio Tavares Coelho.[36]

Janete Clair surge em terceiro, com informações obtidas, segundo o documento, também no depoimento de Marco Antônio Tavares Coelho, o deputado federal cassado e dirigente do PCB preso e torturado na Operação Radar. Incluída na Base dos Artistas, segundo o SNI, a autora produzia novelas que "adotam a linha da 'conscientização' e do protesto".

Para listar os nomes dos profissionais, utiliza-se o alfabeto. Depois de "a", "b" e "c" para Guarnieri, Dias e Janete, chega-se até a letra "z". É preciso começar novamente, e a relação prossegue com "aa", "ab"... até "ax". Isso somente para dirigentes e roteiristas. Há ainda a relação dos artistas, para a qual são usadas mais três repetições do alfabeto. As descrições vão do "nada consta" a características pessoais, como as seguintes:

> **Lauro César Muniz** — Produz novelas para a TV Globo, alternando com Dias Gomes, no núcleo das 20h [...]. Acredita que "através da novela, o público chamado de C pode, subliminarmente, captar uma série de dados novos para a reformulação de ideias e mesmo de vida".
> **Walter Clark** (diretor-geral) e **Boni** (superintendente) — Nada consta.
> **Borjalo** — Diretor de Produção e Programação [...]. Sua linha é de esquerda.
> **Armando Nogueira** — Diretor de Telejornalismo. Caracterizado como pessoa que não admite interferência em seu trabalho, já tendo tido atrito pessoal, por esse motivo, com Roberto Marinho, que só não o demitiu por interferência de Walter Clark [...]. Viajou para país da "Cortina de Ferro".
> **Joseph Wallach** — Superintendente de Administração. Acusado de ser o homem do Time-Life na TV [...]. Infão [abreviatura de "Informação" em documentos da inteligência] da ASP [Agência São Paulo do SNI], de março de 1975, configura a posição do epigrafado na TV como contrária ao decreto-lei nº 236/67 [código de telecomunicação que, entre outras regras, veta estrangeiros em cargos de chefia nas empresas de radiodifusão].
> **Antônio Abujamra** — Diretor do "Caso Especial" [...]. Dirigiu a peça *O berço do herói*, de Dias Gomes, de impregnação comunista.
> **Fábio Sabag** — Produtor artístico do setor de novelas. Signatário de manifestos de intelectuais e participante de movimento contra a Censura.

Nelson Motta — Dirige musicais para a TV Globo e tem coluna no jornal *O Globo* [...]. É promotor do movimento "underground", na música, e da contracultura [...]. Segundo se comenta, é da esquerda que, não vendo solução, aderiu à maconha, ao LSD e ao misticismo oriental.[37]

Motta, descrito com essa curiosa sinopse, para dizer o mínimo, volta a figurar, no mesmo relatório, na sequência de funcionários do jornal *O Globo*. Essa parte começa com informações sobre o editor-chefe, Evandro Carlos de Andrade, nas quais o SNI cita a proteção de Roberto Marinho a funcionários "suspeitos", algo que alimentaria o folclore "Dos meus comunistas cuido eu":

> **Evandro Carlos de Andrade** — Em seu longo prontuário constam vários informes que o dão como comunista; atuaria dentro da cúpula da administração do Globo, beneficiando esquerdistas, com nomeações em posições-chaves, e afastando os que se opõem às teses marxistas. Isto não está positivado. Em 28 de fevereiro deste ano, Roberto Marinho, em carta ao ministro Armando Falcão, defende vigorosamente o epigrafado contra acusações constantes de informes que diz ter recebido do SNI. Atribuiu as acusações a vinganças de pessoas justamente afastadas das organizações e o diz pronto a responder a qualquer acusação, comparecendo, se solicitado, ao SNI ou a qualquer órgão de informação das Forças Armadas. Nesta mesma carta, Roberto Marinho defende Henrique Caban, Luiz Lobo, Felix Athayde, Wilson Lemos Lage e José Augusto de Sousa Ribeiro.[38]

Três meses depois o SNI voltaria a fazer outro estudo sobre a "infiltração comunista na TV Globo".[39] Esse informe, de 5 de dezembro, admite o acesso a documentos privados, certamente obtidos por meio de infiltrados, ao listar "os elementos que, em abril do corrente, estavam incluídos nas folhas de pagamento da TV Globo". Comunica que Dias Gomes e Janete Clair não estão formalmente vinculados à TV, são contratados para trabalhos específicos. Concentra-se em descrever profissionais não mencionados no informe de outubro, como os atores Mário Lago ("comunista"), Grande Otelo ("foi militante do PC") e os jornalistas Jorge Pontual ("citado como subversivo") e Ivan Lessa ("elemento da 'esquerda pornográfica'"), entre outros. Há inclusive profissionais acusados de ligação com movimentos armados, como a Vanguarda Armada Revolucionária Palmares (Var-Palmares, ou VPR), e até com o sequestro do embaixador dos Estados Unidos.

Os dois relatórios reforçavam o arsenal araponga sobre a Globo em mão dos militares, que exigiram a demissão de Dias Gomes. Roberto Marinho quis demonstrar força. Não só manteve o dramaturgo como determinou à direção da TV que enviasse uma sinopse de novela assinada por ele dentre as que seriam submetidas à Censura para ir ao ar após a reprise de *Selva de pedra*.⁴⁰ Além de duas adaptações (*O resto é silêncio*, de Erico Verissimo, por Marcos Rei, e *Os cangaceiros*, de José Lins do Rego, por Walter George Durst), seguiu a proposta de *Subitamente os homens criaram asas*, do autor de *Roque Santeiro*. Edgardo Erichsen logo veio com um recado da ditadura: "Não adianta mandar o Dias que a gente não vai liberar".⁴¹

Em meio aos nervos aflorados, o governo ameaçou inviabilizar a produção de telenovelas com a ideia de exigir que se enviassem previamente todos os capítulos da trama para a classificação, e não apenas a sinopse. Todo mundo, inclusive os militares, sabe que as telenovelas são obras abertas, cujos episódios vão sendo escritos conforme a reação do público, o que é considerado ingrediente do sucesso.⁴²

Janete Clair, decepcionada por ter sido tirada das 20h, resolveu aproveitar a crise para dar a volta por cima. "A novela das oito vai sair aqui de casa. Eu vou escrever. Nós não vamos perder esse horário", falou ao marido. Deixou os capítulos da sua trama das 19h, *Bravo!*, com um assistente, o então novato Gilberto Braga, e mergulhou no desafio de convencer a Globo, os militares e ainda o de elaborar papéis para aproveitar os mesmos atores escalados para *Roque Santeiro*.⁴³ Se a inteligência do governo já captava nas obras "melosas" de Janete Clair a intenção de abordar problemas brasileiros, sua nova novela deixaria isso claro até para a "meia dúzia de intelectuais frustrados" que dela exigiam proximidade com a realidade nacional.

Pecado capital passou pelo crivo da Censura no final de setembro, e a Globo deu início à produção a jato. Da imersão no sertão baiano de Asa

Branca, o elenco teve de se transpor em questão de dias para o Rio de Janeiro. Francisco Cuoco deixou Roque para trás e incorporou Carlão, um taxista honesto que se vê diante de uma mala de dinheiro esquecida em seu carro por um passageiro que acabara de assaltar um banco. Sem saber da origem da fortuna e sem ter como devolvê-la, a mantém guardada, até que seu pai tem um problema de saúde e ele decide usar uma parte do dinheiro. Passa o restante da trama em dilema ético, sentindo-se culpado a cada vez que resolve tirar um punhado de notas da mala. Sua noiva é Lucinha, interpretada por Betty Faria, que se despiu da fogosa viúva Porcina para encarnar subitamente uma doce operária de fábrica. Ao som de "Dinheiro na mão é vendaval", de Paulinho da Viola, *Pecado capital* revelava um herói dúbio, com um argumento rico para abordar diversas questões contemporâneas do país. Com a declarada intenção de se aproximar do estilo do marido ("Levei meu romantismo para o lado realista"), Janete recuperou o horário das 20h, no qual trabalhou até sua morte, em 1983, quando escrevia *Eu prometo*.[44]

A Globo corria para estrear a nova novela quando, em 10 de outubro, menos de dois meses após a censura de *Roque Santeiro*, o CIE voltava ao caso em um Relatório Especial de Informações, deixando documentada a conexão entre o grampo e o veto. A culpa do cancelamento, contudo, recai sobre os "esquerdistas infiltrados" na Globo, e o editorial do *JN* é qualificado como "faccioso e insuflador". Eis a íntegra:

> A novela de autoria de Dias Gomes que a TV Globo pretendia apresentar diariamente, no horário das vinte horas, *A FABULOSA ESTÓRIA DE ROQUE SANTEIRO E DE SUA FOGOSA VIÚVA, A QUE ERA SEM NUNCA TER SIDO*, não obteve a aprovação da Censura, para aquele horário, por ter sido considerada inadequada para o telespectador juvenil, quer pelo impacto de cenas e diálogos, quer pelo grau de influência dos personagens: revoltados, prostitutas, adúlteras, levianas, aproveitadores, fanáticos etc. É uma "estória mística, de cunho social com matizes de para-religiosidade", onde se destacam a ofensa à moral, à ordem pública e aos bons costumes, bem como achincalhes à Igreja e exagerados registros de cenas amorosas.

Acresce que os Órgãos de Informações comprovaram, em tempo útil, a correlação existente entre a novela e a peça de teatro [grifo nosso] *O berço de heróis* [sic], *do mesmo autor, proibida de encenação e que a Editora Civilização Brasileira, no ano de 1965, publicou em livro, cujo prefácio de* PAULO FRANCIS, *elemento subversivo, de concepções marxistas-leninistas, nos esclarece "que o texto aborda tema político", para mais adiante concluir "que a peça é, naturalmente, subversiva".*

Alertada a Censura, iniciaram-se os entendimentos, com avanços e recuos, visando à aprovação da novela. Sentindo a possibilidade de cortes nos trechos em que as "mensagens" seriam enviadas para que "o pessoal pudesse assimilar aquilo que eu queria passar", DIAS GOMES *e o grupo de esquerdistas atualmente infiltrados na* TV *Globo precipitaram o lançamento da novela — "a primeira novela colorida das oito" — para, depois, suspendê-la mediante um editorial faccioso e insuflador. A resposta explicativa da Censura não teve a mesma repercussão na imprensa, onde, dias depois, o mesmo cidadão, cinicamente, proclamava a "inocência" da novela com a qual ele tentava afastar "a influência da cultura estrangeira em nossa televisão".*

Dias Gomes, militante do PCB, *quando em 1964 foi admitido na Rádio Nacional, como produtor, fez uma adaptação facciosa da peça* Cristo total, *de autoria de uma freira religiosa, explorando e evidenciando ideias comunistas, pregando a luta de classes, lançando operários contra patrões e pobres contra ricos. Tal peça foi irradiada na Sexta-Feira da Paixão daquele ano. Por suas próprias declarações ficou comprovado que agiu sob a orientação do ex-general reformado Nelson Werneck Sodré, comunista, que apresentava em suas aulas no Iseb* [Instituto Superior de Estudos Brasileiros] *a História do Brasil sob o prisma marxista, cassado pelo* AI-1 *e que teve seus direitos políticos suspensos pelo prazo de 10 anos.*[45]

Menos de duas semanas após esse relatório do CIE e antes de o veto a *Roque Santeiro* completar dois meses, o SNI central recebeu da agência paulistana, em 25 de outubro, a informação de que "às 8h de hoje apresentou-se no DOI/CODI/II EX, o jornalista Vladimir Herzog, atual diretor de jornalismo da TV Cultura-Canal 2, para prestar esclarecimento". A nota dizia que, "após ser ouvido, confessou ser militante do PCB, colaborador e promotor de reuniões em proveito da mesma organização". E encerrava informando que "o nominado permaneceu detido naquele órgão de segurança". Outra mensagem chegou às 22h08, afirmando que por volta das 15h o jornalista se suicidara. O suicídio era nitidamente forjado. Ele teria se enforcado com a cinta do macacão de presos, que não tinha cinta, amarrando-a à cela em uma altura que, para morrer, teria que dobrar os joelhos. Estava claro que não só a inteligência agia à revelia do governo. Pior, o aparato policial estava descontrolado. Poucos meses depois, em 17 de janeiro, o operário Manuel Fiel Filho "se suicidaria" no mesmo local de Herzog, segundo a versão oficial, utilizando um par de meias. Seria o 39º a "se matar" nas prisões da ditadura, o 19º enforcado.

Relatório do SNI feito em junho de 1975 admitia que nos DOI-Codis o modus faciendi colocado pelo Exército era "muitas vezes deformado pelo escalão executante". Este, "dispondo já de larga experiência e liberdade de ação, sabe também usá-las, quando necessário, para livrar-se do eficiente controle dos escalões superiores [...] conduzindo a situações delicadas até ao nível presidencial".[46] A repercussão em torno do "suicídio" de Herzog, que depois seria reforçada com a morte de Fiel Filho, evidenciava a falta de limites da Operação Radar, de caça aos membros do PCB, e o completo descontrole da estrutura repressiva.

Enquanto a ditadura desvelava sua desordem e violência, a oposição usava a paz como arma.[47] A missa em memória do diretor da TV Cultura, em 31 de outubro de 1975, foi um protesto silencioso de 8 mil pessoas. Na praça da Sé, símbolo da Igreja católica, deu-se a homenagem ao jornalista judeu em um culto ecumênico celebrado por lideranças de diferentes religiões. O arcebispo de Olinda e Recife, d. Helder Câmara, crítico do regime militar de longa data e indicado ao prêmio Nobel da Paz em 1974, após o evento, resumiu-o: "Há momentos em que o silêncio fala mais alto". E previu: "Hoje o chão da ditadura começou a tremer. É o começo do fim".

Dias Gomes relacionaria o assassinato de Herzog e de Fiel Filho ao veto de *Roque Santeiro* em uma entrevista sobre a revelação do grampo do SNI, em 1987. Aquela havia sido uma época, analisou, de "maior repressão" e de "drástica censura", realizada através "dos mais diversos tipos de pressão". Um tempo em que "era preciso tentar justificar o aparato de segurança e se procurava demonstrar que havia uma grande infiltração nos meios de comunicação".

O SNI realmente se empenharia nisso, e Dias Gomes seguiria como alvo, com pelo menos 59 processos com o carimbo de "secreto" até o fim do regime militar, em 1985. E seu falso herói, depois de ser assassinado no começo da ditadura, em 1965, e no "começo de seu fim", em 1975, esperaria ainda dez anos para aparecer vivo. Porque o fim poderia até estar no começo, mas iria tardar a terminar.

3º ATO, 1985
A NOVELA QUE FOI SEM NUNCA TER SIDO
ROQUE SANTEIRO 2

12. ASAS PARA VOAR, SEM SE DIVORCIAR

SE A PROIBIÇÃO DE ROQUE SANTEIRO ENGAVETARA, entre outras cenas, a do padre dizendo que "quem tem fé voa", o jeito para voar, então, seria criar asas. A sinopse de *Subitamente os homens criaram asas*, também chamada *Quando os homens criaram asas* e, por fim, *Saramandaia*, de Dias Gomes, foi rejeitada pela Censura para substituir a novela das 20h, mas obteve aprovação para as 22h. Com a nova história, o autor fugia do realismo social que vinha caracterizando seu trabalho e utilizava o realismo fantástico, sucesso na América Latina. Assim, tentava evitar problemas com a Censura ao mesmo tempo que testava uma nova linguagem na TV.

Além do personagem João Gibão, homem com asas, Zico Rosado soltava formigas pelo nariz, Dona Redonda explodia de tanto comer, Marcina, quando excitada, ficava em brasa e queimava tudo por perto, e o Professor Aristóbulo se transformava em lobisomem e encontrava pela noite figuras como d. Pedro I e Tiradentes.[1] Em sua autobiografia, o autor falaria desses símbolos:

> Algumas metáforas eram de fácil apreensão, como a do protagonista, João Gibão (Juca de Oliveira), que nascera com asas e era obrigado a cortá-las e ocultá-las sob o gibão de couro; *no final, sua determinação de deixar crescer as asas e voar era uma clara alegoria a nosso anseio pela liberdade* [grifo nosso]. Ou do latifundiário Coronel Zico (Castro Gonzaga) roído internamente por um formigueiro, as formigas saindo-lhe pelo nariz. Ou ainda a fogosa Marcina (Sônia Braga), cujo corpo, queimando os lençóis da cama, provocava incêndios. Outras eram mais sutis e geravam as mais

díspares interpretações, como Dona Redonda (Wilza Carla), que comia tanto, engordava tanto, que um dia explodia. Arthur da Távola entendeu como uma crítica à sociedade de consumo, o que nunca me passou pela cabeça.[2]

Apesar da traumática censura de *Roque Santeiro*, Dias Gomes estava entusiasmado com a nova novela e comentou com o amigo Lauro César Muniz: "Agora vou fazer uma história que me anima, descobri um caminho".[3] Além de tratar com humor determinados valores morais, queria usar o absurdo para falar da realidade, conforme declarou em reportagem do *Jornal do Brasil* à ocasião do lançamento de *Saramandaia*:

> A tentativa é fugir do realismo. Ou seja, equilibrar realidade e absurdo. Ou transmitir a realidade através do absurdo do qual muito frequentemente ela se reveste, principalmente nos países latino-americanos, países como o nosso. Busquei o que havia de fantástico na literatura nordestina, porque *Saramandaia* está incorporada a um painel da própria e dura realidade do Nordeste.[4]

No momento em que elaborava *Saramandaia*, cuja estreia seria em 3 de maio de 1976, Dias Gomes voltava a ser alvo do SNI. Em 22 de março, seu nome apareceu em um relatório produzido a partir do depoimento de dois jornalistas presos,[5] Oscar Maurício de Lima Azevedo e o fotógrafo Luiz Paulo Machado, conhecido por ter feito uma foto de Pelé, num jogo contra o México, em que o jogador está com uma mancha de suor com formato de coração na camiseta. A prisão dos dois, ligados ao PCB, fazia parte da chamada Operação Grande Rio. Enquanto em São Paulo os arrastões nos DOI-Codis pretendiam principalmente reforçar as conexões entre o PCB e o MDB (que nas eleições de 1974 vencera o partido do governo no Senado e em Assembleias Legislativas de importantes estados), no Rio o objetivo era também elaborar uma contrapropaganda comunista, fazendo com que os presos se declarassem "arrependidos". A exemplo do que ocorrera com os vídeos de jovens guerrilheiros, a intenção era desencorajar a militância e desmoralizar as lideranças da oposição diante da sociedade.⁶ O fotógrafo Luiz Paulo Machado foi um dos obrigados a redigir uma carta se dizendo "arrependido" da militância de esquerda.⁷

A informação da Agência Central do SNI traz na introdução a tese principal da ditadura naquele momento, a de que o PCB formava uma frente ampla que envolvia "todos os insatisfeitos e contestadores do regime, além de setores político-liberais e a ala progressiva da Igreja católica". A tomada do poder, aponta o informe, seria por via democrática, para depois ser implantada a "ditadura do proletariado, mediante o afastamento e a neutralização dos antigos aliados". Nessa estratégia, observa o texto, "o setor das comunicações sociais tornou-se de suma importância". Alguns objetivos já atingidos a partir daí seriam as eleições de 1974, o fim da censura nos jornais e a "infiltração de novos elementos na imprensa".

O documento detalha de que maneira os comunistas estariam reforçando a luta contra a censura através da ABI, a Associação Brasileira de Imprensa, e lista as organizações de esquerda clandestinas formadas em diversos veículos de comunicação, como os jornais *O Globo*, *Jornal do Brasil* e *O Pasquim*, e as revistas *Veja* e *Manchete*. O jornalista e tradutor Luiz Mário Gazzaneo, antigo membro do PCB, no *JB* à ocasião, surge como "elemento de ligação com atores e escritores como Dias Gomes, Janete Clair, Bráulio Pedroso e outros, inclusive dando-lhes 'assistência' política". Outro citado é Henrique Caban, segundo nome da redação de *O Globo*, de quem os militares também tinham longa ficha. Certa vez, agentes do SNI foram à Globo mostrar um vídeo em que o jornalista comunista Maurício Azêdo falava sobre o envolvimento de Caban no Partido. A fita foi vista por Armando Nogueira, Walter Clark e Roberto Marinho.⁸ O empresário também teve acesso a um cheque dado por seu funcionário como contribuição financeira ao PCB. Ele seguiu protegendo o "seu comunista", mas o chamou para uma bronca:

— Caban, você deu dinheiro ao Partido Comunista?
— Dr. Roberto, durante o Estado Novo, meu pai esteve preso e minha família foi sustentada pelo Socorro Vermelho. Sempre que me pedirem dinheiro para ajudar famílias de preso, eu vou dar.
— Mas em cheque, Caban?⁹

Uma semana após esse informe do SNI, o governo Geisel praticaria uma violência inacreditável: a censura da transmissão, pela TV Globo, da peça *Romeu e Julieta*, encenada pelo balé russo Bolshoi. A apresentação comemorava os duzentos anos da companhia de dança e seria exibida para 112 países, em uma rede mundial de emissoras liderada pela norte-americana CBS. No Brasil, entraria no *Fantástico*, que já estava com chamadas no ar. Diferentemente do que ocorrera com *Roque Santeiro*, desta vez a Censura se preveniu e vetou também que se falasse sobre a proibição, fazendo com que a Globo não pudesse nem informar o cancelamento aos telespectadores, muito menos explicar o motivo.[10] O ministro da Justiça, Armando Falcão, que ordenou diretamente o veto, escreveria em seu livro *Tudo a declarar*: "No ano de 1976, organizara-se um extenso programa de comemoração da passagem da Revolução Russa de 1917. [...] Ora, naquela altura dos acontecimentos, tudo que cheirasse a propaganda da União Soviética era combatido com radicalismo".[11]

Se era problemático ter alguma ligação com a União Soviética, a barra de Dias Gomes estava para lá de suja no SNI. Em 27 de abril, uma semana antes da estreia de *Saramandaia*, informe confidencial o listou entre os brasileiros que já haviam feito cursos em países comunistas[12] e, em 7 de junho, outro documento o colocava entre os conselheiros consultivos do Instituto Cultural Brasil-URSS.[13]

A inteligência também registrou uma conversa presenciada por um "besouro" (informante) entre Dias Gomes e colegas da TV Globo sobre a pressão do governo para que alterasse o enredo de *Saramandaia*.[14] Para isso, o governo militar nem precisava ter recorrido a um espião. O autor não falou desses problemas apenas pelos corredores da emissora, mas publicamente, no Encontro Nacional de Professores de Literatura, realizado na PUC do Rio, em 29 de julho. Foi uma pesada crítica, em que citava a censura ao Bolshoi e até a morte do operário Fiel Filho, conforme relato de *O Estado de S. Paulo*:

> Explicando por que está usando o absurdo em suas últimas novelas, Dias Gomes revelou que, na televisão, só pode dar uma pálida ideia da realidade nacional e que o realismo só não basta para retratá-la, pois o que está acontecendo aqui é o absurdo, como a proibição da

exibição do Balé Bolshoi ou o fato de um operário ter-se enforcado na prisão com uma meia de seda. Observou ele que, por exemplo, na novela *Saramandaia* não pôde focalizar o problema da seca. Por isso, só resta o folclore.[15]

A cobertura da *Folha de S.Paulo* abriu com uma declaração do autor relacionando diretamente o absurdo de *Saramandaia* à censura:

> A censura, o populismo, as contradições sociais e a cultura popular são parte de uma realidade brasileira que a estética do realismo não mais explica. A realidade brasileira é absurda e, sem o absurdo, o realismo não exprime a realidade apropriadamente. São absurdos os dias dos brasileiros, o nosso cotidiano, e por isso a realidade nacional só poderá ser explicada pela conjugação do realismo com o absurdo.[16]

Ao final, a matéria conta que Dias Gomes concordara com um professor presente ao evento que havia dito que, na TV, o debate político afundara em superficialidade sob a vigilância dos censores. "Mesmo os problemas importantes que a Censura nos deixa tocar na televisão só podem ser apresentados de forma superficial, folclórica", disse o autor. "Em *Saramandaia*, por exemplo, eu falo do desemprego, ou que as frentes de trabalho não resolvem nada, mas isso a Censura corta, isso eles não deixam passar. Fica então só o folclore." Em 1998, na autobiografia, ele escreveria, sobre essa novela, que o uso de "símbolos e metáforas tornava difícil o trabalho dos censores, embora não evitasse cortes e mais cortes". E confessaria um "estratagema": "Como os critérios da Censura eram extremamente variáveis e os censores eram trocados frequentemente, eu repetia uma cena vetada vinte capítulos adiante e, se novamente cortada, voltava a repeti-la até vê-la aprovada".[17] No mesmo ano do lançamento da autobiografia, Dias Gomes daria mais detalhes sobre a censura a *Saramandaia* em uma entrevista na qual narraria curiosa conversa que teve com censores em Brasília:

> *Saramandaia* foi também muito perseguida pela Censura. Eu a escrevi logo depois da proibição de *Roque Santeiro*. Por isso, apelei

para o realismo fantástico, o que deixou a Censura meio perdida. A Censura não entendia bem a novela e passou a fazer cortes aqui e ali, indiscriminadamente. Os cortes chegaram a tal ponto que não dava para continuar a história. Como acontecia sempre nessas situações, eu ia a Brasília para discutir com os censores. Lá, o chefe da Censura era uma pessoa muito amável, muito delicada e costumava dar atenção quando eu o procurava. Numa das vezes em que estive lá, disse a ele: "Gostaria que o senhor me explicasse algumas coisas. Por exemplo, vamos supor que, de hoje em diante, eu quisesse ser um bom moço e quisesse seguir a orientação da Censura. Nesse caso, gostaria de saber que critérios deveria seguir. Pergunto isso porque há vários cortes aqui no texto que até entendo o porquê, mas outros não consigo entender. Falo especificamente desse texto aqui, nesta página, que já li uma porção de vezes e não vejo nenhum motivo para cortes. Trata-se de um diálogo entre dois jovens, em que não se fala de política ou de problemas morais. Não vejo nenhuma razão para esse corte". Depois de me ouvir atentamente, o chefe da Censura leu o diálogo que lhe apontei e disse: "É. Realmente também não atino por que razão foi cortado". Em seguida, mandou chamar o censor responsável pela novela e lhe perguntou por que ele havia censurado aquele diálogo. "Fulano, o Dias Gomes está intrigado", ele disse, "e eu também. Por que você cortou isto aqui?" O censor ensaiou, então, uma pose, fez um ar de inteligente e, olhando para mim, disse: "Bem, o que o senhor colocou aí no texto, quando se lê, parece não ter problema nenhum, não é? Mas o que o senhor estava pensando quando escreveu esse diálogo, aí é que está o problema". Vejam só, ele havia censurado o meu pensamento! A que ponto chegou a censura no regime militar![18]

Os problemas começaram na sinopse. A DCDP não aprovou as eleições que seriam realizadas na história, com dois partidos, o situacionista e o oposicionista. Os censores apontaram no parecer um paralelo com a política do país, especialmente com as eleições de 1974. Ao longo da novela, o pleito, sempre que apareceu nos capítulos, foi mantido sob cabresto.[19]

O tema da censura no Brasil ganharia palco internacional no final de 1976. Quando escrevia os últimos capítulos de *Saramandaia*, que ficaria no ar até 31 de dezembro, Dias Gomes foi convidado a dar um seminário na Pennsylvania State University, nos Estados Unidos. A cada ano, a universidade escolhia um dramaturgo para passar dez semanas ministrando aulas sobre sua obra. Dois anos antes, o convidado fora Jorge Amado. A viagem estava marcada para setembro, mas Dias Gomes teve sérias dificuldades para embarcar. O problema não foi o visto norte-americano, e sim a liberação do passaporte. O governo temia que o autor fosse fazer propaganda contra o Brasil nos Estados Unidos.[20]

O tema chegou ao SNI. Em 16 de setembro, o Centro de Informações da Aeronáutica (Cisa) respondeu a um questionamento sobre o dramaturgo, em virtude da solicitação de viagem. A resposta foi que nada havia a comunicar que o impedisse de se ausentar do país.[21] Mas, em 28 de setembro, a Divisão de Segurança e Informações do Ministério da Justiça distribuía a notificação de que, entre "elementos que solicitaram autorização para viajar ao exterior", estava Dias Gomes, cujo currículo continha a demissão da Rádio Nacional em razão do AI-1 e IPM para apurar atividades do PCB. O documento seguiu com ampla distribuição, sendo enviado para a Agência Central do SNI, o Centro de Informações do Exército (CIE), as agências central e carioca do Cisa e o Centro de Informações da Marinha (Cenimar).[22]

O autor teve de usar "o prestígio da TV Globo", conforme relatou na autobiografia, a fim de conseguir a autorização dos militares, que deixaram claro que a porta só estaria aberta para a sua volta se ele se comportasse bem na viagem. No embarque, a polícia alfandegária fez rigorosa revista da bagagem do autor e de Janete Clair, e ainda checou com superiores se os dois poderiam mesmo deixar o país.[23]

Na universidade norte-americana, além de falar sobre sua obra, Dias Gomes deu palestras a respeito da história do teatro brasileiro. *O pagador de promessas* e *O berço do herói* foram temas; cada peça foi assunto de duas aulas. Ao final do curso, os estudantes encenaram *The Cradle of the Hero* [*O berço do herói*]. E, assim, o texto, proibido no Brasil sob a acusação de comunista, tinha a sua estreia mundial em um teatro de uma pequena cidade do centro mundial do capitalismo. Em 30 de novembro, reportagem do *Jornal do Brasil* anunciava a volta do dramaturgo ao país e resumia os dois meses que passara nos EUA. O título era: "Herói de Dias Gomes nasceu em berço norte-americano".

No SNI, o ano de 1976 se encerrou para Dias Gomes com um apontamento internacional, e não foi da temporada norte-americana.[24] O Ministério das Relações Exteriores, por meio de seu Centro de Informações, registrou a estreia de uma montagem de *O Santo Inquérito* em Portugal, que respirava ares de liberdade desde a Revolução dos Cravos. Em 25 de abril de 1974, a população saíra às ruas para se reunir a militares que planejavam havia meses a deposição da ditadura fascista iniciada por Salazar 48 anos antes. Cravos foram distribuídos por manifestantes civis aos soldados, que os colocaram nas armas, numa simbologia de que a derrubada do governo se deu sem violência. O Partido Socialista vencera as eleições em 1975 e se discutia uma série de reformas, entre elas a agrária. Apesar de os mais radicais terem sido isolados após o processo revolucionário, inclusive o Partido Comunista, os ideais de esquerda estavam em voga. Era a primeira vez que uma peça de Dias Gomes seria encenada no país — antes, na era salazarista, *O pagador de promessas* havia sido censurada. O autor viajou a Lisboa para a apresentação, onde foi aplaudido pela obra e por sua militância política.[25] Foi um breve passeio pela democracia. Devidamente vigiado por um agente do absurdo.

Na véspera do Natal de 1976 a capa da Ilustrada, da *Folha de S.Paulo*, estampou a manchete: "Censura". Parecia impossível, até porque a Globo, desde *Roque Santeiro*, redobrara esforços para negociar com os militares, mas o drama se repetia, e a novela *Despedida de casado*, que substituiria *Saramandaia* às 22h, era vetada doze dias antes da estreia, marcada para 4 de janeiro. Foi a segunda e última novela a ser proibida, na história do Brasil, já com os capítulos gravados.

A trama, assinada por Walter George Durst, abordava um tema tabu, o desquite, com a história de três casais que discutiam a relação com um psicanalista. A Lei do Divórcio estava em discussão no Congresso e seria aprovada no final de 1977, após enfrentar muita resistência. Para os censores, a novela pregava a dissolução do casamento.[26] As dificuldades com a Censura já haviam adiado a estreia, a fim de que alguns capítulos fossem reeditados. Em vão.

Dois pareceres foram produzidos sobre os dez primeiros capítulos. O primeiro, assinado por Ivelice Gomes de Andrade e Glaucia Baena Soares, via problemas no tratamento dado ao casamento e até no fato de os casais "dependerem" de um analista para melhorar a relação. "Hoje em dia em que o brasileiro já não quer resolver seus problemas por si mesmo surge essa novela para reforçar seus anseios [...]. O que mais nos preocupa realmente são os efeitos colaterais que esta novela possa trazer ao público ao assistir e viver dramas desses casais neurotizados." O outro relatório, de Valmira Nogueira de Oliveira e Maria das Graças Pinhati, seguia na mesma linha, para concluir: "Considerando, portanto, que o contexto da telenovela ofende a moral social e contribui para a derrocada da família, somos da opinião que não deva ser liberada para a TV".

Uma carta da Censura foi diretamente endereçada a Roberto Marinho, relatando que as mudanças exigidas não haviam sido suficientes para a liberação da novela:

> Continua apresentando o casamento, sob todos os ângulos expostos, como uma instituição falha e ultrapassada, cuja manutenção constitui-se em dolorida luta diária transformada, gradativamente, em insuportável encargo para os casais e fator de desagregação familiar, aspectos esses que, mostrados no decorrer de vários meses de duração do programa, tendem a provocar, pela repetição diária dos problemas enfocados, a sensibilidade dos assistentes, levando-os a identificações claras com os dramas revelados e com os seus personagens.[27]

A Globo recebeu o veto definitivo em 23 de dezembro. Depois de uma reunião entre Boni, Joe Wallach e Walter Clark, uma nota foi emitida à imprensa:

A exibição da novela *Despedida de casado*, que já estava com trinta capítulos gravados, foi vetada ontem pela Censura. A Rede Globo de Televisão, diante da atitude censorial, colocará no ar, para preencher o horário, a novela *O bem-amado*, em capítulos condensados, até que o departamento de produções prepare outra novela para o horário das 22h.[28]

No *Jornal do Brasil*, a reportagem sobre a censura foi assinada pelo então repórter Artur Xexéo. Quase vinte anos depois, em sua coluna no mesmo periódico, ele revelaria que José Leite Ottati, o censor interno da Globo, havia lhe contado na ocasião ter alertado a emissora de que o tema do desquite não seria aprovado, mas a direção decidira arriscar.[29] Dois dias após o veto, em 25 de dezembro, o jornalista Tarso de Castro escreveu na *Folha* que a nova proibição não tinha "nada de excepcional, pelo seguinte fato: uma permanente ditadura, por parte de quem quer que seja que mantenha o poder, sobre as televisões". A tirania, apontava, era ligada à concessão dos canais pelo Estado:

> Não morro de amores pelos grupos que dominam as televisões — e que podem tranquilamente ser classificados pelo pior adjetivo que você tem na cabeça neste momento — mas o fato é que não existe nem mesmo a mínima liberdade para que eles façam alguma coisa. E isso se deve ao óbvio: a concessão dada para a exploração do canal é uma espécie de guilhotina preparada para cortar o pescoço de quem quer que seja na hora que interessar. É verdade que não acredito que alguém tivesse coragem — falei coragem exatamente — para tirar a Globo do ar. Mas o pessoal da Globo acredita. Digo, irmão teme irmão. E, assim sendo, o pessoal da Censura se diverte.[30]

Foi exatamente o que passara pela cabeça de Walter Clark à ocasião da censura a *Roque Santeiro*. Com *Despedida de casado*, não se sabe se o pessoal da Globo acreditava que o governo pudesse tirar o canal do ar na hipótese de uma reação mais forte. O fato é que a emissora, dessa vez, não entrou em dividida. Distribuiu uma nota à imprensa em lugar de fazer um editorial no *Jornal Nacional*. E nada de caravana de globais ao Palácio do Planalto. Apenas o próprio autor foi a Brasília, discretamente, reunir-se com os censores, a fim de tentar reverter a decisão.[31]

Um ano e meio havia se passado desde a censura a *Roque Santeiro*, e o clima político certamente era outro. A ilusão da abertura ficara para trás. A repressão à oposição de esquerda recrudescera, e organizações clandestinas de extrema direita bombardeavam, literalmente, o país. Em janeiro daquele 1976, em razão do assassinato do operário Fiel Filho no DOI-Codi, Geisel demitira o comandante do II Exército de São Paulo, o general Ednardo D'Ávila Mello, para quem havia dito à ocasião da morte de Herzog que não admitiria novo "incidente". Com a exoneração, o presidente demonstrara força, mas fora avisado pelo ministro da Justiça, Armando Falcão, de que poderia haver reação por parte do oficialato insatisfeito. O alvo seriam "elementos dos meios de comunicação social".[32] Dito e feito. Uma bomba explodiu no sétimo andar da sede da Associação Brasileira de Imprensa, no centro do Rio, às 10h de 19 de agosto. À tarde, outra foi encontrada no escritório carioca da Ordem dos Advogados do Brasil. Nos dois locais, havia panfletos de uma organização chamada Aliança Anticomunista Brasileira.

Outro explosivo foi jogado contra o prédio da 1ª Auditoria Militar de Porto Alegre no dia 21. A onda de violência adentrou setembro. No dia 4, detonaram o Cebrap (Centro Brasileiro de Análise e Planejamento), em São Paulo, que tinha como um de seus diretores o sociólogo Fernando Henrique Cardoso. Na madrugada de 22, d. Adriano Hipólito, bispo de Nova Iguaçu ligado à esquerda, foi sequestrado, torturado e deixado nu, com o corpo pintado de vermelho, num matagal em Jacarepaguá. Na sequência, explodiram seu carro em frente à CNBB (Conferência Nacional dos Bispos do Brasil), na Glória. Na mesma madrugada, Roberto Marinho dormia quando foi atirado ao chão pelo impacto da explosão de uma bomba na janela de seu quarto. O dono da Globo acionou os serviços de Bechara Jalkh, conhecido detetive particular do Rio, que trabalhou no caso por três meses até concluir: o mesmo grupo havia praticado todos os atentados daquela noite. Descobriu-se depois que dele fazia parte um dos fundadores do Centro de Informações do Exército, que atuava no Serviço Nacional de Informações.[33]

Quando *Despedida de casado* foi censurada e a Globo optou por uma reação mais comedida, fazia apenas três meses que o empresário havia levado esse susto. Além do cenário mais ameaçador do que o da época de *Roque Santeiro*, a emissora considerou aquela atitude da Censura menos drástica do que a anterior, conforme Boni: "No caso de *Roque Santeiro*, eles nos ludibriaram até a data da estreia, de forma planejada para nos causar problemas. Já *Despedida de casado* recebeu a proibição dez dias antes, ou seja, dentro da rotina, permitindo que, na promoção, avisássemos que a novela não iria ao ar". O editorial sobre *Roque Santeiro*, acredita ele, teve como "ponto de destaque informar que estávamos sob censura". Portanto, não se justificava a repetição da dose. Outra caravana de globais a Brasília também não cabia. A não reação dos artistas "foi considerada como estrategicamente melhor para mostrar que não estávamos defendendo somente os interesses da empresa".[34]

Ter uma novela vetada a dez dias da estreia não era exatamente uma rotina, mas a Globo parecia mais preparada para essa proibição, até pelo alerta dado pelo censor interno de que o tema do desquite não seria aprovado. Apesar disso, só conseguiria estrear uma nova novela seis meses depois, tempo em que manteve no ar a reprise de *O bem-amado*. Em 1975, *Pecado capital*, feita para o lugar de *Roque Santeiro*, entrou no ar menos de três meses depois da censura. A pressa certamente foi maior porque se tratava do horário das 20h, de mais audiência e lucratividade do que o das 22h, em que *Despedida de casado* seria exibida. Em 27 de junho de 1977, estrearia *Nina*, escrita por Walter George Durst e com a mesma equipe da novela vetada. Já o roteiro foi completamente alterado. De uma história contemporânea sobre a separação de casais, passou para uma trama de época, ambientada nos anos 1920, ainda que o autor tenha conseguido manter uma discussão sobre o conservadorismo moral, com uma professora de ideias mais liberais, interpretada por Regina Duarte, enfrentando a rigidez de um colégio tradicional.

Antes da proibição a *Despedida de casado*, outra proposta para o horário das 20h fora vetada pela Censura. Bráulio Pedroso havia enviado a sinopse e os dez primeiros capítulos de *A vida escrachada de Baby Stompanato*, baseada em um espetáculo teatral de sua autoria. Personagens marginalizados não agradaram os censores, que também desaprovaram o fato de os vilões não serem punidos. Diretor da Polícia Federal, à qual a DCDP se subordinava, o general Moacyr Coelho enviou ao ministro da Justiça, Armando Falcão, um comunicado em que dividia suas preocupações com as possíveis reações da Globo a esse veto: "a) Alegar que está havendo por parte do órgão censório a intenção de prejudicá-la; b) Promover gestões com o objetivo de levar ao ar a novela *Roque Santeiro*, pelo fato de dispor de vários capítulos gravados".[35] O veto foi mantido, e a Globo não reagiu.

Menos de uma semana após a censura a *Despedida de casado*, em 30 de dezembro de 1976, o diretor da Divisão de Censura de Diversões Públicas (DCDP), Rogério Nunes, deu entrevista coletiva à imprensa e afirmou que "a censura sempre existiu e existirá em toda sociedade organizada". Logo, não iria acabar no Brasil. Disse que o governo tinha, em pesquisas, constatado a censura em pelo menos 150 países. "Ela tem início dentro de casa, no ambiente familiar", argumentou. Negou que os censores tivessem prevenção contra determinados artistas, como Chico Buarque e Dias Gomes. Em relação a *Despedida de casado*, afirmou que os motivos para a dissolução dos casamentos, no enredo da novela, eram contrários à moral e aos bons costumes. E foi muito claro sobre como deveria ser o relacionamento entre a Censura e a televisão:

> Não posso obrigar a televisão a remeter os textos definitivos à Censura. Se os interessados alegam inexistência de leis e não apresentam o texto [completo das telenovelas] e depois a peça é censurada, o problema é deles. *Eles têm que fazer seus trabalhos em função da Censura, e não a Censura em função deles.*[36] [grifo nosso]

Nunes comentou um anteprojeto de lei coordenado pelo ministro Armando Falcão para atualizar a legislação censória, até então pautada principalmente no decreto 20493, de 1946. Não eram alterações animadoras. A TV seria incluída. Não estava no decreto de 1946 porque seria lançada depois, em 1950. O objetivo dessa inclusão, claro, era um controle ainda maior. O diretor da DCDP disse que havia uma discussão para que o Conselho Superior de Censura, criado por lei em 1968 para rever decisões e ainda não implementado, tivesse o número de membros reduzido, de quinze para cinco. E sem representantes da sociedade civil, todos os integrantes viriam do governo. Para o chefe da Censura, a legislação brasileira era "liberal". "Posso comprovar isso com o grande número de cartas que nos são escritas por entidades profissionais, religiosas, câmaras municipais que reclamam contra o nosso liberalismo."

A Divisão de Censura recebeu no período da ditadura por volta de duzentas cartas, a maior parte entre 1976 e 1980, justamente a fase da "abertura". Não é um número expressivo, mas as mensagens eram simbólicas de uma corrente de pensamento conservador que se disseminava da mãe ou do "pai de família" a associações diversas, do vereador e do bispo de uma pequena cidade ao juiz da capital. As solicitações iam desde maior rigor na avaliação de obras, especialmente da televisão, até a proibição completa. Entre as cartas, uma "senhora muito doente", como assim se identificou, dirigiu-se à DCDP da seguinte maneira: "Prezada Censura e amigos". Pedia o banimento de programas de TV com "bandalheira, falta de moral e falta de respeito".[37]

Com o banho de água fria dessa entrevista coletiva do chefe da Censura encerrava-se o ano de 1976, que foi "pior que o de 1975", no balanço que Alberto Dines fez em sua coluna O Jornal dos Jornais. O jornalista ponderou que havia sido de "meia censura", pois "a nação inteira acabou tomando conhecimento daquilo que apenas a minoria do metier e dos círculos intelectuais sabia", uma vez que os jornais estavam noticiando os vetos. Por outro lado, escreveu, o governo "permitiu que os atentados terroristas da extrema direita contra instituições e empresas jornalísticas continuassem impunes". Nessa omissão, "em código está a mensagem: 'Vocês que se cuidem' [...]. O governo deixa assim à sanha dos radicais aqueles que continuam resistindo às violências da censura oficial, numa aliança que, se não é prática, é teórica". Dines, que havia elogiado o editorial lido no *JN* sobre *Roque Santeiro*, criticou a reação "cabisbaixa" ao veto de *Despedida de casado*:

> A Rede Globo, que no caso da proibição de *Roque Santeiro* teve um comportamento digno e altamente elogiável, levando ao ar uma

nota firme e discreta da sua direção informando sobre a violência, desta vez ficou totalmente cabisbaixa. [...]

O governo não teria coragem de suspender a Rede Globo se essa tivesse a hombridade de veicular uma nota discreta de registro sobre a coação sofrida. Um dia sem TV seria o caos neste país. A força da Rede Globo é muito maior do que a da censura, mas neste triste momento nacional os fortes preferem agir como fracos. Esquecem apenas que neste jogo perde-se a vitalidade. Poderio não utilizado acaba secando.

A censura redobrou de intensidade, e a autocensura, seu abominável subproduto, está campeando.[38]

No primeiro dia de 1977, a coluna Helena Silveira Vê TV, da Ilustrada, tinha a manchete "77 sob ameaça da Censura". Após discorrer a respeito dos vetos de 1976 ao Bolshoi e a *Despedida de casado*, "quando se imaginava que o episódio de *Roque Santeiro* seria singular", encerrou a colunista: "Feliz 1977? Vamos ver".

13. ESPELHO QUEBRADO DA BURGUESIA

NÃO, 1977 NÃO SERIA UM ANO FELIZ para a liberdade de expressão. Em janeiro, o ministro Armando Falcão recebeu um manifesto de repúdio à censura, com mais de mil assinaturas, e o seu procedimento foi encaminhá-lo à Polícia Federal para investigação. Já em 17 de fevereiro o SNI registrava que Dias Gomes estava entre os "intelectuais" (palavra colocada entre aspas no informe) que haviam assinado o documento.[1] A informação secreta destacava o dramaturgo, além do arquiteto Oscar Niemeyer e do historiador Nelson Werneck Sodré, entre os "elementos ligados aos comunistas e soviéticos".

Uma semana antes desse informe do SNI, Dias havia gravado um depoimento para o Museu da Imagem e do Som (MIS), no Rio, em que dissera nunca ter entendido a censura, "a não ser como uma coisa surrealista". Sobre *O berço do herói*, respondera "ter esperança" na liberação da peça, mas não como uma "perspectiva imediata".[2] A obra realmente não seria encenada tão cedo nem nos palcos nem na sua versão televisiva. Entre o veto a *Roque Santeiro*, em 1975, e aquele ano de 1977, a Globo fez outras duas tentativas de liberá-la, ambas negadas, com a explicação extraoficial de que a novela havia se tornado um símbolo da repressão e que colocá-la no ar poderia soar como provocação.[3]

Logo ficaria claro que Dias Gomes estava certo no prognóstico cauteloso em seu depoimento ao MIS. A ditadura ganhou sobrevida com o Pacote de Abril, em que o governo fechou o Congresso por duas semanas para que pudesse alterar a legislação eleitoral. Tornou indiretas as eleições para governador em 1978 e ampliou de quatro para seis anos o mandato do sucessor de Geisel. Também deu força à Arena, o partido do governo, ao instituir que um terço do Senado seria escolhido não pelo voto direto, mas por um colégio eleitoral de maioria governista. Os ocupantes do cargo foram apelidados de senadores biônicos. A Lei Falcão, assinada por Geisel no ano anterior com regras para eleições municipais, foi ampliada, fazendo com que, nas campanhas de deputados no rádio e na TV, os candidatos não pudessem falar. Só seria permitido exibir uma imagem do político, acompanhada de um resumo de seu currículo.[4] Ao justificar a lei que criou e ganhou seu nome, Armando Falcão diria, em sua autobiografia, que "um dos fatores mais decisivos para triunfar nos pleitos eleitorais sempre esteve na força da televisão e do rádio".

Esse clima de retrocesso se fez sentir em entrevista de Dias Gomes no início de maio ao *Jornal do Brasil*, cujo título era uma frase pinçada de suas declarações, "Somos uma geração de quixotes":

> Muitas vezes esperei que um dos meus filhos me olhasse nos olhos e dissesse: "Puxa, pai, vocês não podiam ter feito nada para evitar?!". Eu não saberia o que lhe responder. Talvez gaguejasse uma defesa. "É, filho, infelizmente nós nem acreditávamos que fosse possível chegar aos negros tempos a que hoje chegamos."[5]

O endurecimento político do país, o cansativo processo de produção industrial das telenovelas, a censura sistemática aos capítulos e até o sucesso rotineiro fizeram com que o dramaturgo se declarasse desmotivado em sua carreira televisiva. A solução encontrada por ele e pela Globo foi um projeto que prometia inovar a teledramaturgia. O autor estava livre para propor um formato, podia ser série, documentário ou até mesmo um longa-metragem de ficção. Com carta branca, Dias Gomes escolheu um tema espinhoso para o governo: a classe média. O plano era abordar desde a sua formação até a contemporaneidade, conforme noticiou a *Folha de S.Paulo* em 4 de julho, com uma manchete provocativa: "A classe média vista no espelho favorito". O programa tinha como título provisório "Os grandes sonhos de nossos pequenos burgueses".[6] Seriam óbvias as dificuldades com a Censura, tão zelosa da "moral e dos bons costumes" da burguesia.

Um documento produzido pela Agência Central do SNI nesse mesmo mês de julho, com base em reunião realizada pelos chefes das regionais, evidenciava a preocupação com obras que pudessem abalar a moral burguesa e deixava claro que essa vigilância tinha fundamento político.[7] O texto, que seria distribuído aos escritórios regionais e aos "analistas da área psicossocial" do SNI, tratava da infiltração comunista e de sua estratégia "pacífica para a tomada do poder". Recebeu o título "Atuação nos meios de comunicação social na formação e condução da opinião pública". Apontava diretamente para a relação entre moral e política ao abordar a produção cinematográfica. A disseminação das chanchadas, acusava, "tão a gosto do brasileiro das classes mais baixas", teria como consequência a "dissolução da moral e dos costumes" e contribuiria para "enfraquecer as barreiras morais, *passo importante para a conquista de uma nação*" (grifo nosso).

Sobre os grandes jornais e revistas semanais, analisava que os proprietários, "como é óbvio", seriam, "em princípio, contrários à doutrina marxista", mas alguns, "seja por convicções liberais, seja por comodismo ou ainda pelo interesse puramente econômico, acabam, muitas vezes, fazendo concessões aos comunistas". A infiltração acontecia "de maneira mais expressiva no segundo escalão". Além dos esquerdistas, havia os articulistas liberais "inocentes úteis", que se dedicavam a "apresentar um quadro pessimista da conjuntura nacional, transmitindo ao povo a ideia de que estamos vivendo sob o arbítrio de uma ditadura militar". Denunciava um "esquema tão bem planejado" que "os elementos porventura dispensados de um veículo logo são admitidos em outros", dando como exemplo o caso de Mino Carta, que, depois de ser demitido da *Veja* por "algumas pressões do governo", foi contratado pela editora Três para estruturar a revista *IstoÉ*.

O documento abordava a ascensão da imprensa alternativa, que se deu, avaliava, a partir da censura prévia aos grandes jornais. E explicava a base jurídica para esse tipo de controle nas redações: "Quando instituído para resguardar a moral e os bons costumes, tem como base o decreto-lei de nº 1077, de 26 de janeiro de 1970, e, quando por implicações político-ideológicas, o AI-5".

A televisão era descrita como um veículo "de enorme poder de persuasão", que "merece destaque na luta ideológica". O texto lembrava que os canais de radiodifusão são outorgados pela União. Quem os solicitava passava por triagem no SNI, "a qual visa impedir que o controle das emissoras de rádio e televisão fique nas mãos de elementos ideologicamente comprometidos ou envolvidos em corrupção". Mas, assim como ocorreria com os grandes jornais, a infiltração se daria no segundo escalão, que "atua de maneira mais concreta nos noticiosos, nas novelas e nos programas humorísticos".

O relatório demonstrava apreensão especial em relação às telenovelas, que "alguns anos atrás eram consideradas alienantes pela 'esquerda festiva'", mas "passaram, devido à grande audiência [de] que desfrutam, a ser encaradas como veículos ideais para a difusão de mensagens claras ou subliminares de críticas ao regime ou exaltação do marxismo". Vários esquerdistas, denunciava o documento, "especializaram-se em escrever novelas políticas para a televisão", dentre os quais se destacavam Dias Gomes, Janete Clair, Lauro César Muniz e Mário Prata, "autores de trabalhos de claro teor político-ideológico como *O bem-amado*, *Fogo sobre terra*, *Saramandaia*, *Escalada*, *O casarão* e *Estúpido cupido*".[8] O SNI instruía os representantes das agências regionais que fossem utilizar aquele relatório para palestras a "comentar o caso da novela *Roque Santeiro*, de Dias Gomes". E demonstrava ignorância sobre a obra, ao dizer que "nada mais era do que o livro *Berço de heróis*, do comunista Nelson Werneck Sodré, cuja adaptação para o teatro fora proibida pela Censura".

Por fim, o texto alertava para o financiamento público de obras de esquerda, especialmente no teatro e no cinema, o que revelava uma "dicotomia entre o Ministério da Educação [responsável pelo fomento] e o Ministério da Justiça [Censura]". Cita como exemplo o caso de Alceu Amoroso Lima, conhecido como Tristão de Ataíde, o mesmo que, em 1965, escrevera artigo na *Folha* criticando o veto a *O berço do herói*. O "escritor contestador", relatava o SNI, recebera um prêmio de 90 mil cruzeiros em um encontro nacional patrocinado pelo Distrito Federal. No discurso da premiação, não poupara críticas ao cerceamento à liberdade de expressão e acusara o governo de "o estar usando como inocente útil, na tentativa de provar que não existe censura no país".

Ela existia, claro, e parecia distante do fim e mesmo de um abrandamento. Um novo concurso para censores foi aberto, com a inscrição de 5 mil candidatos para 58 vagas. Nota na *Folha de S.Paulo* de 2 de agosto de 1977 anunciava que, na prova, os candidatos deveriam correr 2 mil metros em doze minutos e se submeter a testes de nível universitário. Era preciso ter curso superior para pleitear o cargo, com a atrativa remuneração mensal de 6500 cruzeiros, quase seis vezes o valor do salário mínimo da época, além de 20% de adicional pelo diploma da faculdade, auxílio-moradia, transporte e gratificação quinquenal. Os selecionados fariam um curso preparatório de seis meses em Brasília.[9] O primeiro concurso para censor havia sido realizado em 1974, em plena época da promessa de "abertura", e o segundo, em 1975, ano da censura a *Roque Santeiro*. Antes, os censores eram convidados a exercer a função. Os concursos públicos, com provas psicotécnicas inclusive, foram uma tentativa de tirar a pecha que esses profissionais tinham de despreparados.[10] Dias Gomes foi um dos que os acusaram de não "primar pela inteligência".[11]

Além de reforçar o time de censores, o governo seguia nesse ano de 1977 com a pressão para expurgar dos veículos de comunicação quem considerava inconveniente. Um episódio importante envolveu Lourenço Diaféria, da *Folha*, preso em setembro por ordem do ministro do Exército, Sylvio Frota, representante da linha dura e aspirante a sucessor de Geisel. O "crime" do jornalista foi ter escrito a coluna "Herói. Morto. Nós",[12] em que comparava o ídolo militar Duque de Caxias a um sargento que havia morrido ao pular em um poço de ariranhas, no zoológico de Brasília, para salvar um garoto de catorze anos. "Eu digo, com todas as letras: prefiro esse sargento herói ao Duque de Caxias", escreveu Diaféria, em uma sequência que soou provocativa ao regime.

> O Duque de Caxias é um homem a cavalo reduzido a uma estátua. Aquela espada que o duque ergue ao ar aqui na praça Princesa Isabel — onde se reúnem os ciganos e as pombas do entardecer — oxidou-se no coração do povo. O povo está cansado de espadas e de cavalos. O povo urina nos heróis de pedestal. [...] No instante em que o sargento — apesar do grito de perigo e de alerta de sua mulher — salta no fosso das simpáticas e ferozes ariranhas, para salvar da morte o garoto que não era seu, ele está ensinando a este

país, de heróis estáticos e fundidos em metal, que todos somos responsáveis pelos espinhos que machucam o couro de todos.
Esse sargento não é do grupo do cambalacho. Esse sargento não pensou se, para ser honesto para consigo mesmo, um cidadão deve ser civil ou militar. Duvido, e faço pouco, que esse pobre sargento morto fez revoluções de bar, na base do uísque e da farolagem, e duvido que em algum instante ele imaginou que apareceria na primeira página dos jornais. [...] O povo prefere esses heróis: de carne e sangue.[13]

A *Folha* noticiou a prisão e decidiu, como forma de protesto, publicar em branco o espaço da coluna de Diaféria. Com essa reação, o jornal acabou pressionado pelo governo e teve de afastar Cláudio Abramo da direção de redação. O jornalista era considerado subversivo e chegara a ser preso no DOI-Codi de São Paulo em 1975. A máquina censória estava a todo vapor, enquanto Geisel fazia propaganda enganosa de seu empenho para a volta da liberdade de expressão.[14]

No mês do episódio Diaféria-Abramo, Dias Gomes voltaria a condenar publicamente a Censura e sua falta de critérios. Ao *Correio do Povo*, edição de 14 de setembro, afirmou que "a realidade brasileira é tão absurda" que o governo havia proibido *Roque Santeiro*, uma novela "igual a todas" as que havia escrito. "Se proibiram aquela, deveriam ter proibido todas as outras",[15] provocou.

Em 1978, seria vetado o programa sobre a burguesia, sua primeira tentativa de criar algo diferente das novelas na TV. Nesse caso, o cerceamento mostrava outra faceta, a do silêncio. Invertendo o sinal do ditado que diz "quem cala consente", no caso da Censura, quem cala proíbe. A DCDP simplesmente não respondeu ao pedido de classificação etária da Globo, apesar de um parecer ter sido produzido e liberado a série para maiores de dezesseis anos.[16] Com isso, Dias Gomes foi obrigado a voltar às novelas. Em julho, em reportagem que anunciava o lançamento de sua nova trama, *Sinal de alerta*, o *Jornal do Brasil* escreveu que o programa da classe média havia sido "arquivado pela Censura", que "até hoje não se dignou a dar uma resposta sobre os textos enviados". O autor comentou a proibição velada:

No último ano trabalhei num projeto que, se tivesse saído, certamente apontaria um novo caminho para a televisão brasileira, através da história da nossa classe média, desde 1720 até os nossos dias. *Os grandes sonhos dos nossos pequenos burgueses*, uma tele-história, ficou apenas no papel (em um canto do seu escritório há um monte de pastas onde estão guardados estes trabalhos), já que depois de dois meses de ter sido enviado para a Censura não obtivemos resposta. Então fomos obrigados a parar, pois embora a censura não fosse oficial, não seria conveniente insistir. A emissora tinha dado inteira liberdade, pois era uma experiência que não visava a ibope. Eu mesmo não sabia o que ia acontecer com o projeto, pois poderia ser levado ao ar uma vez por semana, durar uma hora, não sei, mas certamente seria um novo caminho. E infelizmente uma coisa tão bonita, tão ambiciosa, ficou só no papel. Por isso reafirmo sempre que o problema não é da televisão em si, mas das forças que cerceiam o seu desenvolvimento. Chegaram a ficar prontos treze episódios, cada um deles focalizando determinado momento da vida brasileira, mas até hoje não sei o que a Censura pensa do programa e tive então que partir para outro trabalho, pois fiquei trabalhando seis meses nesse projeto.[17]

Ele também voltava, nessa mesma entrevista, a condenar a proibição a *Roque Santeiro*: "Evidentemente foi uma frustração, me causou revolta, porque é inclusive a novela [de] que mais gosto". Em *Sinal de alerta*, retomava a crítica aos problemas da vida moderna, do progresso, a exemplo do que fizera em *O espigão*. Seu foco mais específico foi a poluição do ar, mas ele não deixou de tentar dirigir uma provocação mais direta à ditadura. O protagonista só se tornava "sexualmente viril" ao som de marchas militares. O parecer da Censura anotou: "Tal correlação é flagrante, pejorativa e conotativa, e, ao atingir a classe militar, o faz de forma insólita e grotesca — simbolicamente, numa relação de poder e potência, só tem potência quem for militar". E proibiu o estimulante sonoro.[18]

Dias Gomes, depois de ter assumido estar cansado das telenovelas inclusive em razão da Censura, tornava a defendê-las. Conforme disse ao jornal alternativo *Movimento*, elas eram importantes para "desenvolver a consciência" do telespectador, "fortalecer uma opinião, obrigando, enfim, o governo a tomar providências", ainda que, admitia, "o comportamento da sociedade de consumo, em qualquer setor", fosse no teatro, fosse na TV, é "absorver a contestação, transformando-a em artigo consumível e tirando-lhe o conteúdo revolucionário".[19]

Ele reafirmou que sua temática televisiva era a mesma do teatro à *Encontros com a Civilização Brasileira*, nova revista do editor comunista Ênio Silveira, que dez anos antes, com o AI-5, fora obrigado a fechar a *Revista Civilização Brasileira*:

> Eu nada mais fiz do que transportar para a TV toda a minha temática. De *Verão vermelho* a *Sinal de alerta*, se você analisar, vai ver que as sete ou oito experiências [foram sete novelas, sem contar o trabalho engavetado de *Roque Santeiro*] que realizei um painel da realidade brasileira (desculpem a expressão hoje tão gasta) que guarda perfeita sintonia com aquele outro painel que tentei com minhas peças teatrais. Em alguns casos, como *O bem-amado* e *Bandeira 2*, não passam de meras transposições, ou traduções, para uma nova linguagem, de temas já explorados no palco. *O espigão* tinha *O Túnel* como ponto de partida. *Roque Santeiro*, que foi proibida, girava dentro do universo comum a *O pagador de promessas*, *A revolução dos beatos* e *O berço do herói*.[20]

Quando *Sinal de alerta* estava chegando ao fim — o último capítulo iria ao ar em 26 de janeiro de 1979 —, Dias foi surpreendido com votos de um "péssimo Natal" ao abrir sua caixa de correspondência. Era um cartão-postal que reproduzia uma tela do pintor comunista Dmitriy Nalbandián, *Lênin em Gorki*, retrato realista do líder soviético. A mensagem dizia ser do Comando de Caça aos Comunistas, cuja atuação, clandestina, envolvia atentados, sequestros e mortes:

> Sabemos que você é do Comitê Cultural do PCB, e agora está no C.B.D. Por que você não assume, como o Oscar? Ele é mais corajoso que você? Cuidado, pois você entrou em nossa relação.

O Comando de Caça aos Comunistas deseja a você, ativista da canalha comunista, um péssimo Natal e que se realize no ano de 1979 nosso confronto final.[21]

É provável que o C.B.D. mencionado nesse recado assustador seja Centro Brasil Democrático, que utilizava a sigla Cebrade. A associação foi fundada por iniciativa de Oscar Niemeyer (certamente o "Oscar" a que o cartão se refere), Ênio Silveira e o sociólogo e historiador Sérgio Buarque de Holanda, pai de Chico Buarque, conforme registrara um documento da Agência Central do SNI de 13 de setembro daquele ano.[22] Difundido para todas as regionais do SNI, além de Exército, Marinha e Aeronáutica, o texto trazia como anexos o projeto de trabalho do Centro Brasil Democrático, que era o de promover seminários de defesa dos direitos humanos e da anistia, entre outros planos. Também elencava o nome dos que assinaram o manifesto de fundação. Dias Gomes está entre as quase 150 personalidades signatárias.

O SNI parecia mesmo não deixar passar nada. Em 1977, além de incluir o dramaturgo no documento sobre a infiltração comunista nos veículos de comunicação, anotara até um pedido de viagem desse "elemento" à França.[23] Em 1978, somaram-se, ao registro de sua participação no Cebrade, outras anotações, que apontaram sua indicação para o conselho de televisão do MIS,[24] a atuação no Instituto Cultural Brasil-União Soviética[25] e a contribuição financeira à Convergência Socialista.[26] Essa organização política, originária da militância trotskista, fizera sua primeira reunião em janeiro daquele ano, com 250 pessoas, a maioria estudantes e sindicalistas, com o objetivo de criar um partido socialista no Brasil. Mais tarde, em 1980, seria uma das correntes a dar origem ao Partido dos Trabalhadores (PT), onde permaneceria em uma conflituosa relação até ser expulsa em 1992 e criar, em 1994, o Partido Socialista dos Trabalhadores Unificado (PSTU).

A acusação do sinistro cartão-postal, de que Dias Gomes não teria coragem de assumir a participação no Centro Brasil Democrático, era injusta. No final de janeiro de 1979, ele viajou a Salvador para instalar a seccional baiana da associação, o que foi noticiado pelo *Jornal do Brasil*.[27] Se o tom de várias entrevistas anteriores fora pessimista, nessa Dias mostrava-se otimista e dizia acreditar que o país estava "saindo do túmulo e pela primeira vez vendo alguns raios de sol".

Em dezembro de 1979, Geisel deu o primeiro passo concreto da transição "lenta, gradual e segura" para a democracia ao permitir a volta de 120 exilados ao Brasil. Era um número ainda pequeno perto dos 7 mil que haviam sido obrigados a deixar o país, e a lista deixara de fora nomes icônicos da oposição, como os de Luís Carlos Prestes e Leonel Brizola, mas a anistia política tornara-se o grande tema nacional. O apelo para a anulação dos crimes políticos tivera início em 1975, com o Movimento Feminino pela Anistia (MFPA), da advogada Therezinha Zerbini, em São Paulo. A campanha foi progressivamente angariando o apoio de diversas organizações, sendo encampada pelo MDB e pela Igreja católica. Em 1978, no Rio, fora fundado o primeiro Comitê Brasileiro pela Anistia (CBA), com advogados, familiares e amigos de presos políticos. Naquele ano de 1979, havia cerca de trinta comitês no Brasil e no exterior. A bandeira seria definitivamente levantada pela sociedade brasileira a partir de 11 de fevereiro de 1979. Naquela tarde, em um jogo entre Santos e Corinthians, com mais de 100 mil torcedores nas arquibancadas e diante de todas as câmeras de televisão, a torcida Gaviões da Fiel abriu uma faixa com o novo slogan da nação: "Anistia ampla, geral e irrestrita".[28]

Ao *Jornal do Brasil*, Dias Gomes afirmou acreditar que o governo "seria forçado a dar a anistia política, que não é uma concessão de príncipe, mas uma conquista". Para o dramaturgo, contudo, "as anunciadas aberturas" ainda não haviam se concretizado na área cultural. Não tinham chegado ao teatro, afirmou, muito menos à televisão. Mas aquele, apostava, seria o "ano da abertura e da retomada".

A esperança de Dias, apesar de comedida, estava também relacionada à anulação do AI-5 a partir de 1º de janeiro de 1979. A revogação fora decretada por uma emenda constitucional apresentada por Geisel e aprovada pelo Congresso. Existia, ademais, alguma expectativa na sucessão presidencial. Em 1977, Geisel havia anulado uma tentativa de golpe da linha dura, articulada pelo general Sílvio Frota, que foi demitido do posto de ministro do Exército. Frota já trabalhava no sentido de ser o próximo presidente, o que frustraria o projeto de "abertura controlada" defendido por Geisel. O escolhido foi o general João Figueiredo, que deveria seguir com o processo de abertura. Em 15 de março de 1979, ao tomar posse, ele diria: "Reafirmo: é meu propósito inabalável [...] fazer deste país uma democracia".

Cerca de um ano antes, em reportagem da revista *Veja*, Dias Gomes fora um dos chamados a opinar sobre Figueiredo, ao lado de Chico Buarque, Jorge Amado, Fernanda Montenegro e outras personalidades. Dissera não conhecer o general, além de não gostar de falar de coisas ilegítimas, como a eleição indireta que deveria colocá-lo no poder. Mas concordara que poderia apoiá-lo com uma lista de condições. A primeira era que o militar se comprometesse a acabar com a censura:

> Se ele pretende pôr fim à censura, restituir ao povo brasileiro o direito de escolher seus governantes, dar liberdade aos sindicatos, promover a anistia de todos os atingidos por atos de arbítrio desde 1964, extinguir o AI-5 sem substituição pelas tais salvaguardas, abolir as prisões ilegais e torturas em locais ignorados, possibilitar aos estudantes a participação na vida política, fazer enfim desta nação uma terra onde se respire democracia e liberdade. Se ele aceitar cumprir tudo isso, então estou com ele. Pode escrever que eu assino e depois cumpro.[29]

Não seria tão simples chegar a essa "terra onde se respira democracia e liberdade", e o próprio Figueiredo era didático nesse sentido. Antes de assumir a presidência, ao ser questionado pela imprensa sobre a volta da democracia, explicou: "Nós temos a laranja-lima, a laranja-pera, a laranja-baía, que têm sabores diferentes, mas nem por isso deixam de ser laranjas [...]. Assim também há democracias diferenciadas". Ainda mais pedagógica foi sua resposta sobre a possibilidade da volta das eleições diretas: "Me respondam, o povo está preparado para votar? [...] O brasileiro pode votar bem se ele não conhece noções de higiene?".[30]

Mas esse povo insistia em reconquistar direitos e fortaleceu a campanha pela anistia (logo, apesar da opinião de Figueiredo, também ia querer votar). A negociação foi tensa com o governo, e a nova lei, 6683, de 28 de agosto de 1979, acabou virando um suco de tudo quanto foi tipo de laranja, podres inclusive. Militantes de esquerda foram anistiados, mas não aqueles condenados por ações armadas. Já torturadores e assassinos a serviço das Forças Armadas tiveram completo perdão. Era, entretanto, uma vitória considerável. Imagens emocionantes da volta de exilados, especialmente os mais famosos, rodaram o Brasil nas fotos de jornais e cenas da televisão. Logo após a aprovação da lei, tornou-se rotina a chegada dos anistiados aos aeroportos, muitos deles recebidos por multidões que levantavam cartazes e cantavam. Fazia anos que não pisavam no país, alguns desde o nascedouro da ditadura, em 1964. Brizola, exilado desde o golpe, desembarcou em 6 de setembro em Foz do Iguaçu e disse que chegava "com o coração cheio de saudades, mas limpo de ódio" e que iria "assimilar as novas realidades para ser útil à nossa causa e ao nosso povo". Em 20 de outubro, houve festa no Galeão, no Rio, para o desembarque do líder comunista Luís Carlos Prestes após oito anos de exílio em Moscou.

Foram diversos reencontros com pessoas queridas e com a terra natal cobertos de lágrimas, em meio das quais se proferiram discursos fortes contra os militares, tudo transmitido por rádios e TVs. Certamente seria inviável para a Censura abafar essa comoção e, desse modo, a anistia trouxe também um sopro de liberdade de expressão.

Mas a abertura lenta, gradual e segura estava longe de desativar os serviços de informação da ditadura. A manutenção dos sistemas de segurança e de inteligência foi, aliás, uma exigência do governo na transição negociada para a saída dos militares.[31] Figueiredo tinha o SNI no currículo. Logo em 1964, assumira o comando da Agência do Rio de Janeiro, e, com Geisel na presidência, passara à chefia nacional do órgão. Assim, em meio aos grupos emocionados que recepcionavam anistiados muitas vezes se camuflava um agente secreto. Um deles apreendeu, na volta de Prestes, um livreto de oito páginas vendido no aeroporto do Galeão a 10 cruzeiros. O material em homenagem ao líder comunista, registrou o SNI, contava com a participação de Dias Gomes, além de Ziraldo, Ferreira Gullar, Sobral Pinto e Oscar Niemeyer.[32]

Nesse mesmo ano de 1979, entrariam ainda para a coleção de citações ao dramaturgo no SNI depoimentos de presos que o mencionaram,[33] a presença na instalação do Cebrade da Bahia,[34] sua atuação em favor "das esquerdas",[35] a participação na noite de autógrafos de Miguel Arraes[36] e em um debate sobre censura.[37] Esse evento, realizado na Casa do Estudante Universitário, no Rio, foi organizado pela Comissão de Luta Permanente pela Liberdade de Expressão e concentrou-se no teatro. O dramaturgo falou da censura desde o Estado Novo como um "obstáculo à liberdade e à criatividade teatral". Contudo, seguiu seu tom de otimismo, afirmando que, "apesar de todos os obstáculos e barreiras, o teatro brasileiro está sobrevivendo às ditaduras".

Fora dos palcos desde 1970, quando *O bem-amado* foi encenada, Dias havia conseguido lançar apenas em livro uma nova peça, *As primícias*, em 1978. Mas naquele ano de 1979 retomou a carreira teatral. Com o término de *Sinal de alerta*, a Globo pôs fim à exibição de telenovelas às 22h, e Dias iniciou a coordenação de um novo seriado, *Carga pesada*, que estrearia em maio no pacote Séries Brasileiras, ao lado de *Malu mulher*, *Caso de polícia* e *Aplauso*. Este último seria substituído no ano seguinte pela série *O bem-amado*, uma continuação da novela de 1973.

A nova função de Dias na TV era bem menos exaustiva. Além de o seriado ser semanal, o autor contava com a colaboração de Gianfrancesco Guarnieri, Walter George Durst e Carlos Queirós Telles. Pôde, então, retornar ao palco em grande estilo, com uma "superprodução milionária", o musical *O rei de Ramos*, em parceria com Chico Buarque e Francis Hime, conforme noticiou *O Globo*.[38] Nas reportagens sobre a estreia da peça, que reinaugurava o teatro João Caetano, no Rio, o dramaturgo aproveitava para falar de censura e lembrar *O berço do herói*:

> A partir do momento em que a própria realidade brasileira passou a ser proibida nos palcos, o tipo de teatro que eu vinha fazendo automaticamente tornou-se também proibido. Compreendi que eu não tinha mais vez, que seria impossível continuar a tentar sobreviver de teatro. Uma peça minha, *O berço do herói*, já havia sido proibida na noite da estreia; depois, *A invasão* também foi interditada; as outras peças eram proibidas aqui e ali; eram encenadas num estado, não eram em outros. Com o advento do AI-5 e o esta-

belecimento de uma ditadura rígida, eu percebi que, vivendo de teatro, ia morrer de fome.[39]

Nessa retomada dos palcos, Dias Gomes experimentava um caminho bem conhecido, mas no sentido invertido. Se todas as suas novelas haviam sido adaptações de peças de teatro ou ao menos se inspirado nelas, *O rei de Ramos* se baseava na telenovela *Bandeira 2*, em torno do universo do jogo do bicho. Ao aproveitar o sucesso das telenovelas, inclusive com parte dos atores, como Paulo Gracindo (que fizera o bicheiro Tucão na TV e vivia o Mirandão no teatro), Dias atingiu um público de 60 mil pessoas em dois meses, recorde do teatro brasileiro de acordo com o *Jornal do Brasil*.[40] O retorno ao teatro foi tão bem-sucedido que ele lançou a versão de *O rei de Ramos* em livro. Já *O pagador de promessas* foi remontada, com direção — de novo — de Flávio Rangel, dezenove anos após seu lançamento.

Nas entrevistas sobre todos esses projetos, a censura seguia como um assunto inevitável. À *Veja*, Dias Gomes afirmou acreditar que *O rei de Ramos*, liberada sem cortes, teria sido vetada se encaminhada aos censores um ano antes. Demonstrava, assim, acreditar no processo de abertura, apesar de admitir que o fato de a obra ser um musical amenizava seu teor político e que era mais fácil obter autorização para um texto novo do que a liberação de uma peça já proibida. Por enquanto, ponderou, estava apenas ouvindo "palavras bonitas". "Quero acreditar nessas palavras, quero que os homens sejam obrigados pelo povo a cumpri-las."[41]

No final de julho, o ministro da Justiça, Petrônio Portella, que substituíra Armando Falcão desde a posse de Figueiredo, encaminhou à presidência o ato que finalmente tiraria do papel o Conselho Superior de Censura (CSC), criado por lei havia onze anos, poucos dias antes da assinatura do AI-5. O CSC tinha o poder de rever as decisões da Divisão de Censura de Diversões Públicas (DCDP) e foi composto por doze membros, entre representantes da sociedade civil, como Ricardo Cravo Albin, pela Abert (Associação Brasileira de Emissoras de Rádio e TV), e Roberto Pompeu de Souza, da ABI (Associação Brasileira de Imprensa), além de membros do governo indicados pelos ministérios das Comunicações e das Relações Exteriores, entre outros.

O csc, contudo, não tinha, na prática, ingerência sobre decisões relacionadas às telenovelas. Os capítulos costumavam ser analisados pela DCDP poucos dias antes da exibição, na maioria das vezes na antevéspera. O conselho, por sua vez, se reunia a cada vinte ou trinta dias. Quando os recursos chegavam à sua mesa, aquelas cenas já haviam sido há muito exibidas, ou melhor, não exibidas.[42] Nas outras áreas culturais, seu poder era limitado. Hierarquicamente vinculado ao Ministério da Justiça, tinha de submeter ao ministro qualquer decisão que não fosse unânime.

O csc passou, dessa maneira, a ter uma atuação ambígua, sendo ora considerado um avanço na conquista da liberdade de expressão, ora um retrocesso. No início de 1980, por exemplo, colocaria fim à censura de quase uma década ao musical *Calabar*, de Chico Buarque. A liberação não seria condicionada a cortes no texto, ainda que classificasse a peça como não recomendada para menores de catorze anos. Já um ano depois, em janeiro de 1981, o conselho referendaria a exigência da Censura de quatro cortes no filme *Estado de sítio*, do diretor grego Costa Gavras. Um deles seria o close na bandeira do Brasil em cena de uma aula de tortura.[43] Uma das memoráveis frases do escritor Millôr Fernandes ilustrou o paradoxo intrínseco do csc: "Se é de censura, não pode ser superior".[44]

A estrutura censória seguia reforçada, com um novo concurso para a contratação de técnicos em 1979. Outro seria realizado em 1980.[45] Mas os discursos oficiais continuavam a garantir a volta da liberdade de expressão. Pelo sim, pelo não, a Globo decidiu fazer uma nova tentativa de liberar *Roque Santeiro*, decisão recebida por Dias Gomes com "espanto e ceticismo", segundo reportagem da *Tribuna da Imprensa*, de 14 de setembro daquele 1979:

> A verdade é que o processo de abertura na televisão ainda é muito pequeno e pressões se sobrepõem de todos os lados. Não acredito que possa haver uma guinada radical exatamente em função do meu ceticismo em relação à abertura política vigente. Esta abertura é apenas uma pequena fresta, ao lado de fora muito escuro, nublado.
>
> [...]
>
> O Frota [ministro Sílvio Frota, representante da linha dura de-

mitido por Geisel] já está reformado, mas há muitos outros Frotas por aí à espera de uma mudança.[46]

À mesma reportagem, Mário Lúcio Vaz, assistente de Boni, afirmou que a emissora aguardava "para os próximos dias" uma resposta da Censura. Ela chegou ainda naquele mês. E foi "não".[47]

14. DEMOCRATURA

MAIS UM ATENTADO DA EXTREMA DIREITA contra um jornal aconteceu no início dos anos 1980. Dessa vez a vítima foi o nanico *A Trombeta*, de Sucupira. Enquanto isso, o prefeito da cidade, Odorico Paraguaçu, estava preocupado com a alta inflação do país, que ultrapassava os 100% anuais, e levou a Brasília sua ideia para acabar com esse índice: aumentá-lo para 300%.¹

Essa é a história do episódio "O atentado pirotécnico", de *O bem-amado*. Com os mesmos personagens e atores do núcleo principal da novela exibida em 1973, o seriado entrou no ar em 22 de abril de 1980 e seria veiculado até 1984. O projeto teve início logo após a nova recusa da Censura para a exibição de *Roque Santeiro*, o que deixou Dias Gomes indignado a ponto de ir pessoalmente a Brasília tratar do assunto em uma reunião do Conselho Superior de Censura, o que ele raramente fazia.²

Em *O bem-amado*, depois de explorar as entrelinhas e o realismo fantástico nas produções anteriores, Dias Gomes passou a uma crítica mais explícita dos problemas nacionais. Pouco mais de dois meses depois da estreia, reportagem da *Veja* atestava o sucesso, afirmando que a série marcava "uma nova fase na utilização de temas políticos na TV brasileira". "Depois de nortear os programas jornalísticos dos primeiros anos de [19]60, ser banida dos vídeos nos anos [19]70, esgotar-se nos humorísticos, ela [a política brasileira] estreia, enfim, na ficção", escreveu o jornalista Artur Xexéo.³ A matéria citava outros exemplos em telenovelas no ar à ocasião em que havia uma abordagem mais direta da realidade brasileira: um personagem ex-guerrilheiro do Araguaia em *O todo-poderoso* (Bandeirantes, 20h) e o protagonista de *Chega mais* (Globo, 19h), que escondia seu passado na luta armada.

Dias Gomes testou esse caminho no teatro com maior radicalismo, na peça *Campeões do mundo*, encenada pela primeira vez em 4 de novembro de 1980, no teatro Villa-Lobos, no Rio.[4] Se na TV, com *O bem-amado*, ele seguia fazendo uso da comédia e da alegoria para representar a atualidade, no palco o retrato era cru, direto. Ao comparar as duas obras, ele analisou a diferença entre a televisão e o teatro:

> *Campeões do mundo* não é uma sátira. *O bem-amado* é. Pelo próprio caráter da televisão, apresenta uma análise superficial da realidade brasileira. Tão superficial quanto o próprio veículo que, ao contrário do teatro, se recusa a uma construção que não seja linear. Costumo comparar o trabalho em televisão à abertura de uma estrada, sempre horizontal. Lá pelo meio do caminho, como aconteceu com a nossa Transamazônica, o começo já está todo coberto de mato. Já no teatro o trabalho é vertical. Tem muito a ver com arquitetura.[5]

A peça girava em torno de diversos aspectos da vida política brasileira entre o golpe de 1964 e a anistia, em 1979. Começava com a volta de um exilado que fora anistiado, e, em flashback, mostrava o motivo de sua expulsão do país: o envolvimento no sequestro do embaixador dos Estados Unidos. Tinha cenas de uma participante da luta armada sendo torturada por militares, discussões sobre o papel do PCB na oposição e até uma reflexão a respeito da disputa entre operários e intelectuais de esquerda. Era baseada no sequestro do embaixador Charles Burke Elbrik, em 1969, mas continha referências a episódios semelhantes ocorridos com o embaixador alemão Von Holleben e o suíço Giovanni Eurico Bücher, ambos mantidos em cativeiro em 1970 por guerrilheiros de esquerda até a negociação da liberação de militantes presos pela ditadura. No enredo da peça de Dias Gomes, a ação acontecia no mesmo dia em que o Brasil se sagrava tricampeão na Copa do Mundo, em 1970, com a vitória no futebol ofuscando a repercussão da ação dos militantes.

A liberação de tão forte temática pela Censura transformou a peça em um evento político. Para o crítico de teatro Flavio Marinho, de *O Globo*, *Campeões do mundo* era o "primeiro sinal evidente" da volta da liberdade de expressão. O colunista Yan Michalski, do *Jornal do Brasil*, ressaltou que aquele era o primeiro espetáculo, graças às "asas da abertura", a falar abertamente dos tempos "em que não se podia falar".[6]

Tanto *Campeões do mundo* como *O bem-amado* eram, sem dúvida, dignas de comemoração, mas também simbólicas do quão nebuloso foi o processo de abertura política, com um movimento oscilante da Censura. Em junho, Dias Gomes, em entrevista sobre a peça, que iria estrear em quatro meses, dissera sentir "muito pouco" os "ventos da abertura". "Na realidade, a abertura é uma fresta pela qual espiamos o mundo lá fora. Ainda não é uma abertura que satisfaça e necessita ser consolidada."[7]

E a fresta se fechou cinco meses após o início da temporada de *Campeões do mundo*, quando censores estiveram à porta do teatro para intimar Dias Gomes a comparecer à Divisão de Censura de Diversões Públicas. Ao jornal *O Globo*, o dramaturgo contou que, dois meses depois da estreia da peça, a DCDP havia determinado dois cortes. Como o espetáculo já estava em cartaz e os ventos da abertura pareciam soprar, as mudanças não foram feitas. Pensou-se que "eles tivessem relevado". Os vetos referiam-se a questões políticas. "Causa estranheza que cinco meses depois a Censura venha exigir esses cortes", declarou Dias ao jornal. "Vou pedir para manter a peça como está. Cortar esses trechos é como cortar o dedo de uma pessoa. Ela continuaria vivendo, mas sem uma parte importante", comparou.[8]

Pois a Censura optou por cortar os dedos, e o dramaturgo, por informar ao público, a cada apresentação, sobre a parte decepada. A leitura da nota a respeito dos vetos "fazia muito sucesso entre a plateia", conforme Dias Gomes relatou ao *Jornal da Tarde*, em entrevista sobre o lançamento da peça no Teatro Brigadeiro, de São Paulo, após ter sido vista no Rio por 90 mil pessoas. Na temporada paulistana, a Censura implicaria até com "cacos", ou seja, com falas improvisadas pelos atores,[9] e o retrocesso foi abordado pelo autor no *JT*:

> Esse problema essencialmente político [da censura] relembra outros tempos. É preciso aprender a reconhecer os sinais e reagir contra eles. Uma vez a gente pode ser apanhado desprevenido. Duas, já é burrice. Por isso é que *Campeões do mundo* presta um grande serviço. Vendo a peça, pode-se refletir sobre os erros cometidos e não cometê-los novamente. Vamos errar, mas pelo menos sejamos criativos.[10]

À mesma reportagem ele relatou dificuldades semelhantes enfrentadas em *O bem-amado*, refutando a afirmação de que não havia censura na TV, dada por Ibraim Abi-Ackel, que assumira o Ministério da Justiça após a morte de Petrônio Portella, em janeiro de 1980. Os cortes à série eram tantos que, em vez de escrever os episódios com uma hora de duração cada um, como iam ao ar, Dias os elaborava com uma hora e meia, prevendo as possíveis tesouradas. Duas delas, naquele 1981, foram relatadas por ele ao jornal. Em um episódio, o prefeito de Sucupira dava entrevista à TV e, "lá pelas tantas", contou Dias, "um dos entrevistados pergunta o que Odorico acha do Maluf. E ele responde que o governador só tem um defeito: 'Ele vive me imitando'". Em outra passagem, pediram a Odorico para explicar o que era o regime de democratura: "É um regime que conjumina as merecendências da democracia com os talqualmentes da ditadura. Na democracia, o povo escolhe a gente, os governantes. Na democratura, a gente escolhe o povo que vota na gente".[11] Em 1982, ganharia repercussão um corte exigido pela Polícia Federal da seguinte frase do prefeito: "Não tivesse eu jurado fazer de Sucupira uma democracia, mandava botar todos eles num pacote e jogava no mar".[12]

A Divisão de Censura de Diversões Públicas refletia o vaivém da abertura política. Rogério Nunes, que passou a dirigir a DCDP em 1972 e assinou o veto a *Roque Santeiro*, foi exonerado em 1979. Como sinal de mudança, o então ministro Petrônio Portella indicou para o cargo o jornalista José Vieira Madeira, que trabalhara em *O Globo* e *O Dia* e era considerado mais "liberal". Já Ibraim Abi-Ackel, sucessor de Portella, trocou-o em 1981 por Solange Hernandez, apelidada de Solange Tesourinha por sua vocação para cortar obras. A chefe linha-dura passou a exigir relatórios de seus subordinados. Em abril de 1982, anularia a decisão de três deles, dentre os quais Coriolano Fagundes (o autor do "Manual da Censura"), de liberar o filme *Pra frente, Brasil*, de Roberto Farias, sobre a tortura na ditadura, que desagradava o SNI e outros setores do governo. Os pareceres favoráveis sumiram do processo encaminhado para a revisão do Conselho Superior de Cinema (CSC), que só iria liberar o filme no final do ano. Posteriormente, Solange admitiria à imprensa ter dado fim aos papéis por estar preocupada com a saúde mental da população.[13] No mesmo mês em que vetou o longa, ela enviou ofício ao CSC confirmando que estava mandando cortar as telenovelas. Fez uma extensa lista do que deveria ser vetado, como "comportamentos irresponsáveis", "visualização ostensiva de rivalidade entre pais e filhos ou entre irmãos", "práticas de crimes", "aborto" e "sátira sobre a impotência sexual do parceiro mais velho contrapondo-o à sofreguidão do mais jovem".[14] Haja criatividade para escrever uma novela que não esbarrasse em tantos senões. Para Boni, sua gestão foi um "Deus nos acuda": "D. Solange via pornografia em tudo que era lugar!".[15]

Não só ela. Havia também d. Itália Pignatari, d. Marlene Rodrigues e d. Maria Helena Maluf, líderes de um grupo com várias outras donas de casa da classe média alta, conhecidas como as Senhoras de Santana. Santana é o bairro da zona norte de São Paulo onde elas moravam e se reuniam desde 1975 para ler o Evangelho e refletir sobre como salvaguardar a sociedade da "mais profunda inversão de valores" que presenciavam nos cinemas, TVs e revistas. Foi isso que escreveram em um manifesto que entregaram pessoalmente, em Brasília, a Abi-Ackel, em maio de 1981, no qual pediam o acirramento da censura. O ministro as recebeu calorosamente, sugerindo que buscassem também o apoio de políticos, associações de classe, clubes e educadores. Em setembro de 1980, elas já haviam enviado ao presidente Figueiredo um abaixo-assinado com 100 mil assinaturas elogiando uma portaria que obrigava que revistas pornográficas fossem vendidas lacradas nas bancas e solicitando que se tomasse providência em relação a "obscenidades" apresentadas em anúncios de TV e cartazes de cinema. Encerravam o telegrama agradecendo "em nome de nossos filhos".[16]

Se acolhia as preocupações dessas mães de família, o governo Figueiredo também dava um jeito de contemporizar as pressões no sentido oposto e deu início às discussões para que a censura passasse a ser apenas classificativa, ou seja, nenhuma obra seria cortada, mas classificada para determinada faixa etária. Vendia-se a ideia de que os censores estariam concentrados na "moral e nos bons costumes" e que vetos "político-ideológicos" não mais ocorriam.[17] Tudo balela.

O bem-amado, com sua crítica política mordaz, passou a ser o programa de TV mais censurado pela DCDP.[18] Sofreu tanta pressão que a Globo cogitou cancelar a série, apesar do enorme sucesso de audiência. Foi quando Dias

Gomes passou a abordar a censura dentro de uma lógica de mercado, num raciocínio fortemente baseado no pensamento liberal: "Se o espectador não gostar, o programa não terá audiência e sairá do ar", afirmou ao *Jornal do Brasil* em junho de 1981. "Não é através da Censura que vamos resolver moral ou bons costumes, pois a própria sociedade tem seus mecanismos de defesa [...]. Não é preciso chamar a polícia, pois vivemos num mercado, num sistema que recusa o que não dá certo." Contra a Censura, o comunista aderiu a um argumento capitalista: quem manda é o consumidor.[19]

Mas d. Solange e sua turma continuavam mandando. A gravidade do cerceamento a *O bem-amado* teve como consequência o endurecimento da censura interna na Globo. O autor, antes de brigar com os militares, tinha de lutar contra seus próprios colegas. Em 21 de agosto de 1981, enviou carta a Boni. A um forte tom de reclamação, mescla sua habitual ironia, chamando suas reflexões de "considerandos", a exemplo da tão característica linguagem do prefeito Odorico Paraguaçu:

> Ilmo. Sr.
> José Bonifácio de Oliveira Sobrinho
>
> Perdoe-me usar a "mala direta" para expor uma situação que se agrava dia a dia. Primeiramente, vamos aos "considerandos":
> 1. Acabo de ser informado de que o último episódio que escrevi para o seriado *O bem-amado* ("O casamento do século") não será gravado por falta de verba.
> 2. Comunicam-me também que os episódios "O atentado pirotécnico" (inspirado no atentado à *Tribuna da Imprensa*) e "Sucupira, ame-a ou deixe-a" estão definitivamente proibidos pela censura interna. E que o episódio "Zeca Diabo, cangaceiro de Deus" está sub judice, também ameaçado de não ir ao ar. Quanto aos demais episódios, ninguém sabe se serão liberados.
> 3. Além da falta de verba para realizar o episódio "O casamento do século", a Direção-Geral dos Seriados, segundo estou informado, levanta problemas de comportamento de personagens, assusta-se com frases e alusões, mostra temores quanto a isso ou aquilo, le-

vando a indecisão, a insegurança a todo o núcleo e particularmente a mim, que, sinceramente, não sei mais o que posso, o que devo ou não devo escrever.

4. *Esse clima leva cada funcionário da Globo, desde os mais escalonados aos mais humildes, a se transformarem num censor* [grifo nosso]. Quando passo pelos porteiros, já temo que um deles me chame de lado e diga: "Olhe, vi no VT [videotape] aquele episódio. Acho que você deve mudar aquela cena, aquilo não passa...". Por outro lado, ouço explicações delirantes como: "Toda semana está vindo um grupo de generais assistir ao VT de *O bem-amado* na sala da presidência". Ou então: "O SNI avocou a si a censura de *O bem-amado*". Qualquer dia desses vão me dizer que é o próprio general Figueiredo que censura cada episódio, antes da famosa reunião das nove. Mesmo achando que o Brasil é um país onde o Absurdo tem carteira de reservista e CPF, não vou a tanto...

5. Todos os episódios acima referidos foram escritos dentro da linha traçada e aprovada pela Vice-Presidência de Operações. Não avancei nem recuei um milímetro. Mas, se eu não mudei, algo deve ter mudado. Por isso é que peço um esclarecimento, pois estamos chegando a um impasse que pode estar sendo determinado por incompreensões, inseguranças compreensíveis ou temores exagerados. *O bem-amado é um programa que se firmou na opinião pública justamente por saber ocupar o exíguo espaço concedido até agora à teledramaturgia no processo de abertura política do país. E ouso afirmar que a Globo lhe deve um conceito conquistado junto a um público mais exigente que cobra da tevê uma atitude crítica e inteligente ante a realidade brasileira* [grifo nosso]. *O bem-amado* não pode sobreviver sem uma corajosa defesa do espaço conquistado. E o que estamos vendo é uma tendência suicida a abrir mão desse espaço.

Finalmente, acho que chegou o momento de "pedir tempo", como no basquete, para orientar o time.

Cordialmente, Dias Gomes[20]

Os episódios mencionados na correspondência tiveram problemas também com a Censura Federal, mas acabaram indo ao ar.[21] Entre as "explicações delirantes" que Dias menciona na tentativa de esclarecer o acirramento da censura interna, a avocação do SNI para o controle de *O bem-amado* não parece fazer sentido se for levado em conta o conjunto de documentos sobre Dias Gomes de posse do órgão. Isso não quer dizer que a inteligência não se preocupasse com o seriado e que, com base nisso, pudesse ter exercido pressão sobre a DCDP. A primeira menção à série aparece em mais um documento a respeito da "infiltração nos órgãos de comunicação social".[22] Elaborado pelo CIE, o Centro de Informações do Exército, em 26 de maio de 1981, deixa surgir pela primeira vez, dentre os relatórios com citação a Dias Gomes, a discordância entre as correntes mais brandas e mais duras do regime, reclamando da atuação mais "liberal" da Censura. O informe fala do "clima de abertura democrática" como "altamente promissor" para as forças de esquerda. A exemplo de outros, traça uma relação estratégica entre a derrubada da "moral e dos bons costumes" e a tomada de poder pelos comunistas, que se aproveitavam até da "orgia" do Carnaval:

> O momento [de abertura] faz com que a guerra psicológica do Movimento Comunista Internacional volte-se para as técnicas "pacifistas", principalmente a utilização da psicologia e dos meios de comunicação de massa, através da propaganda, de forma intensiva e de maneira insidiosa, amoral e inescrupulosa, no sentido de influir sobre um grupo social, *na tentativa de conduzi-lo à criação de um clima favorável à desmoralização dos valores tradicionais da nacionalidade. Essa estratégia constitui-se em uma etapa preparatória à derrubada do regime, à tomada do poder e à destruição da democracia* [grifo nosso].
> [...]
> Tais fatos são agravados pela omissão da Censura e a não aplicação da legislação pertinente.
> [...]
> Cresce maciçamente o número de publicações obscenas [...], ex-

plorando o erotismo e o sexo, expostas livremente nas bancas de jornais, pregando abertamente a dissolução dos costumes e isentas de qualquer fiscalização pelos órgãos competentes. O noticiário colorido do último Carnaval, retratando mais uma orgia sexual do que uma festa cultural, mostra o nível que atingiu a tendenciosa exploração contracultural no país [...] e não sofreu nenhuma sansão [sic] ou mesmo críticas das autoridades responsáveis pela Censura.[23]

O bem-amado é mencionado em um subtítulo exclusivamente dedicado à televisão, em que Janete Clair volta a ser apontada como "comunista notória", e a Globo, "o principal instrumento do Movimento Comunista Brasileiro". Novamente, relaciona os "valores sagrados da família" à política. A masturbação, o "estrupo" (sic) e a "amizade colorida" eram ferramentas comunistas:

> A Rede Globo, um dos mais importantes "centros de irradiação cultural do país", através de seu departamento de telenovelas, dominado por comunistas notórios, como Janete Clair, Dias Gomes e outros, vem se transformando no principal instrumento do Movimento Comunista Brasileiro, no afã de destruir os valores mais sagrados da família brasileira, instilando de maneira insidiosa os "NOVOS VALORES" da sociedade, com relativo sucesso.
>
> O aspecto mais pernicioso verifica-se na programação do chamado "horário nobre", com a apresentação de novelas como *Coração alado*, *Baila comigo*, *O bem-amado* etc., montadas sem um mínimo de sentimento ético, apresentando aos telespectadores um sistemático endeusamento do adultério, do homossexualismo, da promiscuidade e da corrupção.
>
> A recente novidade chamada *Amizade colorida* vem sendo incentivada através do aviltamento do sexo e da instituição do casamento. Crimes e taras de toda a natureza, como estrupo [sic], masturbação, lesbianismo, toxicomania são apresentados com naturalidade, como se fossem fatos normais e corriqueiros de nossa sociedade, em proporções tais que a família tradicional seja considerada exceção.[24]

Amizade colorida era o nome de uma série que havia acabado de estrear, no lugar de *Malu mulher*, todas do pacote de seriados, criado para substituir as novelas das 22h e amplamente censurado. Protagonizada por Antonio Fagundes, mostrava um fotógrafo sem emprego fixo e solteiro, que revelava fotos em casa vestido só de sunga e vivia relacionamentos amorosos sem compromisso. O programa chegou a ser proibido pela DCDP, que fez 42 cortes no primeiro episódio. Autorizado, sofreria rígido controle da Censura e pressão de telespectadores mais conservadores. As Senhoras de Santana ficaram escandalizadas quando o fotógrafo manteve relações sexuais com duas mulheres que eram mãe e filha. O programa sobreviveu por apenas três meses.[25]

Apesar de Janete Clair ter sido colocada — nesse relatório do Centro de Informações do Exército e em outros — no mesmo time de comunistas do marido, um teste feito à época por Dias Gomes demonstrou que o rigor da Censura com ele podia ser ainda maior. O autor inseriu em *O bem-amado* diálogos de *Coração alado*, novela das 20h de Janete Clair, exibida entre agosto de 1980 e março de 1981 e fartamente cortada pela DCDP. Aprovadas sob a assinatura de sua mulher, as mesmas frases foram vetadas no roteiro da série de Odorico Paraguaçu. Para Ricardo Cravo Albin, representante das TVs no Conselho Superior de Censura, Dias Gomes foi, dentre os autores da televisão, o mais perseguido pelos censores.[26]

Mas, para o CIE, era pouco. O documento, em sua conclusão, afirma que a "omissão da Censura tem estimulado a agressividade" e que "a guerra psicológica" da esquerda conduz a "um enfraquecimento dos valores tradicionais, necessários ao soldado brasileiro".

Poucos dias depois, em 2 de junho, *O bem-amado* foi tema de um documento da Agência Central do SNI que analisava detalhadamente o episódio "O povo de Deus e o milagre dos coronéis", exibido em 19 de maio, sobre uma disputa de terras entre Odorico Paraguaçu e posseiros. Na resistência à desocupação imposta pela prefeitura, havia a participação da Comissão Pastoral da Terra. O SNI concluiu que o autor fora "assessorado por clérigos da Comissão Pastoral da Terra, por conter detalhes que certamente escapariam à sua percepção" e que se baseou em "fatos do cotidiano, com enfoque sensacionalista e tendencioso". O relatório realizava uma decupagem do capítulo, atrelando cada cena à mensagem que, na visão do SNI, o autor quis passar, a exemplo das seguintes:

> **Cena:** jagunços queimam, a mando do prefeito, as benfeitorias dos posseiros visando expulsá-los.
> **Mensagem:** utilização de cargo público para a prática de violência. Abuso de autoridade.
> **Cena:** o vigário e o padre italiano da Comissão Pastoral da Terra procuram o prefeito pedindo providências para que cessem as hostilidades contra os posseiros [...]
> **Mensagem:** a Igreja, ao atuar no campo social, está desempenhando uma de suas missões.
> **Cena:** o padre estrangeiro, da Comissão Pastoral da Terra, é acusado de comunista pelo prefeito, que pede providências para a polícia.
> **Mensagem:** os que defendem os injustiçados são acusados de comunistas.
> **Cena:** os posseiros, mobilizados pelo vigário, pela imprensa e pelos políticos da oposição, fazem uma passeata e invadem a prefeitura para exigir a anulação do processo de expulsão do padre estrangeiro e a posse das terras. O prefeito, ameaçado por Zeca Diabo, armado de revólver, cede e manda distribuir uma pequena parte das terras aos posseiros; a polícia se omite e não impede a ação do povo.
> **Mensagem:** <u>o povo unido consegue os seus objetivos. A polícia não tem força para enfrentar a massa rebelada</u> [grifo no original].[27]

No início de 1982 foi detectada pelo Cisa, da Aeronáutica, uma entrevista de Dias Gomes ao jornal peruano *Marka*, em que o autor fala de *O bem-amado*.[28] Em 13 de julho, o SNI informou que o seriado, de "críticas e sátiras ao governo e ao regime de 1964", havia tido sete episódios censurados, entre eles "Milagre dos coronéis" e "Atentado pirotécnico", os quais haviam sido publicados em forma de livro pelo autor, sob o título *Sucupira, ame-a ou deixe-a*.[29] Posteriormente, seriam liberados pela DCDP com cortes.

Até sair do ar, em 1984, *O bem-amado* seria mais uma vez mencionado pela inteligência, também em informe sobre a "infiltração comunista" produzido no apagar das luzes do regime militar. Em 9 de abril, a duas semanas da votação das Diretas, Dias Gomes é descrito como o "militante do PCB" que "criou o personagem Odorico Paraguaçu, de *O bem-amado*".[30]

A peça *Campeões do mundo*, no entanto, mereceu mais atenção do SNI do que o seriado da TV. No primeiro informe a tratar da obra, em 11 de novembro de 1980, há uma lista de todos os membros da equipe, autor, atores (entre eles Dênis Carvalho, Ângela Leal e Jonas Bloch), cenógrafos etc., com um resumo a apontar vínculos "subversivos". Afirma que Dias Gomes obrigara a parcela "não subversiva" a ler obras de Fernando Gabeira (participante do sequestro do embaixador norte-americano, que inspirou os personagens), Che Guevara e Alfredo Sirkis (membro do grupo armado de Carlos Lamarca). Em 1981, o SNI iria se debruçar sobre a peça em mais cinco processos. Denunciaria a realização de debates com a presença de membros do Partidão após as apresentações,[31] o fato de comunistas notórios como Prestes e Niemeyer terem elogiado o espetáculo[32] e de a encenação ignorar cortes exigidos pela Censura,[33] fazendo disso propaganda da "subversão da ordem".[34] Um último documento relataria que o Conselho Superior de Censura havia revogado, em 13 de agosto, os cortes determinados pela Divisão de Censura de Diversões Públicas. A decisão do CSC fora unânime, não cabendo a interferência do ministro da Justiça. O informe traz como anexo uma reportagem de *O Globo* de 14 de agosto, que noticia, além da reunião do CSC, a realização de um seminário sobre censura e televisão promovido pelo conselho. O encontro concluíra que o controle ao conteúdo da TV deveria ser feito pelas próprias emissoras, com base em um código de ética elaborado pela Abert (Associação Brasileira de Emissoras de Rádio e Televisão).

É dessa época, a da ditadura encurralada, o maior número de documentos do SNI com menção a Dias Gomes. Desde 13 de abril de 1966, data de sua estreia na papelada secreta, seriam produzidos até cinco dossiês anualmente, quantidade ultrapassada em 1979, quando subiu para sete, justamente no ano da anistia e da revogação do AI-5. Em 1980, chegaram a nove e, em 1981, a dez. A vigilância permaneceria acirrada até o fim da ditadura: nove em 1982, seis em 1983 e cinco em 1984. Nesses últimos anos, as preocupações do regime guardavam semelhanças com as da fase inicial. Grande parte dos registros abordava o vínculo do dramaturgo com o PCB, que seguiu em clandestinidade mesmo após 1979, quando o governo autorizou a criação de novos partidos não comunistas, em um gesto que conciliava uma aparência "democrática" à tentativa de dividir a força da oposição.[35] Também estava em foco a conexão entre comunistas e o MDB, que se tornaria PMDB após a abertura partidária (em 2017, voltaria ao nome original). O SNI registrou o apoio de "notórios militantes do PCB", entre eles Dias Gomes e Oscar Niemeyer, a Miro Teixeira, candidato ao governo do Rio em 1982 pelo PMDB. Eles assinavam um manifesto de intelectuais e artistas que defendiam o novo partido.[36]

A participação de Dias Gomes no Centro Brasil Democrático rendeu sete dossiês.[37] Foi o Cebrade que organizou, em 1981, o fatídico show em comemoração ao Dia do Trabalho, no Riocentro. Cerca de 20 mil pessoas assistiam ao espetáculo de música popular brasileira no centro de convenções da zona oeste do Rio quando uma bomba explodiu em um carro, no pátio do estacionamento do local. O artefato estava no colo de um sargento, que morreu, e feriu um capitão, dono do automóvel. Ambos serviam no DOI do I Exército. Traziam outras três bombas e duas granadas e faziam parte de um grupo de quinze militares do DOI e do CIE presentes ao evento com mais seis veículos para realizar um atentado de grandes proporções. A explosão acidental, além de poupar um número incalculável de vidas, evidenciou a escalada de violência da extrema direita. De panfletos com novelinha contra a abertura, o script evoluíra para filme de terror. Os estilhaços do Riocentro também fizeram estrago no governo Figueiredo, que se mostrou incapaz de administrar a abertura,[38] e abriram mais espaço para a oposição.

O SNI fichava as conquistas do lado de lá com preocupação. Dentre os dossiês que mencionam Dias Gomes nesse início dos anos 1980, há um da Divisão de Segurança e Informações do Ministério das Comunicações sobre sua readmissão na Rádio Nacional, uma consequência da Lei de Anistia.[39] Trata-se de uma lista dos demitidos por razões políticas que haviam sido anistiados e puderam reassumir seus empregos dezessete anos depois. Há uma análise de como se dera esse retorno:

Quanto ao clima de trabalho [...] cabe assinalar que não existe manifestação de revanchismo de grupo de servidores anistiados. Na realidade, os anistiados, alguns deles bastante conceituados no meio artístico, demonstram estar mais voltados para seus interesses fora do âmbito da empresa.

Seguiu caro aos militares, até o último suspiro, o tema da infiltração da oposição nos meios de comunicação, em especial na televisão, o "veículo subversivo" de Chateaubriand. Na documentação desse período, Janete Clair ressurge como parceira de Dias Gomes em sua empreitada oposicionista e é chamada novamente de "comunista notória",[40] em cujas novelas é incutida "a orientação marxista-leninista, combatendo o sistema político-socioeconômico do país".[41] Boni, que recebera um "nada consta" em informes dos anos de chumbo, em 1982 não estava com a barra tão limpa. O SNI anotou que "ele teria declarado, de uma feita, que a dupla Dom & Ravel não pisaria na TV Globo enquanto ele lá estivesse, pois a dupla costuma compor e cantar músicas patrióticas de apologia ao Brasil e de apoio à obra de recuperação do país pós-1964".[42] Os cantores haviam composto em 1970 a ufanista "Eu te amo, meu Brasil", utilizada pelo regime para propagar o país do milagre econômico, do ame-o ou deixe-o. Apesar de serem autores também de canções críticas às desigualdades sociais, tendo sido uma delas inclusive censurada, tiveram a imagem definitivamente associada à ditadura.[43] Ao vetá-los, na visão do SNI, Boni confirmava ser um "esquerdista".

Se sob holofotes o regime dizia preparar a volta da democracia, nas sombras parecia estar disposto a aceitar, no máximo, como diria Odorico Paraguaçu, a democratura.

15. DIABO MORTO, INFERNO VIVO

SÉRGIO PENAFIEL, JORNALISTA MILITANTE DO PCB, encontra-se inesperadamente com sua esposa em um apartamento que serve como aparelho do Partido. Cercado pela polícia, o casal vive uma explosão de estresse na qual discute o casamento e a militância política. Depois de mútuas acusações, o homem pergunta se ela o considera um "monstro". A resposta é dura:

> Não, um intelectual apenas. Capaz de gestos maiores, mas também das maiores fraquezas. Frequentemente indeciso entre morrer por uma nobre causa e viver pelos pequeninos e muitos prazeres de uma existência acomodada. Enfim, um ser admirável e desprezível ao mesmo tempo.[1]

Escrita por Dias Gomes em 1969, *Amor em campo minado* era uma tentativa, nos mais sombrios tempos pós-AI-5, de refletir sobre o papel da esquerda, em especial o do intelectual militante — ou seja, sobre a própria condição do dramaturgo. Censurada à época, além de criticada pela oposição, a peça estreou em 12 de julho de 1984, no Recife. Era o ano de despedida da ditadura, e a trama parecia mais atual do que nunca.

A esquerda estava enfraquecida e se sentia excluída do processo de transição para a democracia. O último grande movimento de unificação da oposição, as Diretas Já, havia sido derrotado em abril, quando a emenda propondo que a sociedade pudesse votar para presidente da República foi rejeitada pelo Congresso. Desde o começo da década de 1980, vivia um processo de implosão o "sonho da grande frente de oposição", que na década de 1970 unira liberais a diferentes facções da esquerda em torno de causas comuns como a anistia e o fim da censura. A equação pró-democracia virou inequação com a entrada dos operários, principalmente a partir do surgimento da chamada "República de São Bernardo", que demonstrou a força da mobilização sindical nas indústrias metalúrgicas da região do ABC, em São Paulo.[2] O empresariado se assustou e reforçou a defesa de uma transição negociada com os militares.

O marco dessa ruptura havia se dado ainda nos anos 1970, com a maior paralisação de trabalhadores já vista no Brasil, em maio de 1978. Em quatro semanas, 100 mil funcionários de 55 empresas pararam. Ressurgia no vocabulário nacional a palavra "greve", até então esquecida, o que mudaria a história do país.[3] O movimento dos operários teve como consequência a criação, em 1980, do Partido dos Trabalhadores. Tanto a "República de São Bernardo" quanto a formação do PT tiveram como protagonista o metalúrgico Luiz Inácio Lula da Silva, que nunca militara no PCB. Foi um baque para o velho Partidão,[4] já abatido com a crise do comunismo internacional.

Se a vida já tinha sido dura para Sérgio Penafiel/Dias Gomes nos anos de chumbo, na "democratura" também não se mostrava fácil. Mas, ao menos, seus dramas podiam vir à tona, como comemorou o dramaturgo no *Jornal do Brasil*:

> Na época [que a peça foi escrita, em 1969], alguns achavam que eu tinha sido injusto com a intelectualidade de esquerda que, afinal de contas, não se corrompera e lutava com a bravura possível contra o regime militar. Outros discordavam da oportunidade de exorcizar publicamente nossos erros e contradições. Hoje é possível isso. Uma parte da esquerda ainda pode receber mal a peça, mas há uma tendência à democracia. A peça reflete ainda um estado de perplexidade e uma ânsia de compreender o que aconteceu. Por que os nossos sonhos de justiça social, que pareciam tão solidamente enraizados numa realidade política que nos parecia real, desmoronaram em poucas horas ao sopro de ventos que talvez não dessem para derrubar nem mesmo um castelo de cartas? Partindo do pressuposto que erramos, onde erramos? E quais as origens dos erros?[5]

Dias Gomes, contudo, não deixava de ser solidário ao PCB, mesmo quando passou a se aproximar do PMDB. Em 8 de agosto de 1984, conforme registrou o SNI, foi um dos cinquenta convidados da sessão especial de lançamento de um filme sobre a história do Partidão, usado na campanha para legalizá-lo,[6] o que aconteceria no ano seguinte. Nunca demonstraria simpatia pelo PT, ao contrário. Para ele, o novo partido "não era inovador" e cometia "todos os erros que o PCB cometeu na sua infância".[7]

Enquanto tentava exorcizar seus fantasmas da política, lidava com o luto pela morte de Janete Clair, em 16 de novembro de 1983, vítima de câncer. Desde as primeiras peças de rádio que ditara para a então namorada datilografar, passando pela intensa troca de ideias nas telenovelas, era a primeira vez, depois de trinta anos, que se via sozinho diante da máquina de escrever. Em julho de 1984, pouco antes da estreia de *Amor em campo minado*, vendera os direitos de *O bem-amado* para a Globo, transferindo para outros roteiristas a criação dos episódios.[8] A série sairia do ar definitivamente no dia 9 de novembro daquele ano, apesar do apelo de diversos intelectuais. Um abaixo-assinado foi entregue à Globo com a assinatura de Jorge Amado, Ziraldo, Mário Lago, Carlos Drummond de Andrade e do próprio Dias Gomes, entre outros, defendendo a realização de uma nova temporada. Reportagem do *Jornal do Brasil* afirmou que, na avaliação da emissora, o programa, depois de quatro anos de duração, não fazia mais sentido naquele momento político, pois "não teria a mesma graça fazer sátira em torno da conciliação".[9]

Em 12 de novembro, três dias após a exibição do último episódio de *O bem-amado*, Dias esteve com o peemedebista Tancredo Neves, o candidato da conciliação à presidência da República. O político chegou ao Teatro Casa Grande, no Rio, abraçado ao ator Grande Otelo, para discutir o fim da censura com artistas e intelectuais. No palco, dividiu a mesa com Tom Jobim, Tônia Carrero, Dina Sfat, Rubem Fonseca, Dias Gomes, Nelson Pereira dos Santos e outros. Ao final do encontro, prometeu acabar com a censura política,[10] demonstrando que não haveria um extermínio amplo, geral e irrestrito do cerceamento à produção cultural. No contexto, entretanto, soava como avanço. Naquele ano de 1984, apesar das brisas democráticas, ocorrera um gravíssimo episódio de censura declaradamente política. Uma semana antes da votação das Diretas pelo Congresso, que aconteceu em 25 de abril, o presidente Figueiredo assinou um decreto proibindo rádios e TVs de transmitirem a sessão — a TV Gazeta de São Paulo descumpriu a ordem e teve seus transmissores lacrados, ficando fora do ar por um dia.[11] Vieram outras medidas autoritárias, como a liberação para busca e apreensão em domicílios e o veto a reuniões e a associações. No país da piada pronta, na mesma data da assinatura dessas medidas soturnas houve um blecaute que deixou 12 milhões de pessoas de quatro estados em completa escuridão.[12]

O debate entre o peemedebista e artistas no Teatro Casa Grande teve manchete comemorativa na *Tribuna da Imprensa*: "Dias Gomes: 'Não haverá censura política com o presidente Tancredo Neves'".[13] O dramaturgo afirmou que fora entregue ao candidato um documento cujo "postulado básico" era "a extinção da censura política". Sua abolição completa, ponderou, ainda que "desejável", era uma "utopia", conforme relatou a reportagem:

> A principal reivindicação é relativa à censura, que, segundo Dias Gomes, é o maior entrave ao desenvolvimento da cultura brasileira. Lembra que não se pode ter uma cultura sadia sem ter uma cultura livre. E nossa censura, como qualquer censura, é retrógrada, sendo a nossa mais retrógrada do que as outras, por seu mecanismo e por sua inspiração autoritária. "O postulado básico é não a abolição da censura, o que seria desejável, mas uma utopia, pelo menos que a censura não seja política, mas que seja apenas uma censura etária, que discrimina peças, obras culturais por idade, nunca uma censura política nem uma censura moral."

Sublinha Dias Gomes que não pode admitir uma censura política. E a censura moral é uma coisa instável, uma vez que os valores morais mudam de um dia para o outro. "A sociedade evolui, os costumes se alteram, sendo muito difícil estabelecer regras. A grande censura deve ser feita, mesmo, pela sociedade, porque aquilo que a sociedade recusa é impraticável principalmente num regime capitalista, onde tudo tem que ser rentável. Encena-se uma peça. Se a sociedade a recusa por achar que ela atenta contra os seus padrões morais, essa peça tem que sair de cartaz. A própria sociedade vai recusando e fazendo a sua seleção. A sociedade é que faz a censura. Essa é a única censura aceitável. Não sei se o dr. Tancredo Neves concordará com tudo isso, mas pelo menos no Teatro Casa Grande ele declarou que em seu governo aboliria a censura política."[14]

Dias Gomes percebia que a volta da democracia se dava sob forças conservadoras. "Tancredo não é nenhum revolucionário. Nós sabemos que ele não vai mudar nada e que é um homem conservador, ligado ao próprio sistema. Mas sabemos que é digno, que tem uma cara honesta, o que o outro candidato [Paulo Maluf, do PDS, partido oficialmente ligado aos militares] não tem."

Tancredo Neves foi eleito pelo voto indireto do Congresso em 15 de janeiro de 1985. Era o encerramento de vinte anos de ditadura militar no país, que entrou em clima de festa. No dia seguinte, Dias voltou a falar sobre o fim da censura ao *Jornal do Brasil*, classificando novamente como "anseio utópico" a sua total extinção. "Sabemos que Tancredo Neves se comprometeu a acabar com a censura de motivação política. É um grande passo. Por outro lado, o futuro presidente deixou bem claro que a censura deve continuar a preservar a moral e os bons costumes." Em seguida, o autor retomou a tese liberal de deixar para o mercado a função de regular o que pode e o que não pode:

> A única censura verdadeira é a da sociedade, do povo. Se o povo não vai ver uma peça, ela tem que sair de cartaz. E ninguém se sustenta profissionalmente sem dinheiro [...]. Isto não quer dizer que sejamos adeptos da irresponsabilidade. Afinal, existe um Código Penal para punir os abusos. E em países desenvolvidos como Estados Unidos, França e Inglaterra não existe censura prévia [...]. Hoje já temos até sexo explícito na televisão. Há alguns anos, seria inadmissível a apresentação de certas cenas de filmes brasileiros, como os que foram exibidos na TV Globo. A censura moral é sempre duvidosa.[15]

Em 15 de fevereiro, um mês antes da data da posse do presidente, a *Folha de S.Paulo* publicou a reportagem "Muda o governo, chega a nova censura",[16] sobre as expectativas da elaboração de uma lei acerca do tema após a saída dos militares. O presidente da Abert (Associação Brasileira de Emissoras de Rádio e TV), Joaquim Mendonça, disse o que esperava citando Caetano Veloso: "É proibido proibir". A música, apresentada no Festival Internacional da Canção em 1968, tem versos como "E eu digo sim/ e eu digo não ao não/ e eu digo/ é proibido proibir". Tornou-se um hino contra a censura, reforçando a ideia de que ela nunca seria desejável. Mas sempre há quem diga sim ao não, sustentando o cerceamento à cultura inclusive em períodos democráticos.[17]

A própria *Folha* demonstraria, poucos dias depois, em 24 de fevereiro, uma divisão da população. Pesquisa do Datafolha perguntou a mil pessoas na cidade de São Paulo o que pensavam sobre a censura prévia à televisão. Enquanto 47% se disseram contrários, 41,4% acreditavam que a programação deveria ser controlada (11,2% não tinham opinião formada). O levantamento mostrava que a maior preocupação era com a moral e os bons costumes, que deveriam ser o foco do controle para 56,5% dos entrevistados, seguido pela violência, 38%. A política era o temor de 4%.

De acordo com a reportagem sobre a sondagem, as telenovelas eram naquele momento o principal alvo da Censura, apesar de apenas 11% concordarem com essa priorização. O autor Silvio de Abreu relatava que suas duas novelas mais recentes, *Guerra dos sexos* e *Vereda tropical*, exibidas entre 1983 e 1985, haviam sofrido, em média, cinco cortes por capítulo.

Em *Guerra dos sexos*, uma comédia pastelão, um dos embates se deu em torno de uma cena em que a personagem Frô (Cristina Pereira) imita a dançarina Gretchen. O trecho foi cortado pela DCDP, e a Globo recorreu ao diretor da Polícia Federal, Moacyr Coelho, que manteve o veto. A emissora apelou para o Conselho Superior de Censura. Entre as argumentações, em seis páginas, escreveu:

> É difícil entender e aceitar que a Gretchen possa se apresentar à tarde, cantando e dançando num programa de auditório ao vivo, e que a Frô não possa imitá-la, comicamente, dentro de uma telenovela às 19 horas. Será que o "bumbum" da Frô é mais sexy do que o da Gretchen?

Boa pergunta. O CSC liberou o rebolado. Em *Vereda tropical*, além da moral e dos bons costumes, que justificaram até a proibição de uma cena que mostrava um homem de costas fazendo xixi, houve cortes assumidamente políticos. Em um diálogo com críticas à saúde pública, a palavra "governo" teve de ser retirada. Em outro, cortou-se a frase "A Revolução de 64... E ainda falam dela até hoje".[18]

Daniel Filho, diretor de criação da Globo, foi contundente na matéria da *Folha*: "A verdade é que agora, depois de quinze anos, a Censura não tem coerência e acho que uma das razões dessa falta de critérios é que a censura exercida por d. Solange Hernandez [diretora da DCDP] é uma forma de pressão política". O diretor substituto, José Guedes, foi quem respondeu, afirmando que os critérios "são aqueles que dizem respeito à violência, à moral e [aos] costumes, à tensão, [ao] suspense e [à] ferocidade, às vulgaridades e baixezas na linguagem, à família, à religião, ao civismo e ao sentido de dever". Para ele, os problemas maiores da Divisão de Censura não estavam relacionados a critérios, mas eram "de ordem material".[19] A demanda por mais estrutura seria atendida com a realização de um concurso para a contratação de novos censores logo no primeiro ano da chamada Nova República.[20]

Assim fora batizado o período pós-ditadura, que envolveria uma transição negociada com a promessa da reconstrução democrática, do fortalecimento das instituições e da recuperação econômica.[21] Maquiando sua face conservadora, esse projeto de um novo Brasil manteve firme o discurso de que a censura teria fim. A esperança de que seria proibido proibir sobreviveu inclusive ao trauma da morte de Tancredo. Internado na véspera da posse, o presidente eleito morreu em 21 de abril e foi substituído por seu vice, José Sarney. Quem assumiu a Nova República tinha no currículo a presidência da Arena e do PDS (Partido Democrático Social), ambos de sustentação dos militares. Em 1984, quando formou a chapa da Aliança Democrática com Tancredo, era líder da Frente Liberal, dissidência do PDS, que se tornaria o PFL (hoje DEM).

Sarney manteve para o Ministério da Justiça o nome escolhido por Tancredo, Fernando Lyra, advogado e deputado federal pernambucano. Em 14 de março, véspera da posse do novo presidente, o futuro ministro declarou: "A partir de amanhã a censura política estará extinta no país".[22] Poucos dias depois, criou a Comissão dos Perseguidos da Censura, reunida pela primeira vez em 29 de março, apenas duas semanas após o início do governo civil. Do grupo inicial faziam parte o músico Chico Buarque, o escritor Antônio Houaiss, a cineasta Ana Carolina Soares e o cartunista Ziraldo. Dias Gomes logo se juntaria a eles. Ao anunciar a comissão, que iria elaborar uma proposta de legislação censória, Lyra assegurou: "Não haverá censura política, e com relação aos costumes, ela será apenas classificatória".[23] Esse tipo de controle, que determina faixas etárias para as obras, havia surgido na legislação em 1968, na lei 5536, a mesma que criara o Conselho Superior de Censura, assinada por Costa e Silva.

Em 26 de março, a famigerada Solange Tesourinha foi substituída por Coriolano de Loyola Cabral Fagundes na chefia da DCDP. Censor desde 1961, seria um nome mais "liberal", apesar de ter escrito em 1974 o livro que servia como manual informal da Censura e de ter trabalhado como censor dentro de redações de jornais em 1973. Teria sido nomeado para desmontar a estrutura da Censura e extinguir a DCDP.[24] O clima era de celebração, conforme o título da *Folha*: "Censura pendura tesoura e será só classificatória".[25]

Matinas Suzuki Jr., contudo, em sua coluna da *Folha*, percebeu a armadilha do discurso de uma "nova censura":

> Difícil, porém, é compreender os mecanismos que levaram os silenciados de ontem a aceitar a lógica difusa da articulação dos censorinos de hoje, ainda que para eles seja desconfortável o capuz de carrasco.
>
> Uma das confusões ideológicas que os intelectuais e artistas que aceitaram participar da nova interdição estão espalhando é a de que "abrandar" significa o mesmo que "diminuir" a censura. *Nesta barafunda filológica, vai embutida a noção extremamente autoritária de que a censura moral é mais aceitável do que a censura ostensivamente política — como se a proibição de obras consideradas "obscenas" fosse um ato de violência impermeável aos fuzis do Estado* [grifo nosso]. Trata-se de uma perniciosa visão do fato cultural [...] — até porque a censura diretamente política é conjuntural; muda-se o senhor e ela transforma-se ou some. Já a crítica moral é inimiga de qualquer regime [...].

Mata-se o diabo, mas deixa-se o inferno vivo. Combate-se a censura política, mas naufraga-se no interdito moral. Até o paliativo da censura classificatória é questionável em seu pseudodidatismo, pois quem são estes senhores para etiquetar os desejos e os tormentos do imaginário de uma adolescente de dezesseis anos, hoje?[26]

Sim, o diabo podia até estar morto, ou pelo menos agonizando, mas o inferno estava bem vivo. Enquanto a Nova República aparecia em manchetes de jornais diariamente, o SNI permanecia tão ativo em 1985 que produziu oito documentos sobre o subversivo Dias Gomes. Foi uma média maior do que a dos anos de chumbo, cujo recorde havia sido cinco, em 1972.

Um dos documentos de 1985 é exemplar da esquizofrenia do período. Em 16 de agosto, a Divisão de Segurança e Informações do Ministério da Justiça encaminhou à Agência Central do SNI um informe, com o carimbo "reservado", anexando o despacho do secretário-geral da própria pasta, José Paulo Cavalcanti Filho, sobre as conclusões da comissão reunida para propor uma nova legislação para a censura. O ofício indica que o despacho havia sido publicado no *Diário Oficial da União* em 13 de agosto, justamente a fim de tornar públicas as propostas e de solicitar que sugestões de qualquer interessado fossem encaminhadas ao Ministério. Em outras palavras, era uma vigilância entre departamentos vizinhos. E para reportar algo que, além de oficial, estava em diversos jornais. A máquina arquitetada durante vinte anos não desapareceria da noite para o dia. E provavelmente nunca seria desmontada, mas camaleonicamente transformada, na expressão do jornalista Elio Gaspari.[27]

A Divisão de Informações do Ministério da Justiça que dedurou o trabalho da própria pasta fazia parte de uma comunidade de informações que no governo Sarney contava com 248 órgãos.[28] A Nova República recebeu o Serviço Nacional de Informações com 2300 funcionários.[29] A Censura também manteve estrutura considerável no ano de 1985, com cerca de duzentos técnicos, todos funcionários públicos concursados. A resistência desses grupos para manter seus empregos deve ser colocada na fatura dos limites para a transição democrática.[30]

Pelas mais diversas razões, o inferno tinha seus adeptos.

16. A NOVA REPÚBLICA E O "SIC" DO SNI

BONI ALMOÇOU COM O PRESIDENTE SARNEY e com o vice, Marco Maciel, em Brasília, logo no início do novo governo. Conversaram sobre a escolha de Fernando Lyra para o Ministério da Justiça, e o presidente perguntou ao executivo o que seria importante fazer em relação à televisão: "O senhor poderia assinar um decreto acabando com a censura, não só do ponto de vista ideológico, mas burocrático. Se fizesse isso, passaria para a história do seu governo". Sarney lhe respondeu que Maciel trataria desse tema.

Na Globo, um dos assuntos prioritários para Boni era definir a próxima novela das oito, que substituiria *Corpo a corpo*, de Gilberto Braga, a partir de junho. Havia o desejo de finalmente estrear Dias Gomes nesse horário, o que estava fora dos planos do autor, cansado da rotina pesada e da repetição de linguagem nas telenovelas. Em março daquele 1985, ele passou a comandar a Casa de Criação Janete Clair. O projeto, sugestão de seu filho Alfredo, conciliava uma homenagem à esposa com sua tentativa de encontrar um rumo para a carreira televisiva. O filho pensara em algo independente, um centro cultural, com espaço também para música e poesia. Mas Dias não quis se arriscar, considerava-se um péssimo administrador de negócios e sugeriu que a Globo incorporasse uma versão adaptada da ideia a fim de buscar e treinar roteiristas. Veio a calhar para a emissora, que vivia uma crise criativa na teledramaturgia, com os poucos autores já exaustos após anos de trabalho ininterrupto, e tinha o desafio de propor algo para o novo momento do país.[1]

Dias se comprometeu a elaborar argumentos para as futuras novelas, que seriam desenvolvidos pelos talentos descobertos, sob sua supervisão. Um sobrado no Jardim Botânico, vizinho à sede da TV, foi alugado, e o dramaturgo montou seu escritório, com um quadro de um grande retrato de Janete atrás de sua mesa. Na sala ao lado ficava Ferreira Gullar, seu assistente nessa espécie de departamento externo da Globo. Euclides Marinho, Doc Comparato, Joaquim Assis e Marília Garcia também formavam a primeira equipe da Casa de Criação.

O plano era que a próxima novela das oito fosse concebida no sobrado administrado por Dias. E o cronograma estava seriamente atrasado. Surgiu então a ideia, apresentada pelo novato autor Aguinaldo Silva, de colocar a Nova República em cena. A novela, O mais querido, faria uma metáfora do país, com um clube pessimamente administrado havia vinte anos pelo mesmo grupo, que finalmente saía do poder após a vitória da oposição nas eleições. O que Aguinaldo não devia imaginar era que sua celebração da volta da democracia seria registrada pelos diabos sobreviventes da ditadura, os agentes de vigilância. Em 15 de abril, com os civis no poder havia um mês, o Centro de Informações do Departamento da Polícia Federal encaminhou um informe ao SNI e às inteligências do Exército (CIE), Marinha (Cenimar) e Aeronáutica (Cisa) cujo assunto era: "Rede Globo de Televisão — A novela O mais querido".[2] O documento mencionava a Casa de Criação Janete Clair, que, "segundo vem sendo divulgado pela imprensa" fora criada para "suprir a deficiência" no Departamento de Teledramaturgia da Globo, "que tem tido dificuldade para produzir novelas e similares devido à exaustão criativa dos escritores". São listados todos os membros, com a função que exercem no departamento.

O relatório pinça declarações de Aguinaldo a jornais, às quais atribui um "sic" que soa irônico: "[A temática de fundo da novela O mais querido é a Nova República], esse momento de transição que todos nós, brasileiros, estamos vivendo (sic)". O "sic" surge novamente quando a censura entra em pauta nas aspas do autor: "'A estória é uma metáfora bem clara, o público reconhecerá os fatos. Essa é a primeira novela a ser escrita na Nova República e eu não perderia essa chance crítica que me foi negada em tantos anos de censura', diz Aguinaldo Silva (sic)". A inserção do "sic" pelo SNI não tem razão clara, mas pode ser entendida como uma discordância à fala do autor. Ou seja, a Nova República não seria um momento de transição, e a censura não havia negado a Aguinaldo Silva a chance de ser crítico.

De qualquer maneira, o SNI não precisaria mais se preocupar com essa novela. Ela não emplacou na Globo. A ideia para a trama das oito surgiu em um almoço da cúpula da emissora. O escritor Otto Lara Resende, que atuava como uma espécie de assessor de luxo de Roberto Marinho, levantou a bola para que se aproveitasse a onda democrática com a qual o telespectador estava tão sintonizado. "Vamos inventar um troço qualquer, pega uma novela que foi censurada... Não tem algum texto proibido aí?" Daniel Filho embarcou: "Por que a gente não tenta de novo o *Roque Santeiro*?". Os outros presentes, Boni e Armando Nogueira, acharam uma ótima saída. Afinal, a censura estava acabada, pensava-se. E nada melhor do que levar ao ar uma novela censurada para comemorar — e comprovar — o fim da censura. De quebra, dava o pontapé inicial na tentativa de reconstruir sua imagem institucional, dissociando-a da ditadura, o que depois teria continuidade na teledramaturgia com minisséries como *Anos dourados* (1986) e *Anos rebeldes* (1992).[3]

Boni telefonou para Dias Gomes e perguntou se seria preciso refazer o texto. O dramaturgo respondeu que faria os personagens um pouco mais "nervosos, mais excitados". E o elenco? Dez anos depois, teria de ser outro? O autor achava que não, e ficou combinado que os atores de 1975 seriam consultados para dizer se queriam ou não voltar ao papel.[4] Era preciso correr. Se a primeira versão havia iniciado sua produção quase seis meses antes da data da estreia, esta, a dois meses do lançamento, não tinha diretor, elenco nem autor, porque Dias Gomes, que escrevera os 51 capítulos iniciais da versão de 1975, deixou claro que não assumiria o batente.

A notícia saiu na *Folha de S.Paulo* em 29 de abril, com o título "*Roque Santeiro*, dez anos depois".[5] No dia seguinte, chegou a Coriolano de Loyola Cabral Fagundes, o diretor da Divisão de Censura de Diversões Públicas, a sinopse da novela. Era a mesma de 1975, com irrisórias atualizações e a mudança do tempo da história. Enquanto a primeira se passava em 1960, para evitar problemas com os militares, com Roque tendo "morrido" em 1943, a segunda era localizada no presente, em 1985, e desta vez, os dezessete anos para trás caíam em uma época propícia para o nascimento de falsos heróis, 1968, quando se assinou o AI-5.

A seguir, trechos do resumo encaminhado à DCDP:

O MITO

Faz já dezessete anos que Navalhada e seu bando [...] surgiram na vila de Asa Branca, ocupando a prefeitura, exigindo dois carros e uma grande quantia em dinheiro para deixar a população em paz. Os moradores, miseráveis, fizeram um apelo a Sinhozinho Malta, único homem rico do lugar. O fazendeiro cedeu os carros, mas não possuía todo aquele dinheiro em sua fazenda, apenas metade. Era preciso parlamentar com o bandido, conseguir um prazo maior. Foi quando apareceu Roque Santeiro, um jovem tímido, que fora sacristão e tinha esse apelido devido à sua habilidade em modelar santos em barro ou madeira. Roque se ofereceu para levar o dinheiro ao facínora [...]. Partiu e voltou horas depois com a resposta de Navalhada: [...] não concordara em dar prazo maior que duas horas para conseguirem o restante. Findo esse tempo, saquearia a cidade. Seria impossível conseguir o dinheiro em tão pouco tempo, o fazendeiro tratou de fugir, no que foi acompanhado por toda a população (cerca de quinhentos habitantes), à exceção de Roque Santeiro, que decidiu ficar [...]. Roque se impôs a missão de defender a igreja, na qual havia algumas relíquias valiosas [...]. Quando o bando de Navalhada invadiu a cidade, encontrou-o diante do templo [...]. Santeiro caiu morto, crivado de balas. De seu corpo foram encontrados apenas restos sangrentos, atirados no rio, a um quilômetro dali. Mas no momento em que os bandidos penetravam na igreja e levavam o ostensório de ouro, caiu sobre a cidade uma tremenda tempestade e o sino começou a badalar misteriosamente [...]. Os bandidos deram no pé. Quando a população voltou, no dia seguinte, tomou conhecimento do milagre e do sacrifício de Roque Santeiro. Tempos depois, uma criança teve uma visão. Estava brincando na lama do rio, próximo ao local onde o corpo mutilado de Roque fora encontrado, quando este lhe apareceu, besuntou suas pernas de lama e sumiu numa nuvem. A criança sofria estranhas feridas na perna e curou-se. O novo milagre fez com que daí em diante a lama do riacho fosse considerada milagrosa. E os romeiros começaram a chegar [...]

A EXPLORAÇÃO DO MITO

Com a afluência de romeiros, com a divulgação do acontecido, a vila passou a ser alvo da curiosidade geral [...]. Um produtor cinematográfico decidiu filmar a estória fabulosa de Roque Santeiro. Nesse ponto, já a vila crescera e adquirira foros de cidade. Dezessete anos se haviam passado [...]. Uma pequena indústria se desenvolvera à sombra do mito. Imagens, medalhinhas [...]. As romarias e a afluência de turistas haviam possibilitado a abertura de hotéis e restaurantes [e a boate Sexus estava prestes a ser inaugurada]. Viúva Porcina era uma das pessoas mais influentes da cidade, elegendo prefeitos e deputados pelo prestígio que lhe dava a sua condição de ex-companheira do herói-mártir. O atual prefeito mesmo, Seu Flô, fora eleito por ela [...]. O vigário era talvez a única pessoa na cidade a recusar-se a dar crédito aos propalados "milagres" [...]. No entanto, era obrigado a tolerar o culto [...]

ESTRUTURA DA NOVELA

[...] As coisas estão nesse pé, quando um forasteiro chega à cidade. [Porcina, Sinhozinho e o padre Hipólito, ao encontrarem o rapaz] descobrem a verdade: Roque não somente não morrera, como nem sequer enfrentara os malfeitores [... Inventara toda a história e] Fugira com o dinheiro e o ostensório de ouro. Porque os bandidos não tinham atacado. Ele simulara o ataque, sozinho que ficara na vila [atirando pedaços de um animal morto ao rio]. No primeiro encontro que tivera com Navalhada, convencera o facínora com a sua lábia a desistir da empreitada. Voltava agora pensando em pedir perdão ao padre e redimir-se, fazendo alguma coisa em prol daquela gente.

[...] A circunstância exige a revelação de outra farsa: Porcina e Roque jamais haviam se encontrado antes [...]. Malta [seu amante] inventara toda aquela estória [...]. A volta de Roque cria uma situação insolúvel [...]. A cidade, que cresceu à sombra de um mito, estaria condenada à morte, se viesse a conhecimento público que seu mártir era um criminoso [...]. Além de ser uma vergonha para todos, importaria em incalculáveis prejuízos materiais [...]. Roque é uma ameaça à cidade e a única maneira de salvá-la é eliminá-lo.[6]

A sinopse seguiu para a Divisão de Censura acompanhada de ofício assinado por Daniel Filho, diretor da Central Globo de Produção, pedindo a liberação da novela para as 20h. Na mensagem a Coriolano, ele relembra resumidamente as idas e vindas com a DCDP até que se chegasse ao cancelamento da novela em 1975.

> Por motivos que, data vênia, entendemos ocioso enumerar agora, nem o então diretor dessa Divisão, dr. Rogério Nunes, nem o diretor-geral do Departamento de Polícia Federal, cel. Moacyr Coelho, deram acolhida à solicitação da TV Globo [...]
> Amparados na certeza de que não mais subsistem os motivos que deram ensejo àquela decisão censória de 1975, uma vez que o governo da Nova República, pela voz autorizada do exmo. sr. ministro da Justiça, dr. Fernando Lyra, tornou público que critérios democráticos e atualizados passariam a ser aplicados no exame classificatório dos espetáculos e diversões públicas, solicitamos que V. Sa. se digne mandar proceder a revisão de censura da telenovela *Roque Santeiro*, para decidir da possibilidade para exibição às 20h.[7]

Em 14 de maio, o jornal *Última Hora* anunciou, com o seguinte título, a escolha da trama para o horário nobre da Globo: "Dias Gomes — Um novo tempo com *Roque Santeiro* — Depois de dez anos ele retoma o texto de uma novela absurdamente proibida".[8] A reportagem entrevistava Paulo Gracindo, que, após se despedir do prefeito Odorico, de *O bem-amado*, seria o Padre Hipólito na nova obra (na versão de 1975, o religioso chamava-se Honório e era interpretado por Milton Gonçalves): "É muito gostoso trabalhar neste momento em *Roque Santeiro*, uma obra perseguida pela Censura na TV, não sei por que motivo. Mas ela está aí, vai entrar no ar em junho e dá pra gente ver o futuro com esperança, embora um pouco desconfiado. Afinal, pobre quando vê muita esmola...". Para Dias Gomes, "o fato de poder apresentar em 1985 uma novela proibida na Velha República significa um bom sinal". E completou: "A Nova República está dando o ar da graça".

Mas era bom mesmo o pobre desconfiar da esmola porque quem deu o ar da graça, no dia seguinte à reportagem, foi a Censura. Em 15 de maio, Daniel Filho recebeu a resposta de Coriolano Fagundes sobre o pedido de liberação da novela para as 20h. Era um "sim", mas bem longe do "é proibido proibir". A autorização estava condicionada ao exame de videotape dos dez primeiros capítulos, como em 1975. E mais:

> Pedimos especial atenção da emissora para as abordagens de adultério, prostituição, insatisfação sexual, livre relação amorosa e religião, *principalmente mensagens favoráveis ao movimento dissidente da Igreja católica, que deverão receber tratamento adequado ao horário e veículo* [grifo nosso].
>
> Lembramos que sempre que a obra sofra alterações, faz-se necessária a remessa dos adendos a este Órgão.[9]

Coriolano se referia à Teologia da Libertação. A corrente da Igreja católica ligada à esquerda surgira na América Latina no final da década de 1960, quando padres passaram a associar o pensamento cristão ao marxista na busca por menos desigualdades sociais. Além das injustiças em cada país, considerava-se o homem latino como vítima de séculos de exploração colonial, do posterior capitalismo liderado pelos Estados Unidos e das ditaduras militares de então. Religiosos mais progressistas assumiram a missão de levar os explorados — camponeses e proletários — à libertação desse sistema opressor, daí o nome do movimento.[10]

A nova versão de *Roque Santeiro* de fato teria um padre dessa linha, Albano (Cláudio Cavalcanti), que iria se contrapor ao tradicional Hipólito. Mas isso não estava previsto na sinopse que Coriolano leu; seria definido posteriormente. A única menção ao assunto, muito vaga, aparecia na caracterização de Hipólito na lista de personagens que acompanhava o resumo da história. Eram sete palavras, em 24 páginas. Descrito como um "padre típico do interior, o padre-povo e paternal", ele, "apesar de seu dogmatismo, [de] *sua oposição à corrente renovadora da Igreja* [grifo nosso], é profundamente simpático".

Quem apontou ao chefe da DCDP "a possível inserção de mensagens favoráveis à Teologia da Libertação" foi uma das duas censoras designadas para a produção de pareceres sobre a sinopse, Maria das Graças Sampaio Pinhati, conforme o seguinte trecho:

> Possível ridicularização dos padrões religiosos, de moral e conduta através da ação extremada e retrógrada do padre local e das beatas portadoras — na maioria dos casos — de problemas de ordem sexual; possível inserção de mensagens favoráveis à Teologia da Libertação — movimento dissidente da Igreja católica, cuja linha de ação fundamenta-se no marxismo. A sinopse faz discreta alusão ao fato. No caso específico, o contestador desta corrente será o padre Hipólito, um personagem simpático, porém desacreditado pelo público, face a sua imagem de religioso retrógrado, com ideias inteiramente superadas. A nosso ver, se este assunto for abordado de modo parcial, poderá causar uma série de protestos da Igreja católica, em face ao delicado e grave problema que vem enfrentando [grifos originais].[11]

O outro parecer, de Joana Silveira Passos, concentrou-se nas questões morais, inclusive com a "sugestão" para que o nome da boate da novela, Sexus, fosse alterado, por ser um "indicador ostensivo da verdadeira proposta de Matilde", sua proprietária. A chefe das duas pareceristas, Maria Aurineide Pinheiro, considerou irrelevante esse detalhe, mas não o da Teologia da Libertação. Coriolano concordou e oficiou a Globo.

Logo nessa ressalva inicial ficava claro o tamanho do nó. Se a censura dita política estava abolida na Nova República, segundo discursos e mais discursos, o que explicava o veto à Teologia da Libertação na novela? Essa restrição à corrente de esquerda da Igreja deveria, então, ser considerada uma censura moral, que seria mantida pelo novo governo? A fragilidade dessa tipificação de censuras, a política e a moral, já começava nesse primeiro ofício, antes mesmo de *Roque Santeiro* estrear. E os censores e seus critérios mambembes não perdiam por esperar com a entrada em cena do personagem que representaria a Teologia da Libertação. Padre Albano (Cláudio Cavalcanti), além de defender os pobres contra os ricos, ainda teria um romance com a filha de Sinhozinho Malta, embaralhando de vez política e moral.

Enquanto os trâmites seguiam com a Censura, com o envio dos capítulos, era grande a correria da produção. Dos três protagonistas da versão de 1975, apenas Lima Duarte, o Sinhozinho, topou voltar. Betty Faria, a Viúva Porcina, disse que ficara nervosa à época da proibição, que não se lembrava mais do tom e não se sentia confortável em retomar a novela. Cuoco, que fizera Roque, também não teve interesse, estava em um período de afastamento do vídeo. No início de maio, José Wilker foi escalado para o papel. Dias Gomes, Boni e Daniel Filho queriam Regina Duarte como a Viúva Porcina, mas a atriz estava fora da emissora, tentando uma carreira de produtora independente havia três anos. Após intensa negociação, porém, o contrato foi fechado em 24 de maio, a apenas um mês da estreia, e ela começou a gravar no dia 28.[12]

Além de Lima Duarte, seguiram da primeira para a segunda versão, no mesmo papel, João Carlos Barroso, Luiz Armando Queiroz e Ilva Niño. Ilva Niño, aliás, era a única que estava também no elenco de *O berço do herói*. Na peça, em 1965, aos trinta anos, faria o papel da prostituta Ninon (que coube a Lady Francisco em *Roque Santeiro 1* e a Cláudia Raia em *Roque Santeiro 2*, sua estreia na TV). Nas novelas, interpretou, aos quarenta e depois aos cinquenta anos, Mina, empregada de Porcina, que ela chamava gritando "Minaaaaaaaaaa!". Barroso foi Toninho Jiló, guia turístico de Asa Branca, e Queiroz, Tito, marido da atriz que fazia a Porcina no filme sobre Roque Santeiro. Outros poucos voltaram com papéis menores, como Milton Gonçalves (do padre principal para um promotor que apareceu em poucos capítulos) e Elisângela (da filha de Sinhozinho para a esposa do galã que interpretava Roque no filme.).

A cidade cenográfica foi montada no mesmo local de 1975, Guaratiba. Mas, enquanto na primeira versão a construção levara mais de quatro meses, nesta, o tempo foi recorde na história da emissora: vinte dias, com 180 profissionais escalados para a maratona.¹³ Até a estreia, a cada dia foram gravadas em média quarenta cenas, e Regina Duarte chegou a ter de tirar rápidas sonecas, entre uma e outra, em um colchonete colocado debaixo das araras com o figurino, no camarim.

Os dez capítulos a serem apresentados para a Censura ficaram prontos em dezessete dias. Normalmente, esse trabalho levaria um mês. Dinheiro não faltava: o orçamento previsto foi de 250 milhões de cruzeiros por capítulo, o que daria, com o gasto total da novela, para pagar perto de oito superproduções cinematográficas nos padrões brasileiros da época.¹⁴ A direção foi entregue a Paulo Ubiratan. Por orientação de Dias Gomes, de Daniel Filho e de Boni, o ritmo da trama ficou mais acelerado do que o de 1975. Boni pediu mais "pimenta", achava a versão antiga "extremamente comportada".¹⁵ Para que Asa Branca fosse uma síntese do país, o cenário fez uma colagem de diferentes características das regiões brasileiras, misturando traços da arquitetura colonial do Rio, do Nordeste e do Sul. O mesmo se deu com os sotaques, com Sinhozinho falando como nordestino, o prefeito, Seu Flô (Ary Fontoura), com toques mineiros, o delegado Feijó (Maurício do Valle) como gaúcho e a dona da boate (Ioná Magalhães) e suas "meninas" (Cláudia Raia e Ísis de Oliveira), em "carioquês".¹⁶

Aguinaldo Silva foi o escolhido para atualizar os 51 capítulos já escritos por Dias, que supervisionaria o autor estreante na elaboração do restante dos roteiros — o projeto da novela sobre a Nova República, *O mais querido*, foi engavetado. Marcílio Moraes e Joaquim Assis foram escalados como roteiristas-assistentes.

Em 24 de junho, a data da estreia, o caderno Ilustrada, da *Folha*, resumiu o clima criado em torno da novela.

> Com dez anos de atraso, *Roque Santeiro chega enfim à tela da Globo, sem cortes, na versão integral concebida por Dias Gomes*. E, como já se pretendia em 1975, quando a novela foi pesadamente cortada pela Censura, revestida do caráter de superprodução, com o objetivo de mudar o perfil das novelas do horário das 8 [da noite]. A ideia de trazê-la de volta, de acordo com Dias Gomes, 62, foi da própria direção da emissora. Afinal, *raciocinou a cúpula*

global, nada melhor do que a proibida Roque, símbolo da repressão severa a que eram submetidos os meios de comunicação na década de [19]70, para marcar o começo de um novo tempo, o da "Nova República" [grifos nossos].[17]

A expectativa era a de que *Roque Santeiro* fosse realmente um marco do fim da censura, pois *Corpo a corpo*, sua antecessora, sofrera cortes até o último capítulo, e a novela das sete, *Um sonho a mais*, que terminaria em 2 de agosto, encarava uma repressão que seu autor, Lauro César Muniz, disse nunca ter visto nos vinte anos de ditadura militar — situação que a *Folha* denunciou em 22 de junho com a reportagem "A Censura continua como coautora das novelas".[18]

A novela-símbolo da Nova República chegaria à tela sem cortes, após as ressalvas da Censura. Mas assim ficaria somente até o capítulo 11. A partir do 12, a temida tesoura entraria em ação. Os dez primeiros episódios, cujos videotapes foram enviados à Censura para a confirmação da classificação, tiveram seus pareceres elaborados antes da estreia. O parecer do capítulo 11 seria posterior, mas também sem cortes. Ainda assim, os técnicos apontavam, sobre esses primeiros capítulos, o que consideram problemas de ordem moral, como os trajes "audaciosos" usados pelas mulheres da boate Sexus. As três censoras que assinaram o relatório, contudo, ponderaram que as sumárias vestimentas podiam ser comparadas às das dançarinas de programas de auditório exibidos em horário livre. Alertava-se, ademais, para uma linguagem com "malícia acentuada", com expressões como "nos cornos dela" e "jejum total". As censoras chamaram a atenção ainda para uma música que não constava do script, cantada pelas dançarinas da boate, e pediram a apreciação da chefia, transcrevendo a letra: "Banana não tem caroço, meu bem/ E não passa em qualquer pescoço, neném/ Além de outras coisas mais/ Uma banana não satisfaz...". Os chefes deixaram passar a banana, os trajes das dançarinas e outras malícias com o argumento de que havia uma "abordagem cômica".[19]

E então, na "versão integral", como comemorou a *Folha*, a novela estreou. Mas sua abertura dava pistas de que a liberdade era pura ficção. Um congestionamento de carro, avistado de cima, mostrava que os veículos estavam confinados sobre uma vitória-régia, ou seja, nunca sairiam dali. A planta escolhida é símbolo da ilusão. A lenda conta que uma índia esperava ser levada pela Lua, mas morrera afogada ao se jogar no rio por confundir o seu reflexo com o do satélite. Com remorso, a Lua decidiu transformar a índia em vitória-régia. Na música da abertura, "Santa fé", Moraes Moreira cantava: "Não sou nenhum são Tomé/ no que eu não vejo eu ainda levo fé…". A canção, aliás, teve de passar pela Censura, como toda a trilha sonora, sendo que o tema da dona da boate, "Indecente", só conseguiu a liberação após recurso ao Conselho Superior de Censura.[20]

Quimeras à parte, a novela foi sucesso de cara. Reportagem da *Veja*, em 17 de julho, com o título "O retorno do mito", noticiou que nas três primeiras semanas a audiência foi de 72% na Grande Rio e 61% na Grande São Paulo, um feito inédito. Para comparação, as duas anteriores não haviam ultrapassado, nesse período e nessas regiões, 65% e 55% respectivamente. A revista dizia que o mito, que "de dez em dez anos, desde 1965, tenta viver sua fantasia até o fim", finalmente chegava ao vídeo. E que derrubava outro mito: o de que era subversiva. "Ao contrário, o forte da trama é o entretenimento bem-humorado, e não a crítica política." Ao longo dos capítulos, apesar dessa opinião inicial da *Veja*, o tom político seguiria presente, com diversas associações irônicas e pessimistas em relação à nova democracia.[21] A reportagem, no entanto, corretamente ressaltava que a novela era bem diferente da peça e que o autor considerava que, mesmo na Nova República, ainda não havia clima para a obra chegar aos palcos: "A peça mexe com os militares e está proibida até hoje", disse Dias Gomes à revista.[22]

Enquanto *O berço do herói* seguia vetada, o governo realizava vários atos públicos que ficaram conhecidos como "descensura", decretando, só no gogó, o fim da censura. O mais famoso aconteceu em 29 de julho, no Teatro Casa Grande, o mesmo em que oito meses antes Tancredo havia discutido o tema com artistas e intelectuais, palco central de resistência na ditadura e local da primeira reunião da campanha das Diretas Já. O novo evento foi chamado de "enterro" da censura, no qual a comissão dos censurados, entre eles Dias Gomes, entregou ao ministro Fernando Lyra o relatório para dar base a um anteprojeto de lei.[23]

Por esses dias, Boni contou ter recebido uma ligação do presidente Sarney, que lhe disse: "Quer receber a notícia por telefone ou quer vir aqui?". Ele quis saber logo. "Está pronto o decreto acabando com a censura no Brasil. Vai sair amanhã no *Diário Oficial*", falou o presidente. Boni se emocionou. Pediu para Sarney lhe passar por fax o decreto e marcou viagem a Brasília para agradecer pessoalmente.[24]

O que saiu em 13 de agosto no *Diário Oficial*, todavia, não foi um decreto, mas o despacho do secretário-geral do Ministério da Justiça, José Paulo Cavalcanti Filho, com as propostas da comissão dos censurados para uma nova legislação para a censura, aquela que seria motivo de informe no SNI. O relatório tinha as assinaturas de Dias Gomes, do jornalista Roberto Pompeu de Souza, do cartunista Ziraldo, do cantor e compositor Chico Buarque, do escritor Antônio Houaiss, da cineasta Ana Carolina Soares e da representante da Conferência Nacional dos Bispos do Brasil, Terezinha Martins Costa. Propunha, antes de qualquer coisa, um rebatismo: o Conselho Superior de Censura seria substituído por Conselho Superior de Liberdade de Expressão; a Divisão de Censura de Diversões Públicas por Divisão de Classificação de Diversões Públicas; e a Lei da Censura seria a Lei de Defesa da Liberdade de Expressão. A sugestão era, basicamente, a de que as obras fossem classificadas por seus produtores, a partir de um regulamento a ser elaborado pelo Conselho Superior de Liberdade de Expressão. Depois, caso houvesse inadequação, seriam reclassificadas pela Divisão de Classificação. Poderiam ser livres ou inadequadas a menores de doze, catorze, dezesseis ou dezoito anos. No caso da TV, cada faixa etária devia ser exibida a partir de determinado horário (12/20h; 14/22h; 16/23h), sendo que programas classificados para dezoito anos não poderiam ser veiculados.

O objetivo do despacho era convidar qualquer interessado a enviar comentários. Com o relatório da comissão e as propostas que chegassem, Coriolano, o chefe da DCDP, elaboraria um anteprojeto de lei para o ministro Lyra, que o encaminharia ao Congresso no início de 1986. Isso não aconteceu. E, apesar de tantos discursos e do "show 'Fim da Censura'" no Teatro Casa Grande, como ironizou Paulo Francis na *Folha*,[25] nada foi mudado na legislação até a Constituição de 1988.

Mas o "fim da censura" colou. Na lembrança de Boni, ainda que a abolição oficial só fosse ocorrer em 1988, Lyra "criou novos mecanismos, dispensando a censura prévia e ordenando o fechamento da DCDP".[26] Mesmo para Dias Gomes, diretamente envolvido nas discussões, ficou na memória que realmente a censura fora abolida nesse início da Nova República, conforme escreveria em sua autobiografia, em 1998:

> *Abolida a Censura federal — e participei dessa abolição como membro de uma comissão constituída pelo ministro da Justiça, Fernando Lyra, para esse fim* [grifo nosso] —, colocava-se para a chamada "dramaturgia de resistência" um sério problema: não tinha mais sentido fazer uso da metáfora e da analogia. Por outro lado, vinte anos haviam se passado desde que os caminhos da nossa dramaturgia haviam sido obstruídos manu militari, e não se podia ignorar que durante esse tempo o mundo havia mudado, até mesmo a forma de leitura sofrera alteração com a "revolução" audiovisual. Tornava-se necessária, portanto, uma nova linguagem para um novo tempo. Essa constatação levou nossos dramaturgos a um estado de perplexidade que perduraria durante toda a década de 1980.[27]

Certamente os tempos eram outros, com avanços e retrocessos rumo à democracia, o que exigia nova abordagem por parte da produção cultural. Mas ao dizer que a Censura Federal estava abolida, Dias Gomes merecia um "sic".

17. BOSTA E COCOZINHO

A NOVELA SÍMBOLO DA NOVA REPÚBLICA e da volta da liberdade de expressão foi objeto de um calhamaço de 597 páginas na Divisão de Censura de Diversões Públicas. Outras 156 seriam acrescentadas entre 1987 e 1988, quando a Globo exibiria a reprise de *Roque Santeiro* em *Vale a pena ver de novo*, e os censores iriam conferir os capítulos um a um e cortar o que fosse necessário para permitir a exibição em horário livre. Ainda que parte da papelada possa parecer protocolar, como os 114 requerimentos encaminhados pela Globo para o agendamento de exibição prévia dos episódios para técnicos da DCDP, o volume indica que, naquele "novo" Brasil de 1985, a temática do mito e dos falsos heróis seguia mais do que atual.

Após liberar os dez primeiros capítulos sem cortes antes da estreia, a Censura analisou o 11º e o 12º já sob o impacto da explosão de audiência. O 11º ainda passou ileso, mas o 12º foi o primeiro a ser rabiscado, para cortar uma cena em que Zé das Medalhas (Armando Bogus) agredia fisicamente a esposa, Lulu (Cássia Kiss), ao vê-la maquiada, com vestido de festa e ao ficar sabendo que ela havia ido conhecer a boate Sexus.[1] A Globo recorreu. Duarte F. Franco, cujo cargo na emissora era o de assessor de censura e que assinaria todos os recursos da novela, escreveu para Coriolano em 8 de julho pedindo a anulação do corte, alegando que "a cena atingida nada mais é do que uma discussão entre um marido enciumado e sua esposa". O chefe da Censura cedeu.

Nesse mesmo dia, contudo, um parecer via problemas no capítulo 15, em uma cena em que as beatas brigavam com as mulheres da boate. As censoras determinaram corte no xingamento de Matilde (Ioná Magalhães), dona da Sexus, em que ela dizia "sua puta, vaca de presépio, cachorra, cretina, pa-

pa-hóstia". Ao receber o relatório, em 9 de julho, Coriolano concordou com a supressão de "puta".[2] Lulu, que era rejeitada sexualmente pelo marido, voltou a dar trabalho no capítulo 17, quando disse ao padre Hipólito (Paulo Gracindo): "O Zé me evita há cinco anos. Desde que eu descobri que eu... que eu sentia prazer!". A primeira parte, a do "me evita há cinco anos", tudo bem. Mas a do "descobri que eu sentia prazer", não. As censoras consideraram inadequado ao horário, "por enfocar uma problemática adulta, ou seja, a rejeição sexual por parte do marido ao constatar o prazer da esposa".[3]

A chefia parecia tender a uma liberalidade maior do que as técnicas designadas para os pareceres — todas as encarregadas de *Roque* eram mulheres. Algumas sugestões de cortes acabavam barradas por Coriolano ou por chefes intermediários, como a do capítulo 20. Yêda Lúcia Netto e Izabel Azevedo sugeriram retirar a expressão "se borrar de medo", dita por Porcina. Chefe direta delas, Maria Aurineide Pinheiro considerou a supressão "irrelevante".[4]

Mas pouco depois, no capítulo 24, um alerta das mesmas censoras mobilizou os superiores. Além de sugerir veto à frase "É preciso tirar o diabo do corpo", dita por Zé das Medalhas quando finalmente resolveu se relacionar sexualmente com a mulher, acenderam a luz amarela para um outro personagem, João Ligeiro (Maurício Mattar), irmão caçula de Roque Santeiro. O aviso era nebuloso: "Alertamos a chefia quanto à permanência de situações referentes a algum tipo de comportamento negativo de João Ligeiro, não suscitado na sinopse".[5] Coriolano concordou com o corte do "diabo no corpo" e, no mesmo dia que recebeu o parecer, 18 de julho, enviou ofício à Globo para "solicitar esclarecimentos mais detalhados sobre a telenovela *Roque Santeiro*, no que tange às situações ligadas ao personagem João Ligeiro, caracterizado na sinopse como vaqueiro destemido".[6]

O que a Censura evitava perguntar com todas as letras era: "João Ligeiro é gay?". De fato, na caracterização do personagem que acompanhava a sinopse, está dito que "ninguém como ele para domar um burro bravo ou conduzir uma boiada". Mas, no resumo da história, os censores haviam deixado passar ou fingiram não perceber o trecho que dizia que, "devido à profanação da cidade", coisas estranhas vinham acontecendo, como o fato de João, "vaqueiro ágil no laço, conhecido e temido como homem valente (valentia digna de seu saudoso irmão)", estar agora, com dezoito anos, "a engordar" e, o pior, "a barriga lhe trouxera maneirismos delicados de mulher, chegando-se a suspeitar que estivesse para dar à luz".

A Globo mandou um adendo à sinopse, que não consta da documentação da DCDP guardada no Arquivo Nacional, e solicitou a anulação do corte da frase do "diabo no corpo", de Zé das Medalhas, entendendo que "a fala atingida não implica ofensa à moral e aos bons costumes". Coriolano indeferiu, "tendo em vista que o corte assinalado foi efetuado em razão do erotismo grosseiro e vulgar de que foi revestida a situação, e não em função dos diálogos".[7]

O medo da presença de homossexuais na trama aumentou quando surgiram dois costureiros, personagens completamente secundários que logo deixariam a história, para fazer o vestido de noiva de Porcina. De acordo com o parecer, ambos tinham "atitude ostensivamente efeminada, contrariando o que recomenda instrução normativa" da DCDP. As censoras ponderaram que o "exagero" das cenas constituía "uma espécie de sátira de tal comportamento", além da "brevidade do enfoque", o que tornaria possível a liberação para as 20h.[8] Pelo sim, pelo não, Coriolano achou prudente logo oficiar a Globo, mas sem deixar a verdadeira preocupação sair do armário: "No que diz respeito aos personagens Jurandir e seu secretário [os costureiros], solicitamos total observância das instruções normativas da DCDP".[9] No capítulo 40, foi cortada uma cena que insinuava levemente, sem contato físico, o envolvimento de Jurandir com um motorista de caminhão.[10]

Eram todos cortes exemplares da terceira e última fase da repressão da ditadura à cultura. No primeiro período (1964-8), quando *O berço do herói* foi censurada, buscava-se romper conexões entre a produção cultural de esquerda e as classes populares. No segundo (1969-78), o do veto a *Roque Santeiro 1*, o foco eram obras que pudessem mobilizar a classe média contra o governo. Já nesse terceiro momento, que teve início em 1979 e engloba também o ano de 1985 em razão da permanência da estrutura coercitiva arquitetada pelos militares, a Censura voltou-se mais diretamente à "moral e aos bons costumes". Diante da desagregação do regime, era uma tentativa de impor limites ao processo de mudança e uma faceta mais palatável para tempos de redemocratização do que a da censura assumidamente política. A instalação do Conselho Superior de Censura no início desse estágio, em 1979, buscara amainar o apelo de parte da sociedade e de veículos de comunicação pelo fim do controle cultural, colocando representantes de entidades civis, TVs e jornais para revisar a decisão dos censores. Ainda que tivesse um poder limitado pela presença de membros do governo e em razão da exigência de votações unânimes, o CSC dava um verniz mais "intelectualizado" à censura, ajudando a legitimá-la. Ao longo dessa fase final, a repressão à cultura foi gradualmente perdendo o viés policial de caça à oposição[11] — mas com idas e vindas que, aliás, marcariam todo o governo Sarney (1985-90).[12] Entre as "merecedências" das promessas e os "talqualmentes" das mudanças, o que se viu foi um tempo de muitos "considerandos".

A documentação da censura a *Roque Santeiro*, em 1985, expõe todos esses aspectos, da concentração na "moral e nos bons costumes" — sendo a questão sexual a preferida da tesoura — ao titubear da redemocratização, com censores ora se mostrando mais rígidos, ora mais liberais. A relação entre a TV e a Censura que marcara a ditadura, de contínua negociação e tensão, manteve-se durante a exibição da "novela da Nova República", com a Globo tendo de permanentemente solicitar a revisão de vetos. Fica claro que não passa de mito, assim como Roque Santeiro, a ideia de que a censura é uma arma de uso exclusivo das ditaduras.

O embate entre a emissora e os censores girava, às vezes, em torno de temas, digamos, prosaicos. Como no capítulo 53, quando foi determinado o corte de uma cena em que uma seringa com soro antiofídico é aplicada por um enfermeiro no Beato Salu (Nelson Dantas). O material havia sido deixado, por um capanga de Sinhozinho Malta, no hospital onde Salu estava internado, a fim de matá-lo. Isso porque o beato havia visto Roque e poderia revelar à cidade que o herói estava vivo. O objetivo do veto, segundo o parecer, seria "aliviar a tensão" da novela.[13] Isso obrigou a Globo a recorrer a Coriolano, argumentando que a aplicação da seringa "decorre de um acidente, ou seja, de um equívoco do enfermeiro, e não da tentativa de assassinato". Além disso, esclareceu a emissora, "Salu não morrerá". O recurso foi aceito.

A preocupação com a saúde do Beato Salu não era só dos burocratas da Nova República. O país inteiro estava grudado na novela. Depois de a revista *Veja* ter registrado o estouro de audiência das três primeiras semanas, a imprensa iria cravar, entre o final de julho e o mês de agosto, que *Roque Santeiro* era o maior fenômeno da história da televisão brasileira. Reportagens e mais reportagens traziam números, entrevistas com sociólogos, com a equipe de produção e com Dias Gomes.

No registro jornalístico não parecia haver um senão: falava-se em "unanimidade". A nação estava de joelhos para o falso herói, e jornais e revistas o saudavam como mártir da Nova República, como mostram trechos a seguir:

A NOVELA CONQUISTA O PAÍS
(*Folha de S.Paulo*, 31/jul./1985)
É um prato cheio para teses sociológicas sobre a permanência do mito no imaginário brasileiro. Nenhuma novela conseguiu, até o momento, forjar uma força catalisadora tão poderosa quanto *Roque Santeiro*, batendo por duas semanas consecutivas todos os recordes de audiência no horário [...]

Quem explica o sucesso [...] é o próprio "pai" da novela, proibida pela Censura da "Velha República" [... Dias Gomes]: "Por ironia, a Censura acabou 'ajudando' desta vez. Talvez agora seja a hora certa de *Roque Santeiro* ir ao ar [...]".

[Aguinaldo Silva:] "De certa forma, o grande sucesso de *Roque Santeiro* era esperado, porque o público reconhece, efetivamente, o Brasil na novela, através da figura do herói, mitificado por uma comunidade assolada pelo 'milagre brasileiro'".[14]

E O SUCESSO 10 ANOS DEPOIS
(*Jornal da Tarde*, 8/ago./1985)
[...] As perguntas, como não poderia deixar de ser, se voltam para as expectativas do escritor [Dias Gomes] na Nova República, que para ele é apenas uma "velha que fez plástica". Não nega, porém, que os tempos agora são de mais liberdade, tanto que *Roque Santeiro* está no ar [...]

Mas ninguém, na verdade, quer deixar o assunto política estender-se por muito tempo, e uma repórter de TV arrisca uma última e curiosa pergunta: "Dias, com quem fica o Sinhozinho Malta no fim da novela?".[15]

A FÓRMULA QUE TINHA TUDO PARA DAR CERTO
(*Folha da Tarde*, 8/ago./1985)

"O sucesso é como uma mágica, a gente não pode explicar, senão perde a graça." Dias Gomes diz que essa é a resposta que tem dado quando alguém lhe pergunta sobre o êxito da novela *Roque Santeiro*, que, depois de dez anos de censura, já alcançou, em dias alternados, o maior número de pontos de audiência no horário nobre das 20h.[16]

DIAS GOMES
(*Diário Popular*, 11/ago./1985)

[...] A novela *Roque Santeiro* atinge um dos maiores ibopes já conseguidos no horário das oito [...]

Além disso, Dias Gomes é um dos componentes da Comissão de Alto Nível do Ministério da Justiça responsável pelo sepultamento da censura no país. Como se vê, motivos não faltam para a euforia desse autor [grifo nosso].

[...] "Algumas das sugestões dessa comissão já foram aceitas e já estão sendo adotadas. Dentre algumas que podem ser aceitas está a transformação da Censura em um órgão classificatório de espetáculos — de acordo com a faixa etária — e a extinção do Conselho Superior de Censura, além da criação do Conselho Superior da Liberdade de Expressão.[17]

MANIA NACIONAL
(*IstoÉ*, 14/ago./1985)

Em suas primeiras semanas, a novela Roque Santeiro *alcança índices de audiência que as outras só conseguem no final*

As noites atribuladas do empresário e playboy paulista Chiquinho Scarpa, 33 anos, não atrapalham sua mais recente mania: assistir a todos os capítulos da novela Roque Santeiro [...]

O escritor e jornalista mineiro Roberto Drummond, 48 anos, que até hoje não perdeu um só capítulo de *Roque*, teve até que mudar o horário da ginástica que faz com a filha Beatriz, treze anos. Ela o acompanha. "Minha filha curtia rock'n'roll, agora curte *Roque Santeiro*."

Em Brasília, o presidente José Sarney não se conteve: telefonou ao ator Paulo Gracindo para elogiar o seu padre Hipólito, fiel representante da igreja tradicionalista em Asa Branca, a terra de Roque Santeiro. Até o progressista d. Paulo Evaristo Arns, cardeal-arcebispo de São Paulo, diverte-se com as rabugices do velho padre. E, quando perde um capítulo, é acudido por irmã Lourdes, uma de suas auxiliares, que lhe conta as últimas fofocas. No Rio, o historiador marxista Nelson Werneck Sodré, 74 anos, que considera a televisão uma "imbecilização em massa", mudou de time: agora se reúne com a família para ver *Roque Santeiro*.

Difícil, na verdade, encontrar quem não veja o maior sucesso da carreira do novelista Dias Gomes e da história da Rede Globo. Daí os fantásticos índices de audiência. Na quinta-feira, 1º de agosto, por exemplo, no Rio, noventa pontos para a novela das oito — o que significa dizer que, exatamente às 20h30 daquela noite, 97,8% de todos os aparelhos ligados na Grande Rio sintonizavam *Roque*, marca absolutamente inédita para um 34º capítulo.

Em São Paulo, onde as novelas conquistam sempre de dez a quinze pontos inferiores aos cariocas, *Roque Santeiro* atingiu 85 pontos na segunda-feira, 15 de julho, isto é, 92,4% de todos os televisores ligados na Globo naquela noite.

O recorde nacional de audiência, até a quarta-feira passada, estava com Salvador: 94 pontos no dia 1º de agosto, o que chega bem perto de 100% dos aparelhos ligados. Índices como esses, até então, só tinham sido alcançados nos dez últimos capítulos das mais bem-sucedidas produções da Globo — como *Irmãos Cora-*

gem, *Selva de pedra* e *Pai herói*, todas de Janete Clair. Extrapolando os índices das capitais para todo o país, o diretor-executivo do Ibope, Carlos Augusto Montenegro, 31 anos, não hesita em afirmar: "Dos 18 milhões de domicílios com aparelhos de TV no Brasil, 80% — mais de 14 milhões — estão ligados em *Roque Santeiro*". [...]
Espelho do Brasil, a Rede Globo parece nunca ter refletido tão nitidamente as várias nuances do caráter nacional. "Roque Santeiro foi a maneira que a Globo encontrou de marcar a passagem da Velha para a Nova República" [grifo nosso], explica Paulo Ubiratan [...].

"Criou-se uma verdadeira neurose diante do sucesso", observa Dias Gomes. "O índice de audiência atingiu pontos tão altos que todos estão apavorados com medo da queda." [...]

"Essa novela é um bendito deboche, que nos conduz a uma revisão crítica de toda a nossa atitude diante do povo", acredita o ministro da Desburocratização, Paulo Lustosa, quarenta anos, que se considera uma "macaca de auditório" de Dias Gomes. Para o ministro, *Roque Santeiro* faz uma apreciação crítica da sociedade brasileira, do comportamento das elites e dos vícios do processo político. E mostra também a exploração da crendice popular e a industrialização da esperança do povo. "A televisão brasileira sempre foi alienante. Essa novela repõe a realidade dentro da televisão", diz o historiador marxista Nelson Werneck Sodré.[18]

UM TERÇO DO PAÍS DE OLHO NA TV
(*IstoÉ*, 14/ago./1985)

Nunca tantos brasileiros riram juntos como agora: com a média — altíssima para início de novela — em torno de oitenta pontos na semana passada, *Roque Santeiro* está cutucando cerca de 43,2 milhões de pessoas, um terço da população do país. Além do ineditismo e de alcançar audiências só registradas nas semanas finais de uma novela, o Ibope identificou também em *Roque* um fato novo: em São Paulo, onde um mercado fortemente competitivo dá à Globo índices sempre muito inferiores aos do Rio de Janeiro, a audiência tem encostado nos números cariocas e ultrapassado em muito a média normal da cidade para o horário, que ficava sempre entre 50% e 60% dos domicílios com televisores e, agora, está em torno de setenta pontos [...].

Os números apontam picos de audiência espantosos nas oito grandes cidades em que trabalha o Ibope: 94 pontos em Salvador, 91 em Brasília, noventa no Rio, 86 em Curitiba, 85 em São Paulo, 84 em Porto Alegre e 79 em Belo Horizonte [...]

"Nunca houve na TV nada mais parecido com o Brasil", argumenta Montenegro, que prevê para *Roque Santeiro* um final apoteótico, com índices capazes de barrar os mais altos até hoje registrados: a chegada do homem à Lua e a vitória do Brasil na Copa do México. Nestas duas vezes — e só aí — o Ibope registrou 95 pontos, o que significa 100% do total de televisores ligados.[19]

A associação entre *Roque Santeiro* e a volta da liberdade rendeu até uma provocação a Dias Gomes. Em 6 de agosto, Ruy Castro publicou em sua coluna na Ilustrada, da *Folha de S.Paulo*, uma foto em que o dramaturgo está em um dos eventos de "descensura", à frente de uma faixa em que se lê "Adeus, Censura; começou a Nova República", acompanhado de Bernadeth Lyzio, 22, sua nova namorada, quarenta anos mais nova que ele (com quem iria se casar e ter duas filhas). Abaixo da imagem, uma nota com o título "Liberdade para Dias Gomes" afirmava:

> A "Nova República" está rendendo belos dividendos de liberdade para o dramaturgo e novelólogo Dias Gomes. Sua novela *Roque Santeiro* está finalmente no ar pela Rede Globo, depois de ter sido proibida há dez anos pela "Velha Censura". Sua peça *Amor em campo minado*, que passou catorze anos trancada nas gavetas, foi um sucesso no Rio e estreia quinta-feira em São Paulo. E, como se não bastasse, sua nova liberdade lhe permite ser visto nas festivas comemorações pela recém-adquirida liberdade de expressão, ao lado da gatésima Bernadeth, 22 anos — sua fã desde o tempo em que usava coppertone na praia e era obrigada a ir dormir sem poder ver a novela das oito.[20]

Em um ano em que a revista *Veja* publicou a quase totalidade de suas capas sobre a política ou a economia do país (39 das 53, ou seja, 73%), *Roque Santeiro* foi uma das quatro sobre cultura, sendo a única a respeito de televisão. As outras culturais foram Rock'n Rio (2/1), os Menudos (6/3) e o filme *Amadeus* (26/6).[21] Para a capa foi escolhida uma foto de Sinhozinho Malta prestes a beijar Porcina e o título "*Roque Santeiro* — Como é feita a novela de maior audiência da história". Foram sete páginas de reportagens. O texto tem pormenores da produção e até entrevista com figurantes, que "se benzem e chegam a rezar" na igreja cenográfica. O tom é de absoluto elogio à novela, que até durante a "barriga" (a parte intermediária da história, quando a audiência normalmente registra queda) conseguia "espantosos" 74 pontos de média, atingindo perto de 80% dos aparelhos ligados no horário, ou seja, 60 milhões de espectadores. Entre eles, relata *Veja*, até Armando Falcão, que era ministro da Justiça em 1975 e proibira a novela de ir ao ar, "para hoje acompanhá-la assiduamente". A revista menciona paralelos com a realidade nacional, do enredo a detalhes do cenário. No gabinete do prefeito Flô (Ary Fontoura), por exemplo, um quadro com a imagem de d. Pedro I e um porta-livros imitam objetos da sala do presidente José Sarney. Já a cena em que várias pessoas rezam diante da Santa Casa de Asa Branca para a recuperação de Beato Salu era uma paródia do que havia se dado durante a agonia de Tancredo Neves no Instituto do Coração, em São Paulo. "Ao rir de Asa Branca, o Brasil na verdade está rindo de si mesmo", sentenciou José Wilker na reportagem.[22] Na ficção, a reza do povo funciona, Salu "ressuscita" e surge na praça no momento em que Albano, o padre progressista, iria revelar à cidade que Roque estava vivo. Ao ver o Beato, a população atribui sua cura a mais um milagre de Roque Santeiro, e Albano acaba aceitando que o mito era mais forte do que a verdade.[23]

Nessa e em várias outras reportagens, *Roque Santeiro* foi exaltada como um espelho do país, refletindo figuras centrais daquele tempo e a decepção com a sobrevivência de velhas práticas, ofuscadas pelo mito da Nova República. Se Porcina era a viúva sem nunca ter sido, Sarney era o presidente sem nunca ter sido. Se Roque, morto, tornou-se mito, assim se passara com Tancredo Neves.[24] Diante de tantas comparações, Dias Gomes brincou em uma entrevista: "A minha sorte é que escrevi essa novela há dez anos, porque senão iam dizer que eu estava sacaneando o Tancredo...".[25]

Na década de 1980, as telenovelas, além de ótimos resultados no Ibope, iriam se legitimar diante da sociedade pela abordagem de temas políticos e da crítica social.[26] Foi exatamente isso que constatou uma pesquisa qualitativa de *Roque Santeiro* encomendada pela Globo. Realizada no formato de *discussion group* (grupo de discussão), com telespectadoras entre 25 e 45 anos, mostrou que o sucesso tinha a ver com o tom de sátira, o ritmo, o entrosamento entre o elenco e os personagens e com a ideia de que não assistir à novela *"parece estar sendo indício de alienação cultural"* [grifo nosso].[27]

Mais uma ironia da passagem da ditadura para a democracia: alienado era quem não via novela.

18. TÔ CERTO OU TÔ ERRADO?

A AUDIÊNCIA DE *ROQUE SANTEIRO* TAMBÉM SEGUIA em alta nas exibições dos capítulos feitas previamente aos censores, que não estavam gostando nada da quantidade de cenas de adultério. No lote dos capítulos 55, 56 e 57, analisados em conjunto, Izabel Azevedo e Yêda Lúcia Netto Campos assinalaram quatro problemas: o beijo entre Lulu (esposa de Zé das Medalhas) e Roque, a perseguição do lobisomem a Ninon, a ameaça de suicídio de Amparito (amante do prefeito) e a rápida aparição de dois travestis. A censora superior a elas, Maria Aurineide Pinheiro, liberou os três últimos, mas concordou com o veto ao beijo entre Lulu e Roque.

Mais adiante, no capítulo 64, outro beijo cortado, desta vez entre o cineasta Gerson do Valle (Ewerton de Castro) e a atriz Linda Bastos (Patrícia Pillar), casada com Tito (Luiz Armando Queiroz).[1] A Globo escreveu a Coriolano pedindo o cancelamento do corte, "tendo em vista que o arroubo apaixonado de Gerson não vai além do beijo forçado que ele dá em Linda e que motiva a sequência de cenas cômicas". O chefe da DCDP acolheu o recurso.

Um bloco de doze capítulos seguiu livre depois disso, do 65 ao 76. Até que foi eliminada uma cena inteira do 77, que mostrava Roberto Matias (Fábio Jr.) e a ex-esposa (Elisângela) na cama, seminus, "caracterizando que mantiveram relacionamento sexual", conforme apontou o parecer.[2] Depois, no 81, Dondinha (Cristina Galvão) se despe para se oferecer a João Ligeiro (Maurício Mattar), que diz não a querer, nem a nenhuma outra mulher. Corte.[3] No 91, as censoras implicaram com o diálogo em que Dona Pombinha (Eloísa Mafalda) diz a Flô (Ary Fontoura) que a filha deles, Mocinha (Lucinha Lins), está tão mudada que, "imagina, está usando até desodorante íntimo!".[4] No capítulo 93, eliminaram um beijo entre

Lulu (Cássia Kiss) e Ronaldo (Othon Bastos), que fora casado com a dona da boate, "por caracterizar infidelidade conjugal, colocada de forma justificável para o público",[5] visto que ela era rejeitada sexualmente, além de agredida pelo marido, Zé das Medalhas.

Na leva a partir do capítulo 90, a tesoura correu solta, principalmente no adultério. Foram suprimidas cenas de beijo entre Lulu e Ronaldo mais uma vez no capítulo 94 e entre Gerson e Linda no 95.[6] Deste último, novamente, a Globo decidiu recorrer, agora com o argumento de que a novela, em razão do horário eleitoral gratuito, estava começando às 21h. Não convenceu Coriolano. Ele respondeu que "a abordagem da infidelidade conjugal extrapola o horário previsto para a exibição, mesmo que circunstancialmente tenha sido alterado para após as 21h".[7] E seguiu cortando o tema. No capítulo 96, foi riscada também uma fala de Roque dizendo que as prostitutas existem "porque alguém precisa delas": "Se Deus permite que elas vivam, que elas trabalhem...". Foi proibida por emitir "juízo de valor deturpado acerca de prostituição". E uma curiosa distinção foi feita pelas censoras no capítulo 97: vetaram a frase "Joga bosta no ventilador", mas deixaram passar o termo "cocozinho", "porque foi dito de forma menos incisiva e desprovida de agressividade".[8]

Até a apreciação do 109, ou seja, de mais da metade da novela, que teve 209 capítulos, a Censura parece ter funcionado como se nada houvesse mudado no país desde a ditadura, mesmo com Boni ligando "praticamente todos os dias" para reclamar com o presidente Sarney, e de ele sempre responder: "Tem que acabar com isso, tem que desmontar, vou falar com o Marco Maciel...".[9]

As censoras que avaliaram os capítulos 107, 108 e 109 sugeriram à chefia que alertasse a Globo sobre o clima de "certa angústia e tensão" que envolvia as cenas das tentativas de assassinato a Roque, a mando de Sinhozinho Malta.[10] Em 22 de outubro, Coriolano escreveu à emissora que essa trama exigia "cuidados especiais" da Censura e solicitou "comedimento, de sorte a serem evitados 'cortes' [aspas no original] e a consequente mutilação da obra".[11] Seria o último ofício sobre a novela encaminhado à emissora, de acordo com a documentação guardada no Arquivo Nacional. A relação entre a DCDP e a Globo mudou quando, finalmente, a imprensa noticiou a ação da tesoura.

A coluna Radar, da revista *Veja*, publicou, na edição de 23 de outubro, uma nota com o título "Censura mutila *Roque Santeiro*", reproduzida a seguir:

> Vários capítulos da novela *Roque Santeiro*, entre os quais os de número 95 e 96, que foram ao ar pela Rede Globo nos últimos dias 12 e 14, sofreram cortes da Censura Federal em Brasília. Fundamentados na tese de que não devem ser mostradas cenas de infidelidade conjugal explícita, os cortes mutilaram momentos mais calorosos entre Lulu (Cássia Kiss) e Ronaldo (Othon Bastos) e entre Linda Bastos (Patrícia Pillar) e Gerson do Valle (Ewerton de Castro). Segundo o teatrólogo Dias Gomes, autor de *Roque Santeiro*, a ação da Censura mostra que "a Nova República é uma velha que fez plástica". O atual responsável pelo roteiro da novela, Aguinaldo Silva, espanta-se com o silêncio dos intelectuais. "Eles parecem ter perdido o senso crítico", lamenta. "Se isso acontecesse no governo anterior, estariam todos protestando."[12]

No dia seguinte à publicação da nota, Coriolano foi convocado para uma reunião com Fernando Lyra. O ministro proibiu cortes e reafirmou que a Divisão de Censura de Diversões Públicas deveria funcionar como órgão classificatório. Se não fosse possível negociar com os produtores, a DCDP deveria simplesmente classificar a obra para outro horário. Mas determinou que as cenas consideradas "muito pesadas" fossem enviadas a ele. Coriolano resumiu o encontro à *Folha de S.Paulo*: "Foi uma tremenda bronca". Lyra estava "tremendamente irritado" com os cortes a *Roque Santeiro*, "por entender que a Censura havia acabado no evento do Teatro Casa Grande, em julho". O chefe da DCDP disse que "ele não quer que isso se repita enquanto estiver no Ministério da Justiça".

Horas antes da bronca, Coriolano almoçara com Dias Gomes em Brasília para "acertar os ponteiros". Aconselhara o dramaturgo a baixar o tom nas cenas de adultério. Os adúlteros não poderiam estar na cama e a sequência não deveria ter nada que insinuasse que estiveram por lá. Já os beijos, antes vetados, seriam liberados. "Um simples beijo, por exemplo, não caracteriza adultério", sentenciou o censor.

O relato dos encontros em Brasília foi publicado no dia seguinte em uma reportagem no alto de uma página da Ilustrada, na *Folha*, com o título "Beijo, o limite da Censura na novela".[13] O texto se concentrava nos cortes recentes, do capítulo 95 ao 98 — adultério, "bosta no ventilador" e prostitutas permitidas por Deus —, dos quais reproduzia quatro cenas vetadas. Não falava da ocorrência frequente de problemas com a DCDP desde o início da exibição. Dias Gomes deu entrevista dizendo se sentir "tapeado" pelo ministro, pois pensava que a censura realmente iria acabar a partir do evento no Teatro Casa Grande. "É claro que não tomei as palavras do Lyra ao pé da letra, mas ele disse que a Censura, em vez de castrar e cortar, apenas classificaria os programas na TV por horários. Agora estou estranhando o código de valores dos censores, arcaicos, de uma moral burguesa totalmente ultrapassada", afirmou. "Se uma mulher vive com um homem que a espanca, é uma situação imoral. Se ela procura outro para ser feliz, a situação é moralizante [...]. Dizer que ela é adúltera é uma ideia arcaica." O autor condenou a falta de critérios: "Permitem que a Pombinha (Eloísa Malfada) chame as meninas de piranhas toda hora, mas o Sinhozinho não pode dizer 'bosta'? Absurdo também". E aproveitou para tentar se vacinar contra uma temida e já esperada interdição no relacionamento entre o padre Albano (Cláudio Cavalcanti) e Tânia (Lídia Brondi): "Em plena década de [19]70, fiz [a novela] *Assim na terra como no céu*, onde Francisco Cuoco era um padre que se apaixonava e largava a batina. Só quero ver se agora, na 'Nova República', vão proibir a paixão do padre Albano".[14]

A bronca de Lyra em Coriolano teve efeito imediato, e todos os capítulos analisados a partir daí foram liberados sem cortes. Mas não sem o protesto dos censores. O que se observa nos pareceres que se seguiram é uma verdadeira guerra fria na DCDP. Os primeiros capítulos examinados após a determinação do ministro foram o 110 e o 111. No 110 havia um flashback com o beijo entre Ronaldo e Lulu, cortado anteriormente. A estratégia de mostrar a cena como uma lembrança havia sido combinada no almoço entre Dias Gomes e Coriolano. Foi uma forma de levar ao ar algo antes censurado para marcar a mudança de posição do governo. O capítulo 111 continha uma "cena de adultério e de relacionamento sexual anormal entre Ninon e Feijó [Maurício do Valle]". Yeda Lúcia Netto Campos e Maria das Graças

Sampaio Pinhati determinaram cortes nos dois casos. Chefe das duas, Maria Aurineide Pinheiro concordou e encaminhou à consideração de seu superior, Raimundo Eustáquio de Mesquita. Ele achou o conteúdo "demasiadamente forte" e remeteu a Coriolano que liberou tudo.

A partir do capítulo 112, as censoras passaram a apontar cenas que consideravam "inadequadas", sem dizer diretamente que estavam propondo corte e encerrando os pareceres sempre com "à sua consideração". No lote entre o 112 e o 115, Maria Aurineide Pinheiro despachou para sua chefia, concordando com as "inadequações", mas sem falar em veto. Eram as mesmas de sempre, cenas de adultério e de violência. O visto de seu superior, Raymundo Eustáquio de Mesquita, é uma mensagem a Coriolano que mostra o clima de resistência na DCDP:

> Sr. diretor,
> Os capítulos ora examinados, conforme depreendemos do parecer nº 5002 e do despacho da chefe do SCTR [Maria Aurineide Pinheiro], portam situações consideradas inconvenientes para as 20 horas [...].
> Segundo orientação de V. Sa., baseada em determinação do Excelentíssimo senhor ministro da Justiça, de que a censura de telenovelas deve ser apenas classificatória, levamos à consideração a liberação dos capítulos apreciados para o referido horário.[15]

Coriolano colocou seu carimbo abaixo da mensagem e sobre ele redigiu: "Liberar, sem os cortes". Entre o 116 e o 118, a própria Maria Aurineide Pinheiro achou por bem já propor a liberação. Em sua consideração, escreveu de uma forma que pode apontar um ato falho ou mesmo um protesto velado contra aquela permissividade:

> Conforme parecer nº 5008/85, os capítulos 116, 117 e 118 da telenovela *Roque Santeiro* poderão ser liberados para o horário estabelecido, ou seja, 20 horas, *todavia* [grifo nosso], no capítulo 118, foram assinalados, no script, as páginas:
> 2 — Comentário de Lulu sobre o relacionamento com Ronaldo;

8, 9 — Cena de Zé das Medalhas tentando o suicídio.
Tais situações poderão ser liberadas por não apresentarem maiores implicações.[16]

Com o "todavia", aparentemente mal empregado, ela apontava o que considerava impróprio sem afirmar isso com todas as letras. No parecer seguinte, sobre os capítulos 119 e 120, seria mais direta. Ratificou as "inadequações" assinaladas pelas censoras, um diálogo sobre carência sexual e a troca de beijos e carícias entre Ninon e Feijó, "caracterizando um relacionamento doentio da jovem, que exige de seu parceiro a simulação de atitudes animalescas". E fez questão de anotar: "Tais passagens, semelhantes às já exploradas nos capítulos 111 e 112, foram liberadas pelo sr. diretor da DCDP, assim sendo, considero-as passíveis de liberação".[17]

A partir do capítulo 121, analisado em 5 de novembro, os pareceres começaram a fazer resumos dos capítulos, apenas anotando, sem comentar, cenas que antes seriam apontadas como inadequadas, como a do striptease de Ninon, a do encontro amoroso entre Lulu e Ronaldo e a da atração entre o padre Albano e Tânia. Decidia-se então pela liberação, "seguindo a linha dos anteriores". Mas algo quebrou essa rotina "liberal". No 174, o padre Albano decide viver com Tânia, sem abandonar o clero. As censoras alertaram seus superiores. Maria Aurineide deu seu visto deixando "à consideração" da chefia, que era interinamente ocupada por Maria Lívia Fortaleza, no lugar de Raymundo Eustáquio de Mesquita. Esta sublinhou que a "situação é contrária aos princípios éticos religiosos" e sugeriu que fosse feita "remontagem, pois poderá gerar conflito entre o clero". Corte, então, ganhava o apelido eufemístico de remontagem.

Coriolano seguia firme: "Libere-se sem cortes", assinalou.

A guerra fria se acirrou no capítulo 181. As censoras anotaram duas "inadequações". A primeira era uma fala de Gerson a Tito: "Pega uma vela daquelas bem compridas, sabe? E resolve o teu problema". Entre parênteses, havia a explicação: "(Sugestão para introduzir no ânus)". Na segunda, Sinhozinho Malta diz: "É seu Roberto Matias que bota ele pra comer pedra... enquanto ele come outras coisas..." [grifo original]. Em seguida, o esclarecimento das técnicas: "(Referência ao relacionamento sexual)".

Maria Aurineide concordou com a liberação do capítulo, com "exceção das falas maliciosas, de cunho grosseiro". E escreveu "À SUA CONSIDERAÇÃO", usando, pela primeira vez, todas as letras maiúsculas. Coriolano entendeu o recado e respondeu à altura: "Para liberar sem as supressões (artigo 3º, § f, do decreto nº 20493/46)".[18]

O decreto citado é aquele feito logo após o fim do Estado Novo, em 1946, o mais utilizado pela Censura da ditadura militar e que justificaria as proibições de O berço do herói e da primeira versão de Roque Santeiro. Agora, por ironia do destino, era escalado para liberar um "come outras coisas" e um "pega uma vela bem comprida e resolve o seu problema". A alínea "f" do artigo 3º, mencionada por Coriolano na resposta a Maria Aurineide, determina que compete ao chefe da Censura "avocar, para os efeitos de revisão, qualquer matéria afeta às deliberações dos censores, inclusive a já censurada, quando haja manifesto desacordo entre os atos do censor e os preceitos regulamentares e instruções transmitidas". Se o chefe da DCDP levara uma bronca do ministro, agora a retransmitia aos subordinados por escrito.

Um último suspiro censório viria de Maria Angélica R. de Resende, alertando novamente sobre o desejo do padre Albano de viver maritalmente com Tânia, no capítulo 188, mas Coriolano carimbou: "Para liberar em versão integral".[19]

Na imprensa, a censura praticamente sairia de cena após o acerto entre Lyra, Coriolano e Dias Gomes. Na edição seguinte à da reportagem "Beijo, o limite da Censura", a Folha publicaria outra matéria sobre Roque Santeiro, indicando para onde o noticiário se encaminharia: "No fim, Roque mata Navalhada".[20] Com o país absorvido pela história, os jornais tratariam de tentar antecipar o que aconteceria nos últimos capítulos. A reportagem ainda faria conexões entre o enredo e a Censura: "A mentira de que Roque foi morto [...] por defender a igreja vira verdade. Ele se transforma realmente no salvador de Asa Branca [...]. O fim da censura também virou verdade, após a intervenção do ministro Fernando Lyra, e esta impressão de realidade [...] garante o sucesso de Roque Santeiro". Dias Gomes reafirmou que "o Brasil não pode viver sem mitos", o que foi comprovado, segundo ele, pelos cortes à novela, que desmascararam "o mito do fim da censura": "A 'Nova República' é um mito, Tancredo Neves era um mito, o milagre brasileiro foi outro mito. Infelizmente vamos precisar de muitos mitos ainda. É uma maneira de se agarrar a esperanças". O texto segue com um otimismo sarcástico, afirmando que, "agora, o mito do fim da censura voltou a vigorar, por ordem expressa do ministro da Justiça".[21]

Mas o fim da censura era um mito ainda mais fajuto do que Roque Santeiro. Com o sucesso da novela, um empresário se interessou em montar a peça *O berço do herói*. Conforme relatou Dias Gomes à *Folha*, em 9 de novembro, "foi desaconselhado por militares": "A peça discute o mito do herói de guerra e os militares não admitem isso [...]. Mas espero um dia vê-la em cartaz".[22] Isso só aconteceria em 25 de outubro de 1996, mais de três décadas após a interdição por Lacerda, quando a peça finalmente estrearia profissionalmente, em forma de musical, dirigido por Bibi Ferreira e com o nome mudado para *Roque Santeiro*.[23]

Na fase final da novela, o que virou notícia, além das especulações sobre o desfecho, foi o desentendimento entre Dias Gomes e Aguinaldo Silva. Os colaboradores, Marcílio Moraes e Joaquim Assis, havia muito vinham tendo de botar panos quentes em discordâncias dos dois sobre o rumo da história. Uma delas se dera em torno da cena em que o Beato Salu sai do coma e aparece na praça, o que é considerado pelo povo mais um milagre de Roque e faz com que o padre Albano desista de contar à cidade que ele estava vivo. A novela não havia chegado à metade, estava no capítulo 87, mas Aguinaldo achava que se esgotara o argumento original da necessidade de crença em um mito. Defendia que a verdade fosse revelada e que o enredo passasse a girar em torno da reconstrução de Asa Branca sem o seu falso herói. Dias estava na Europa, mas Marcílio Moraes e Joaquim Assis defenderam a sua posição de manter o mito até o fim. Aguinaldo acabou cedendo.

O que mais incomodou Dias Gomes, no entanto, foi o fato de Aguinaldo ter começado a aparecer muito na imprensa falando sobre a novela, inclusive a respeito do final da história. Além de discordar desse tipo de antecipação, que tempos depois seria chamado de *spoiler*, Dias acreditava que o encerramento deveria ser decidido por ele, até porque isso já estava previsto na sinopse. No resumo original, Roque seria morto, como o Cabo Jorge de *O berço do herói*.

A dois meses do final de *Roque Santeiro*, a Globo teve de intervir. Boni foi acionado para informar Aguinaldo que o final ficaria nas mãos de Dias Gomes. Houve uma tentativa de disfarçar a briga, com a sugestão de que Aguinaldo dissesse oficialmente que decidira entregar os últimos capítulos ao colega como uma homenagem. Mas nenhum dos dois tinha personalidade para tanta encenação. Aguinaldo deixou o trabalho antes mesmo do combinado. Dias o retomou a partir do capítulo 162 e optou por mudar o fim: Roque sobrevive e concorda em deixar a cidade, que seguirá vivendo em torno do falso herói.

O duelo tornou-se público, com Aguinaldo declarando que, "na ficção, Roque Santeiro pode até vencer, mas na vida real Sinhozinho Malta sempre triunfa". As provocações iriam esquentar ao longo dos anos. Dias acusaria o adversário de ser uma "pessoa feia por dentro e por fora" e receberia como resposta que "usava dentadura e aquela peruquinha ridícula de Gepeto".[24] Os dois disputariam as porcentagens de direitos autorais. Dias queria 60% para ele, 30% para Aguinaldo e 10% para os colaboradores. A Globo acabaria acatando a proposta de Aguinaldo: 40% para cada um dos dois e 20% para Marcílio Moraes e Joaquim Assis.

De volta ao comando dos roteiros e aos holofotes, Dias foi o entrevistado da edição de dezembro da *Playboy*. Em uma conversa que ocupou doze páginas e que tratou desde o longínquo início da carreira até a vida sexual com a nova namorada, falou-se brevemente sobre a censura na Nova República:

> [Mudou] Muito pouco. Todo mundo esperava que não houvesse mais censura alguma, e isso não ocorre. Pelo simples fato de os censores serem os mesmos ainda, com as mesmas cabeças. Por mais que o ministro da Justiça, Fernando Lyra, tenha declarado no Teatro Casa Grande a extinção da censura — aliás, contando com a minha presença na mesa, pois faço parte da comissão encarregada de estudar a questão da censura e apoiei a ideia de uma classificação, apenas, de peças, filmes e livros —, a censura continua. Passa o *Roque Santeiro*, passa o *Amor em campo minado*, mas a censura continua usurpando frases, trechos, cenas.[25]

No final de novembro, pouco antes da publicação dessa entrevista, um episódio chamara a atenção para a complexidade do tema. A exibição, na TV Bandeirantes, do filme *O último tango em Paris*, do diretor Bernardo Bertolucci — classificado pela DCDP para maiores de dezoito anos —, foi proibida pelo Juizado de Menores paulista. A decisão se baseou no Código de Menores, de 1980, que vetava a apresentação, em televisão, de programas inadequados para menores de dezoito anos, regra que havia sido incluída na proposta para a nova legislação censória feita pela comissão da qual Dias Gomes fazia parte.

Em 14 de dezembro, a Ilustrada publicou uma reportagem acompanhada de curiosa charge do cartunista Glauco, na qual um repórter pergunta a um juiz: "E a tesoura? Ainda continua?", a que o magistrando responde: "Não, agora é só cortador de unha", exibindo o objeto. Na matéria, há uma passagem elucidativa:

> A proibição [da exibição do filme na TV], além de demonstrar o fôlego do ideário moralista e conservador em regiões como São Paulo, consideradas modernas e liberais, chamou a atenção para um fato de que poucos haviam se dado conta: *os dispositivos de censura no Brasil não estão concentrados da Divisão de Censura da Polícia Federal. Há, legalmente, um exército auxiliar, formado pelos juízes de menores* [grifo nosso].[26]

Aí estava um nó difícil de desatar mesmo após a Constituição de 1988, que acabaria oficialmente com a censura do Estado, transformando a proposta de classificação etária em lei. A "judicialização" do cerceamento à cultura recrudesceria nos anos democráticos, com o martelo de juízes muitas vezes lembrando a caneta da ditadura.[27] O esteio dessa repressão via Poder Judiciário seria o mesmo de quando o controle era diretamente exercido pelo governo: o apoio da sociedade ou ao menos de uma parte dela. *Roque Santeiro* estava no ar havia três meses quando Sarney recebeu uma carta de uma mulher que reclamava de propaganda de televisão com nudez feminina: "Essa abertura da Censura, acho que é só para se tratar de política, mas pelo que estão entendendo, pensam eles que caiu [a censura à] moral e [aos] bons costumes".[28] Em 1986, ano do encerramento da novela, chegou ao presidente um abaixo-assinado com 40 mil assinaturas da "Campanha nacional contra o erotismo e a pornografia nos comerciais e novelas exibidos na TV", que defendia uma "Nova República liberal, não libertina".[29]

Em 5 de fevereiro, a poucos dias do último capítulo, Sarney, pressionado pela Igreja católica e por manifestações de grupos sociais, como uma passeata de mulheres em Belo Horizonte, proibiu a exibição de *Je Vous Salue, Marie*. O filme, do franco-suíço Jean-Luc Godard, faz um paralelo entre a história da mãe de Jesus e a de uma moça chamada Maria. Ela engravida, mas seu filho, de nome Jesus, não é de seu namorado, José.

Se os cortes a *Roque Santeiro* haviam sido discretamente registrados na imprensa, a proibição ao longa-metragem teve repercussão bombástica, com uma cobertura de tom fortemente crítico, fazendo definitivamente cair o manto do mito do fim da censura. Em um editorial com o título "Triste país", a *Folha* opinou que, com essa proibição, "toda a farsa da Nova República cede lugar à violência contra o que é um direito elementar dos cidadãos". "Censurando o filme, o presidente Sarney conseguiu fazer a 'Nova República' pior — isto é, mais frágil, mais falsa, mais ridícula — do que sempre foi", atacou o jornal. "Humilhou os cidadãos, tratando-os como se fossem incapazes de decidir, por eles mesmos, o que devem ou não ver."[30]

A drástica decisão de Sarney culminou com a saída do ministro Lyra, declaradamente favorável à liberação da obra. Ele foi substituído por Paulo Brossard, que assumiria uma postura mais conservadora. No calor da repercussão, Coriolano, também contrário à proibição do filme, concedeu entrevista à Ilustrada em que denunciou que o SNI controlava a DCDP.[31] Fazia mais de uma década que a censura a *Roque Santeiro* ocorrera após o Serviço Nacional de Informações ter descoberto, por meio do grampo ilegal do telefonema de Dias Gomes, a conexão entre a novela e a peça *O berço do herói*. Com esse desabafo de Coriolano, o vínculo entre os dois aparelhos da ditadura tornava-se público.

O SNI, aliás, ainda produziria documentação envolvendo Dias Gomes até o ano da extinção do órgão, em 1990, no governo Collor. Após os oito informes gerados em 1985, seriam quatro em 1986, um em 1987, quatro em 1988 e um último em 1990. A temática seguia a mesmíssima da ditadura, como a ajuda do autor para produzir propaganda eleitoral do PCB[32] e uma viagem a Cuba.[33] Curiosamente, em novembro de 1987, registrou a publicação de reportagem da *Veja*, "SNI: o retrato do monstro de cabeça oca", sobre a revelação do jornalista Ayrton Baffa, de *O Estado de S. Paulo*, de arquivos produzidos pelo SNI na ditadura, entre eles o do grampo a Dias Gomes. O monstro de cabeça oca colocaria o teatrólogo sob vigilância, pela última vez, em 13 de fevereiro de 1990, pouco mais de um mês antes de ser extinto, ao relatar que ele, "militante do PCB" e com "antecedentes negativos", pedira autorização para viajar. Não a Cuba, à União Soviética ou à China, mas aos Estados Unidos.[34]

Outro monstro de cabeça oca, a Divisão de Censura iria, entre 1985 e o início de 1987, cortar 261 letras de músicas e vetar outras 25, fora as tesouradas frequentes às novelas, com uma equipe que ganharia novos quadros em 1986, somando 220 técnicos.[35]

Dias Gomes ainda enfrentaria dois episódios marcantes após *Roque Santeiro*. A Censura ficaria de cabelo em pé com *Mandala*, escrita por ele, em parceria com Marcílio Moraes, e exibida pela Globo entre outubro de 1987 e maio de 1988. A novela era inspirada em *Édipo Rei*, de Sófocles, em que Édipo mata o pai e se casa com a mãe, Jocasta, sem saber que era filho deles. Na TV, Édipo foi interpretado por Felipe Camargo; Jocasta, por Vera Fischer. A sinopse, vetada, só seria liberada com uma carta da Globo à Censura se comprometendo a não exibir o incesto. O texto citava a proibição a *Roque Santeiro*: "Não podemos arriscar-nos a produzi-la para outro horário que não o das 20h30, ou ficar na dependência de sua liberação como aconteceu com *Roque Santeiro* em 1975, quando perdemos trinta capítulos prontos para a transmissão".

Os entraves não seriam apenas morais. Censores ressaltariam questões políticas, como a menção a personagens comunistas e anarquistas, à polícia política e aos militares. "A estória entrará por vezes no âmbito das ideologias políticas (principalmente das chamadas alas esquerdistas), assim como trará à tona fatos decisivos à mudança política ocorrida após a renúncia de Jânio Quadros e comportamentos deploráveis do período revolucionário, principalmente a prática de tortura em presos políticos", anotou um técnico. A gravidade levaria o caso ao Conselho Superior de

Censura, que faria uma reunião fechada com a participação de Dias Gomes. Às vésperas da Constituição de 1988, o autor teria que se comprometer pessoalmente a cumprir as restrições censórias.[36]

Ao longo dos capítulos, vários cortes ocorreriam, e Dias vivia perguntando a Boni, com seu velho tom debochado: "E aí, vou botar pra trepar ou não?". E o chefe lhe respondia: "Vai levando por mais um tempo...". No final das contas, o casal chegou a dar um beijo, que foi censurado, mas depois, com recurso, liberado.[37]

Em abril de 1988, iria ao ar a adaptação de *O pagador de promessas*, em formato de minissérie. No ano anterior, a sinopse da obra tivera problemas com a DCDP e até com o Conselho Superior de Censura. O ministro Brossard considerou que a série apresentava "erotismo exacerbado". Durante a exibição, a censura foi interna, após pressão de patrocinadores para que o enredo sobre a reforma agrária, introduzido por Dias Gomes na versão televisiva, fosse suprimido. Mesmo com protestos do dramaturgo, Roberto Marinho determinou o corte, passando de 12 para oito episódios.[38]

O parecer derradeiro sobre *Roque Santeiro*, de 14 de fevereiro de 1986, analisou do capítulo 204 até o último, o 209, todos liberados sem restrições.[39] Registrou que foram enviados à censura prévia dois finais para padre Albano e Tânia, sendo que, em um deles, os dois permaneciam juntos e, no outro, ele a abandonava para ficar com a Igreja. Também duas gravações diferentes foram mandadas com o destino de Roque Santeiro, que finalmente concordara em deixar a cidade. Em uma delas, a Viúva Porcina decidia ficar com ele; na outra, com Sinhozinho Malta. Esses eram os dois principais desfechos aguardados pelo público. O primeiro reacendera o debate sobre o celibato e o segundo mostraria se quem vence no final é o bem ou o mal, àquela altura representados, respectivamente, por Roque e Sinhozinho. O envio à Censura de duas versões servia para tentar evitar que o final fosse antecipado pela imprensa.

Em 22 de fevereiro, a "unanimidade nacional" chegava ao fim. Albano decidiu não abandonar a luta pelos pobres na Igreja e deixou Tânia. Dividida entre a paixão por Sinhozinho e Roque, a Viúva Porcina, que transformara em moda no país os laços coloridos no cabelo e todo o seu visual extravagante, optou pela segurança da relação com o "coronel", que tinha poder para mandar e desmandar na cidade, enquanto balançava a pulseira de ouro dizendo o bordão que acabou incorporado ao linguajar brasileiro: "Tô certo ou tô errado?".

Veja relatou o encerramento da novela sob o título "O milagre de *Roque Santeiro*, a novela de maior audiência de todos os tempos".[40] A *Folha* acionou até uma pesquisa Datafolha para saber se os paulistanos aprovaram o último capítulo (56% reprovaram),[41] que o jornal cobriu como se fosse final de Copa do Mundo, enviando um repórter para entrevistar os outsiders que ousaram sair de casa para assistir a um filme ou a uma peça de teatro.[42]

A obra proibida na ditadura terminava em clima de completa celebração. Era "a novela da Nova República" que chegava ao fim. Assim como Roque Santeiro deixara Asa Branca para que seu mito sobrevivesse, a censura sofrida em plena volta da democracia seria enterrada na memória para dar lugar ao mito da liberdade de expressão. O primeiro livro a catalogar as novelas do país, *Telenovela brasileira: memória*, escrito pelo jornalista e colunista de TV Ismael Fernandes, registraria que *Roque Santeiro* tornou-se "coqueluche nacional" quando "o Brasil se reuniu mais uma vez em frente à televisão para assistir à inteligente sátira nacional de Dias Gomes, censurada em 1975 e [que] só com os ares da Nova República pôde estrear *e se exibir por inteiro* [grifo nosso]".[43] Dias Gomes também só abordaria em sua autobiografia o "enorme sucesso, chegando alguns de seus capítulos a marcar 100% de audiência".[44]

Como Roque Santeiro, a Nova República foi sem nunca ter sido.[45]

Seis meses depois do fim de *Roque Santeiro*, *Cobra*, de Sylvester Stallone, foi censurado. Em agosto de 1986, sem assistir ao filme, o ministro Paulo Brossard, após cogitar o seu banimento completo do território nacional, subiu a classificação determinada por Coriolano, de catorze para dezoito anos, e ainda pediu cortes em cenas violentas. Stallone, um ator declaradamente de direita, e seu personagem Cobra, detetive da mesma linha ideológica, ainda enfrentaram no Brasil outro tipo de resistência, conforme registrou a revista *Veja*, na reportagem "A esquerda da Censura": a de intelectuais. Entre eles, quem defendeu a proibição, por considerar o filme, que também não havia visto, "social e culturalmente nocivo", foi Dias Gomes.[46]

A saga da censura não tem heróis perfeitos, em uma luta entre o bem e o mal a ser decidida no último capítulo. Ainda que o Brasil insista em acreditar nesse mito.

AGRADECIMENTOS

À ESCOLA DE COMUNICAÇÕES E ARTES da Universidade de São Paulo, pela graduação como jornalista e pelo mestrado, que deu base a este livro.

À *Folha de S.Paulo*, onde sempre encontrei incentivo para buscar aperfeiçoamento profissional e crescimento intelectual.

À Companhia das Letras, pelo espaço nesta coleção, que reconhece as competências jornalísticas como ferramentas para a reconstrução de fatos históricos.

Ao jornalista e professor da USP Eugênio Bucci, que, ao longo dos anos em que fui repórter da Ilustrada, me ajudou a observar e a retratar a televisão para além do que se vê nas telas, e, como orientador do meu mestrado, me guiou, com sua serenidade inabalável, em um mergulho mais profundo nesse universo que envolve política e comunicação. Ninguém melhor poderia ter me encaminhado no percurso até este livro.

Ao sociólogo e professor da Unicamp Marcelo Ridenti, o primeiro a sugerir que a pesquisa que iniciei sobre Dias Gomes com o propósito de produzir uma reportagem especial poderia se transformar em um mestrado, por sua generosidade em debater comigo aspectos de sua obra e em participar da minha banca. Seus apontamentos foram incorporados a este livro, assim como os dos demais membros da banca, a quem também sou grata: a socióloga, professora e coordenadora do Observatório de Comunicação, Liberdade de Expressão e Censura da USP, Maria Cristina Castilho Costa, por me dar instrumentos para abordar a censura em sua complexidade, e o historiador e professor da USP Marcos Napolitano, pela clareza e pelo equilíbrio com que analisa, na sua obra e nas aulas, a ditadura militar brasileira.

A Otavio Frias Filho (in memoriam) e a Sérgio Dávila, que, além do apoio à minha carreira na *Folha de S.Paulo*, me concederam o período sabático no qual pude iniciar a pesquisa para esta obra.

À coordenadora desta coleção, a historiadora, cientista política e professora da UFMG Heloisa Starling, pela minúcia, pelo respeito e pelo entusiasmo com que revisou o texto e sugeriu alterações, me dando segurança para escrever sobre a ditadura militar, tema do qual é uma das principais pesquisadoras do país. Ao editor Ricardo Teperman, em nome de todos os profissionais que participaram da edição.

A Bernadeth Lyzio, viúva de Dias Gomes, pela autorização que me concedeu para obter a documentação do escritor no SNI e por colocar à minha disposição o acervo particular do dramaturgo.

A Alfredo Dias Gomes, filho do autor e de Janete Clair, que, na casa em que a família morou, dividiu comigo lembranças que mesclam o afeto e a preocupação em ser preciso em relação aos fatos e justo com a memória de seus pais.

A todos os que me concederam entrevistas e se esforçaram para recapitular acontecimentos de até cinco décadas atrás, em especial a Marcílio Moraes, Lauro César Muniz e a Boni, que, com paciência e disposição, vasculharam suas recordações ou foram atrás de documentos a fim de dar conta de minhas tantas indagações.

A Rogério Gentile, pela parceria na vida e pela leitura crítica deste livro e de tudo o que eu escrevo. À minha irmã Diana, pela presença e suporte no meu dia a dia. A meus pais, por tudo, e a meus filhos, pelo amor que me move.

Ana Paula Sousa foi amiga e conselheira e muitas outras pessoas me ajudaram com amizade, dicas valorosas, troca de ideias ou obtenção de dados, dentre elas Alberto Dines, Bruno Molinero, Cláudia Croitor, Edmundo Leite, Elio Gaspari, Fernando Barros e Silva, Mário Magalhães, Mauro Alencar, Nahuel Ribke, Nelson de Sá, Paulo Paixão, Roberto de Oliveira, Rodrigo Pereira, Rubens Valente, Rutonio Jorge Fernandes de Sant'Anna, Ruy Castro, Sergio Miceli, Sérgio Rizzo e Sílvia Fiuza.

NOTAS

INTRODUÇÃO [PP. 9-22]

1   Ver mais sobre os estágios da censura em Marcos Napolitano, *1964: história do regime militar brasileiro*. São Paulo: Contexto, 2014, p. 101.
2   Sobre a absorção de comunistas pela televisão, ver Marcelo Ridenti, *Brasilidade revolucionária*. São Paulo: Editora Unesp, 2010, p. 143.
3   Informações sobre a legislação da Censura foram tirados do site da Câmara dos Deputados (camara.gov.br) e de Beatriz Kushnir, *Cães de guarda: jornalistas e censores do AI-5 à Constituição de 1988*. São Paulo: Boitempo, 2004.
4   Para a estrutura repressiva, ver Heloisa Starling, *Órgãos de informação e repressão da ditadura*. Disponível em: <https://www.ufmg.br/brasildoc/temas/2-orgaos-de-informacao-e-repressao-da-ditadura/>. Acesso em: 9 abr. 2018.
5   O número, média entre os anos de 1972 e 1987, está em Carlos Fico, "'Prezada Censura': cartas ao regime militar". *Topoi*, revista de História, 3(5). Rio de Janeiro: UFRJ, jul.-dez. 2002, pp. 251-86.
6   A informação de um beijo cronometrado está em Cláudio Ferreira, *Beijo amordaçado: a censura às telenovelas durante a ditadura militar*. Brasília: Ler, 2016, p. 182.
7   Ibid., p. 46.
8   Sobre os avisos corriqueiros: ibid., pp. 19-20.
9   Para a história do carro da Tupi: ibid., p. 71.
10 Ricardo Cravo Albin, *Driblando a censura: de como o cutelo vil incidiu na cultura*. Rio de Janeiro: Gryphus, 2002.

11. Para saber mais sobre a censura à televisão na ditadura e sobre o fato de esse ser um tema pouco explorado, ver artigos de Nahuel Ribke: "Telenovela Writers under the Military Regime in Brazil: Beyond the Cooption and Resistance Dichotomy" (*Media, Culture & Society*, 2011); "Decoding Television Censorship During the Last Brazilian Military Regime: The Censor as Negotiator and Censorship as a Semi-open Interpretative Process" (*Media History*, v. 17, n. 1, 2011); "The Genre of Live Studio Audience Programmes in a Political Context: *The Flavio Cavalcanti Show* and the Brazilian Military Regime" (*Screen*, v. 54, 3. ed., 2013) e "The Brazilian Military Regime and Television Censorship: Between the Internal Logics of Production and the Political Context" (*Revista de História*, n. 169, 2013).
12. Eugênio Bucci, Introdução. In: Eugênio Bucci (Org.), *A TV aos 50*. São Paulo: Editora Fundação Perseu Abramo, 2000, p. 113.
13. Para vetos e intervenções do PCB, ver Dênis Moraes, *O imaginário vigiado: a imprensa comunista e o realismo socialista no Brasil, 1947-53*. Rio de Janeiro: José Olympio, 1994. Para a ditadura soviética, Osvaldo Peralva, *O retrato*. São Paulo: Três Estrelas, 2015.
14. Laura Mattos, "Governo decide subir classificação de *Duas caras* para 14 anos". *Folha de S.Paulo*, 20 dez. 2007, p. A13.
15. Para a "judicialização" da censura, entrevista de Maria Cristina Castilho Costa em Eduardo Maretti, "Em 'épocas de trevas', censura ressurge e volta a ameaçar o país". Rede Brasil Atual, 3 maio 2016. Disponível em: <http://www.redebrasilatual.com.br/cidadania/2016/05/em-epoca-de-trevas-censura-volta-a-ameacar-o-pais-7049.html>. Acesso em: 16 jun. 2016.
16. Eugênio Bucci, "Censura, marcos regulatórios e tecnologia". In: Maria Cristina Castilho Costa (Org.), *A censura em debate*. São Paulo: ECA/USP, 2014, p. 155.

1º ATO, 1965
MORTO NO NASCIMENTO — *O BERÇO DO HERÓI*

1. A VIAGEM PROIBIDA [PP. 25-9]

1. Ver Igor Pinto Sacramento, *Nos tempos de Dias Gomes: a trajetória de um intelectual comunista nas tramas comunicacionais*. Tese de doutorado, Rio de Janeiro: UFRJ, 2012, p. 127; CPDOC da FGV. Disponível em: <http://cpdoc.fgv.br/producao/dossies/AEraVargas1/glossario/quinta_coluna>. Acesso em: 2 abr. 2018.
2. Para a disputa entre Wainer e Lacerda, ver Ana Maria de Abreu Laurenza, *Lacerda X Wainer: o Corvo e o Bessarabiano*. São Paulo: Senac, 1998.
3. Para a informação sobre a ajuda a Lacerda, Otavio Frias Filho, "O tribuno da imprensa", Revista *piauí*, n. 91, abr. 2014. Disponível em: <http://piaui.folha.uol.com.br/materia/o-tribuno-da-imprensa/>. Acesso em: 22 jun. 2016.
4. Dias Gomes, *Apenas um subversivo*. Rio de Janeiro: Bertrand Brasil, 1998, p. 23.
5. Igor Pinto Sacramento, op. cit., p. 128.
6. Entrevista de Boni à autora, no Rio de Janeiro, em 12 set. 2011.
7. Depoimento à autora, em 29 mar. 2011, do jornalista Henrique Veltman, que militava com Dias Gomes no Partido Comunista e foi seu contemporâneo nas radionovelas. Seu irmão Moysés Weltman, radionovelista, era amigo de Dias, a quem cedeu seu nome para assinar textos para o teatro e para a TV Tupi quando ele entrou na "lista negra", após o episódio da Rádio Clube.
8. Dias Gomes, *Apenas um subversivo*, p. 145.
9. Miliandre Garcia de Souza, *Do Arena ao CPC: o debate em torno da arte engajada no Brasil (1959-1964)*. Dissertação de mestrado, Curitiba: Universidade Federal do Paraná, 2002, p. 146.
10. Depoimento à autora de Henrique Veltman; Dias Gomes, *Apenas um subversivo*, p. 147.
11. As informações e a expressão "farra de troca de nomes" são de Henrique Veltman, irmão de Moysés, em depoimento à autora, em 28 mar. 2011.
12. Dias Gomes, *Peças da juventude*. Rio de Janeiro: Bertrand Brasil, 1994, pp. 39-138.
13. Dias Gomes, *Apenas um subversivo*, pp. 100-1.

14 História do PCB no site do Centro de Pesquisa e Documentação de História Contemporânea do Brasil, da Fundação Getúlio Vargas. Disponível em: <http://cpdoc.fgv.br/producao/dossies/AEraVargas1/anos20/QuestaoSocial/PartidoComunista>. Acesso em: 22 jun. 2016.
15 Igor Pinto Sacramento, op. cit., p. 37.

2. O DIÁRIO INÉDITO [PP. 30-40]

1 A Rádio Panamericana foi uma sociedade entre Oduvaldo Viana, que entrou com o trabalho e a experiência, Júlio Cosi e Eugênio dos Santos Neves, que financiaram a estação. Verbete "Rádio Jovem Pan" do CPDOC da FGV. Disponível em: <http://www.fgv.br/cpdoc/acervo/dicionarios/verbete-tematico/radio-jovem-pan>. Acesso em: 13 maio 2016.
2 Dias Gomes, *Apenas um subversivo*. Rio de Janeiro: Bertrand Brasil, 1998, pp. 97-8.
3 Informações sobre o Estado Novo encontram-se no CPDOC da FGV. Disponível em: <http://www.fgv.br/cpdoc/acervo/dicionarios/verbete-tematico/estado-novo>. Acesso em: 24 abr. 2017.
4 Entrevista de Dias Gomes a Marcelo Ridenti, no Rio de Janeiro, em 22 jan. 1996. Em Marcelo Ridenti, *Brasilidade revolucionária*. São Paulo: Editora Unesp, 2010, p. 66.
5 Dias Gomes, *Apenas um subversivo*, pp. 161-3.
6 A peça foi laureada no concurso do Serviço Nacional do Teatro em 1939.
7 Luiz Fernando Mercadante, "Eu sou um ex-covarde". Revista *Veja*, 4 jun. 1969. A informação de que a entrevista de Rodrigues inaugurou as páginas amarelas está no blog Reveja, da Veja.com. Disponível em: <http://veja.abril.com.br/blog/reveja/8220-quem-e-voce-nelson-rodrigues-8221/>. Acesso em: 28 abr. 2017.
8 A frase foi lembrada por Ruy Castro, autor de *Anjo pornográfico*, biografia de Nelson Rodrigues, em troca de e-mails com a autora, em abr. 2014.
9 Ver Antonio Mercado, Prefácio. In: Dias Gomes, *Peças da juventude*. Rio de Janeiro: Bertrand Brasil, 1994, p. 18; Igor Pinto Sacramento, op. cit., p. 60.

10 Igor Pinto Sacramento, op. cit., p. 107.
11 Trecho de palestra de Dias Gomes no 3º Congresso de Jornalistas, reproduzida pelo *Correio Paulistano* de 4 dez. 1949. In: Igor Pinto Sacramento, op. cit., p. 114.
12 Dias Gomes. "O engajamento é uma prática de liberdade". In: *Revista Civilização Brasileira*, jul. 1968.
13 A palavra "alienação" teria forte presença no vocabulário das disputas ideológicas do Brasil militar. O termo foi empregado pelo filósofo alemão Georg W. F. Hegel para indicar "o alhear-se à consciência de si mesma", quando a pessoa "se coisifica". Posteriormente, foi adotado por Karl Marx para descrever a situação do operário no regime capitalista. Para ele, a propriedade privada produz a alienação do operário tanto porque cinde a relação deste com o produto do seu trabalho, quanto porque o trabalho permanece exterior ao operário, não pertence à sua personalidade. Para esses conceitos, ver Nicola Abbagnano, *Dicionário de filosofia*. São Paulo: Martins Fontes, 2007, p. 26.
14 Dias Gomes, *Apenas um subversivo*, pp. 93-4.
15 Até a publicação deste livro, em setembro de 2019, o documento, cuja cópia foi fornecida por Bernadeth Lyzio para esta pesquisa, seguia inédito.
16 Diário de Dias Gomes, 10 ago. 1959, p. 1.
17 Dias Gomes, *Apenas um subversivo*, p. 7.
18 Diário de Dias Gomes, 2 set. 1959, p. 4.
19 Nascido em Salvador, Edison Carneiro (1912-72), que Dias chama em sua autobiografia de "fraterno amigo", foi etnólogo, folclorista e historiador, um dos mais destacados pesquisadores da cultura popular e membro do Partido Comunista. Informação do site do Centro Nacional de Folclore e Cultura Popular. Disponível em: <http://cnfcp.gov.br/interna.php?ID_Materia=162>. Acesso em: 22 jun. 2016.
20 Diário de Dias Gomes, 13 out. 1959, p. 5.
21 Aimée era Haidée Salles Lemos (1922-80), atriz contemporânea e conterrânea de Dias. Trabalhou com Joracy Camargo no teatro de comédia e dirigiu sua própria companhia. Nos anos 1950, atuava na televisão, no Grande Teatro Tupi, segundo informação do site da Pró-TV, Associação dos Pioneiros, Profissionais e Incentivadores da Televisão Brasileira.

Disponível em: <http://www.museudatv.com.br/biografias/Aimee.htm>. Acesso em: 22 jun. 2016.
22 Diário de Dias Gomes, 8 nov. 1959, pp. 8-9.
23 Diário de Dias Gomes, 26 nov. 1959, p. 14.
24 Diário de Dias Gomes, 12 dez. 1959, p. 16.
25 Nascido em 1898, Franco Zampari imigrou para o Brasil em 1922 e em São Paulo fundou o TBC. Morreu em 1966. Informação disponível em: <http://enciclopedia.itaucultural.org.br/pessoa349649/franco-zampari>. Acesso em: 22 jun. 2016.
26 Diário de Dias Gomes, 22 dez. 1959, pp. 17-9.
27 Dênis de Moraes, *Vianinha: o cúmplice da paixão*. Rio de Janeiro: Nórdica, 1991, p. 12.
28 Trecho do artigo de Guarnieri citado em Marcelo Ridenti, op. cit., p. 73.
29 Ibid., pp. 73-4.
30 Diário de Dias Gomes, 25 dez. 1959, pp. 20-1.
31 Diário de Dias Gomes, 31 dez. 1959, p. 22.
32 Marcelo Ridenti, op. cit., p. 74.
33 A palavra "vingado" foi o que a autora decifrou do que está escrito, porque a letra tem pouca clareza, a partir da comparação com outros trechos do diário; ela tem lógica com o teor da peça, e Dias Gomes usa a palavra "vingado" na última cena, para ilustrar a sensação dos personagens diante de um vilão assassinado e da notícia de que conseguiram evitar a ordem de despejo do prédio invadido com a ajuda de Rafael, um comunista.
34 Diário de Dias Gomes, 24 jan. 1960, p. 24.
35 Diário de Dias Gomes, 7 fev. 1960, p. 25.
36 Diário de Dias Gomes, 29 fev. 1960, p. 26.
37 Em entrevista a Marcelo Ridenti, no Rio de Janeiro, em 22 jan. 1996, Dias Gomes afirmou: "Eu sempre fui um rebelde com relação a isso, a submeter ao Partido aquilo que eu escrevia, as minhas peças de teatro, os meus livros, nunca submeti nenhum à apreciação do Partido". A íntegra da conversa foi gentilmente cedida pelo autor para esta pesquisa.
38 Diário de Dias Gomes, 24 mar. 1960, pp. 29-30.
39 Poeta e romancista comunista, irmão do compositor Mozart Camargo Guarnieri.

40 Depoimento de Bráulio Pedroso em Helena Salem, *Nelson Pereira dos Santos: o sonho possível do cinema brasileiro*. Rio de Janeiro: Nova Fronteira, 1987, apud Dênis de Moraes, *O imaginário vigiado: a imprensa comunista e o realismo socialista no Brasil (1947-53)*. Rio de Janeiro: José Olympio, 1994, p. 159; Marcelo Ridenti, op. cit., p. 80.
41 Dênis de Moraes, *O imaginário vigiado...*, p. 159.
42 Marcelo Ridenti, op. cit., p. 81.

3. CHEGA, CHEGA, CHEGA [PP. 41-52]

1 Diário de Dias Gomes, 23 maio 1960, pp. 33-6.
2 Diário de Dias Gomes, 31 jul. 1960, pp. 37-8.
3 Diário de Dias Gomes, 1 jan. 1961, p. 46.
4 Diário de Dias Gomes, 14 jan. 1961, pp. 47-8.
5 Dias Gomes, "A revolução dos beatos". In: Id., *A invasão e A revolução dos beatos*. Rio de Janeiro: Civilização Brasileira, 1962, p. 145 (Coleção Vera Cruz, v. 40).
6 Diário de Dias Gomes, 14 maio 1961, p. 50, e 24 jun. 1961, p. 62.
7 Diário de Dias Gomes, 17 jun. 1961, pp. 60-1.
8 Diário de Dias Gomes, 29 jun. 1961, p. 63.
9 Diário de Dias Gomes, 14 jul. 1961, p. 64.
10 Diário de Dias Gomes, 15 jul. 1961, p. 65.
11 Diário de Dias Gomes, 18 jul. 1961, p. 66.
12 Marcelo Ridenti, op. cit., p. 82.
13 Ibidem.
14 Osvaldo Peralva, *O retrato*. São Paulo: Três Estrelas, 2015, p. 356.
15 Informações sobre o comitê financeiro são de entrevista de Henrique Veltman à autora.
16 Dias Gomes, *Apenas um subversivo*, pp. 116-7.
17 Marcelo Ridenti, *Em busca do povo brasileiro: artistas da revolução, do CPC à era da TV*. Rio de Janeiro: Record, 2000, p. 136.
18 Igor Sacramento, "Por uma teledramaturgia engajada: a experiência de dramaturgos comunistas com a televisão dos anos de 1970". In:

Marcos Napolitano, Rodrigo Czajka, Rodrigo Patto Sá Motta. *Comunistas brasileiros: cultura política e produção cultural*. Belo Horizonte: Editora UFMG, 2013, p. 113.

19 Ele provavelmente se refere a Augusto Frederico Schmidt, poeta, ensaísta e empresário, que em 1930 fundou uma editora com o seu sobrenome e publicou livros de Jorge Amado, Rachel de Queiroz e Graciliano Ramos, entre outros. Amigo de Juscelino Kubitschek, Schmidt teve influência em seu governo (1956-61), sendo embaixador e conselheiro financeiro. Foi o criador do famoso slogan "50 anos em 5" (Stefano Miranda, "Há 50 anos, morria Augusto Frederico Schmidt", *Jornal do Brasil*, 8 fev. 2015. Disponível em: <http://www.jb.com.br/pais/noticias/2015/02/08/ha-50-anos-morria-augusto-frederico-schmidt/>. Acesso em: 22 jun. 2016).

20 Diário de Dias Gomes, 2 ago. 1961, pp. 68-9.

21 Diário de Dias Gomes, 13 out. 1961, p. 70.

22 Diário de Dias Gomes, 2 nov. 1961, p. 71.

23 Para a informação de que a história lhe havia sido narrada por Nestor de Holanda: Dias Gomes, *Apenas um subversivo*, p. 187. Em 1985, em entrevista à revista *Playboy*, Dias afirmaria que ficara sabendo por meio do cantor Jorge Goulart. Norma Couri, "*Playboy* entrevista Dias Gomes". *Playboy*, dez. 1985, p. 61; na versão televisiva de *O bem-amado*, ele iria se inspirar em Carlos Lacerda para a criação do prefeito Odorico Paraguaçu; em entrevista a Miguel de Almeida sobre a série, em 1981, mencionaria o projeto de Lacerda, quando governador do Rio, de transformar o Parque Lage em cemitério também como fonte para a criação da história: Miguel de Almeida, "Uma piada transformada em seriado de sucesso", *Folha de S.Paulo*, 27 jun. 1981, p. 52.

24 Site de Turismo de Guarapari. Disponível em: <https://turismoguarapari.wordpress.com/category/cultura/>. Acesso em: 22 jun. 2016.

25 Diário de Dias Gomes, 1 jan. 1962, p. 72.

26 Diário de Dias Gomes, 6 fev. 1962, pp. 73-4.

27 Criado por decreto em fevereiro de 1961, o Geicine (Grupo Executivo da Indústria Cinematográfica) tinha como atribuição definir a política nacional para a produção de cinema.

28 Grifos do autor.

29 Diário de Dias Gomes, 31 mar. 1962, pp. 75-6.
30 Diário de Dias Gomes, 31 mar. 1962, p. 77.
31 Diário de Dias Gomes, 31 maio 1962, p. 78.

4. O FALSO HERÓI E O MAJOR [PP. 53-64]

1 O termo "empolgação da esquerda" está em Marcelo Ridenti, *Em busca do povo brasileiro: artistas da revolução, do CPC à era da TV*. Rio de Janeiro: Record, 2000, pp. 37-8.
2 Ibid., p. 20.
3 As informações sobre o projeto de propaganda da guerra fria envolvendo a CIA estão em Frances Stonor Saunders, *Quem pagou a conta? A CIA na guerra fria da cultura*. Rio de Janeiro: Record, 2008, pp. 14-9.
4 Marcos Napolitano, *1964: história do regime militar brasileiro*. São Paulo: Contexto, 2014, p. 17.
5 História do Ipes no site do Centro de Pesquisa e Documentação de História Contemporânea do Brasil, da Fundação Getúlio Vargas. Disponível em: <http://cpdoc.fgv.br/producao/dossies/Jango/artigos/NaPresidenciaRepublica/O_Instituto_de_Pesquisa_e_Estudos_Sociais>. Acesso em: 22 jun. 2016.
6 Idem para o Ibad: <http://cpdoc.fgv.br/producao/dossies/Jango/artigos/NaPresidenciaRepublica/O_Instituto_Brasileiro_de_Acao_Democratica>. Acesso em: 22 jun. 2016.
7 Informações sobre o complexo Ipes/Ibad estão em René Armand Dreifuss, *1964: a conquista do Estado*, 5. ed. Petrópolis: Vozes, 1987, pp. 229-59.
8 Dias Gomes. *Apenas um subversivo*. Rio de Janeiro: Bertrand Brasil, 1998, pp. 222-3.
9 Euclides da Cunha (1902), *Os sertões*. São Paulo: Saraiva, 2011, pp. 302-3.
10 Ibid.
11 Dias Gomes, *O berço do herói*, 4. ed. Rio de Janeiro: Bertrand Brasil, 1997, pp. 17-8; todas as citações da peça foram retiradas dessa edição.
12 Ibid., pp. 20-1.

13 Informações sobre o Comando de Trabalhadores Intelectuais estão em Rodrigo Czajka, "O comando dos trabalhadores intelectuais e a formação das esquerdas culturais na década de 1960". *Temáticas*, ano 19, n. 37-8, jan.-dez. 2011.

14 Entrevista de Dias Gomes à revista *Playboy* (Norma Couri, "Playboy entrevista Dias Gomes". *Playboy*, dez. 1985, p. 61).

15 Igor Pinto Sacramento, *Nos tempos de Dias Gomes: a trajetória de um intelectual comunista nas tramas comunicacionais*, tese de doutorado, UFRJ, 2012, p. 200.

16 Dias Gomes, *Apenas um subversivo*, p. 212.

17 Site Memória Globo: <memoriaglobo.globo.com>.

18 Paulo Francis, Prefácio de 1964. In: Dias Gomes, *O berço do herói*, pp. 7-11.

19 Ênio Silveira, Orelha escrita em 1965. In: Dias Gomes, *O berço do herói*.

20 Para o pedido de prisão: Norma Couri, op. cit., p. 75.

21 Sobre a coexistência das liberdades individuais em meio às práticas repressoras: Alexandre Stephanou, *Censura no regime militar e militarização das artes*. Porto Alegre: Edipucrs, 2001, p. 13.

22 Marcos Napolitano, op. cit., pp. 97-8.

23 As informações sobre a censura à produção literária e sobre Silveira estão em Sandra Reimão, "Censura a livros no Brasil: breve panorama histórico". In: Maria Cristina Castilho Costa (Org.), *A censura em debate*. São Paulo: ECA/USP, 2014, p. 117.

24 Ayrton Baffa, *Nos porões do SNI: o retrato do monstro de cabeça oca*. Rio de Janeiro: Objetiva, 1989, p. 13. No texto de Baffa, o valor do salário mínimo é 38 cruzeiros, provavelmente um erro de digitação; conforme decreto n. 53578, de 21 fev. 1964, eram 42 mil cruzeiros.

25 Para os inquéritos e processos judiciais como formas de pressão e o termo "terror cultural": Marcos Napolitano, op. cit., p. 100.

5. MAIS QUE PORNOGRÁFICO [PP. 65-82]

1 As informações sobre o Living Theatre são de Ilion Troya, "Fragmentos da vida do Living Theatre". Ouro Preto: 25º Festival de Inverno,

1993, pp. 3-20. Disponível em: <https://revistas.pucsp.br/index.php/ecopolitica/article/download/24726/17592>. Acesso em: 25 maio 2017.
2 Zuza Homem de Mello, *A era dos festivais: uma parábola*. São Paulo: Editora 34, 2003, p. 71.
3 As informações sobre o grupo musical foram dadas pelo ator Clóvis Bueno, em entrevista à autora em 2 set. 2011.
4 As informações sobre os ensaios e sobre o patrocínio da peça foram dadas pelo ator Sebastião Vasconcelos, que interpretava o Major Chico Manga, em entrevista à autora, em 1 set. 2011.
5 As informações sobre a censura estão em Miliandre Garcia Souza, *"Ou vocês mudam ou acabam": aspectos políticos da censura teatral (1964-1985)*, tese de doutorado, UFRJ, 2008, p. 237.
6 Texto original do decreto no site da Câmara dos Deputados. Disponível em: <http://www2.camara.leg.br/legin/fed/decret/1920-1929/decreto-14529-9-dezembro-1920-503076-publicacaooriginal-1-pe.html>. Acesso em: 22 jun. 2016.
7 Texto original disponível no site do Palácio do Planalto: <https://www.planalto.gov.br/ccivil_03/decreto/1910-1929/D18527.htm>. Acesso em: 22 jun. 2016.
8 Para o cálculo dos pareceres, Beatriz Kushnir, *Cães de guarda: jornalistas e censores do AI-5 à Constituição de 1988*. São Paulo: Boitempo, 2004, p. 101.
9 Informações sobre a legislação da Censura foram tirados do site da Câmara dos Deputados (camara.gov.br) e de Beatriz Kushnir, ibid.
10 Informação dada à autora pelo ator Sebastião Vasconcelos.
11 O documento original da censura da peça possivelmente foi extraviado. Não está no acervo do Arquivo Geral do Estado do Rio de Janeiro nem no Arquivo Nacional, que centraliza o fundo documental da Divisão de Censura de Diversões Públicas; este contém documentação de pedidos de montagens posteriores, a que esta pesquisa teve acesso. O relato do que se passou com a censura foi publicado por Dias Gomes em artigo na *Revista Civilização Brasileira*, n. 4, set. 1965.
12 Dias Gomes, "O berço do herói e as armas do Carlos", *Revista Civilização Brasileira*, 1(4), set. 1965; apud Dias Gomes, *Apenas um subversivo*. Rio de Janeiro: Bertrand Brasil, p. 217.

13 Ibid., p. 215.
14 Ibid., p. 216.
15 Dias Gomes não precisou a data do encontro no artigo da *Revista Civilização Brasileira*, publicado em setembro. Nota da *Folha de S.Paulo* de 26 de julho de 1965, uma segunda-feira, registra que o governador se recusou a receber o elenco da peça que havia ido procurá-lo em sua residência. A informação de que os artistas estavam caracterizados é do artigo de Dias Gomes e a de que saíram de táxi da porta do teatro, de entrevista à autora de Sebastião Vasconcelos.
16 Otavio Frias Filho, "O tribuno da imprensa", revista *piauí*, n. 91, 2014.
17 Entrevista da atriz Tereza Rachel à autora em 2 set. 2011.
18 Dias Gomes, "O berço do herói e as armas do Carlos", pp. 219-20.
19 Id., *Apenas um subversivo*, p. 187.
20 Vale aqui lembrar que, paradoxalmente a essa postura de Lacerda com o teatro, o governador teve participação no fomento ao cinema, inclusive ao Cinema Novo. Em 1963, criou a Comissão de Auxílio à Indústria Cinematográfica (Caic), que taxava segmentos da diversão como teatro e circo para financiar a produção de filmes. Por um lado, após pressão da Igreja, tirou de cartaz *Os cafajestes* (1962), de Ruy Guerra, dez dias após a estreia e já com um público de 2 milhões de espectadores; por outro, premiou *Vidas secas* (1963), de Nelson Pereira dos Santos, entre outras produções.
21 Informação do documentário *Sobral Pinto: o homem que não tinha preço* (2013), de Paula Fiúza.
22 Para a opinião de Sobral Pinto sobre a censura, CPDOC da FGV. Disponível em: <http://www.fgv.br/cpdoc/acervo/dicionarios/verbete-biografico/heraclito-fontoura-sobral-pinto>. Acesso em: 6 nov. 2017.
23 Para a carta de Sobral Pinto a Sarney: Ricardo Cravo Albin, *Driblando a censura: de como o cutelo vil incidiu na cultura*. Rio de Janeiro: Gryphus, 2002, pp. 207-9.
24 O ator Clóvis Bueno, em entrevista à autora em 2 set. 2011, afirmou que os produtores não puderam pagar o elenco.
25 A reflexão sobre a aliança entre comunistas e liberais está em Marcos Napolitano, *1964: história do regime militar brasileiro*. São Paulo: Contexto, 2014, p. 104.

26 As informações sobre a mobilização da classe teatral estão em Miliandre Garcia Souza, "'Contra a censura, pela cultura': a construção da unidade teatral e a resistência cultural (anos 1960)". *ArtCultura*, v. 14, n. 25. Uberlândia, jul.-dez. 2012, pp. 103-21.

27 Informação da Secretaria de Segurança Pública e de Gustavo Borges está no site da Polícia Civil do Rio de Janeiro: <policiacivil.rj.gov.br>.

28 Câmara dos Deputados. Disponível em: <http://www2.camara.leg.br/legin/fed/decret/1940-1949/decreto-20493-24-janeiro-1946-329043-publicacaooriginal-1-pe.html>. Acesso em: 22 jun. 2016.

29 Reflexões sobre a censura estão em Beatriz Kushnir, op. cit., p. 131.

30 Informações sobre a Escola Superior de Guerra são de Lúcia Maciel Barbosa de Oliveira, *"Nossos comerciais, por favor!" A televisão brasileira e a Escola Superior de Guerra: o caso Flávio Cavalcanti*. São Paulo: Beca Produções Culturais, 2001, pp. 27-57.

2º ATO, 1975
HOJE NÃO TEM NOVELA — *ROQUE SANTEIRO* 1

6. O VEÍCULO SUBVERSIVO [PP. 85-95]

1 Fernando Morais, *Chatô: o rei do Brasil*. São Paulo: Companhia das Letras, 1994, p. 502.

2 Para a quantidade total de aparelhos no país em 1960, dados da Abinee (Associação Brasileira da Indústria Elétrica e Eletrônica) citados em José Mário Ortiz Ramos e Silvia H. Simões Borelli, "A telenovela diária". In: Renato Ortiz, Silvia Helena Simões Borelli, José Mário Ortiz Ramos, *Telenovela: história e produção*, 2. ed. São Paulo: Brasiliense, 1991, p. 55. Dados do censo de 1960 do IBGE estão em Lia Calabre, *A participação do rádio no cotidiano da sociedade brasileira (1923-1960)*. Rio de Janeiro: Fundação Casa de Rui Barbosa, s/d.

3 Para o discurso de Lacerda e seu pioneirismo em reconhecer a força

da TV no Brasil: Inimá Simões, "Nunca fui santa (episódios de censura e autocensura)". In: Eugênio Bucci (Org.), *A TV aos 50*. São Paulo: Editora Fundação Perseu Abramo, 2000, p. 46; e Álvaro de Moya, *Glória in Excelsior: ascensão, apogeu e queda do maior sucesso da televisão brasileira*. São Paulo: Imprensa Oficial, 2004, pp. 77-9.

4 Armando Falcão, *Tudo a declarar*. São Paulo: Nova Fronteira, 1989, p. 355.

5 Dados da Abinee em José Mário Ortiz Ramos, Silvia H. Simões Borelli. Op. cit., p. 81.

6 Ibid., p. 62.

7 Teledramaturgia.com.br.

8 Para as informações sobre a consolidação da telenovela e a estreia de Janete Clair em 1964: Artur Xexéo, *Janete Clair: a usineira de sonhos*. Rio de Janeiro: Relume, 2005, p. 59; a sinopse e o período de exibição de *O acusador* estão em teledramaturgia.com.br.

9 Para a compra dos originais, José Bonifácio de Oliveira Sobrinho, *O livro do Boni*. Rio de Janeiro: Casa da Palavra, 2011, pp. 131-7; para a festa de encerramento, teledramaturgia.com.br.

10 Informações sobre o adiamento da inauguração são do engenheiro Herbert Fiuza, da equipe que instalou a TV Globo, em vídeo do projeto Memória, da Globo. Disponível em: <http://globotv.globo.com/rede-globo/memoria-globo/v/webdoc-cronologia-inauguracao-da-globo-1965/2580478/>. Acesso em: 29 jun. 2016.

11 Ali Khan, O Cabresto. *Folha de S.Paulo*, 3 jul. 1965, p. 9.

12 Política na Opinião Alheia. *Folha de S.Paulo*, 3 jul. 1965, p. 4 [matéria não assinada].

13 Ver Beatriz Kushnir, *Cães de guarda: jornalistas e censores do AI-5 à Constituição de 1988*. São Paulo: Boitempo, 2004, p. 42; Alexandre Stephanou, *Censura no regime militar e militarização das artes*. Porto Alegre: Edipucrs, 2001, p. 14.

14 A história da censura a *O direito de nascer* está em Walter Clark com Gabriel Priolli, *O campeão de audiência: uma autobiografia*. São Paulo: Best Seller, 1991, pp. 148-51.

15 Henrique Veltman. *Do Beco da Mãe a Santa Teresa*. São Paulo: H. Veltman, 2010, p. 58.

16 Sobre a enchente, ver Walter Clark com Gabriel Priolli, op. cit., pp. 174-7.
17 Reinaldo Cardenuto, "A sobrevida da dramaturgia comunista na televisão dos anos de 1970: o percurso de um realismo crítico em negociação". In: Marcos Napolitano, Rodrigo Czajka, Rodrigo Patto Sá Motta, *Comunistas brasileiros: cultura política e produção cultural*. Belo Horizonte: Editora UFMG, 2013, p. 88. No artigo de Cardenuto, ele diz que o texto foi publicado em 1965, mas o ano, na verdade, foi 1966. Em 1965, Gullar havia iniciado essa discussão com o artigo "A cultura posta em questão", também na *Revista Civilização Brasileira*.
18 Álvaro de Moya, op. cit., p. 49.
19 As informações sobre *O Santo Inquérito* e esse trecho da entrevista de Dias Gomes estão em Igor Pinto Sacramento, *Nos tempos de Dias Gomes: a trajetória de um intelectual comunista nas tramas comunicacionais*, tese de doutorado, UFRJ, 2012, p. 222.
20 Dias Gomes. *Apenas um subversivo*. Rio de Janeiro: Bertrand Brasil, 1998, p. 225.
21 Marcelo Ridenti, *Brasilidade revolucionária*. São Paulo: Editora Unesp, 2010, p. 12.
22 Ibid. para a ponderação sobre perdas e ganhos dos artistas comunistas.
23 Informação n. 303/SNI/ARJ, ss16-107, 13 abr. 1966.
24 Cópias dos documentos foram obtidas para esta pesquisa através da autorização da viúva do autor, Bernadeth Lyzio, uma vez que a emissão, pelo Arquivo Nacional, só pode ser liberada por familiares; o documento sobre a viagem citada: Ministério da Aeronáutica, Secretaria de Inteligência da Aeronáutica, Informe n. 023/90/22/AGINT-RJ, 13 fev. 1990.
25 A história da censura ao filme está em Dias Gomes, *Apenas um subversivo*, p. 223.
26 Informações sobre a lei e o parecer que legalizaram a situação da Globo estão no site do projeto Memória da emissora (memoriaglobo.globo.com).
27 A informação sobre a portaria está em Beatriz Kushnir, op. cit., p. 116.

7. A GENTE SE VÊ NA GLOBO [PP. 96-104]

1   Entrevista de Alfredo Dias Gomes, filho do dramaturgo, à autora em sua residência, no Rio, em 11 maio 2011.
2   Dias Gomes fala da morte em sua autobiografia (p. 226). Não menciona a data; diz apenas que foi em um domingo de 1968. O dia exato foi obtido em edição do *Correio da Manhã* de 23 de janeiro, que lamentou a morte e falou do enterro, ocorrido na véspera. O refúgio de Janete Clair no trabalho está em Artur Xexéo, *Janete Clair: a usineira de sonhos*. Rio de Janeiro: Relume, 2005, pp. 81-2.
3   Dias Gomes, *Apenas um subversivo*. Rio de Janeiro: Bertrand Brasil, 1998, p. 227.
4   Secretaria de Segurança Pública, Dops, Informe n. 21, ACE 3853, em 1 mar. 1968.
5   Declarações na íntegra da entrevista de Dias Gomes a Marcelo Ridenti, da qual o sociólogo utilizou trechos em seu livro *Em busca do povo brasileiro: artistas da revolução, do CPC à era da TV*. Rio de Janeiro: Record, 2000.
6   Versões originais consultadas no acervo do jornal.
7   As informações sobre *O túnel* estão em Igor Pinto Sacramento, *Nos tempos de Dias Gomes: a trajetória de um intelectual comunista nas tramas comunicacionais*, tese de doutorado, UFRJ, 2012, p. 234; e na autobiografia, em que Dias Gomes diz ter preparado a peça para a Feira Brasileira de Opinião (p. 227). Pesquisa com outras fontes, inclusive jornais da época, dá conta de que se realizou nesse ano a Feira Paulista de Opinião. A versão nacional aconteceria em 1973.
8   José Mário Ortiz Ramos, Silvia H. Simões Borelli, "A telenovela diária". In: Renato Ortiz, Silvia H. Simões Borelli, José Mário Ortiz Ramos, *Telenovela: história e produção*, 2. ed. São Paulo: Brasiliense, 1991, p. 78.
9   Ibid.
10 Ibid. para "aclimatação do melodrama ao Brasil", p. 74. Os comentários anteriores sobre as antecessoras de *Beto Rockfeller* são de Walter Negrão, "O processo de criação da telenovela". In: Maria Immacolata

Vassallo Lopes (Org.). *Telenovela: internacionalização e interculturalidade*. São Paulo: Loyola, 2004, p. 206.
11 Walter Clark e Gabriel Priolli, *O campeão de audiência: uma autobiografia*. São Paulo: Best Seller, 1991, p. 178.
12 Depoimento em vídeo sobre a inauguração da Globo. Projeto Memória (memoriaglobo.globo.com).
13 Renato Ortiz et al., op. cit., p. 160.
14 Informações sobre Glória Magadan e a novela *Sheik de Agadir* estão nos sites Teledramaturgia.com: <http://www.teledramaturgia.com.br/o-sheik-de-agadir/> e Memória Globo: <http://memoriaglobo.globo.com/perfis/talentos/gloria-magadan.htm>. Acesso em: 30 jun. 2017.
15 David José Lessa Mattos (Org.), *Pioneiros do rádio e da TV no Brasil*. São Paulo: Códex, 2004, p. 77.
16 Elio Gaspari, *A ditadura escancarada*. São Paulo: Companhia das Letras, 2002, p. 215, citando entrevista com José Bonifácio de Oliveira Sobrinho e com Joe Wallach, diretor da TV Globo, à revista *Imprensa* de março de 1990, pp. 46-50, e Acervo Folha.
17 Ibid., p. 217.
18 Armando Falcão, *Tudo a declarar*. São Paulo: Nova Fronteira, 1989, p. 371.
19 Elio Gaspari, *A ditadura escancarada*, pp. 215, 217-8.
20 Entrevista de Alfredo Dias Gomes, filho do dramaturgo, à autora em sua residência, no Rio, em 11 maio 2011.
21 Entrevista de Boni à autora, no Rio, em 12 set. 2011.

8. O MEU, O SEU, OS NOSSOS COMUNISTAS [PP. 105-30]

1 O codinome Vitório está em documentos do SNI levantados para essa pesquisa; a história da crítica à deposição de Goulart, em Dias Gomes, *Apenas um subversivo*. Rio de Janeiro: Bertrand Brasil, 1998, p. 258.
2 Para o parecer, Cláudio Ferreira, *Beijo amordaçado: a censura às telenovelas durante a ditadura militar*. Brasília: Ler, 2016, p. 44.
3 Para a divulgação de *Véu de noiva*, Igor Pinto Sacramento, *Nos tempos*

de Dias Gomes: a trajetória de um intelectual comunista nas tramas comunicacionais, tese de doutorado, UFRJ, 2012, p. 250.

4   José Mário Ortiz Ramos, Silvia H. Simões Borelli, "A telenovela diária". In: Renato Ortiz, Silvia H. Simões Borelli, José Mário Ortiz Ramos, *Telenovela: história e produção*, 2. ed. São Paulo: Brasiliense, 1991, p. 74.

5   Ver mais em Mauricio Tintori Piqueira, *"Vêm para essa festa": as telenovelas da Rede Globo como um meio de mediação social para a constituição de uma identidade nacional*. Anais do XX Encontro Regional de História: História e Liberdade. ANPUH/SP, UNESP-Franca. 6 a 10 set. 2010. Disponível em: <http://www.anpuhsp.org.br/sp/downloads/CD%20XX%20Encontro/PDF/Autores%20e%20Artigos/Mauricio%20Tintori%20Piqueira.pdf>. Acesso em: 7 ago. 2017.

6   José Mário Ortiz Ramos, Silvia H. Simões Borelli, op. cit., p. 93.

7   Nahuel Ribke, "Telenovela Writers under the Military Regime in Brazil: Beyond the Cooption and Resistance Dichotomy. *Media, Culture & Society*, 33 (5), pp. 659-73, jun. 2011. Disponível em: <https://doi.org/10.1177/0163443711398691>. Acesso em: 3 dez. 2018.

8   Marcelo Ridenti, *Em busca do povo brasileiro...* Rio de Janeiro: Record, 2000, p. 323.

9   Id., *Brasilidade revolucionária*. São Paulo: Editora Unesp, 2010, p. 143.

10 Marcos Napolitano, A "estranha derrota": os comunistas e a resistência cultural ao regime militar (1964-1968). In: Marcos Napolitano, Rodrigo Czajka, Rodrigo Patto Sá Motta, *Comunistas brasileiros: cultura política e produção cultural*. Belo Horizonte: Editora UFMG, 2013, p. 327.

11 Walter Clark e Gabriel Priolli, *O campeão de audiência: uma autobiografia*. São Paulo: Best Seller, 1991, p. 199.

12 Entrevista de Boni à autora, no Rio, em 12 set. 2011.

13 Beatriz Kushnir, *Cães de guarda: jornalistas e censores do AI-5 à Constituição de 1988*. São Paulo: Boitempo, 2004, p. 312.

14 Ver mais em Alessandra Gasparotto, *O terror renegado: uma reflexão sobre os episódios de retratação pública protagonizados por integrantes de organizações de combate à ditadura civil-militar no Brasil (1970--1975)*, dissertação de mestrado, UFRGS, 2008.

15 Entrevista de Álvaro Moya à autora, em São Paulo, em 19 ago. 2011.

16 Site do Projeto Memória da Globo. Disponível em: <http://www.robertomarinho.com.br/mobile/obra/-dos-meus-comunistas-cuido-eu.htm>. Acesso em: 14 maio 2016.
17 Entrevista de Henrique Veltman à autora, em São Paulo, em 29 mar. 2011.
18 Dias Gomes, *Apenas um subversivo*. Rio de Janeiro: Bertrand Brasil, 1998, pp. 189-91.
19 Documentação encaminhada ao SNI, memorando n. 1336/si — Gab, aviso n. 406/si — Gab, de 5 jul. 1971, ao Ministério da Justiça.
20 Sobre a censura à corrupção policial e às drogas em *Bandeira 2*, Cláudio Ferreira, *Beijo amordaçado: a censura às telenovelas durante a ditadura militar*. Brasília: Ler, 2016, pp. 177-8 e 221.
21 "A novela quase na maioridade". *Veja São Paulo*, 12 jul. 1972, p. 80 [matéria não assinada].
22 Ministério da Aeronáutica, Gabinete do Ministro, Informe n. 040/Cisa,br, 9 jun. 1971.
23 Ibid.
24 "Novela a dois". *Veja São Paulo*, 10 fev. 1971, p. 58 [matéria não assinada].
25 "A arte popular das novelas". *Veja São Paulo*, 24 jan. 1972, pp. 3-5 [matéria não assinada].
26 Para a censura a *Selva de pedra*, Cláudio Ferreira, op. cit., pp. 72-6.
27 Artur Xexéo, *Janete Clair: a usineira de sonhos*. Rio de Janeiro: Relume, 2005, p. 95.
28 Ibid. para a história de *Sinal de alerta*, p. 91.
29 Ver mais em Nahuel Ribke, "Decoding Television Censorship During the Last Brazilian Military Regime: The Censor as Negotiator and Censorship as a Semi-open Interpretative Process. *Media History*, 17(1), jan. 2011. Disponível em: <https://www.tandfonline.com/doi/abs/10.1080/13688804.2011.532378>. Acesso em: 3 dez. 2018.
30 Joe Wallach, *Meu capítulo na TV Globo*. Rio de Janeiro: Top Books, 2011, p. 57.
31 Ministério da Aeronáutica, Gabinete do Ministro, Informe n. 040/Cisa-br, 9 jun. 1971.
32 Centro de Informações da Aeronáutica, ace A0477953, 11 jul. 1972.
33 SNI, Agência Rio de Janeiro, Encaminhamento n. 05119/72/ARJ/SNI, 24 jul. 1972.

34 Ibid.
35 Ibid.
36 SNI, Agência Rio de Janeiro, Informação n. 11816/72/ARJ/SNI, 15 set. 1972.
37 Ver mais em Beatriz Kushnir, op. cit., p. 190.
38 Entrevista de Boni à autora, no Rio, em 12 set. 2011.
39 Ibid.
40 As declarações são de entrevista ao programa *Roda Viva*, da TV Cultura, em 12 jun. 1995. Disponível em: <http://www.rodaviva.fapesp.br/materia/405/entrevistados/dias_gomes_1995.htm>. Acesso em: 29 jun. 2016.
41 Para Cavalcanti e a censura a programas ao vivo, ver Nahuel Ribke, "The Genre of Live Studio Audience Programmes in a Political Contexto: *The Flávio Cavalcanti Show* and de Brazilian Military Regime". Screen, 54 (3), 2013; "The Brazilian Military Regime and Television Censorship: Between the Internal Logics of Production and the Political Context". *Revista de História*, n. 169, 2013; e Lúcia Maciel Barbosa de Oliveira, *"Nossos comerciais, por favor!" A televisão brasileira e a Escola Superior de Guerra: o caso Flávio Cavalcanti*. São Paulo: Beca Produções Culturais, 2001.
42 SNI, Agência Rio de Janeiro, Informação n. 11816/72/ARJ/SNI, 15 set. 1972.
43 Para a imprensa alternativa, Bernardo Kucinski, *Jornalistas e revolucionários nos tempos da imprensa alternativa*. São Paulo: Edusp, 2003.
44 Abel Silva, "Do *Pagador de promessas* ao *Bem-amado*". *Jornal Opinião*, 4 mar. 1973, p. 19.
45 A análise de *O bem-amado* como "alegoria do Brasil" está em Igor Pinto Sacramento, *Nos tempos de Dias Gomes: a trajetória de um intelectual comunista nas tramas comunicacionais*, tese de doutorado, UFRJ, 2012, pp. 293-311.
46 Reportagem da revista *Veja* de 31 jan. 1973 afirma que o investimento inicial foi de 2 milhões de cruzeiros e a previsão era de 8 milhões de cruzeiros no total.
47 Igor Pinto Sacramento, op. cit., pp. 293-311.
48 Abel Silva, op. cit., p. 19.
49 Ibid.; para a adoção de um novo discurso por Dias Gomes, ver ibid., pp. 264-76; idem, "Por uma teledramaturgia engajada: a experiência

de dramaturgos comunistas com a televisão dos anos 1970". In: Marcos Napolitano, Rodrigo Czajka, Rodrigo Patto Sá Motta, *Comunistas brasileiros: cultura política e produção cultural*. Belo Horizonte: Editora UFMG, 2013, pp. 107-27.

50 "O autor e o meio". *Veja São Paulo*, 29 jul. 1970, p. 73 [matéria não assinada].

51 As menções a críticas estão em entrevista do autor in: Gonçalo Júnior, *Pais da TV*. São Paulo: Conrad, 2001, p. 85.

52 Declaração retirada de íntegra de entrevista cujos trechos estão em Marcelo Ridenti, *Em busca do povo brasileiro: artistas da revolução, do CPC à era da TV*. Rio de Janeiro: Record, 2000.

53 Marcos Napolitano. "A 'estranha derrota': os comunistas e a resistência cultural ao regime militar (1964-1968)". In: Marcos Napolitano, Rodrigo Czajka, Rodrigo Patto Sá Motta, op. cit., p. 329.

54 O estudo sobre a censura a *O bem-amado* está em Denise Rollemberg, "O bem-amado e a Censura: uma relação rigorosa ou flexível?". In: Marcos Napolitano, Rodrigo Czajka, Rodrigo Patto Sá Motta, op. cit., p. 75.

55 As informações sobre a censura às patentes militares e à palavra "coronel" estão em Dias Gomes, *Apenas um subversivo*. Rio de Janeiro: Bertrand Brasil, 1998, p. 276; para os cortes de Ubiratan, ver Norma Couri, "*Playboy* entrevista Dias Gomes". *Playboy*, dez. 1985, pp. 49-87.

56 Para a cena da calcinha, Cláudio Ferreira, *Beijo amordaçado: a censura às telenovelas durante a ditadura militar*. Brasília: Ler, 2016, p. 212.

57 Elio Gaspari, *A ditadura derrotada*. São Paulo: Companhia das Letras, 2003, pp. 234-5.

58 A informação sobre a censura a *O espião* está em Dias Gomes, *Apenas um subversivo*, pp. 278-80. As datas de exibição dessa novela, assim como as de todas as outras utilizadas neste livro, são do site teledramaturgia.com.br.

9. EMPREGO PARA CAMÕES [PP. 131-38]

1 As informações que envolvem Lauro César Muniz são de entrevista do dramaturgo à autora, em São Paulo, em 11 abr. 2011.

2   Esse aspecto da crítica ao processo industrial da telenovela foi observado pela autora na pesquisa dos principais periódicos da época. Também está em Igor Pinto Sacramento, *Nos tempos de Dias Gomes: a trajetória de um intelectual comunista nas tramas comunicacionais*, tese de doutorado, UFRJ, 2012. Desse texto, igualmente, foi retirada a informação sobre *O marginal* (p. 327).
3   SNI, Agência de Salvador, Informação n. 0054/19/SNI/ASV/75, 31 jan. 1975.
4   "Apertos levaram Dias Gomes à TV. E ele gostou". *Tribuna da Bahia*, 29 jan. 1975.
5   José Maria Mayrink, "acervo mostra as marcas da censura". *O Estado de S. Paulo*, 23 maio 2012. Disponível em: <https://economia.estadao.com.br/noticias/geral,acervo-mostra-as-marcas-de-censura-imp-,877165>. Acesso em: 3 dez. 2018.
6   Sobre esse informe do SNI, Elio Gaspari, *A ditadura encurralada*. São Paulo: Companhia das Letras, 2004, p. 110.
7   O contexto da censura está em Beatriz Kushnir, *Cães de guarda: jornalistas e censores do AI-5 à Constituição de 1988*. São Paulo: Boitempo, 2004, p. 123.
8   Marcelo Ridenti, *Em busca do povo brasileiro: artistas da revolução, do CPC à era da TV*. Rio de Janeiro: Record, 2000, p. 172.
9   As informações sobre a censura à recessão e à discussão sobre o fim da censura, além do contexto de repressão ao PCB estão em Elio Gaspari, *A ditadura derrotada*. São Paulo: Companhia das Letras, 2003, pp. 404, 457-8. A frase de que o Partido é "o maior perigo para as instituições democráticas" foi tirada pelo autor de um relatório do CIE (Centro de Informações do Exército).
10 Para a data do início da Operação Radar entre 1973 e 1974: Marcos Napolitano, *1964: história do regime militar brasileiro*. São Paulo: Contexto, 2014, p. 250; o autor baseia-se em depoimento do ex-agente do DOI-Codi Marival Dias Chaves do Canto, publicado pela revista *Veja* em 18 nov. 1992.
11 Dias Gomes, *Apenas um subversivo*. Rio de Janeiro: Bertrand Brasil, 1998, pp. 268-9.
12 Declaração que está na íntegra da entrevista de Dias Gomes a Marcelo

Ridenti, da qual o sociólogo utilizou trechos retirados de Marcelo Ridenti, *Em busca do povo brasileiro: artistas da revolução, do CPC à era da TV*. Rio de Janeiro: Record, 2000.
13 SNI, Agência Rio de Janeiro, Informação n. 133/60/75/ARJ/SNI, 9 abr. 1975.

10. BOA NOITE, CENSURA [PP. 139-61]

1 Sobre a decisão de Boni em relação a Dias e Janete, ver Dias Gomes, *Apenas um subversivo*. Rio de Janeiro: Bertrand Brasil, 1998, p. 281; e Artur Xexéo, *Janete Clair: a usineira de sonhos*. Rio de Janeiro: Relume, 2005, p. 79.
2 O diálogo está em Ayrton Baffa, *Nos porões do SNI: o retrato do monstro de cabeça oca*. Rio de Janeiro: Objetiva, 1989, pp. 124-5.
3 As informações sobre a produção são de entrevista à autora de Emiliano Queiroz em 1 set. 2011, de nota da *Folha de S.Paulo* de 10 jul. 1975 (Ilustrada, p. 40) e de Daniel Filho, *Antes que me esqueçam*. 3. ed. Rio de Janeiro: Guanabara, 1988, pp. 175-7; sobre a inspiração para a Viúva Porcina, Dias Gomes, *Apenas um subversivo*. Rio de Janeiro: Bertrand Brasil, 1998, p. 59.
4 Entrevista de Boni à autora, no Rio, em 12 set. 2011.
5 Divisão de Censura de Diversões Públicas, Ofício n. 534/75-SC/DCPD, 16 maio 1975.
6 Ministério da Justiça, Departamento de Polícia Federal, Divisão de Censura de Diversões Públicas, Parecer n. 5848/75, 30 jun. 1975.
7 Ministério da Justiça, Departamento de Polícia Federal, Divisão de Censura de Diversões Públicas, Parecer n. 6114/75, 3 jul. 1975.
8 Divisão de Censura de Diversões Públicas, ofício sem número, 4 jul. 1975.
9 Graça Lago, "Fazer televisão, a alternativa de Lima Duarte". *Folha de S.Paulo*, 15 jul. 1975, p. 40.
10 Elio Gaspari, *A ditadura encurralada*. São Paulo: Companhia das Letras, 2004, pp. 105-6.
11 Lilia M. Schwarcz e Heloisa M. Starling, *Brasil: uma biografia*. São Paulo: Companhia das Letras, 2015, p. 469; Ricardo Balthazar et al.

"Tudo sobre a ditadura militar". *Folha de S.Paulo*, 23 mar. 2014. Disponível em: <arte.folha.uol.com.brespeciais/2014/03/23/o-golpe-e-a-ditadura-militar>. Acesso em: 7 jun. 2019.

12   Ayrton Baffa, op. cit., pp. 49-55.

13   Para o descontrole do governo: Elio Gaspari, *A ditadura encurralada*, pp. 81-126; para o discurso "pá de cal", íntegra disponível em: <http://www.biblioteca.presidencia.gov.br/presidencia/ex-presidentes/ernesto-geisel/discursos/1975/27.pdf/view>, acesso em: 8 ago. 2019, e Marcos Napolitano, *1964: história do regime militar brasileiro*. São Paulo: Contexto, 2014, p. 247.

14   Ministério da Justiça, Departamento de Polícia Federal, Divisão de Censura de Diversões Públicas, Parecer 7019/75, 20 ago. 1975.

15   Divisão de Censura de Diversões Públicas, ofício sem número, 20 ago. 1975.

16   Ministério da Justiça, Departamento de Polícia Federal, Divisão de Censura de Diversões Públicas, Parecer 7019/75, 20 ago. 1975; script com cortes em anexo.

17   As informações sobre a censura a *Roque Santeiro* estão nos documentos da DCDP levantados para esta pesquisa; para a informação de que Gabriela sofreu vários cortes, Douglas Attila Marcelino, *Para além da moral e dos bons costumes: a DCDP e a censura televisiva no regime militar*, monografia de graduação em história, UFRJ, 2004, apud Igor Pinto Sacramento, *Nos tempos de Dias Gomes: a trajetória de um intelectual comunista nas tramas comunicacionais*, tese de doutorado, UFRJ, 2012, p. 330.

18   Para a decisão de Daniel Filho, ver Daniel Filho, *Antes que me esqueçam*. 3. ed. Rio de Janeiro: Guanabara, 1988, p. 177. Informações sobre Boni são de sua entrevista à autora, no Rio, em 12 set. 2011; para a ida de Walter Clark a Brasília, reportagem "Um herói impróprio para as 20h", *Jornal da Tarde*, 27 ago. 1975, p. 19 [matéria não assinada]. O texto fala também que Marinho teria viajado para a capital federal com o objetivo de tratar da censura à novela; na lembrança de Boni, em entrevista à autora, eles não viajaram a Brasília para negociar com o governo.

19   Serviço Público Federal, ofício sem número, 26 ago. 1975.

20 Ibid.
21 Ibid.
22 As cenas citadas são do primeiro capítulo da novela, visto pela autora no acervo da TV Globo, no Rio; todos os outros 35 já gravados foram apagados para que as fitas fossem reaproveitadas; Boni contou em entrevista à autora ter feito um memorando determinando que, por economia, devia-se guardar o primeiro capítulo, alguns do meio e o último, como história, e reaproveitar o restante; as exceções eram apenas para novelas de muito sucesso.
23 Declaração à autora, em 12 set. 2011.
24 Todas essas informações sobre a véspera da "não estreia" de *Roque Santeiro* são de entrevista de Boni à autora, pessoalmente, no Rio, em 12 set. 2011, com alguns detalhes depois checados por ele com outros funcionários da emissora, enviados por e-mail nos dias posteriores.
25 Coriolano de Loyola Cabral Fagundes, *Censura & liberdade de expressão*. São Paulo: Taika, 1974, pp. 88-9.
26 "Suspensa exibição de novela". *O Estado de S. Paulo*, 27 ago. 1975 [matéria não assinada].
27 "Um herói impróprio para as 20h. *Roque Santeiro* enfrenta a censura. E não estreia hoje". *Jornal da Tarde*, 27 ago. 1975, p. 19 [matéria não assinada].
28 Ibid.
29 Entrevista de Boni à autora.
30 Entrevista de Nelson Motta à autora em set. de 2011.
31 A abertura e a íntegra do primeiro capítulo foram vistos pela autora no arquivo da TV Globo. Há no YouTube um trecho da abertura.
32 Entrevista de Cid Moreira à autora em set. 2011.
33 Íntegra do editorial publicada pelo jornal *O Globo* em 28 ago. 1975.

11. DESPERTAR LENTO E GRADUAL [PP. 162-85]

1. Dias Gomes, *Apenas um subversivo*. Rio de Janeiro: Bertrand Brasil, 1998, p. 284.

2   Informação dada por Daniel Filho ao Projeto Memória Globo, disponível em: <robertomarinho.com.br>.
3   Informações da entrevista de Boni à autora; os dados do Ibope e do levantamento da Globo estão em "O fim de Roque". *Veja*, 3 set. 1975, p. 17 [matéria não assinada].
4   "Globo decide não exibir *Roque Santeiro*". *Folha de S.Paulo*, 28 ago. 1975, p. 48 [matéria não assinada].
5   "Novela é liberada mas TV a cancela". *O Estado de S. Paulo*, 28 ago. 1975 [matéria não assinada].
6   "*Roque Santeiro*, capítulo II". *Jornal da Tarde*, 28 ago. 1975 [matéria não assinada].
7   Entrevista de Boni à autora.
8   A lista completa da comitiva saiu em reportagem do *Jornal da Tarde* de 29 ago. 1975: Regina Duarte, Beth Mendes, Betty Faria, Cláudio Marzo, Dennis Carvalho, Aracy Balabanian, Ziembisnsky, Tarcísio Meira, Débora Duarte, Glória Menezes, Paulo Gracindo, Ioná Magalhães, Lima Duarte, Daniel Filho, Elza Gomes, Armando Bogus, Eva Tudor, Milton Gonçalves, Carlos Eduardo Dolabella, Luís Armando Queiroz, Lauro César Muniz e Francisco Cuoco.
9   A íntegra está publicada em reportagem do *Jornal da Tarde* de 29 ago. 1975; as informações sobre a comitiva são da mesma matéria e de Daniel Filho, *Antes que me esqueçam*. 3. ed. Rio de Janeiro: Guanabara, 1988, pp. 177-80.
10 "A tevê encena um grande sucesso: a censura". *Jornal da Tarde*, 29 ago. 1975 [matéria não assinada].
11 Marcos Napolitano, *1964: história do regime militar brasileiro*. São Paulo: Contexto, 2014, p. 100.
12 Para a frente oposicionista, Lilia M. Schwarcz e Heloisa M. Starling, *Brasil: uma biografia*. São Paulo: Companhia das Letras, 2015, pp. 471--8; e Marcos Napolitano, *1964: história...*, pp. 229-79.
13 Coriolano de Loyola Cabral Fagundes, *Censura & liberdade de expressão*. São Paulo: Taika, 1974, p. 153.
14 Armando Falcão, *Tudo a declarar*. São Paulo: Nova Fronteira, 1989, p. 354.

15　Ibid.
16　Ibid., pp. 374-5.
17　"O Santeiro leva artistas ao presidente". *Folha de S.Paulo*, 29 ago. 1975, p. 1 [chamada não assinada].
18　"Protestos de artistas contra a proibição". *Folha de S.Paulo*, 29 ago. 1975, p. 40 [matéria não assinada].
19　Alberto Dines, "Ascenção e milagres de Roque Santeiro". O Jornal dos Jornais. *Folha de S.Paulo*, 31 ago. 1975, p. 6.
20　Para a demissão de Magaldi, ver Dias Gomes, *Apenas um subversivo*, p. 282.
21　Graça Lago, "As razões de Roque Santeiro, por Dias Gomes". *Folha de S.Paulo*, 5 set. 1975, p. 40.
22　Lenildo Tabosa Pessoa, "Uma questão de horário I" e "Uma questão de horário II". *Jornal da Tarde*, 23 e 24 set. 1975.
23　Paulo Maia, "*Roque Santeiro*, um episódio que deixa margem a dúvidas". *O Estado de S. Paulo*, 9 set. 1975.
24　Nahuel Ribke, "Decoding Television Censorship During the Last Brazilian Military Regime: the Censor as Negotiator and Censorship as a Semi-open Interpretative Process". *Media History*, v. 17, n. 1201, 2011.
25　"O fim de Roque". *Veja*, 3 set. 1975, pp. 17-8 [matéria não assinada].
26　Para a interpretação de Roberto Marinho sobre a caravana, entrevista de Boni à autora.
27　Nahuel Ribke, "Decoding Television Censorship...".
28　A informação sobre o aviso à Globo do grampo é da entrevista de Boni à autora, segundo o qual "ou o Ottati ou o Edgardo" teria avisado a emissora. A declaração de Dias Gomes sobre o fato de ter tido conhecimento do grampo apenas em 1987 não é necessariamente contraditória. É possível que na época, como costumava ocorrer, isso lhe tenha soado como mais uma versão dos fatos, entre muitas. E em 1987, a reportagem de Baffa em *O Estado de S. Paulo* abriu o conteúdo do documento, tornando a questão mais clara para todos; Ayrton Baffa, "Histórias de arquivos do SNI". *O Estado de S. Paulo*, 15 nov. 1987.
29　Id. *Nos porões do SNI: o retrato do monstro de cabeça oca*. Rio de Janeiro: Objetiva, 1989, p. 82.

30 Para a origem do termo "dragão", ver Elio Gaspari, *A ditadura derrotada*. São Paulo: Companhia das Letras, 2003, p. 412.
31 Para a anotação sobre Sodré no CIE e a espionagem ao almoço: Ayrton Baffa, "Histórias de arquivos do SNI", pp. 86-7.
32 Sobre a panfletagem, Elio Gaspari, *A ditadura encurralada*, p. 80.
33 Nahuel Ribke, "Decoding Television Censorship...".
34 Entrevista de Boni à autora.
35 SNI, Agência Rio de Janeiro, Encaminhamento n. 098/19/75/ARJ/SNI, 4 set. 1975.
36 Ibid.
37 Ibid.
38 Ibid.
39 SNI, Agência Rio de Janeiro, Informação n. 242/119/75/ARJ/SNI, 5 dez. 1975.
40 A informação sobre o pedido de demissão e a exigência de incluir uma sinopse de Dias Gomes são de depoimento do autor ao Projeto Memória da Globo, disponível em: <robertomarinho.com.br>.
41 Para o nome das outras telenovelas, "O substituto de *Roque Santeiro*". *Jornal da Tarde*, 5 set. 1975 [matéria não assinada]; para o recado dos militares, entrevista de Boni à autora.
42 Alberto Dines, "A reunião dos escoteiros". O Jornal dos Jornais, *Folha de S.Paulo*, 19 out. 1975, p. 6.
43 Artur Xexéo, *Janete Clair: a usineira de sonhos*. Rio de Janeiro: Relume, 2005, pp. 79-80.
44 Com a morte de Janete, os capítulos passaram a ser escritos por Glória Perez, sua então aprendiz, sob supervisão de Dias Gomes.
45 Centro de Informações do Exército, RPI n. 09/75-cie, 10/10/1975, apud Ayrton Baffa, *Nos porões do SNI...*, pp. 124-8.
46 Para o relatório, Ayrton Baffa, ibid., p. 86.
47 Para o caso Herzog, Elio Gaspari, *A ditadura encurralada*, pp. 175-80.

3º ATO, 1985
A NOVELA QUE FOI SEM NUNCA TER SIDO — *ROQUE SANTEIRO 2*

12. ASAS PARA VOAR, SEM SE DIVORCIAR [PP. 189-203]

1 A descrição dos personagens foi retirada do site teledramaturgia. com.br, disponível em: <http://www.teledramaturgia.com.br/saramandaia-1976/>. Acesso em: 14 maio 2016.
2 Dias Gomes, *Apenas um subversivo*. Rio de Janeiro: Bertrand Brasil, 1998, pp. 286-7.
3 Hersch W. Basbaum, *Lauro César Muniz solta o verbo*. São Paulo: Imprensa Oficial, 2010, p. 111.
4 *Jornal do Brasil*, 30 abr. 1976, p. 10, apud Igor Pinto Sacramento, *Nos tempos de Dias Gomes: a trajetória de um intelectual comunista nas tramas comunicacionais*, tese de doutorado, UFRJ, 2012, pp. 335-6.
5 SNI, Agência Central, Informação n. 102/16/AC/76, 22 mar. 1976.
6 Para essa comparação entre os dois de São Paulo e a Operação Grande Rio, ver Elio Gaspari, *A ditadura encurralada*. São Paulo: Companhia das Letras, 2004, p. 256; os trechos entre aspas foram tirados por Gaspari de Relatório Especial de Informações de 23/3/1976.
7 Para a carta de arrependimento de Machado: Marsílea Gombata, "Dom Eugênio, agente duplo". *Carta Capital*, 18 out. 2013. Disponível em: <http://www.cartacapital.com.br/revista/770/dom-eugenio-agente-duplo-6767.html>. Acesso em: 13 maio 2016.
8 Para o vídeo com a denúncia, Walter Clark com Gabriel Priolli, *O campeão de audiência: uma autobiografia*. São Paulo: Best Seller, 1991, p. 224.
9 A documentação mencionada está no levantamento do SNI feito para a pesquisa. O diálogo de Caban com Marinho foi relatado pelo jornalista a Elio Gaspari e está em *A ditadura encurralada*, pp. 256-7.
10 Ibid. para a rede internacional de emissoras. Para a censura ao programa *Fantástico*, Inimá Simões, "Nunca fui santa (episódios de censura e autocensura)". In: Eugênio Bucci (Org.). *A TV aos 50*. São Paulo: Editora Fundação Perseu Abramo, 2000, p. 46.
11 Armando Falcão, *Tudo a declarar*. São Paulo: Nova Fronteira, 1989, p. 374, apud Elio Gaspari, *A ditadura encurralada*, p. 268.
12 SNI, Agência Central, Informe n. 091/16/AC/76, 27 abr. 1976.
13 SNI, Agência Rio de Janeiro, Informação n. 136/032/76/ARJ/SNI, 7 jun. 1976.

14 Ayrton Baffa, *Nos porões do SNI: o retrato do monstro de cabeça oca*. Rio de Janeiro: Objetiva, 1989, p. 129.
15 "Folclore, a saída para Dias Gomes". *O Estado de S. Paulo*, 30 jul. 1976 [matéria não assinada].
16 Declaração de Dias Gomes transcrita em "Dias Gomes e o absurdo da realidade". *Folha de S.Paulo*, 31 jul. 1976, p. 27 [matéria não assinada].
17 Dias Gomes. *Apenas um subversivo*, p. 286.
18 David José Lessa Mattos (Org.). *Pioneiros do rádio e da TV no Brasil*. São Paulo: Códex, 2004, pp. 82-3.
19 Para a censura às eleições em *Saramandaia*: Cláudio Ferreira, *Beijo amordaçado: a censura às telenovelas durante a ditadura militar*. Brasília: Ler, 2016, pp. 169-70.
20 Dias Gomes, *Apenas um subversivo*, p. 291.
21 Ficha 004/Cisa em resposta a pedido de busca n. 0795/76-si/sr/rj de 10 set. 1976.
22 Divisão de Segurança e Informações do Ministério da Justiça, Informe n. 815/76/DSI/MJ, 28 set. 1976.
23 Para as informações sobre o uso do prestígio da TV Globo e os problemas no embarque, Dias Gomes, *Apenas um subversivo*, pp. 291-2.
24 Ministério das Relações Exteriores, Centro de Informações do Exterior, Ciex n. 456/76, 3 dez. 1976.
25 Para a viagem do autor a Portugal, Dias Gomes, *Apenas um subversivo*, pp. 297-9.
26 Para a opinião dos censores, Inimá Simões, op. cit., p. 46; para a informação sobre a negociação entre a Globo e a Censura, "Censura: também é proibida a *Despedida de casado*". *Folha de S.Paulo*, 24 dez. 1976, p. 21 [matéria não assinada].
27 Sobre os relatórios das censoras e esta carta a Roberto Marinho, ver Cláudio Ferreira, op. cit., pp. 94-7.
28 "Censura: também é proibida a *Despedida de casado*". *Folha de S.Paulo*, 24 dez. 1976, p. 21 [matéria não assinada].; reportagem posterior na Ilustrada, em 4 jan. 1977, quando a novela deveria estrear, afirma que dez capítulos, e não trinta, já estavam previamente gravados (Dirceu Soares, "Televisão. E essa novela vai passar?". *Folha de S.Paulo*, 4 jan. 1977, p. 29).

29 Para a informação sobre Xexéo: Beatriz Kushnir, *Cães de guarda: jornalistas e censores do AI-5 à Constituição de 1988*. São Paulo: Boitempo, 2004, p. 101.
30 Tarso de Castro, "Despedida de conquistado". *Folha de S.Paulo*, 25 dez. 1976, p. 20.
31 Para o encontro de Durst com os censores: Inimá Simões, op. cit., p. 46.
32 Para o aviso de Falcão a Geisel, Elio Gaspari, "Uma bomba na noite", *O Globo*, 29 jul. 2015. Disponível em: <http://oglobo.globo.com/sociedade/uma-bomba-na-noite-16986664>. Acesso em: 16 maio 2016.
33 Ibid. para as informações sobre o atentado a Roberto Marinho.
34 Troca de e-mails com a autora em 9 maio 2016.
35 Para a censura a *A vida escrachada de Baby Stompanato*, ver Cláudio Ferreira, op. cit, pp. 97-8.
36 "Censura: o diretor diz como salva a nossa moral". *Folha de S.Paulo*, 30 dez. 1976, p. 36 [matéria não assinada].
37 Sobre as cartas à DCDP: Carlos Fico, "'Prezada Censura': cartas ao regime militar". *Topoi*, Rio de Janeiro, dez. 2002, pp. 251-86.
38 Alberto Dines, "Balanço e sacolejo", O Jornal dos Jornais, *Folha de S.Paulo*, 2 jan. 1977, p. 6.

13. ESPELHO QUEBRADO DA BURGUESIA [PP. 204-19]

1 SNI, Agência Rio de Janeiro, Informação n. 19/032/77/ARJ/SNI.
2 "Dias Gomes grava seu depoimento". *Jornal do Brasil*, 10 fev. 1977 [matéria não assinada].
3 Para as tentativas de liberar *Roque Santeiro* entre 1975 e 1977, entrevista de Boni à autora; para a explicação extraoficial, declaração de Dias Gomes em Norma Couri. "*Playboy* entrevista Dias Gomes". *Playboy*, ed. 125, dez. 1985, p. 52.
4 Para o Pacote de Abril, Lilia M. Schwarcz e Heloisa M. Starling, *Brasil: uma biografia*. São Paulo: Companhia das Letras, 2015, p. 468; e CPDOC da FGV, disponível em: <http://cpdoc.fgv.br/producao/dossies/Fatos Imagens/PacoteAbril>. Acesso em: 17 maio 2016.

5 "Dias Gomes: 'Somos uma geração de quixotes'". *Jornal do Brasil*, 4 maio 1977 [matéria não assinada].
6 "A classe média vista no espelho favorito". *Folha de S.Paulo*, 4 jul. 1977, p. 23 [matéria não assinada]; informações sobre o projeto também foram retiradas de entrevista do autor à revista *Veja*: "Livre". *Veja*, 29 jun. 1977 [matéria não assinada].
7 SNI, Agência Central, Encaminhamento n. 072/19/AC/77, 26 jul. 1977.
8 Ibid.
9 "Cinco mil disputam 58 vagas de censores". *Folha de S.Paulo*, 2 ago. 1977, p. 6 [matéria não assinada]; para o valor do salário mínimo do país à época, de 1106,40 cruzeiros, tabela da Pró-Reitoria de Administração e Finanças da Universidade Estadual de Londrina, disponível em: <http://www.uel.br/proaf/informacoes/indices/salminimo.htm>. Acesso em: 18 maio 2016.
10 Beatriz Kushnir, *Cães de guarda: jornalistas e censores do AI-5 à Constituição de 1988*. São Paulo: Boitempo, 2004, pp. 184-5.
11 Dias Gomes, *Apenas um subversivo*. Rio de Janeiro: Bertrand Brasil, 1998, pp. 276-7.
12 Lourenço Diaféria, "Herói. Morto. Nós". *Folha de S.Paulo*, 1º set. 1977, p. 44.
13 Ibid.
14 Para a análise sobre essa ambiguidade no governo Geisel, Beatriz Kushnir, op. cit., p. 204.
15 "Dias Gomes: escrever para a televisão é viver entre a sanidade e a loucura". *Correio do Povo*, 14 set. 1977 [matéria não assinada].
16 Para a informação sobre o parecer, Cláudio Ferreira, *Beijo amordaçado: a censura às telenovelas durante a ditadura militar*. Brasília: Ler, 2016, p. 101.
17 Diana Aragão, "*Sinal de alerta*, de Dias Gomes: uma novela sobre o direito de viver". *Jornal do Brasil*, 31 jul. 1978.
18 Para a censura às marchas militares, Cláudio Ferreira, op. cit., p. 173.
19 Jornal *Movimento*, 7 ago. 1978, p. 19, apud Igor Pinto Sacramento, *Nos tempos de Dias Gomes: a trajetória de um intelectual comunista nas tramas comunicacionais*, tese de doutorado, UFRJ, 2012, p. 358.
20 Ibid.

21 Cartão-postal encontrado e reproduzido pela autora nos arquivos que estavam em poder da viúva de Dias Gomes na ocasião dos dois encontros em sua casa, no Rio, para a coleta de material para esta pesquisa; está sem data.
22 SNI, Agência Central, Informação n. 0707/19/AC/78, 13 set. 1978.
23 Ministério da Justiça, Divisão de Segurança e Informações, Informação n. 588/77/DSI/MJ, 14 jul. 1977.
24 SNI, Agência Rio de Janeiro, Informação n. 066/116/ARJ/78, 7 jul. 1978.
25 SNI, Agência Rio de Janeiro, Informação n. 79/320/ARJ/78, 21 ago. 1978.
26 Ministério do Exército, IV Exército, 0003/79, 29 nov. 1979.
27 "Teatrólogo anseia por abertura". *Jornal do Brasil*, 29 jan. 1979 [matéria não assinada].
28 Para a campanha da anistia, Lilia M. Schwarcz e Heloisa M. Starling, *Brasil: uma biografia*. São Paulo: Companhia das Letras, 2015, pp. 478--9; Marcos Napolitano, *1964: história do regime militar brasileiro*. São Paulo: Contexto, 2014, pp. 281-2.
29 "Para a maioria, Figueiredo é desconhecido". *Veja*, 11 jan. 1978, p. 58 [matéria não assinada].
30 Para as declarações de Figueiredo, Lilia M. Schwarcz e Heloisa M. Starling, op. cit., p. 470.
31 Ibid. para a exigência dos órgãos de segurança e manutenção.
32 SNI, Agência Central, Informe n. 2295/31/AC/79, 23 out. 1979.
33 SNI, Agência de São Paulo, Informe n. 0018/116/ASP/1979, 5 jan. 1979.
34 SNI, Agência de Salvador, Informação n. 0071/116/ASV/79, 13 jul. 1979.
35 Ministério dos Transportes, Divisão de Segurança e Informações, Informação n. 575/SICI/DSI/MT/79, 3 set. 1979.
36 SNI, Agência Central, Informe n. 2270/31/AC/79, 22 out. 1979.
37 SNI, Agência Rio de Janeiro, Informação n. 043/119/ARJ/79, 19 abr. 1979.
38 Flavio Marinho, "A volta de Dias Gomes ao teatro: uma comédia musical, *O rei de Ramos*. Parceiro: Chico Buarque". *O Globo*, 11 mar. 1979; a peça foi financiada com verba do governo estadual do Rio, 2,4 milhões de cruzeiros, por meio da Fundação de Teatros do Rio de Janeiro (Funterj): Igor Pinto Sacramento, op. cit., p. 364.
39 Ibid.

40 "Dias Gomes lança amanhã o livro *O rei de Ramos*". *Jornal do Brasil*, 31 maio 1979 [matéria não assinada].
41 Luís Carlos Maciel, "Guerra de majestades". *Veja*, 21 mar. 1979.
42 Ricardo Cravo Albin, *Driblando a censura: de como o cutelo vil incidiu na cultura*. Rio de Janeiro: Gryphus, 2002, pp. 31-3.
43 "Estado de sítio liberado com cortes". *Folha de S.Paulo*, 16 jan. 1981, p. 33 [matéria não assinada].
44 Ricardo Cravo Albin, op. cit., p. 41.
45 As informações sobre o CSC e os concursos para censores estão em Beatriz Kushnir, op. cit., pp. 126-7 e 184.
46 "Novela de D. Gomes pode ser liberada pela censura". *Tribuna da Imprensa*, 14 set. 1979 [matéria não assinada].
47 A informação sobre esse novo veto foi dada por Dias Gomes em entrevista à revista *Ele&Ela*, edição de setembro de 1979 [matéria não assinada].

14. DEMOCRATURA [PP. 220-33]

1 Para o episódio do atentado ao jornal, Artur Xexéo, "O front global". *Veja*, 13 ago. 1989, p. 111; para o capítulo sobre a inflação, *Dicionário da TV Globo, v. 1: programas de dramaturgia & entretenimento*. Rio de Janeiro: Jorge Zahar, 2003, pp. 394-5.
2 Para a participação de Dias Gomes na reunião do CSC, Ricardo Cravo Albin, *Driblando a censura: de como o cutelo vil incidiu na cultura*. Rio de Janeiro: Gryphus, 2002, pp. 243-4.
3 Artur Xexéo, op. cit., p. 111.
4 Para a data e o local de estreia de *Campeões do mundo*, Igor Pinto Sacramento, *Nos tempos de Dias Gomes: a trajetória de um intelectual comunista nas tramas comunicacionais*, tese de doutorado, UFRJ, 2012, p. 369.
5 "Dias Gomes, lutando contra a censura. Com bom humor". *Jornal da Tarde*, 22 jun. 1981, p. 23 [matéria não assinada].
6 Para a repercussão de *Campeões do mundo* no *Jornal do Brasil* e em *O Globo*, ver Igor Pinto Sacramento, op. cit., pp. 369-70.
7 "Por uma fresta, Dias Gomes espia a liberdade e o mundo lá fora". *Tribuna da Imprensa*, 26 jun. 1980 [matéria não assinada].

8 "Corte em peça leva Dias Gomes à Censura". *O Globo*, 19 mar. 1981, p. 12 [matéria não assinada].
9 "Dias Gomes, lutando contra a censura. Com bom humor", op. cit.; para a informação sobre os "cacos", que são as improvisações feitas no espetáculo, Miguel de Almeida, "Um escritor com os olhos na rua". *Folha de S.Paulo*, 27 jun. 1981, p. 52.
10 "Dias Gomes, lutando contra a censura...", op. cit.
11 Ibid.
12 *Dicionário da TV Globo*, op. cit., p. 395.
13 Para a troca de comando na DCDP e a censura ao filme *Pra frente, Brasil*, Beatriz Kushnir, *Cães de guarda: jornalistas e censores do AI-5 à Constituição de 1988*. São Paulo: Boitempo, 2004, pp. 204-5; para a duração do mandato de Nunes, William de Souza Nunes Martins, *Os filmes nacionais e a censura cinematográfica na década de 1970*. Anais das Jornadas de 2007, Programa de Pós-Graduação em História Social da UFRJ. Disponível em <https://revistadiscenteppghis.files.wordpress.com/2009/05/william-martins-os-filmes-nacionais-e-a-censura-cinematografica-na-decada-de-1970.pdf>. Acesso em: 24 maio 2016.
14 Para a censura às telenovelas, "Censura explica cortes nas novelas". *Folha de S.Paulo*, 24 abr. 1982, p. 32 [matéria não assinada].
15 Entrevista de Boni à autora.
16 Sobre as Senhoras de Santana, Ricardo Cravo Albin, op. cit., pp. 65-7.
17 Para a análise dos argumentos liberais de Dias Gomes contra a censura, Igor Pinto Sacramento, op. cit., p. 380.
18 A informação de que era o programa mais censurado está em Ricardo Cravo Albin, op. cit., p. 248.
19 Ibid., pp. 382-4.
20 A carta consta do acervo pessoal de Dias Gomes em posse de sua viúva, consultado para esta pesquisa em 2011.
21 Os episódios foram conferidos no site teledramaturgia.com.br, disponível em: <http://www.teledramaturgia.com.br/o-bem-amado-a-serie/>. Acesso em: 25 maio 2016; não há um episódio chamado "Sucupira, ame-a ou deixe-a", mas as datas de exibição nos fazem deduzir que é "I love Sucupira", apenas com o título alterado.

22 Ministério do Exército, Gabinete do Ministro, CIE, Informe n. 295-S/1 03.1-CIE, 26 maio 1981.
23 Ibid.
24 Ibid.
25 As informações sobre *Amizade colorida* estão no site teledramaturgia.com, disponível em: <http://www.teledramaturgia.com.br/amizade-colorida/>. Acesso em: 6 nov. 2017. Sobre a censura aos seriados, Ricardo Cravo Albin, op. cit., p. 247.
26 A informação sobre o teste de Dias Gomes com a Censura e a opinião de Albin estão em Ricardo Cravo Albin, op. cit., pp. 242-3.
27 SNI, Agência Central, Informação n. 0185/19/AC/81, 2 jun. 1981.
28 Ministério da Aeronáutica, Cisa, Encaminhamento 0030/Cisa-RJ, 17 fev. 1982.
29 SNI, Agência Rio de Janeiro, Informe n. 095/116/ARJ/82, 13 jul. 1982.
30 SNI, Agência Rio de Janeiro, Informação n. 032/16/ARJ/84, 9 abr. 1984.
31 SNI, Agência Central, Informação n. 018/16/AC/81, 10 mar. /1981.
32 SNI, Agência Rio de Janeiro, Informação n. 03301160ARJ/81, 23 fev. 1981.
33 SNI, Agência Central, Informe n. 0965/31/AC/81, 31 mar. 1981.
34 SNI, Agência Central, Informe n. 0108/19/AC/81, 3 abr. 1981.
35 Marcos Napolitano, *1964: história do regime militar brasileiro*. São Paulo: Contexto, 2014, pp. 299-304.
36 SNI, Agência Rio de Janeiro, Informação n. 073/116/ARJ/82, 9 ago. 1982.
37 SNI, Agência Rio de Janeiro, Informação n. 017/116/ARJ/80, 23 jan. 1980; SNI, Agência Central, Informe n. 0181/31/AC/80, 23 jan. 1980; SNI, Agência Rio de Janeiro, Informação n. 023/116/ARJ/80, 28 jan. 1980; SNI, Agência Rio de Janeiro, Informação n. 094/116/ARJ/80, 4 jun. 1980; SNI, Agência Rio de Janeiro, Informe n. 039/116/ARJ/82, 22 mar. 1982; SNI, Agência Rio de Janeiro, Informe n. 182/116/ARJ/82, 28 dez. 1982; SNI, Agência São Paulo, Informe n. 0014/16/ASP/83, 14 nov. 1983.
38 Para o atendado ao Riocentro e suas consequências políticas, Lilia M. Schwarcz e Heloisa M. Starling, *Brasil: uma biografia*. São Paulo: Companhia das Letras, 2015, pp. 481-2.
39 SNI, Agência Central, Encaminhamento n. 41/17/AC/80, 17 nov. 1980; Ministério das Comunicações, Divisão de Segurança e Informações, Informação n. 0222/81/DSI/MC, 29 abr. 1981.

40 Ministério do Exército, Gabinete do Ministro, CIE, Informação n. 295-S/103.1-CIE, 26 maio 1981.
41 SNI, Agência Central, Informação n. 172/19/AC/80, 17 jun. 1980.
42 Ministério dos Transportes, Divisão de Segurança e Informações, Informe n. 030/SICI/DSI/MT/82, 10 maio 1982.
43 Ver Paulo Cesar Araújo, *Eu não sou cachorro não: música popular cafona e ditadura militar*. 9. ed. Rio de Janeiro: Record, 2015.

15. DIABO MORTO, INFERNO VIVO [PP. 234-42]

1. O trecho, o resumo, a data e o local de estreia da peça *Amor em campo minado* estão em Igor Pinto Sacramento, *Nos tempos de Dias Gomes: a trajetória de um intelectual comunista nas tramas comunicacionais*, tese de doutorado, UFRJ, 2012, pp. 394-9.
2 Para a implosão do sonho da frente oposicionista, Marcos Napolitano, *1964: história do regime militar brasileiro*. São Paulo: Contexto, 2014, pp. 248-9 e 276-7.
3 Elio Gaspari, *A ditadura acabada*. Rio de Janeiro: Intrínseca, 2016, pp. 45 e 56.
4 Para a ruptura da esquerda, Marcos Napolitano, op. cit., pp. 278-9.
5 "Dias Gomes: perfil sem piedade de certa esquerda". *Jornal do Brasil*, 14 maio 1984 [matéria não assinada].
6 SNI, Agência Rio de Janeiro, Informe n. 377/SS31/ARJ/SE-3/84, 8 ago. 1984.
7 Maria Carolina Falcone, "Dias Gomes: não haverá censura política com o presidente Tancredo Neves". *Tribuna da Imprensa*, 8 nov. 1984, p. 12.
8 "Troca de autores". *Veja*, 4 jul. 1984, p. 74 [matéria não assinada].
9 Reportagem do *Jornal do Brasil* de 9 nov. 1984 citada por Igor Pinto Sacramento, op. cit., p. 387.
10 "No Rio, Tancredo ouve artistas e intelectuais". *Folha de S.Paulo*, 7 nov. 1984, p. 44 [matéria não assinada].
11 Gabriel Priolli, "A emergência e a censura na televisão". *Folha de S.Paulo*, 27 abr. 1984, p. 44.

12 "Emergência de novo em Brasília; Blecaute total atinge quatro Estados". *Folha de S.Paulo*, 19 abr. 1984, p. 1 [chamada não assinada].
13 Maria Carolina Falcone, op. cit., p. 12
14 Ibid.
15 Ibid.
16 Norma Couri, "Muda o governo, chega a nova censura". *Folha de S.Paulo*, 15 fev. 1985, p. 31.
17 Para a reflexão sobre a música de Caetano Veloso e a manutenção da censura em períodos democráticos, ver Beatriz Kushnir, *Cães de guarda: jornalistas e censores do AI-5 à Constituição de 1988*. São Paulo: Boitempo, 2004, p. 76.
18 Para os exemplos de censura a *Guerra dos sexos* e *Vereda tropical*, Cláudio Ferreira, *Beijo amordaçado: a censura às telenovelas durante a ditadura militar*. Brasília: Ler, 2016, pp. 152, 173 e 218.
19 Para as informações da reportagem sobre a pesquisa, "Censura prévia à TV divide população". *Folha de S.Paulo*, 24 fev. 1985, p. 49 [matéria não assinada].
20 Beatriz Kushnir, op. cit., p. 184.
21 Para a Nova República, Lilia M. Schwarcz e Heloisa M. Starling, *Brasil: uma biografia*. São Paulo: Companhia das Letras, 2015, pp. 486-7.
22 "Censura política acaba amanhã, declara Lyra". *Folha de S.Paulo*, 14 mar. 1985, p. 6 [matéria não assinada].
23 "Censurados debaterão os rumos da censura". *Folha de S.Paulo*, 22 mar. 1985, p. 50 [matéria não assinada].
24 Para a data em que Fagundes entrou no cargo e a informação sobre sua atuação como censor em redações de jornais, Beatriz Kushnir, op. cit., p. 79.
25 "Censura pendura tesoura e será só classificatória". *Folha de S.Paulo*, 26 mar. 1985, p. 36 [matéria não assinada].
26 Matinas Suzuki Jr., "De censurado a censor". *Folha de S.Paulo*, 11 abr. 1985, p. 2.
27 Elio. "Alice e o camaleão". In: Elio Gaspari, Heloísa Buarque de Hollanda e Zuenir Ventura. *70/80: cultura em trânsito*. Rio de Janeiro: Aeroplano, 2000, p. 12, apud Beatriz Kushnir, op. cit., p. 138.

28 Rubens Valente, "Governo espionou críticos mesmo após fim da ditadura". *Folha de S.Paulo*, 31 maio 2010, p. A4.
29 Elio Gaspari, *A ditadura acabada*. Rio de Janeiro: Intrínseca, 2016, p. 77.
30 Para o número de censores e a resistência para manter os cargos, Beatriz Kushnir, op. cit., pp. 206-7.

16. A NOVA REPÚBLICA E O "SIC" DO SNI [PP. 243-56]

1 Entrevista de Alfredo Dias Gomes, filho do dramaturgo, à autora em sua residência, no Rio, em 11 maio 2011.
2 Ministério da Justiça, Departamento de Polícia Federal, Centro de Informações, Informe n. 403/01/V/85-CI/DPF, 15 abr. 1985.
3 Para a reconstrução da imagem da Globo através das minisséries, ver Mônica Almeida Kornis, "As 'revelações' do melodrama, a Rede Globo e a construção de uma memória do regime militar". Significação, n. 36, 2011, pp. 173-93. Disponível em: <http://www3.usp.br/significacao/pdf/8_Significacao%2036_Mo%C3%8C%E2%80%9Anica%20Almeida%20Kornis.pdf>. Acesso em: 21 set. 2017.
4 Para o almoço e as decisões sobre *Roque Santeiro*, entrevista de Boni à autora.
5 "*Roque Santeiro*, dez anos depois". *Folha de S.Paulo*, 29 abr. 1985, p. 23 [matéria não assinada].
6 Trecho da sinopse anexada ao processo de *Roque Santeiro* na Divisão de Censura de Diversões Públicas.
7 Carta anexada ao processo de *Roque Santeiro* na Divisão de Censura de Diversões Públicas com carimbo n. 3771.
8 Regina d'Almeida, "Dias Gomes: um novo tempo com *Roque Santeiro*". *Última Hora*, 14 maio 1985.
9 Divisão de Censura de Diversões Públicas, Ofício n. 795-SE/DCDP, 15 maio 1985.
10 Sobre a Teologia da Libertação, ver Sandro Ramon Ferreira da Silva, *Teologia da Libertação: revolução e reação interiorizadas na Igreja*, dissertação de mestrado, Universidade Federal Fluminense, 2006.
11 Ministério da Justiça, Departamento de Polícia Federal, Divisão de Censura de Diversões Públicas, Parecer n. 1542/85, 13 maio 1985.

12 Para as recusas de Betty Faria e Francisco Cuoco, entrevista de Boni à autora; para o contrato com Regina Duarte: "Regina Duarte volta hoje à Globo". *Folha de S.Paulo*, 28 maio 1985, p. 27 [matéria não assinada].
13 Para a cidade cenográfica, *Dicionário da TV Globo, v. 1: programas de dramaturgia & entretenimento*. Rio de Janeiro: Jorge Zahar, 2003, p. 144.
14 Para os prazos de gravação e o orçamento de cada capítulo: Ambar de Barros, "*Roque Santeiro*, uma história de falsos milagres". *Folha de S.Paulo*, 24 jun. 1985, p. 24; para o descanso de Regina Duarte, entrevista da atriz Lucinha Lins à autora, em 4 set. 2011.
15 Entrevista de Boni à autora.
16 Para o cenário e o sotaque da novela, *Dicionário da TV Globo*, op. cit., p. 144.
17 Ambar de Barros, "*Roque Santeiro*, uma história de falsos milagres". *Folha de S.Paulo*, 24 jun. 1985, p. 24.
18 "A Censura continua como coautora das novelas". *Folha de S.Paulo*, 22 jun. 1985, p. 49.
19 Ministério da Justiça, Departamento de Polícia Federal, Divisão de Censura de Diversões Públicas, Parecer n. 3050/85, 21 jun. 1985; as três censoras que assinaram são Vilma Helena Sanan Domingos, Yêda Lúcia Netto Campos e Maria Angélica R. de Resende.
20 Ministério da Justiça, Departamento de Polícia Federal, Divisão de Censura de Diversões Públicas, Parecer n. 2556/85, 21 jun. 1985.
21 Igor Pinto Sacramento, *Nos tempos de Dias Gomes: a trajetória de um intelectual comunista nas tramas comunicacionais*, tese de doutorado, UFRJ, 2012, p. 404.
22 "O retorno do mito". *Veja*, 17 jul. 1985, pp. 108-9 [matéria não assinada].
23 "Pimenta diz temer censura centralizada". *Folha de S.Paulo*, 30 jul. 1985, p. 29 [matéria não assinada].
24 Entrevista à autora de Boni, que, ao relembrar a ocasião, voltou a ficar com os olhos marejados.
25 Paulo Francis, "Ave Sarney". *Folha de S.Paulo*, 8 fev. 1986, p. 39.
26 Entrevista de Boni à autora.
27 Dias Gomes, *Apenas um subversivo*. Rio de Janeiro: Bertrand Brasil, 1998, p. 303.

17. BOSTA E COCOZINHO [PP. 257-67]

1 Ministério da Justiça, Departamento de Polícia Federal, Divisão de Censura de Diversões Públicas, Parecer n. 3082/85, 2 jul. 1985.
2 Ministério da Justiça, Departamento de Polícia Federal, Divisão de Censura de Diversões Públicas, Parecer n. 3097/85, 8 jul. 1985.
3 Ministério da Justiça, Departamento de Polícia Federal, Divisão de Censura de Diversões Públicas, Parecer n. 3107/85, 11 jul. 1985.
4 Ministério da Justiça, Departamento de Polícia Federal, Divisão de Censura de Diversões Públicas, Parecer n. 3111/85, 15 jul. 1985.
5 Ministério da Justiça, Departamento de Polícia Federal, Divisão de Censura de Diversões Públicas, Parecer n. 3118/85, 18 jul. 1985.
6 Ministério da Justiça, Departamento de Polícia Federal, Divisão de Censura de Diversões Públicas, Ofício n. 1293/85-SE/DCDP.
7 Ministério da Justiça, Departamento de Polícia Federal, Divisão de Censura de Diversões Públicas, Ofício n. 1354/85-GAB/DCDP, 1 ago. 1985.
8 Ministério da Justiça, Departamento de Polícia Federal, Divisão de Censura de Diversões Públicas, Parecer n. 3127/85, 24 jul. 1985.
9 Ministério da Justiça, Departamento de Polícia Federal, Divisão de Censura de Diversões Públicas, Ofício n. 1307/85-SE/DCDP, 24 jul. 1985.
10 Ministério da Justiça, Departamento de Polícia Federal, Divisão de Censura de Diversões Públicas, Parecer n. 3161/85, 7 ago. 1985.
11 Para as fases da repressão à cultura na ditadura, Marcos Napolitano, *1964: história do regime militar brasileiro*. São Paulo: Contexto, 2014, p. 101.
12 Para as idas e vindas do governo Sarney, Beatriz Kushnir, *Cães de guarda: jornalistas e censores do AI-5 à Constituição de 1988*. São Paulo: Boitempo, 2004, p. 75.
13 Ministério da Justiça, Departamento de Polícia Federal, Divisão de Censura de Diversões Públicas, Parecer n. 3190/85, 19 ago. 1985.
14 Antonio Filho Gonçalvez, "*Roque Santeiro*: a novela conquista o país". *Folha de S.Paulo*, 31 jul. 1985, p. 40.
15 Regina Ricca, "A recriação de *Roque Santeiro*. E o sucesso, dez anos depois". *Jornal da Tarde*, 8 ago. 1985.

16 Hermínia Brandão, "*Roque Santeiro*, a fórmula que tinha tudo para dar certo". *Folha da Tarde*, 8 ago. 1985.
17 "Dias Gomes". *Diário Popular*, 11 ago. 1985 [matéria não assinada].
18 "Mania nacional — Em suas primeiras semanas, a novela Roque Santeiro alcança índices de audiência que as outras só conseguem no final". *IstoÉ*, 14 ago. 1985, pp. 32-6 [matéria não assinada].
19 Ibid.
20 Ruy Castro, "Liberdade para Dias Gomes". *Folha de S.Paulo*, 6 ago. 1985, p. 30.
21 Porcentagem feita a partir do acervo da revista, disponível em acervo. veja.abril.com.br.
22 "Um dia em Asa Branca", *Veja*, 2 out. 1985, pp. 132-40 [matéria não assinada].
23 Entrevista de Marcílio Moraes à autora, no Rio, em 11 maio 2011.
24 Ver mais sobre esse paralelo em Igor Pinto Sacramento, *Nos tempos de Dias Gomes: a trajetória de um intelectual comunista nas tramas comunicacionais*, tese de doutorado, UFRJ, 2012, pp. 404-6.
25 Revista *Comunicações* do Iser, n. 16, nov. 1985, pp. 6-7, apud Igor Pinto Sacramento, op. cit., p. 405.
26 José Mário Ortiz Ramos e Silvia H. Simões Borelli, "A telenovela diária". In: Renato Ortiz, Silvia Helena Simões Borelli, José Mário Ortiz Ramos, *Telenovela: história e produção*. 2. ed. São Paulo: Brasiliense, 1991, p. 96.
27 Renato Ortiz e José Mário Ortiz Ramos, "A produção industrial e cultural da telenovela". In: Renato Ortiz et al., op. cit., p. 127.

18. TÔ CERTO OU TÔ ERRADO [PP. 268-82]

1 Ministério da Justiça, Departamento de Polícia Federal, Divisão de Censura de Diversões Públicas, Parecer n. 4446/85, 30 ago. 1985.
2 Ministério da Justiça, Departamento de Polícia Federal, Divisão de Censura de Diversões Públicas, Parecer n. 4491/85, 13 set. 1985.
3 Ministério da Justiça, Departamento de Polícia Federal, Divisão de

Censura de Diversões Públicas, Parecer n. 4518/85, 23 set. 1985.
4 Ministério da Justiça, Departamento de Polícia Federal, Divisão de Censura de Diversões Públicas, Parecer n. 4932/85, 2 out. 1985.
5 Ministério da Justiça, Departamento de Polícia Federal, Divisão de Censura de Diversões Públicas, Parecer n. 4939/85, 4 out. 1985.
6 Ministério da Justiça, Departamento de Polícia Federal, Divisão de Censura de Diversões Públicas, Parecer n. 4944/85, 7 out. 1985.
7 Ministério da Justiça, Departamento de Polícia Federal, Divisão de Censura de Diversões Públicas, Ofício n. 1689/85-GAB/DCDP, 10 out. 1985.
8 Ministério da Justiça, Departamento de Polícia Federal, Divisão de Censura de Diversões Públicas, Parecer n. 4956/85, 10 out. 1985.
9 Entrevista de Boni à autora.
10 Ministério da Justiça, Departamento de Polícia Federal, Divisão de Censura de Diversões Públicas, Parecer n. 4981/85, 21 out. 1985.
11 Ministério da Justiça, Departamento de Polícia Federal, Divisão de Censura de Diversões Públicas, Ofício n. 1722/85-SE/DCDP, 22 out. 1985.
12 Etevaldo Dias e Hélio Teixeira, "Censura mutila *Roque Santeiro*", coluna Radar. *Veja*, 23 out. 1985, p. 47.
13 "Beijo, o limite da censura na novela". *Folha de S.Paulo*, 25 out. 1985, p. 54 [matéria não assinada].
14 Ibid. para todo o trecho acima.
15 Ministério da Justiça, Departamento de Polícia Federal, Divisão de Censura de Diversões Públicas, Parecer n. 5002/85, 31 out. 1985.
16 Ministério da Justiça, Departamento de Polícia Federal, Divisão de Censura de Diversões Públicas, Parecer n. 5008/85, 1 nov. 1985.
17 Ministério da Justiça, Departamento de Polícia Federal, Divisão de Censura de Diversões Públicas, Parecer n. 5014/85, 5 nov. 1985.
18 Ministério da Justiça, Departamento de Polícia Federal, Divisão de Censura de Diversões Públicas, Parecer n. 31/86, 16 jan. 1986.
19 Ministério da Justiça, Departamento de Polícia Federal, Divisão de Censura de Diversões Públicas, Parecer n. 43/86, 22 jan. 1986.
20 Marcia Cezimbara, "No fim, Roque mata Navalhada" *Folha de S.Paulo*, 26 out. 1985, p. 47.
21 Ibid.

22 "As muitas vidas de *Roque Santeiro*". *Folha de S.Paulo*, 9 nov. 1985, p. 60 [matéria não assinada].
23 Simone Magalhães, "Esta peça é maldita". *O Dia*, Caderno O Dia D, 24 out. 1996, p. 3.
24 As informações sobre a briga foram coletadas em entrevistas com Boni, Bernadety Lyzio, Marcílio Moraes e Joaquim Assis, além de reportagens da época, entre elas: "Dias retoma *Roque*", *Jornal do Brasil*, 19 nov. 1985 [matéria não assinada]; "E volta o autor da telenovela *Roque Santeiro*", *O Estado de S. Paulo*, 20 nov. 1985 [matéria não assinada]; e "Troca de mãos", *Veja*, 27 nov. 1985, p. 32 [matéria não assinada], onde está a frase de Aguinaldo. As ofensas posteriores estão em "Dias Gomes acusa Aguinaldo Silva de megalomania aguda e receita internação". *Jornal do Brasil*, 23 jan. 1992, p. 1 [matéria não assinada], para "pessoa feia por dentro e por fora"; e Ruy Castro, "*Playboy* entrevista Aguinaldo Silva", *Playboy*, ed. 204, jul. 1992, p. 31 ("dentadura e peruquinha"); Aguinaldo Silva respondeu à autora que preferia não conceder entrevista sobre *Roque Santeiro*.
25 Norma Couri, "*Playboy* entrevista Dias Gomes". *Playboy*, ed. 125, dez. 1985, p. 78.
26 Marcos Augusto Gonçalves, "O poder de vetar do Juizado de Menores". *Folha de S.Paulo*, 14 dez. 1985, p. 49.
27 Sobre a "judicialização" da censura, entrevista de Maria Cristina Castilho Costa em Eduardo Maretti, "Em 'épocas de trevas', censura ressurge e volta a ameaçar o país". *Rede Brasil Atual*, 3 maio 2016. Disponível em: <http://www.redebrasilatual.com.br/cidadania/2016/05/em-epoca-de-trevas-censura-volta-a-ameacar-o-pais-7049.html>. Acesso em: 16 jun. 2016.
28 Sobre a carta, Carlos Fico, "'Prezada Censura': cartas ao regime militar". *Topoi*, Rio de Janeiro, dez. 2002, p. 260.
29 Sobre o abaixo-assinado e o apoio da sociedade à censura, Beatriz Kushnir, *Cães de guarda: jornalistas e censores do AI-5 à Constituição de 1988*. São Paulo: Boitempo, 2004, pp. 144-5.
30 "Triste país". *Folha de S.Paulo*, 5 fev. 1986, p. 2 [editorial não assinado].
31 Marcia Álvaro e Virgínia Galvez, "SNI controla Censura, diz Coriolano". *Folha de S.Paulo*, 11 fev. 1985, p. 23.

32 Ministério do Exército, Gabinete do Ministro, Informe n. 087-S/102-A-5-CIE, 24 fev. 1987.
33 SNI, Agência Central, ace n. 060789/87, 25 fev. 1987.
34 Ministério da Aeronáutica, Secretaria de Inteligência da Aeronáutica, Informe n. 023/90/220/AGINT-RJ, 13 fev. 1990. A extinção do SNI foi determinada pela medida provisória n. 150, de 15 mar. 1990.
35 Beatriz Kushnir, op. cit., p. 147.
36 Para o trecho da carta da Globo, a censura política em *Mandala* e a reunião do CSC, Cláudio Ferreira, *Beijo amordaçado: a censura às telenovelas durante a ditadura militar*. Brasília: Ler, 2016, pp. 260-1.
37 Entrevista de Marcílio Moraes à autora.
38 Para os problemas com a Censura Federal: Igor Pinto Sacramento, *Nos tempos de Dias Gomes: a trajetória de um intelectual comunista nas tramas comunicacionais*, tese de doutorado, UFRJ, 2012, pp. 431-2; para a censura interna, Dias Gomes, *Apenas um subversivo*. Rio de Janeiro: Bertrand Brasil, 1998, pp. 341-2.
39 Ministério da Justiça, Departamento de Polícia Federal, Divisão de Censura de Diversões Públicas, Parecer n. 103/86, 14 fev. 1986.
40 "O milagre de *Roque*". *Veja*, 26 fev. 1986, pp. 96-8 [matéria não assinada].
41 "Final de *Roque Santeiro* decepcionou". *Folha de S.Paulo*, 24 fev. 1986, p. 21 [matéria não assinada].
42 "Programa dos que não quiseram saber da telinha". *Folha de S.Paulo*, 23 fev. 1986, p. 81.
43 Ismael Fernandes, *Telenovela brasileira*. Memória. 3. ed. São Paulo: Brasiliense, 1994, pp. 132 e 309.
44 Dias Gomes. *Apenas um subversivo*, p. 224.
45 A frase é inspirada em trecho de artigo de Leão Serva na Ilustrada: "Eu acho que a 'Nova República' é mais ou menos um *Roque Santeiro*, aquele que foi sem nunca ter sido". Leão Serva, "Baixou o austral". *Folha de S.Paulo*, 1 mar. 1986, p. 41.
46 "A esquerda da Censura". *Veja*, 3 set. 1986 [matéria não assinada].

REFERÊNCIAS BIBLIOGRÁFICAS

LIVROS, ARTIGOS E TESES

ALBIN, Ricardo Cravo. *Driblando a censura: de como o cutelo vil incidiu na cultura*. Rio de Janeiro: Gryphus, 2002.

ARAÚJO, Paulo Cesar. *Eu não sou cachorro não: música popular cafona e ditadura militar*. 9. ed. Rio de Janeiro: Record, 2015.

BAFFA, Ayrton. *Nos porões do SNI: o retrato do monstro de cabeça oca*. Rio de Janeiro: Objetiva, 1989.

BASBAUM, Hersch W. *Lauro César Muniz solta o verbo*. São Paulo: Imprensa Oficial, 2010.

BUCCI, Eugênio. *Brasil em tempo de TV*. São Paulo: Boitempo, 1997.

___. Antropofagia patriarcal. In: BUCCI, Eugênio (Org.). *A TV aos 50*. São Paulo: Editora Fundação Perseu Abramo, 2000.

___. Censura, marcos regulatórios e tecnologia. In: COSTA, Maria Cristina Castilho (Org.). *A censura em debate*. São Paulo: ECA/USP, 2014.

___. "Ubiquidade e instantaneidade no telespaço público: algum pensamento sobre televisão". *Caligrama*, Revista de Estudos e Pesquisa em Linguagem e Mídia, v. 2, n. 3, set.-dez. 2006.

CALABRE, Lia. *A participação do rádio no cotidiano da sociedade brasileira (1923-1960)*. Rio de Janeiro: Fundação Casa de Rui Barbosa, s/d.

CARDENUTO, Reinaldo. "A sobrevida da dramaturgia comunista na televisão dos anos 1970: o percurso de um realismo crítico em negociação". In: NAPOLITANO, Marcos; CZAJKA, Rodrigo; MOTTA, Rodrigo Patto Sá. *Comunistas brasileiros: cultura política e produção cultural*. Belo Horizonte: Editora UFMG, 2013.

CELLARD, André. "A análise documental". In: POUPART, Jean et al. *A pesquisa qualitativa. Enfoques epistemológicos e metodológicos*. Petrópolis: Vozes, 2008.

CLARK, Walter; PRIOLLI, Gabriel. *O campeão de audiência: uma autobiografia*. São Paulo: Best Seller, 1991.

COSTA, Maria Cristina Castilho. "Opinião pública, comunicação, liberdade de expressão e censura". In: — (Org.). *A censura em debate*. São Paulo: ECA/USP, 2014.

CUNHA, Euclides (1902). *Os sertões*. São Paulo: Saraiva, 2011.

DREIFUSS, René Armand. *1964: a conquista do Estado*, 5. ed. Petrópolis: Vozes, 1987.

Dicionário da TV Globo, v. 1: Programas de dramaturgia & entretenimento. Rio de Janeiro: Jorge Zahar, 2003.

ELIAS, Norbert; SCOTSON, John L. *Os estabelecidos e os outsiders*. Rio de Janeiro: Jorge Zahar, 2000.

FAGUNDES, Coriolano de Loyola Cabral. *Censura & liberdade de expressão*. São Paulo: Taika, 1974.

FALCÃO, Armando. *Tudo a declarar*. São Paulo: Nova Fronteira, 1989.

FERNANDES, Ismael. *Telenovela brasileira. Memória*. 3. ed. São Paulo: Brasiliense, 1994.

FERREIRA, Cláudio. *Beijo amordaçado: a censura às telenovelas durante a ditadura militar*. Brasília: Ler, 2016.

FICO, Carlos. "'Prezada Censura': cartas ao regime militar". *Topoi*, Rio de Janeiro, dez. 2002.

FILHO, Daniel. *Antes que me esqueçam*. 3. ed. Rio de Janeiro: Guanabara, 1988.

FRANCIS, Paulo. Prefácio de 1964. In: GOMES, Dias. *O berço do herói*. 4. ed. Rio de Janeiro: Bertrand Brasil, 2005.

GASPARI, Elio. *A ditadura envergonhada*. São Paulo: Companhia das Letras, 2002.

___. *A ditadura escancarada*. São Paulo: Companhia das Letras, 2002.

___. *A ditadura derrotada*. São Paulo: Companhia das Letras, 2003.

___. *A ditadura encurralada*. São Paulo: Companhia das Letras, 2004.

___. *A ditadura acabada*. Rio de Janeiro: Intrínseca, 2016.

GASPAROTTO, Alessandra. *O terror renegado: uma reflexão sobre os episódios de retratação pública protagonizados por integrantes de organizações de combate à ditadura civil-militar no Brasil (1970-1975)*. (Dissertação de mestrado). Universidade Federal do Rio Grande do Sul, 2008.

GOFFMAN, E. *Estigma*. 2. ed. Rio de Janeiro: Jorge Zahar, 1978.

GOMES, Dias. "A revolução dos beatos". In: Id. *A invasão e A revolução dos beatos*. Rio de Janeiro: Civilização Brasileira, 1962. Coleção Vera Cruz, v. 40.

___. *Peças da juventude*. Rio de Janeiro: Bertrand Brasil, 1994.

___. *O berço do herói*. 4. ed. Rio de Janeiro: Bertrand Brasil, 1997.

___. *Apenas um subversivo*. Rio de Janeiro: Bertrand Brasil, 1998.

GOMES, Mayra Rodrigues. "Algumas considerações sobre a classificação indicativa". In: COSTA, Maria Cristina Castilho (Org.). *A censura em debate*. São Paulo: ECA/USP, 2014.

HALL, Stuart. *A identidade cultural na pós-modernidade*. Rio de Janeiro: DP&A, 1999.

KORNIS, Mônica Almeida. "As 'revelações' do melodrama, a Rede Globo e a construção de uma memória do regime militar". *Significação*, n. 36, 2011.

KUCINSKI, Bernardo. *Jornalistas e revolucionários nos tempos da imprensa alternativa*. São Paulo: Edusp, 2003.

KUSHNIR, Beatriz. *Cães de guarda: jornalistas e censores do AI-5 à Constituição de 1988*. São Paulo: Boitempo, 2004.

JÚNIOR, Gonçalo. *Pais da TV*. São Paulo: Conrad, 2001.

LAURENZA, Ana Maria de Abreu. *Lacerda X Wainer: o Corvo e o Bessarabiano*. São Paulo: Senac, 1998.

LOPES, Maria Immacolata Vassallo. "Telenovela brasileira: uma narrativa sobre a nação". *Comunicação & Educação*, v. 1, n. 26. São Paulo, 2003.

___. *Pesquisa em comunicação*. São Paulo: Loyola, 2005.

MARTÍN-BARBERO, Jesús. "Viagens da telenovela: dos muitos modos de viajar em, por, desde e com a telenovela". In: LOPES, Maria Immacolata Vassallo (Org.). *Telenovela: internacionalização e interculturalidade*. São Paulo: Loyola, 2004.

MATTELART, Armand; MATTELART, Michèle. *História das teorias da comunicação*. São Paulo: Loyola, 1998.

MATTOS, David José Lessa (Org.). *Pioneiros do rádio e da TV no Brasil*. São Paulo: Códex, 2004.

MELLO, Zuza Homem de. *A era dos festivais: uma parábola*. São Paulo: Editora 34, 2003.

MERCADO, Antonio. Prefácio. In: GOMES, Dias. *Peças da juventude*. Rio de Janeiro: Bertrand Brasil, 1994.

MICELI, Sergio. *A noite da madrinha*. São Paulo: Companhia das Letras, 2005.

MORAES, Dênis de. *Vianinha: o cúmplice da paixão*. Rio de Janeiro: Nórdica, 1991.

___. *O imaginário vigiado: a imprensa comunista e o realismo socialista no Brasil*. Rio de Janeiro: José Olympio, 1994.

MORAIS, Fernando. *Chatô: o rei do Brasil*. São Paulo: Companhia das Letras, 1994.

MOTTER, Maria Lourdes. "Mecanismos de renovação do gênero da telenovela: empréstimos e doações". In: LOPES, Maria Immacolata Vassallo (Org.). *Telenovela: internacionalização e interculturalidade*. São Paulo: Loyola, 2004.

MOYA, Álvaro de. *Glória in Excelsior: ascensão, apogeu e queda do maior sucesso da televisão brasileira*. São Paulo: Imprensa Oficial, 2004.

NAPOLITANO, Marcos. *1964: história do regime militar brasileiro*. São Paulo: Contexto, 2014.

___. "A 'estranha derrota': os comunistas e a resistência cultural ao regime militar (1964-1968)". In: NAPOLITANO, Marcos; CZAJKA, Rodrigo; MOTTA, Rodrigo Patto Sá. *Comunistas brasileiros: cultura política e produção cultural*. Belo Horizonte: Editora UFMG, 2013.

NEGRÃO, Walter. "O processo de criação da telenovela". In: LOPES, Maria Immacolata Vassallo (Org.). *Telenovela: internacionalização e interculturalidade*. São Paulo: Loyola, 2004.

OLIVEIRA, Lúcia Maciel Barbosa de. *"Nossos comerciais, por favor!". A televisão brasileira e a Escola Superior de Guerra: o caso Flávio Cavalcanti*. São Paulo: Beca, 2001.

OLIVEIRA SOBRINHO, José Bonifácio de. *O livro do Boni*. Rio de Janeiro: Casa da Palavra, 2011.

ORTIZ, Renato. *Cultura brasileira e identidade nacional*. São Paulo: Brasiliense, 1985.

PERALVA, Osvaldo. *O retrato*. São Paulo: Três Estrelas, 2015.

PIQUEIRA, Mauricio Tintori. "'Vêm para essa festa': as telenovelas da Rede Globo como um meio de mediação social para a constituição de uma identidade nacional". Anais do XX Encontro Regional de História: História e Liberdade. ANPUH/SP/Unesp-Franca. 6 a 10 de setembro de 2010.

PIRES, Álvaro P. "Amostragem e pesquisa qualitativa: ensaio teórico e metodológico". In: POUPART, Jean et al. *A pesquisa qualitativa: enfoques epistemológicos e metodológicos*. Petrópolis: Vozes, 2008.

RAMOS, José Mário Ortiz. *Cinema, Estado e lutas culturais*. Rio de Janeiro: Paz e Terra, 1983.

RAMOS, José Mário Ortiz; BORELLI, Silvia H. Simões. "A telenovela diária". In: ORTIZ, Renato; BORELLI, Silvia Helena Simões; RAMOS, José Mário Ortiz. *Telenovela: história e produção*. 2. ed. São Paulo: Brasiliense, 1991.

REIMÃO, Sandra. "Censura a livros no Brasil: breve panorama histórico". In: COSTA, Maria Cristina Castilho (Org.). *A censura em debate*. São Paulo: ECA/USP, 2014.

RIBKE, Nahuel. "Telenovela Writers under the Military Regime in Brazil: Beyond the Cooption and Resistance Dichotomy" [Autores de telenovela sob o regime militar no Brasil: além da dicotomia da cooptação e da resistência]. *Media, Culture & Society*, 33 (5), pp. 659-73, jun. 2011. Disponível em: <https://doi.org/10.1177/0163443711398691>. Acesso em: 3 dez. 2018.

___. "Decoding Television Censorship During the Last Brazilian Military Regime: the Censor as Negotiator and Censorship as a Semi-open Interpretative Process". [Decodificando a censura durante o finado regime militar brasileiro: o censor como negociador e a censura como um processo interpretativo semiaberto]. *Media History*, 17 (1), jan. 2011. Disponível em: <https://www.tandfonline.com/doi/abs/10.1080/13688804.2011.532378>. Acesso em: 3 dez. 2018.

___. "The Genre of Live Studio Audience Programmes in a Political Context: *The Flavio Cavalcanti Show* and the Brazilian Military Regime" [O gênero de programas de auditório ao vivo em um contexto político: o *Programa Flávio Cavalcanti* e o regime militar brasileiro]. *Screen*, 54 (3), 2013, pp. 355-70.

RIBKE, Nahuel. "The Brazilian Military Regime and Television Censorship: Between the Internal Logics of Production and the Political Context" [O regime militar brasileiro e a censura à televisão: entre a lógica interna da produção e o contexto político]. *Revista de História* (São Paulo), n. 169, jul.-dez. 2013. Disponível em: <http://dx.doi.org/10.11606/issn.2316-9141.v0i169p323-348>. Acesso em: 3 dez. 2018.

RIDENTI, Marcelo. *Em busca do povo brasileiro: artistas da revolução, do CPC à era da TV*. Rio de Janeiro: Record, 2000.

___. *Brasilidade revolucionária*. São Paulo: Editora Unesp, 2010.

ROLEMBERG, Denise. "*O bem-amado* e a censura: uma relação rigorosa ou flexível?" In: NAPOLITANO, Marcos; CZAJKA, Rodrigo; MOTTA, Rodrigo Patto Sá. *Comunistas brasileiros: cultura política e produção cultural*. Belo Horizonte: Editora UFMG, 2013.

ROMÃO, José Eduardo Elias. *Pedra na funda: a classificação indicativa contra a ditadura da indústria da comunicação*. (Tese de doutorado). Brasília: Universidade de Brasília, 2010.

SACRAMENTO, Igor Pinto. *Nos tempos de Dias Gomes: a trajetória de um intelectual comunista nas tramas comunicacionais*. (Tese de doutorado). Rio de Janeiro: UFRJ, 2012.

___. "Por uma teledramaturgia engajada: a experiência de dramaturgos comunistas com a televisão dos anos de 1970". In: NAPOLITANO, Marcos; CZAJKA, Rodrigo; MOTTA, Rodrigo Patto Sá. *Comunistas brasileiros: cultura política e produção cultural*. Belo Horizonte: Editora UFMG, 2013.

SAID, Edward. *Orientalismo*. São Paulo: Companhia das Letras, 1990.

SAUNDERS, Frances Stonor. *Quem pagou a conta? A CIA na guerra fria da cultura*. Rio de Janeiro: Record, 2008.

SCHWARCZ, Lilia M.; STARLING, Heloisa M. *Brasil: uma biografia*. São Paulo: Companhia das Letras, 2015.

SILVA, Sandro Ramon Ferreira da. *Teologia da Libertação: revolução e reação interiorizadas na Igreja*. (Dissertação de mestrado). Niterói: Universidade Federal Fluminense, 2006.

SILVEIRA, Ênio. Orelha escrita em 1965. In: GOMES, Dias. *O berço do herói*. 4. ed. Rio de Janeiro: Bertrand Brasil, 2005.

SIMÕES, Inimá. "Nunca fui santa (episódios de censura e autocensura)". In:

BUCCI, Eugênio (Org.). *A TV aos 50*. São Paulo: Editora Fundação Perseu Abramo, 2000.

SODRÉ, Muniz. "Sobre a episteme comunicacional". *Matrizes*, 1(1), 2007.

SOUZA, Miliandre Garcia de. *Do Arena ao CPC: o debate em torno da arte engajada no Brasil (1959-1964)*. (Dissertação de mestrado). Curitiba: Universidade Federal do Paraná, 2002.

___. *"Ou vocês mudam, ou acabam": teatro e censura na ditadura militar (1964-1985)*. Rio de Janeiro: UFRJ, 2008.

STEPHANOU, Alexandre. *Censura no regime militar e militarização das artes*. Porto Alegre: Edipucrs, 2001.

VELTMAN, Henrique. *Do Beco da Mãe a Santa Teresa*. São Paulo: H. Veltman, 2010.

WALLACH, Joe. *Meu capítulo na TV Globo*. Rio de Janeiro: Top Books, 2011.

XEXÉO, Artur. *Janete Clair: a usineira de sonhos*. Rio de Janeiro: Relume, 2005.

IMPRENSA
(veículos em ordem alfabética e reportagens em ordem cronológica)

FOLHA DE S.PAULO

KHAN, Ali. O Cabresto. *Folha de S.Paulo*, 3 jul. 1965, p. 9.

"Política na opinião alheia". *Folha de S.Paulo*, 3 jul. 1965, p. 4 [matéria não assinada].

"Globo decide não exibir *Roque Santeiro*". *Folha de S.Paulo*, 28 ago. 1975, p. 48 [matéria não assinada].

"O Santeiro leva artistas ao presidente". *Folha de S.Paulo*, 29 ago. 1975, p. 1 [chamada não assinada].

"Protestos de artistas contra a proibição". *Folha de S.Paulo*, 29 ago. 1975, p. 40 [matéria não assinada].

DINES, Alberto. "Ascenção e milagres de *Roque Santeiro*". O Jornal dos Jornais. *Folha de S.Paulo*, 31 ago. 1975, p. 6.

LAGO, Graça. "As razões de *Roque Santeiro*, por Dias Gomes". *Folha de S. Paulo*, 5 set. 1975, p. 40.

DINES, Alberto. "A reunião dos escoteiros". Coluna O Jornal dos Jornais. *Folha de S.Paulo*, 19 out. 1975, p. 6.

"Dias Gomes e o absurdo da realidade". *Folha de S.Paulo*, 31 jul. 1976, p. 27 [matéria não assinada].

"Censura: também é proibida a *Despedida de casado*". *Folha de S.Paulo*, 24 dez. 1976, p. 21 [matéria não assinada].

CASTRO, Tarso de. "Despedida de conquistado". *Folha de S.Paulo*, 25 dez. 1976, p. 20.

"Censura: o diretor diz como salva a nossa moral". *Folha de S.Paulo*, 30 dez. 1976, p. 36 [matéria não assinada].

DINES, Alberto. "Balanço e sacolejo". Coluna O Jornal dos Jornais. *Folha de S.Paulo*, 2 jan. 1977, p. 6.

SOARES, Dirceu. "Televisão. E essa novela vai passar?" *Folha de S.Paulo*, 4 jan. 1977, p. 29.

"A classe média vista no espelho favorito". *Folha de S.Paulo*, 4 jul. 1977, p. 23 [matéria não assinada].

"Cinco mil disputam 58 vagas de censores". *Folha de S.Paulo*, 2 ago. 1977 [matéria não assinada].

DIAFÉRIA, Lourenço. "Herói. Morto. Nós". *Folha de S.Paulo*, 1 set. 1977, p. 44.

"*Estado de sítio* liberado com cortes". *Folha de S.Paulo*, 16 jan. 1981, p. 33 [matéria não assinada].

ALMEIDA, Miguel de. "Uma piada transformada em seriado de sucesso". *Folha de S.Paulo*, 27 jun. 1981.

"Emergência de novo em Brasília; blecaute total atinge quatro estados". *Folha de S.Paulo*, 19 abr. 1984, p. 1 [chamada não assinada].

"No Rio, Tancredo ouve artistas e intelectuais". *Folha de S.Paulo*, 7 nov. 1984, p. 44 [matéria não assinada].

PRIOLLI, Gabriel. "A emergência e a censura na televisão". *Folha de S.Paulo*, 27 abr. 1984, p. 44.

ÁLVARO, Marcia; GALVEZ, Virgínia. "SNI controla Censura, diz Coriolano". *Folha de S.Paulo*, 11 fev. 1985, p. 23.

COURI, Norma. "Muda o governo, chega a nova censura". *Folha de S.Paulo*, 15 fev. 1985, p. 31.

"Censura prévia à TV divide população". *Folha de S.Paulo*, 24 fev. 1985, p. 49 [matéria não assinada].

"Censura política acaba amanhã, declara Lyra". *Folha de S.Paulo*, 14 mar. 1985, p. 6 [matéria não assinada].

"Censurados debaterão os rumos da censura". *Folha de S.Paulo*, 22 mar. 1985, p. 50 [matéria não assinada].

"Censura pendura tesoura e será só classificatória". *Folha de S.Paulo*, 26 mar. 1985, p. 36 [matéria não assinada].

SUZUKI JR., Matinas. "De censurado a censor". *Folha de S.Paulo*, 11 abr. 1985, p. 2.

"*Roque Santeiro*, dez anos depois". *Folha de S.Paulo*, 29 abr. 1985, p. 23 [matéria não assinada].

"Regina Duarte volta hoje à Globo". *Folha de S.Paulo*, 28 maio 1985, p. 27 [matéria não assinada].

BARROS, Ambar de. "*Roque Santeiro*, uma história de falsos milagres. *Folha de S.Paulo*, 24 jun. 1985, p. 24.

"Pimenta diz temer censura centralizada". *Folha de S.Paulo*, 30 jul. 1985, p. 29 [matéria não assinada].

FILHO GONÇALVEZ, Antonio. "*Roque Santeiro*: a novela conquista o país". *Folha de S.Paulo*, 31 jul. 1985, p. 40.

CASTRO, Ruy. "Liberdade para Dias Gomes". *Folha de S.Paulo*, 6 ago. 1985, p. 30.

CEZIMBARA, Marcia. "No fim, Roque mata Navalhada". *Folha de S.Paulo*, 26 out. 1985, p. 47.

"As muitas vidas de *Roque Santeiro*". *Folha de S.Paulo*, 9 nov. 1985, p. 60 [matéria não assinada].

"Beijo, o limite da censura na novela". *Folha de S.Paulo*, 25 out. 1985, p. 54 [matéria não assinada].

GONÇALVES, Marcos Augusto. "O poder de vetar do Juizado de Menores". *Folha de S.Paulo*, 14 dez. 1985, p. 49.

"Triste país". *Folha de S.Paulo*, 5 fev. 1986, p. 2 [editorial não assinado].

FRANCIS, Paulo. "Ave Sarney". *Folha de S.Paulo*, 8 fev. 1986, p. 39.

"Final de *Roque Santeiro* decepcionou". *Folha de S.Paulo*, 24 fev. 1986, p. 21 [matéria não assinada].

"Programa dos que não quiseram saber da telinha". *Folha de S.Paulo*, 23 fev. 1986, p. 81 [matéria não assinada].

SERVA, Leão. "Baixou o Austral". *Folha de S.Paulo*, 1 mar. 1986, p. 41.

MATTOS, Laura. "Disputa ameaça publicação de diário de Dias Gomes". *Folha de S.Paulo*, 6 jun. 2001, p. E4.

___. "Governo decide subir classificação de *Duas caras* para 14 anos". *Folha de S.Paulo*, 20 dez. 2007, p. A13.

VALENTE, Rubens. "Governo espionou críticos mesmo após fim da ditadura". *Folha de S.Paulo*, 31 maio 2010, p. A4.

BALTHAZAR, Ricardo et al. "Tudo sobre a ditadura militar". *Folha de S.Paulo*, 23 mar. 2014. Disponível em: <arte.folha.uol.com.br/especiais/2014/03/23/o-golpe-e-a-ditadura-militar>. Acesso em: 7 jul. 2019.

Jornal da Tarde

"Um herói impróprio para as 20h". *Jornal da Tarde*, 27 ago. 1975, p. 19 [matéria não assinada]. "*Roque Santeiro*, capítulo II". *Jornal da Tarde*, 28 ago. 1975 [matéria não assinada].

"A tevê encena um grande sucesso: a censura". *Jornal da Tarde*, 29 ago. 1975 [matéria não assinada].

"O substituto de *Roque Santeiro*". *Jornal da Tarde*, 5 set. 1975 [matéria não assinada].

PESSOA, Lenildo Tabosa. "Uma questão de horário I" e "Uma questão de horário II". *Jornal da Tarde*, 23 e 24 set. 1975.

"Dias Gomes, lutando contra a censura. Com bom humor". *Jornal da Tarde*, 22 jun. 1981, p. 23 [matéria não assinada].

RICCA, Regina. "A recriação de *Roque Santeiro*. E o sucesso, dez anos depois". *Jornal da Tarde*, 8 ago. 1985.

Jornal do Brasil

"Dias Gomes grava seu depoimento". *Jornal do Brasil*, 10 fev. 1977 [matéria não assinada].

"Dias Gomes: 'Somos uma geração de quixotes'". *Jornal do Brasil*, 4 maio 1977 [matéria não assinada].

ARAGÃO, Diana. "*Sinal de alerta*, de Dias Gomes: uma novela sobre o direito de viver". *Jornal do Brasil*, 31 jul. 1978.

"Teatrólogo anseia por abertura". *Jornal do Brasil*, 29 jan. 1979 [matéria não assinada].

"Dias Gomes lança amanhã o livro *O rei de Ramos*". *Jornal do Brasil*, 31 maio 1979 [matéria não assinada].

"Dias Gomes: perfil sem piedade de certa esquerda". *Jornal do Brasil*, 14 maio 1984 [matéria não assinada].

"Dias retoma *Roque*". *Jornal do Brasil*, 19 nov. 1985 [matéria não assinada].

"Dias Gomes acusa Aguinaldo Silva de megalomania aguda e receita internação". *Jornal do Brasil*, 23 jan. 1992, p. 1 [matéria não assinada].

O Estado de S. Paulo

"Suspensa exibição de novela". *O Estado de S. Paulo*, 27 ago. 1975 [matéria não assinada].

"Novela é liberada mas TV a cancela". *O Estado de S. Paulo*, 28 ago. 1975 [matéria não assinada].

MAIA, Paulo. "*Roque Santeiro*, um episódio que deixa margem a dúvidas". *O Estado de S. Paulo*, 9 set. 1975.

"Folclore, a saída para Dias Gomes". *O Estado de S. Paulo*, 30 jul. 1976 [matéria não assinada].

"E volta o autor da novela *Roque Santeiro*". *O Estado de S. Paulo*, 20 nov. 1985 [matéria não assinada].

MAYRINK, José Maria. "Acervo mostra as marcas da censura". *O Estado de S. Paulo*, 23 maio 2012. Disponível em: <https://economia.estadao.com.br/noticias/geral,acervo-mostra-as-marcas-de-censura-imp-,877165>. Acesso em: 3 dez. 2018.

Veja

MERCADANTE, Luiz Fernando. "Eu sou um ex-covarde". *Veja*, 4 jun. 1969.

"O autor e o meio". *Veja*, 29 jul. 1970, p. 73 [matéria não assinada].

"Novela a dois". *Veja*, 10 fev. 1971, p. 58 [matéria não assinada].
"A arte popular das novelas". *Veja São Paulo*, 24 jan. 1972, pp. 3-5 [matéria não assinada].
"A novela quase na maioridade". *Veja*, 12 jul. 1972, p. 80 [matéria não assinada].
"O fim de *Roque*". *Veja*, 3 set. 1975, p. 17 [matéria não assinada].
"Livre". *Veja*, 29 jun. 1977 [matéria não assinada].
MACIEL, Luís Carlos. "Guerra de majestades". *Veja*, 21 mar. 1979.
"Troca de autores". *Veja*, 4 jul. 1984, p. 74 [matéria não assinada].
"O retorno do mito". *Veja*, 17 jul. 1985, pp. 108-9 [matéria não assinada].
"Um dia em Asa Branca". *Veja*, 02 out. 1985, pp. 132-40 [matéria não assinada].
DIAS, Etevaldo; TEIXEIRA, Hélio. "Censura mutila *Roque Santeiro*". *Veja*, 23 out. 1985, p. 47. Coluna Radar.
"Troca de mãos". *Veja*, 27 nov. 1985, p. 32 [matéria não assinada].
"O milagre de *Roque*". *Veja*, 26 fev. 1986, pp. 96-8 [matéria não assinada].
"A esquerda da Censura". *Veja*, 3 set. 1986 [matéria não assinada].
"Para a maioria, Figueiredo é desconhecido". *Veja*, 11 jan. 1978, p. 58 [matéria não assinada].
XEXÉO, Artur. "O front global". *Veja*, 13 ago. 1989, p. 111.

OUTROS

GOMES, Dias. "O engajamento é uma prática de liberdade". *Revista Civilização Brasileira*, jul. 1968.
SILVA. Abel. "Do *Pagador de promessas* ao *Bem-amado*". *Opinião*, 4 mar. 1973, p. 19.
"Apertos levaram Dias Gomes à TV. E ele gostou". *Tribuna da Bahia*, 29 jan. 1975 [matéria não assinada].
"Dias Gomes: escrever para a televisão é viver entre a sanidade e a loucura". *Correio do Povo*, 14 set. 1977 [matéria não assinada].
MARINHO, Flavio. "A volta de Dias Gomes ao teatro: uma comédia musical, *O rei de Ramos*. Parceiro: Chico Buarque". *O Globo*, 11 mar. 1979.
"Entrevista: Dias Gomes". *Ele&Ela*, set. 1979 [matéria não assinada].
"Novela de D. Gomes pode ser liberada pela censura". *Tribuna da Imprensa*, 14 set. 1979 [matéria não assinada].

"Por uma fresta, Dias Gomes espia a liberdade e o mundo lá fora". *Tribuna da Imprensa*, 26 jun. 1980 [matéria não assinada].

"Corte em peça leva Dias Gomes à Censura". *O Globo*, 19 mar. 1981, p. 12 [matéria não assinada].

FALCONE, Maria Carolina. "Dias Gomes: não haverá censura política com o presidente Tancredo Neves". *Tribuna da Imprensa*, 8 nov. 1984, p. 12,

D'ALMEIDA, Regina. "Dias Gomes: um novo tempo com *Roque Santeiro*". *Última Hora*, 14 maio 1985.

BRANDÃO, Hermínia. "*Roque Santeiro*, a fórmula que tinha tudo para dar certo. *Folha da Tarde*, 8 ago. 1985.

"Dias Gomes". *Diário Popular*, 11 ago. 1985 [matéria não assinada].

"Mania nacional". *IstoÉ*, 14 ago. 1985, pp. 32-5 [matéria não assinada].

COURI, Norma. "*Playboy* entrevista Dias Gomes". *Playboy*, ed. 125, dez. 1985, p. 49.

CASTRO, Ruy. "*Playboy* entrevista Aguinaldo Silva". *Playboy*, ed. 204, jul. 1992, p. 31.

MAGALHÃES, Simone. "Esta peça é maldita". *O Dia*, Caderno O Dia D, 24 out. 1996, p. 3.

GOMBATA, Marsílea. "Dom Eugênio, agente duplo". *Carta Capital*, 18 out. 2013. Disponível em: <http://www.cartacapital.com.br/revista/770/dom-eugenio-agente-duplo-6767.html>. Acesso em: 3 dez. 2018.

FRIAS FILHO, Otavio. "O tribuno da imprensa". Revista *piauí*, n. 91, abr. 2014.

GASPARI, Elio. "Uma bomba na noite". *O Globo*, 29 jul. 2015. Disponível em: <http://oglobo.globo.com/sociedade/uma-bomba-na-noite-16986664>. Acesso em: 3 dez. 2018.

SITES

Câmara dos Deputados (camara.leg.br)
Centro de Pesquisa e Documentação de História Contemporânea do Brasil, da Fundação Getúlio Vargas (cpdoc.fgv.br)
Centro Nacional de Folclore e Cultura Popular (cnfcp.gov.br)
Fundação Roberto Marinho (robertomarinho.com.br)

Itaú Cultural (enciclopedia.itaucultural.org.br)
Memória Globo (memoriaglobo.globo.com)
Palácio do Planalto (planalto.gov.br)
Presidência da República (biblioteca.presidencia.gov.br)
Polícia Civil do Rio de Janeiro (policiacivil.rj.gov.br)
Pró TV/ Museu da TV (museudatv.com.br)
Teledramaturgia (teledramaturgia.com.br)

VÍDEOS

Entrevista de Dias Gomes ao *Roda Viva*, 12 jun. 1995. Disponível em: <http://www.rodaviva.fapesp.br/materia/405/entrevistados/dias_gomes_1995.htm>. Acesso em: 3 dez. 2018.

FIÚZA, Paula (Dir.). *Sobral Pinto: o homem que não tinha preço* (2013). Documentário.

RELAÇÃO DE ENTREVISTADOS

Alfredo Dias Gomes
Álvaro Moya
Bárbara Bruno
Bernadeth Lyzio
Boni (José Bonifácio de Oliveira Sobrinho)
Cid Moreira
Cláudia Raia
Clóvis Bueno
Emiliano Queiroz
Ferreira Gullar
Glória Perez
Henrique Veltman
Joaquim Assis

Jorge Adib
Lauro César Muniz
Lucinha Lins
Marcílio Moraes
Nelson Motta
Sebastião Vasconcelos
Tereza Rachel

CRONOLOGIA

1922
19 de outubro
Nasce Dias Gomes.

1937
Início do Estado Novo, a ditadura de Getúlio Vargas, que segue até 1945.

1942
Aos dezenove, estreia no teatro profissional e tem o primeiro embate com a Censura; a peça *Pé de cabra* só é autorizada a ir aos palcos com cortes.

1944
Filia-se ao PCB.

1950
13 de março
Casa-se com Janete Clair, autora de novelas.

18 de setembro
A TV chega ao Brasil com a primeira transmissão da TV Tupi.

1953
É demitido da Rádio Clube após a publicação de uma foto de sua visita ao túmulo do líder comunista Stálin, em Moscou.

1959

Escreve *O pagador de promessas*, sua obra-prima do teatro, sobre a intolerância.

1962

Escreve *O bem-amado*, sobre o coronelismo, representado pelo corrupto prefeito Odorico Paraguaçu; o filme *O pagador de promessas*, baseado na peça, ganha a Palma de Ouro do Festival de Cannes.

1963

Escreve *O berço do herói*, sobre um povoado que vive em torno de um falso herói, um militar dado como morto em uma batalha heroica na guerra, mas que havia desertado; a peça seria a base da novela *Roque Santeiro*.

A TV Excelsior estreia a primeira telenovela diária do país, *2-5499 ocupado*.

1964

1º de abril

Golpe militar

Então diretor da Rádio Nacional, coloca no ar um texto contra os militares, é obrigado a fugir e a se esconder em um sítio; em 9 de abril, é demitido pelo primeiro ato institucional da ditadura.

13 de junho

É criado o SNI, Serviço Nacional de Informações, que encabeça o aparato de vigilância e repressão que seria montado durante a ditadura; sobre Dias Gomes, produziria 94 documentos, somando mais de quatrocentas páginas.

7 de dezembro

Estreia na TV Tupi *O direito de nascer*, a primeira novela de grande sucesso no país, que teve o último capítulo encenado ao vivo em estádio de futebol lotado e desfile do elenco em carro aberto.

1965

O roteiro da peça *O berço do herói* é publicado em livro, com orelha do editor comunista Ênio Silveira e prefácio do jornalista Paulo Francisco; ambos relacionam o falso herói aos militares da ditadura e têm a prisão pedida.

26 de abril
É inaugurada a TV Globo.

22 de julho
A peça *O berço do herói*, montada com direção de Antonio Abujamra, é censurada poucas horas antes da estreia.

1967
Famosa autora de radionovelas, Janete Clair é contratada pela TV Globo.

1968
4 de novembro
Estreia na TV Tupi a novela *Beto Rockfeller*, de Cassiano Gabus Mendes e Bráulio Pedroso; com um charmoso malandro como protagonista e diálogos com fatos do cotidiano brasileiro, marca o fim da era das telenovelas com roteiros estrangeiros e mocinhos e vilões maniqueístas; a Globo reage dando início a um projeto de teledramaturgia nacional, que teria Dias Gomes e Janete Clair como pilares.

13 de dezembro
É anunciado o ato institucional nº 5, que legaliza ações violentas da ditadura e acirra a censura.

1969
Estreia em 1º de setembro o *Jornal Nacional*, coroando o projeto da Globo de se tornar a primeira rede nacional de TV do país; a TV como unificadora do território brasileiro interessa aos militares, como forma de controle, e aos comunistas, que reconheceram a força do veículo para disseminar suas

ideias; as telenovelas, de enorme sucesso, estariam no centro desse triângulo amoroso de alta voltagem formado por TV, ditadura e oposição.

Perseguido pela Censura no teatro, Dias Gomes aceita trabalhar na Globo, apesar do preconceito contra a televisão entre os intelectuais da época.

1970

Estreia *Irmãos Coragem*, de Janete Clair, novela das 20h, o primeiro marco da teledramaturgia nacional da Globo.

1973

Vai ao ar a novela *O bem-amado*, de Dias Gomes, dando prestígio ao horário das 22h, que, com menos pressão da Censura do que o das 20h, daria espaço a uma sequência de novelas com críticas à ditadura.

1975

27 de agosto

Baseada em *O berço do herói*, a novela *Roque Santeiro*, que seria a estreia de Dias Gomes no horário das 20h, é censurada na véspera da data marcada para a estreia; no *Jornal Nacional*, o âncora Cid Moreira lê editorial que denuncia a censura, escrito por Roberto Marinho, na primeira demonstração pública de atrito entre a Globo e a ditadura.

25 de outubro

Vladimir Herzog, diretor de jornalismo da TV Cultura, comparece ao DOI-Codi de São Paulo para depor sobre sua atuação no PCB e é assassinado; sua morte é anunciada como suicídio.

1976

17 de janeiro

O operário Manoel Fiel Filho também é assassinado e tem o suicídio forjado no DOI-Codi, evidenciando o descontrole nos porões.

3 de maio
Dias Gomes estreia a novela *Saramandaia*, em que tenta driblar a Censura através do realismo fantástico.

1979
22 de maio
Estreia, com criação e supervisão de Dias Gomes, *Carga pesada*, no projeto Séries Brasileiras, que inclui também *Malu mulher* e outras.

28 de agosto
É assinada a anistia, com o retorno de exilados políticos para o Brasil.

1980
Entra no ar a série *O bem-amado*, continuação da novela, com episódios abordando fatos da realidade brasileira em tom crítico à ditadura; permanece no ar até novembro de 1984.

1983
Janete Clair morre, vítima de câncer.

1984
25 de abril
Proposta de eleições diretas, amplamente apoiada por um movimento que mobilizou o país, é rejeitada no Congresso; a transmissão da votação por rádio e TV é proibida pela Censura, e a TV Gazeta de São Paulo, que descumpre a ordem, é retirada do ar por um dia.

12 de novembro
Tancredo Neves, escolhido como candidato à presidência da República, de oposição à ditadura, reúne-se com intelectuais e artistas para discutir o fim da censura.

1985

15 de janeiro

Tancredo é eleito presidente pelo voto indireto, colocando fim a duas décadas de ditadura militar no Brasil.

15 de março

Com Tancredo doente, José Sarney, vice-presidente em sua chapa, assume a presidência; Tancredo morre em 21 de abril.

24 de junho

Para marcar o "fim da censura" e a redemocratização do país, a Globo estreia *Roque Santeiro*; a novela registra a maior audiência da televisão, uma unanimidade nacional; nos bastidores, é seguidamente censurada pela máquina repressiva da ditadura, que não é desmontada.

1999

18 de maio

Dias Gomes morre em um acidente de carro na avenida 9 de Julho, em São Paulo.

DIVISÃO DE CENSURA DE DIVERSÕES PÚBLICAS

Brasília, 04 de julho de 1975

A "REDE GLOBO DE TELEVISÃO"
N E S T A

Prezados Senhores:

Comunico a Vs. Ss. que os textos dos capítulos de 01 a 20 da novela intitulada "A FABULOSA ESTÓRIA DE ROQUE SANTEIRO", de Dias Gomes, foram aprovados para apresentação após às 20,00 horas, condicionados, no entanto, à verificação das gravações, para obtenção de certificado liberatório.

2   Nos textos estão assinaladas as passagens que devem ser suprimidas, levando em conta o horário das apresentações, como também é preciso situar a estória no ano de 1960, conforme o autor indica na sinopse, posto que constam citações de fatos recentes, como referências a Jacqueline Onassis, Programa Silvio Santos, Jornal Nacional, etc., desconhecidos na indicada época.

3.   Merecem especial cuidado da direção as cenas em que TITO e LINDA se encontram deitados (cap. 4 - pag. 07 e 08), bem como as dos beijos entre ROBERTO e LINDA, assistidas pelo marido (cap. 07 - pag. 06-07 e 08).

Permanece a exigência da remessa antecipada dos textos dos capítulos subsequentes e a produção deve cuidar de manter os assuntos no mesmo nível apresentado até agora, posto que, ocorrendo maiores implicações de ordem moral ou social, poderão ser vetados os outros capítulos ou mudado o horário da novela.

Atenciosamente,

ROGÉRIO NUNES
Diretor da DCDP

1
Em julho de 1975, diretor da Censura aprova *Roque Santeiro* para as 20h, desde que feitos os cortes apontados e apresentadas as gravações dos vinte primeiros capítulos; Globo cumpres as exigências, mas censores só autorizam a novela para as 22h.

e um desejo de fazer alguma coisa para resolver o problema daqueles personagens. E isso não se dá. (Talvez porque Mané Gariba é encaminhado e Jacré a sede de vingança).

Já Isaac Piltcher não é da mesma opinião. Acha que esta peça é inferior ao Pagador de Promessas. Discorda da atitude de "Rafael" no final. Este personagem, "Rafael" não está sendo bem entendido por alguns companheiros do Partido. Seu sectarismo (pretexto de mostrar que embora haja no Partido comunistas sectários, estes comunistas são pessoas bem intencionadas e eficientes, apesar de tudo, apesar de estarem errados e sem método) seu sectarismo, acham esses companheiros, o torna antipático e leva a plateia a condenar que

2, 3
Dias Gomes registra em seu diário pessoal que o personagem Rafael, um comunista da peça *A invasão*, não está agradando alguns companheiros do Partido.

todos os comentários dos amigos. Não estou de acordo. E pretendo alterar o personagem.
 Se a peça leva para um companheiro de Partido que trabalhou 12 anos em favelas, meu intuito era o de verificar a autenticidade dos meus personagens e das situações. O companheiro vibrou com a peça e nenhum reparo fez.
 Hoje, levei a peça para Gianni Ratto ler.

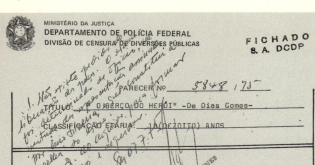

MINISTÉRIO DA JUSTIÇA
DEPARTAMENTO DE POLÍCIA FEDERAL
DIVISÃO DE CENSURA DE DIVERSÕES PÚBLICAS

FICHADO
S. A. DCDP

PARECER Nº 5848/75

TÍTULO: "O BERÇO DO HERÓI" -De Dias Gomes-

CLASSIFICAÇÃO ETÁRIA: 18 (DEZOITO) ANOS

PEÇA abataviada de aspectos ideológicos mas contundente em suas afirmações e ataques ao modus faciendi de figuras consideradas possuidoras de valores morais acima da média dos seus compatriotas...É uma peça afoita e carente de estudo coerente e, principalmente, patriótico, para esclarecer ou desanuviar possíveis dúvidas que certamente advirão a todos que venham tomar conhecimento de/ fatos semelhantes. O erro é possível a todo ser humano, a qualquer povo, mas não é admissível que ele se perpetue conscientemente, como efeito do orgulho ou da vaidade ou da loucura do poder, do domínio...Se há erro, que seja solucionado como tal, porque a P-átria só é digna/ dos seus filhos, se se fundamenta na verdade, na honra, no espírito de liberdade e respeito aos valores indeléveis da virtude, que dignifica o homem e imortaliza um povo, diante de Deus e do consenso das nações.

É muitas vezes irreverente, tendencioso e prosélito. Sua mensagem exige platéia esclarecida, evitando assim deturpações e generalizações. Seu erro é criar nos menos esclarecidos a dúvida sobre os demais vultos de nossa história, e agredir os militares da Revolução, como se encontra nas orelhas do livro.

Relata o DRAMA do pracinha da FEB -CABO JORGE- tido como herói e, posteriormente, surgindo são e salvo, louco de saudades de sua terra e de sua gente. Mas a vaidade dos seus e a insanidade dos usurpadores deram-lhe morte desatrosa num bordel, preparada friamente, covardemente.

CONCLUSÃO: Pelo exposto e afetuados os cortes assinalados nas páginas 7,35,52,65,73,82,132,134,149,161,162 e 163, por ferirem as normas censórias vigentes, máxime as que regulamentam pelo Decreto Nº 20.493/46, ᴬET. 41, alíneas "a,b,c,d,f,g,h", somos pela liberação para maiores de

4, 5
Relatório sobre *O berço do herói* feito às vésperas do veto a *Roque Santeiro*: indício de que o governo sabia que a novela era uma versão da peça censurada.

18(DEZOITO) ANOS, solicitando especial atenção para o ensaio geral e fiscalização permanente durante o espetáculo, visto a peça se propor a exploração ou improvizações negativas, de fundo ideológico ou antirevolucionário ou regime vigente.

Brasília, 30 de junho de 1975.
Antônio Gomes Ferreira
(Tec. Cens.)

SERVIÇO PÚBLICO FEDERAL

Brasília, 26 de agosto de 1975.

Ilmo. Senhor
EDGARDO ERICHSEN
Diretor da Rede Globo de Televisão.
N a s t a ./

Prezado Senhor:

Apraz-me acusar o recebimento do ofício sem número, de hoje datado, no qual essa empresa solicita modificação de horário da telenovela intitulada "GABRIELA", transmitida pela Rede Globo de Televisão, após as 22,00 horas.

2. Em atenção ao assunto, cumpre-me informar a V.S. que não nos é dado o prazer de atender à solicitação, visto que a referida novela vem mostrando, ultimamente, cenas e situações que agridem os padrões normais da vida no lar e na sociedade, tornando o espetáculo inconveniente para qualquer horário de televisão, mas que a Censura, em virtude de haver estabelecido no início uma classificação etária, e ciente de que se aproxima do seu término, vem tolerando as apresentações, para evitar transtornos à emissora, com a retirada de todos os capítulos comprometedores, como também pelo fato de não haver, em época oportuna, advertido para a possibilidade de interromper o programa, pelos indicados motivos.

3. Como exemplo de inconveniências pode-se apontar o personagem que mantém ostensivamente casa com sua concubina; a dona do cabaré que promove festa comemorativa da amancebia de sua afilhada com influente político, de que resultou na agressão à amásia deste, contratada por sua mulher; o chefe de família que mantém contato voluptuoso com a empregada, em sua própria casa; personagem que revela anomalia sexual; favorecimento a autor de crime de homicídio, por parte de autoridades; e outros aspectos desaconselháveis para espetáculos televisionados.

Censura veta a tentativa da Globo de mudar *Gabriela*, novela das 22h, para as 20h, a fim de dar lugar a *Roque Santeiro*; assim, na prática, inviabiliza a novela de Dias Gomes.

Las obras de V. I. Lenin y los libros que hablan de la vida y actividad del jefe del proletariado internacional provocan un enorme interés en todo el mundo. Según datos de la U.N.E.S.C.O., los trabajos de V. I. Lenin ocupan el primer puesto en el mundo entre la literatura traducida.

V/O "Mezhdunaródnaya Kniga", la casa soviética para el comercio de libros mayor del mundo, le puede ofrecer a Ud. una gran variedad de trabajos de V. I. Lenin y libros sobre él.

El pedido de la literatura que a Ud. le interese lo puede hacer en las firmas de su país que tienen relaciones comerciales con V/O "Mezhdunaródnaya Kniga"

Sabemos que você é do Comitê Cultural do PCB, e agora está no C.B.D.. Por que você não assume, como o Oscar ? Ele é mais corajoso que você? Cuidado, pois você entrou em nossa relação.

O Comando de Caça aos Comunistas deseja a você, ativista da canalha comunista - que enxovalha nosso país, um péssimo Natal e que se realize no ano de 1979 nosso confronto final.

V/O "MEZHDUNARODNAYA KNIGA"
U.R.S.S.,
Moscú,
G-200

D. Nalbandián. Lenin en Gorki

Cartão com ameaça a
Dias Gomes, assinado
pelo Comando de Caça aos
Comunistas (1978).

CONFIDENCIAL

Complexo Globo

1. As empresas relacionadas abaixo integram o Complexo Globo, ao lado de outras, ainda desconhecidas, cujo levantamento esta Agência solicitou à DSI/MIC, no mês que passou, e ainda não recebido:
   - Rádio Globo S.A.
   - Rádio Mundial S.A.
   - Rádio Eldorado S.A.
   - TV Globo.
   - Jornal O Globo.
   - Rio Gráfica Editora Ltda (Infão 115/72/ARJ/SNI/72)
   - Som Livre/Globo

2. A seguir, relacionam-se os nomes que se sabem integrar os quadros de cada empresa, seguidos da especificação da função ocupada, quando conhecida, e de um ligeiro comentário, consequente de análise de prontuário.
   Os artistas que trabalharam ou trabalharam para a organização foram apenas citados, desde que o tempo disponível para apreciação individual é insuficiente e eles não exercem função de mando.

   a. TV Globo
      1) Produzem trabalhos para a TV, sem integrá-la:
         a) GIANFRANCESCO GUARNIERI
            Produz para a TV Globo (Casos Especiais)
            Filo-comunista. Ator. Poeta. Signatário de manifestos de caráter político. Seus trabalhos são veículo de "conscientização" e protesto.
         b) DIAS GOMES
            Produz novelas para a TV Globo (núcleo das 2000 hs), a última delas, Roque Santeiro, proibida pela Censura, recentemente. Comunista notório e confesso, com longo prontuário na ARJ. Demitido pelo AI-1 da Rádio Nacional. Integra a Base dos Artistas, que apoia o PCB, segundo depoimento de Marco Antônio Tavares Coelho.

CONFIDENCIAL

8, 9
Relatório do SNI, uma semana após o veto a *Roque Santeiro*, lista funcionários da Globo; outro seria feito três meses depois, e o governo exigiria a demissão de Dias Gomes.

c) JANETE CLAIR
   Produz novelas para a TV Globo.
   Segundo Marco Antonio Tavares Coelho, integra a Base dos Artistas, que apoia o PCB. Suas novelas adotam a linha da "conscientização" e do protesto.

d) LAURO CESAR MUNIZ
   Produz novelas para a TV Globo, alternando com DIAS GOMES, no núcleo das 2000 hs (a última produzida foi "Escalada"). Teatrólogo paulista, produziu a peça "Sinal de Vida" que, desde 1972, não é liberada pela Censura (a estória gira em torno de um / jornalista e sua companheira, uma terrorista). Além de ter assinado manifestos de caráter político, já viajou para país da "Cortina de Ferro", em 1968. Participou do I Ciclo de Debates da Cultura Contemporânea, em Mar 75, no Teatro Casa Grande - Rio. Acredita que, através da novela, "o público / chamado de C pode, até subliminarmente, captar uma série de dados novos para reformulação de idéias e mesmo de vida."

e) OSMAN LINS
   Escreveu, a pedido de Antônio Abujaran, a peça " A Ilha no Espaço" que foi levada ao ar em Caso Especial da TV Globo, onde pretendeu enfocar o isolamento do homem de classe média, segundo "Mister / Echo", na sua coluna de UH (04 Ago 75). Nada consta em seu prontuário, quanto a aspectos políticos-ideológicos.

f) JORGE ANDRADE
   Autor do enredo da próxima novela das 2200 hs da TV Globo - o "Grito". Segundo ele, a novela, mostrará "as pessoas esmagadas pela megalópole, envolvidas pelo emparedamento humano, sujeitas à poluição sonora, arquitetônica, visual, ambiental", sendo, entretanto, uma mensagem otimista, porque acredita na capacidade de o homem resolver os problemas que cria. É uma novela, em suma, de conflitos sociais, do homem com o progresso, no dizer de

DIAS GOMES
RUA TABATINGUERA, 18
ZC - 20
RIO DE JANEIRO - RJ

Rio de Janeiro, 21 de agosto de 1982

Ilmo. Sr.
José Bonifácio de Oliveira Sobrinho
—

      Perdôe-me usar a "mala direta" para expor uma situação que se agrava dia a dia. Primeiramente, vamos aos "considerandos":

      1 - Acabo de ser informado de que o último episódio que escrevi para o seriado O BEM-AMADO (O CASAMENTO DO SÉCULO) não será gravado por falta de verba.

      2 - Comunicam-me também que os episódios O ATENTADO PIROTÉCNICO ø inspirado no atentado à Tribuna de Imprensa) e SUCUPIRA, A-ME-A OU DEIXE-A estão definitivamente proibidos pela Censura interna. E que o episódio ZECA DIABO, CANGACEIRO DE DEUS está sub-júdice, também ameaçado de não ir ao ar. Quanto aos demais episódios, ninguém sabe se serão ou não liberados.

      3 - Além da falta de verba para realizar o episódio O CASAMENTO DO SÉCULO, a Direção Geral dos seriados, segundo estou informado, levanta problemas de comportamento de personagens, assusta-se com frases e alusões, mostra temores quanto a isso ou aquilo, levando a indecisão, a insegurança a todo o núcleo e particularmente a mim, que, sinceramente, não sei mais o que posso ou não posso, o que devo ou não devo escrever.

      4 - Esse clima leva a cada funcionário da Globo, desde os mais escalonados aos mais mais humildes, a se transformar num censor. Quando passo pelos Porteiros, já temo que um deles me chame de lado e diga: "olhe, vi no VT aquele episódio. Acho que você deve mudar aquela cena, aquilo não passa..." Por outro lado, ouço explicações delirantes como: "toda semana está vindo um grupo de generais assistir o VT do BEM-AMADO na sala da Presidência". Ou então: "o SNI avocou a si a Censura do BEM-AMADO". Qualquer dia desses vão me dizer que é o próprio General Figueiredo que censura cada episódio, antes da famosa reunião das nove. Mesmo achando que o Brasil é um país onde o Absurdo tem carteira de reservista e CPF, não vou a tanto...

      5 - Todos os episódios acima referidos foram escritos dentro

10, 11
Em carta enviada a Boni, em 1981, Dias Gomes reclama da censura interna na Globo.

DIAS GOMES
RUA TABATINGUERA, 18
ZC - 20
RIO DE JANEIRO - RJ

       da linha traçada e aprovada pela Vice-Presidência de Operações. Não avancei nem recuei um milímetro. Mas se eu não mudei, algo deve ter mudado. Por isso é que peço um esclarecimento, pois estamos chegando a um impasse, que pode estar sendo determinado por incompreensões, inseguranças compreensíveis ou temores exagerados. O BEM-AMADO é um programa que se firmou na opinião pública justamente por saber ocupar o exíguo espaço concedido até agora à televisão no processo de abertura polpítica do país. E ouso afirmar que a Globo lhe deve um conceito conquistado junto a um público mais exigente que cobra da tevê uma atitude crítica e inteligente ante a realidade brasileira. O BEM-AMADO não pode sobreviver sem uma corajosa defesa do espaço conquistado. E o que estamos vendo é uma tendência suicida a abrir mão desse espaço.

       Finalmente, acho que chegou o momento de "pedir tempó", como no basquete, para orientar o time.

                                Cordialmente,

                                                  Dias Gomes

CONFIDENCIAL

01/02

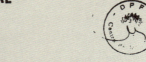

MINISTÉRIO DA JUSTIÇA
DEPARTAMENTO DE POLÍCIA FEDERAL
CENTRO DE INFORMAÇÕES

INFORME Nº 403/01/V/85-CI/DPF

DATA	: 15 ABR 85
ASSUNTO	: REDE GLOBO DE TELEVISÃO: NOVELA "O MAIS QUERIDO" - BRASÍLIA/DF.
REFERÊNCIA	: -
ORIGEM	: CI/DPF
AVALIAÇÃO	: B-2
ÁREA	: -
DIFUSÃO ANTERIOR	: -
DIFUSÃO	: AC/SNI - CIE - CIS - CENIMAR
ANEXOS	: -

1. Segundo vem sendo divulgado pela Imprensa, a <u>REDE GLOBO DE TELEVISÃO</u> tem tido dificuldade para produzir novelas e similares, devido à exaustão criativa dos escritores e a falta de tempo necessário para a produção de novo programa, destinado a substituir o que chega ao final.

2. Para suprir essa deficiência, a emissora resolveu criar um setor para a formação de novos autores.

2.1. Partindo dessa idéia, inicialmente sugerida por DANIEL FILHO, surgiu a <u>CASA DE CRIAÇÃO JANETE CLAIR</u>, hoje já em atividade e dirigida por DIAS GOMES.

2.2. DIAS GOMES, para exercer sua atividade, conta com a colaboração dos seguintes elementos:

- FERREIRA GULAR: responsável pela busca e armazenamento de idéias;
- EUCLIDES MARINHO: responsável pela elaboração de projetos e formatos;
- DOC COMPARATO: responsável pelo centro de estudos e treinamento de novos autores;

CONFIDENCIAL

DPF-215

12, 13
Em plena Nova República, o SNI segue recebendo informações sobre a TV e as novelas.

CONFIDENCIAL

CONTINUAÇÃO INFORME Nº **403** /01/V/85-CI/DPF

- JOAQUIM DE ASSIS: responsável pela análise e apoio de emergência; e
- MARÍLIA GARCIA: responsável pela assessoria executiva.

2.2.1. Essa estrutura será completada, ainda, por um dramaturgo (tido como "assessor de elite") e uma equipe de leitores, que opinarão sobre as idéias, sinopses e textos.

3. DIAS GOMES aponta a obtenção de resultado com esse trabalho, pois que já definiram a próxima novela das oito, que terá texto escrito por AGUINALDO SILVA, com a co-autoria de REGINA BRAGA.

3.1. O assunto escolhido terá como temática de fundo a NOVA REPÚBLICA: "...esse momento de transição que todos nós, brasileiros, estamos vivendo" (sic).

3.2. Sob o título inicial "O MAIS QUERIDO", vai ser desenvolvida a estória da NOVA REPÚBLICA:

"...uma estória com boas doses de realidade. A linha principal da novela conta as eleições num grande clube, governado há 20 anos por um único grupo e que tem o mesmo presidente há sete gestões. O tal clube foi "governado" da pior maneira possível para seus associados mas, mesmo assim, chegou a ser uma grande potência. Hoje, no entanto, passa por uma crise profunda, provocada pelos erros das gestões passadas. Nessas novas eleições, a oposição vê sua primeira chance real de virar a situação. Todos os personagens, garante o autor, são figuras de pura ficção. Mas a estória é uma metáfora bem clara, o público reconhecerá os fatos. Essa é a primeira novela a ser escrita na Nova República e eu não perderei essa chance de crítica que me foi negada em tantos anos de censura", diz Aguinaldo Silva (sic).

Rio de Janeiro, 30 de abril de 1985.

Ilmo Sr.
Dr. Coriolano de Loyola Cabral Fagundes
DD. Diretor da DCDP/DPF
Brasília, DF.

Senhor Diretor,

Juntando à presente a sinopse, atualizada, da telenovela "ROQUE SANTEIRO", de autoria do Sr. Dias Gomes, vimos expor e solicitar o seguinte:

a) Em expediente de 04/07/75, essa Divisão, após examinar a sinopse e os "scripts" dos capítulos 01 a 20 da citada novela, comunicou à TV Globo que a mesma fora aprovada para exibição às 20 horas;

b) Entretanto, efetuado o exame dos "Vts" dos capítulos de 01 a 20, essa Divisão, em expediente de 20/08/75, comunicou que havia decidido mudar a classificação inicial, ou seja, que a telenovela só poderia ser exibida às 22 horas;

c) Como o dito horário, na ocasião, era ocupado pela telenovela "GABRIELA", grande sucesso de audiência, a TV Globo, recorrendo à Direção dessa Divisão, primeiro e à Direção-Geral do DPF, depois, solicitou que, realizados os cortes julgados necessários, fosse reconsiderada a decisão, permitindo-se a exibição de "ROQUE SANTEIRO" às 20 horas;

d) Por motivos que, data venia, entendemos ocioso enumerar agora, nem o então Diretor dessa Divisão, Dr. Rogério Nunes, nem o Diretor-Geral do DPF, Cel. Moacyr Coelho, deram acolhida à solicitação da TV Globo, deixando de levar em consideração que haviam sido fielmente cumpridas todas as exigências e determinações censórias feitas antes, durante e depois do exame do texto da sinopse e dos capítulos 01 a 20;

e) Amparados na certeza de que não mais subsistem os motivos que deram ensejo àquela decisão censória de 1975, uma vez que o Governo da Nova República, pela voz autorizada do Exmo Sr. Ministro da Justiça, Dr. Fernando Lyra, tornou público que critérios democráticos e atualizados passariam a ser aplicados no exame classificatório dos espetáculos e diversões públicas, solicitamos que V.Sa. se digne mandar proceder à revisão de Censura da telenovela "ROQUE SANTEIRO", para decidir da possibilidade de a mesma ser liberada para exibição às 20 horas.

.../

.../

        Gratos pela boa atenção dispensada à presente, ficamos à sua inteira disposição para quaisquer outros esclarecimentos que desejar e aproveitamos a oportunidade para apresentar à nossos protestos de estima e consideração.

              Daniel Filho
              Diretor Geral

           Central Globo de Produção

DIVISÃO DE CENSURA DE DIVERSÕES PÚBLICAS

OFÍCIO
Nº 795/85-SE/DCDP   Brasília, 15 de maio de 1985.

Senhor Diretor:

Comunicamos a V.Sa. que a sinopse da telenovela intitulada "ROQUE SANTEIRO" de autoria de Dias Gomes, foi liberada para o horário de 20:00 horas condicionada ao exame de videofita.

Pedimos especial atenção da Emissora para as abordagens de adultério, prostituição, insatisfação sexual, livre relação amorosa e religião, principalmente mensagens favoráveis ao movimento dissidente da Igreja Católica, que deverão receber tratamento adequado ao horário e veículo.

Lembramos que sempre que a obra sofra alterações, faz-se necessária a remessa dos adendos a este Órgão.

Atenciosamente,

CORIOLANO DE LOIOLA C. FAGUNDES
Diretor da DCDP

Ilmo. Senhor
DANIEL FILHO
DD. Diretor Geral da Central Globo de Produção
Rede Globo de Televisão
RIO DE JANEIRO - RJ

Diretor da Censura libera *Roque Santeiro*, mas com ressalvas em relação a questões morais e políticas.

DIVISÃO DE CENSURA DE DIVERSÕES PÚBLICAS

OFÍCIO
Nº 1.293/85-SE/DCDP   Brasília, 18 de julho de 1985.

Senhor Assessor:

        Na oportunidade, dirigimo-nos a V.Sa. para solicitar esclarecimentos mais detalhados sobre a telenovela "ROQUE SANTEIRO", no que tange às situações ligadas ao personagem "João Ligeiro", caracterizado na sinopse como vaqueiro destemido.

Atenciosamente,

CORIOLANO DE LOIOLA C. FAGUNDES
Diretor da DCDP

Ilmo. Sr.
DUARTE F. FRANCO
Assessor da CGP
Rede Globo de Televisão
RIO DE JANEIRO - RJ

Verdadeira preocupação da Censura não sai do armário: personagem seria gay?

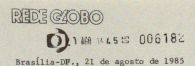

Brasília-DF., 21 de agosto de 1985

Ilmo. Sr.
Dr. Coriolano de Loyola Cabral Fagundes
DD. Diretor da DCDP/DPF
Brasília-DF

Senhor Diretor:

Vimos como disposto na legislação pertinente em vigor, solicitar que V.Sa., se digne mandar proceder a revisão' de Censura do capítulo 53 da telenovela "Roque Santeiro", de autoria do Sr. Dias Gomes, para decidir da possibilidade de cancelamento do corte assinalado à página 17 do respectivo "script", tendo em conta as seguintes ponderações:

a) A aplicação do soro antiofídico em Salú docorre de um acidente, ou seja, de um equívoco do enfermeiro, e não de uma tentativa de assassinato, como se vê claramente na cena cortada.

b) Salú não morrera, como mostram os capítulos seguintes.

Grato pela boa atenção de V.Sa., aproveitamos o ensejo para reiterar nossos protestos de alta estima e consideração.

Atenciosamente

P/ Duarte F. Franco
Assessoria da CGP
REDE GLOBO DE TELEVISÃO

18
Como na ditadura, detalhes da trama viram tema de negociação entre TV e Censura.

```
ROQUE SANTEIRO           CAP; 97                          3
                         ia me fazer sofrer tudo que eu já    sofri
                         de novo ! ?
            MARCELINA    Se você sofresse tanto como diz, não ia
                         marcar    casamento escondido.
            MALTA        Isso é outro assunto, outras conveniências...
                         Não tem nada a ver com seguro, nem com Margari-
                         da. Nem com a senhora!
            MARCELINA    Isso é que eu não sei !
Malta joga tudo.
            MALTA        Pois muito que bem, minha sogra. A senhora não
                         vai mesmo acreditar em mim, não é ? Então vai
                         lá e conta tudo pra Tânia...Desgraça com a feli-
                         cidade da menina de uma vez ! Me denuncia pra
                         polícia, faz o que a senhora quiser ! Eu prefi-
                         ro me explicar no banco dos réus, a aguentar es-
                         sa tortura !
Marcelina se assusta.
            MARCELINA    Espera... Vamos com calma.
            MALTA        Não ! Joga a bosta no ventilador de uma vez !
                         Não é isso que a senhora quer ? Emporcalhar tudo
            MARCELINA    Eu não quero emporcalhar nada.
            MALTA        Quer emporcalhar sim. E se a senhora não faz, eu
                         faço...
Dirige-se para a porta.
            MALTA        Vou chamar Tânia aqui, e a senhora emporcalha o
                         futuro dela de uma vez por todas!
            MARCELINA    Não ! Espera !
Malta pára. Volta-se para ela. Marcelina entrega os pontos.
            MARCELINA    Eu não posso fazer isso com ela... Afinal...Não
                         tenho nenhuma prova.
Malta dá o golpe final.
            MALTA        Pois se não tem prova, se não pode fazer... en-
                         tão fecha esse esgoto que é a sua boca pra sem-
```

19
Censores vetam o termo "bosta"; no mesmo capítulo, liberam "cocozinho" e explicam a diferença: cocozinho "foi dito de forma menos incisiva e desprovida de agressividade".

20
Tereza Rachel e Milton
Moraes, que interpretavam
Cabo Jorge e Viúva Antonieta
na peça *O berço do herói*;
em *Roque Santeiro*,
personagens seriam
Viúva Porcina e Roque.

21
Betty Faria, a Viúva Porcina,
e Lima Duarte, Sinhozinho
Malta, em cena da versão
censurada de *Roque Santeiro*,
de 1975.

22
Capa da revista *Veja*; euforia com o Ibope e com o fim da ditadura ofuscam a censura sofrida pela novela da Nova República, pouco noticiada: é preciso manter o mito.

23, 24, 25
Milton Moraes era o Cabo
Jorge na peça *O berço
do herói*; na novela, o
personagem se tornou Roque,
interpretado por Francisco
Cuoco na versão censurada
de 1975 e por José Wilker no
sucesso exibido em 1985.

26
Dias Gomes (de terno claro) segura a mão de Tancredo Neves (no centro), em evento no Teatro Casa Grande, no Rio de Janeiro, em 12 de novembro de 1984; na ocasião, o então candidato à presidência prometeu que, se eleito, iria acabar com a censura.

CRÉDITOS
DAS IMAGENS

2, 3, 7, 10, 11: Acervo pessoal de Bernadeth Dias Gomes
1, 4, 5, 6, 8, 9, 12, 13, 14, 15, 16, 17, 18, 19: Arquivo Nacional
20: Arquivo Público do Estado de São Paulo
21, 24, 25: Acervo/ TV Globo
22: *Veja*/ Abril Comunicações S.A.
23: *Jornal Luta Democrática*/ Acervo Fundação Biblioteca Nacional – Brasil
26: Ari Gomes/ CPDOC JB

ÍNDICE REMISSIVO

2-5499 ocupado (telenovela), 87

ABC, região do (São Paulo), 235
Abert (Associação Brasileira de Emissoras de Rádio e TV), 217, 231, 239
"abertura" política, 11, 19, 134-5, 147-8, 153, 155, 170, 177, 199, 202, 208, 213-5, 217-8, 222-3, 226-7, 232, 277
ABI (Associação Brasileira de Imprensa), 168, 170, 172, 191, 199, 217
Abi-Ackel, Ibraim, 223-4
Abramo, Cláudio, 209
Abreu, Silvio de, 239
Abujamra, Antonio, 65-7, 179
Academia Brasileira de Letras, 26, 44-5
Academia dos Rebeldes (Salvador), 26
Academia Nacional de Polícia, 157
Ação Popular (movimento de esquerda), 123
"Acuda mãe, acuda pai, acuda gente" (canção), 121
Acusador, O (telenovela), 88
Adélia (arrumadeira), 141
Adep (Ação Democrática Popular), 55
adultério, censura ao, 11, 16, 113, 117, 128, 164, 228, 249, 268-72
Aeronáutica, 15, 111-2, 116, 195, 212, 230, 244; ver também Cisa (Centro de Informações da Aeronáutica)
AI-1 (ato institucional nº 1), 178, 183, 195

AI-5 (ato institucional nº 5), 11, 13, 69, 99-100, 103, 108, 117, 119, 148, 169, 171, 173, 206, 211, 213-4, 216-7, 231, 234, 245
Albertinho Limonta (personagem), 90, 102
Albin, Ricardo Cravo, 217, 229
Alencar, José de, 68
Aliança Anticomunista Brasileira, 199
"alienação", 13, 33, 126, 267, 289n
ALN (Aliança Libertadora Nacional), 169
Alves, Francisco, 85
Amadeus (filme), 266
Amado, James, 45
Amado, Jorge, 12, 20, 26, 36, 39, 45, 48, 60, 152, 195, 214, 236
Amaral, Rubens, 82
Amazônia, 129
América Latina, 28, 101, 189, 249
Amizade colorida (série de TV), 228-9
Amor em campo minado (Dias Gomes), 103, 234, 236, 265, 276
Amparito (personagem), 268
Anastácia, a mulher sem destino (telenovela), 101
Anchieta (ES), 49
Andrade, Evandro Carlos de, 180
Andrade, Ivelice Gomes de, 197
Andrade, Jorge, 98
anistia, 148, 212-5, 221, 231-3, 235

"anos de chumbo" da ditadura, 11, 123, 233, 235, 242; *ver também* ditadura militar (1964-85)
Anos dourados (minissérie de TV), 245
Anos rebeldes (minissérie de TV), 245
anticomunismo/anticomunistas, 32, 54-5, 76-7, 80; *ver também* comunismo/comunistas
Antonieta *ver* Viúva Antonieta (personagem)
Antônio Maria (telenovela), 100
Apenas um subversivo (autobiografia de Dias Gomes), 39, 75, 82, 111, 136, 176, 189, 193, 195, 256, 281
Aplauso (série de TV), 216
Araguaia, guerrilha do, 128-9, 135-6, 220; *ver também* guerrilheiros de esquerda; luta armada
Araújo, João, 160
Arena (Aliança Renovadora Nacional), 147, 204, 240
Arena conta Zumbi (espetáculo), 67; *ver também* Teatro de Arena
Argentina, 61
Arns, d. Paulo Evaristo, 169
Arquivo Nacional, 73, 259, 269
Arraes, Miguel, 63, 216
"Arrastão" (canção), 67
Arruda, Diógenes, 39, 46
Asa Branca (cidade fictícia), 138-9, 143, 149, 151, 159, 181-2, 246, 251-2, 263, 266, 274-5, 281
"Ascensão e milagres de 'Roque Santeiro'" (Dines), 173
assassinatos de militantes de esquerda, 19, 98, 107, 136-7, 169, 184-5, 199, 215; *ver também* tortura
Assessorias de Segurança e Informações (ASIS), 15
Assim na terra como no céu (telenovela), 108, 112-3, 126, 139, 271

Assis, Joaquim, 244, 252, 275-6
Assis, Machado de, 68
Associação Paulista de Críticos Teatrais, 42
Associações de Favelas, 170
Ataíde, Tristão de (pseudônimo), 76, 207; *ver também* Lima, Alceu Amoroso
Athayde, Felix, 180
"Atuação nos meios de comunicação social na formação e condução da opinião pública" (documento do SNI), 206
Auditoria Militar de Porto Alegre, 199
Auto dos 99% (peça do CPC/UNE), 97
autocensura, 18, 119, 122, 166, 173, 203; *ver também* Censura
autoritarismo, 13, 65, 123, 170
Avaré (SP), 136
Azêdo, Maurício, 191
Azevedo, Izabel, 258, 268
Azevedo, Oscar Maurício de Lima, 190

Baffa, Ayrton, 176, 279
Bahia, 34-5, 56, 96, 105, 133, 135, 143, 216
Baila comigo (telenovela), 228
Banco do Brasil, 25-6
Banco Industrial de Campina Grande, 67-8
Bandeira 2 (telenovela), 112, 118-9, 139, 211, 217
Bandeirantes (TV), 220, 277
Barata, Agildo, 31, 46
Barbosa, Abelardo *ver* Chacrinha
Barbosa, Benedito Ruy, 107, 113
Barros, Luiz Alípio de, 27
Barroso, João Carlos, 251
Bastos, Othon, 269-70
Beato Salu (personagem), 260-1, 266, 275

Beck, Julian, 66
beijos na televisão, censura a, 11, 16, 268-71, 273-4, 280
Belo Horizonte (MG), 86, 88, 102, 265, 278
Bem-amado, O (Dias Gomes), 56, 75, 125, 141, 216, 222
Bem-amado, O (série de TV), 32, 216, 220-1, 223-31, 236, 248
Bem-amado, O (telenovela), 13, 49, 123, 128-9, 141, 175, 198, 200, 207, 211, 216, 228, 248, 292n
Bené (personagem), 38
Benevente (ES), 49
Berço do herói, O (Dias Gomes), 9, 11-3, 16, 23, 49, 56-8, 60-9, 71-2, 74-8, 80-2, 85, 87, 89-90, 93-5, 99-100, 102-3, 117-9, 121, 123, 125, 133, 141, 143, 146, 157, 160, 164, 167, 175-7, 179, 195, 204, 207, 211, 216, 251, 254, 259, 274-5, 278
Berliner Ensemble (companhia teatral alemã), 65
Bernardes, Artur, 69
Bertolucci, Bernardo, 66, 277
Beto Rockfeller (telenovela), 100-1
Bíblia, 77
Bloch, Jonas, 231
Boal, Augusto, 67, 98, 126
Bogus, Armando, 257
Boi santo, O ver *Revolução dos beatos, A* (Dias Gomes)
Bolshoi (balé russo), 192-3, 203
Boni (José Bonifácio de Oliveira Sobrinho), 18, 27, 88, 101, 103, 109, 120, 139, 141, 152, 155-7, 159, 162, 164, 174-7, 179, 197, 200, 219, 224-5, 233, 243, 245, 251-2, 255-6, 269, 276, 280, 309n
Borges, Gustavo, 78-9, 90, 144
Borges, J., 160

Borghi, Renato, 66
Borjalo, 179
bossa-nova, 53, 62, 66-7
"Bota na tua bunda" (canção), 121
Braga, Gilberto, 181, 243
Braga, Sônia, 189
Brasília, 14-5, 17-8, 69, 78, 91, 95, 120, 128, 152, 156-8, 162, 164, 168, 172, 175, 178, 193-4, 199-200, 208, 220, 224, 243, 255, 263, 265, 270-1
Brasiliense (revista), 36
Bravo! (telenovela), 181
Brecht, Bertold, 65
Brito, Mário da Silva, 61
Brizola, Leonel, 213, 215
Brondi, Lídia, 271
Brossard, Paulo, 278, 280-1
Buarque, Chico, 122, 201, 212, 214, 216, 218, 241, 255
Bucci, Eugênio, 19-20
Bücher, Giovanni Eurico, 221
Bueno, Clóvis, 66
"burguesia", 13, 31-2, 45-6, 53, 109, 126, 132, 204-5, 209-10

Caban, Henrique, 180, 191
Cabo Ananias (personagem), 128
Cabo Jorge (personagem), 9-10, 58-9, 66, 79-80, 100, 141, 144, 275
Cafajestes, Os (filme), 296n
Cafona, O (telenovela), 113
Caic (Comissão de Auxílio à Indústria Cinematográfica), 296n
Caignet, Félix, 88
Calabar (musical), 218
Calabouço (restaurante no Rio de Janeiro), 98, 169
"Calabouço" (canção), 169
Calderón, Stela (pseudônimo de Dias Gomes), 105
Callado, Antonio, 121

Câmara dos Deputados, 95, 147, 164, 168
Câmara, d. Helder, 184
Camargo, Felipe, 279
Camões, Luís de, 134
Campeões do mundo (Dias Gomes), 221-2, 231
Campina Grande (PB), 67
Campos, Gilberto Pereira, 149
Campos, Roberto, 91
Campos, Yêda Lúcia Netto, 258, 268, 271
candomblé, 34-5
Cangaceiros, Os (Lins do Rego), 181
Cannes, Festival de, 12, 50-3
Canudos (BA), 56-7
capitalismo/capitalistas, 29, 51, 80, 196, 225, 237, 249
Cara suja, O (telenovela), 100
Cardoso, Fernando Henrique, 199
Carga pesada (série de TV), 216
Carlão (personagem), 182
Carneiro, Edison, 34, 39, 289n
Carrero, Tônia, 236
"Carta ao Tom" (canção), 130
Carta, Mino, 206
Carvalho, Dênis, 231
Carvalho, Paulo Machado de, 30
Casa Civil, 165, 167
Casa de Criação Janete Clair (Rio de Janeiro), 243-4
Casa de Itapevi (SP), 136
Casa do Estudante Universitário (Rio de Janeiro), 216
Casarão, O (telenovela), 207
Caso de polícia (série de TV), 216
Castello Branco, Humberto de Alencar, 62, 76-7, 90-1, 95
Castro, Ewerton de, 268, 270
Castro, Fidel, 102, 111
Castro, Raul, 111
Castro, Ruy, 265
Castro, Tarso de, 198
Catedral da Sé (São Paulo), 169
Cavalcanti, Cláudio, 249, 251, 271
Cavalcanti, Flávio, 121
Cavalcanti, Paulo, 39, 242, 255
Caxias, Duque de, 208
Caymmi, Dori, 67, 159
CBS (rede norte-americana), 192
CCC (Comando de Caça aos Comunistas), 56, 211-2
Ceará, 43
Cebrade (Centro Brasil Democrático), 212, 216, 232
Cebrap (Centro Brasileiro de Análise e Planejamento), 199
Cenimar (Centro de Informações da Marinha), 15, 108, 110-1, 195, 244
censo do IBGE (1960), 86
Censura, 10-1, 13, 16-20, 63-4, 68, 70-9, 81, 90, 92, 95, 98-9, 105-7, 109, 112-7, 119-21, 124-5, 128-9, 133-4, 140-3, 147-8, 151-3, 155-61, 163-5, 167-8, 170, 172, 175, 178-9, 181-3, 189, 192-3, 196-8, 200-3, 205, 207, 209-10, 215, 218-22, 225, 227-9, 231, 239-42, 248-9, 251-61, 265, 269-71, 274, 277, 279-81; *ver também* CSC (Conselho Superior de Censura); DCDP (Divisão de Censura de Diversões Públicas); repressão cultural
Censura & liberdade de expressão (Fagundes), 157, 171, 223, 241
Central Globo de Comunicação, 174
Central Globo de Produção, 248
Chacrinha (Abelardo Barbosa), 18, 121
Chalita, Pierre, 164
Chateaubriand, Assis (Chatô), 85-6, 233
Chaves, Paiva, 109, 119
Chega Mais (telenovela), 220

Chico Manga *ver* Major Chico Manga (personagem)
China, 94, 129, 279
chuvas e enchentes no Rio de Janeiro (1966), 91-2
CIA (Central Intelligence Agency), 54
cidades cenográficas, 142-3, 251
CIE (Centro de Informações do Exército), 15, 136, 147, 176-7, 182-3, 195, 199, 227, 229, 232, 244
Cinema Novo, 36, 53, 66-7, 123, 296n
Cisa (Centro de Informações da Aeronáutica), 15, 111-2, 115-7, 121, 195, 230, 244
Civilização Brasileira (editora), 61, 146, 176, 183, 211
Clair, Janete, 13-4, 27, 31-3, 46, 50, 61, 82, 88, 96, 101-4, 106, 113-6, 118, 123, 132-4, 138-9, 157, 175, 178-82, 191, 195, 207, 228-9, 233, 236, 243-4, 264
Clark, Walter, 88, 90-2, 101, 109-10, 119-20, 152, 162, 179, 191, 197-8
classe média, 11, 45, 106, 122, 128, 169-70, 175, 205, 209-10, 224, 259
classes populares, 11, 28, 33, 259
"Clima de agitação" (relatório do Dops), 97
CNBB (Conferência Nacional dos Bispos do Brasil), 170, 174, 199, 255
Cobra (filme), 281
Código Brasileiro de Telecomunicações, 95
Código de Menores, 277
Código Penal, 238
Coelho, Marco Antônio Tavares, 136, 178
Coelho, Moacyr, 153, 168, 201, 239, 248
colégio eleitoral, 205
Colgate-Palmolive, 87, 101, 106
Collor, Fernando, 95, 278

Comédia dos moralistas, A (Dias Gomes), 31
Comissão de Luta Permanente pela Liberdade de Expressão, 216
Comissão dos Perseguidos da Censura, 240-1
Comissão Pastoral da Terra, 229-30
Comitê Brasileiro pela Anistia (CBA), 213
Comitê Central do PCB, 31, 39, 137; *ver também* Partido Comunista Brasileiro
Comitê Cultural do PCB, 31, 39, 108, 117-8, 137, 211; *ver também* Partido Comunista Brasileiro
Comparato, Doc, 244
Comunidades Eclesiais de Base (CEBs), 170
comunismo/comunistas, 12-4, 16, 25-7, 29-31, 36, 38-40, 45-7, 54-5, 59-61, 63, 65, 67, 74, 76-7, 80-2, 91-4, 100, 102-5, 107-12, 115, 117-9, 121-2, 124, 127, 129-30, 132, 136, 139, 147, 152, 156, 169-70, 178-81, 183, 190-2, 195, 204, 206-7, 211-2, 215, 225, 227-33, 235, 279; *ver também* Partido Comunista
Concine (Conselho Nacional de Cinema), 171
concursos públicos para censores, 135, 207-8, 218, 240
Congresso Nacional, 55, 99, 204, 213, 234, 236
Congresso pela Liberdade de Expressão, 54
Conselheiro, Antônio, 56
Conselho de Segurança Nacional (Brasil), 63
Conselho de Segurança Nacional (Estados Unidos), 80
Conselho Superior de Liberdade de Expressão, 255

Conservatório Dramático Brasileiro, 68
Constituição brasileira (1891), 68
Constituição brasileira (1934), 68
Constituição brasileira (1988), 16, 21-2, 70, 255, 277, 280
Continental (TV), 85
contracultura, 66, 122, 180, 228
Convergência Socialista, 212
Cony, Carlos Heitor, 90-1
Copa do Mundo (1962), 53
Copa do Mundo (1970), 110, 221, 265
Coração alado (telenovela), 228-9
Corção, Gustavo, 26, 122
Corinthians (time de futebol), 213
coronelismo, 60, 123, 128, 133, 175
Corpo a corpo (telenovela), 243, 253
Corrêa, José Celso Martinez, 66, 98
Correia, Viriato, 44
Correio da Manhã (jornal), 90-1, 102
Correio do Povo (jornal), 209
Cosi, Júlio, 288*n*
Costa e Silva, Artur da, 99, 102, 241
Costa, Adroaldo Mesquita da, 95
Costa, Alberto de Eduardo, 165
Costa, Armando, 97
Costa, Jayme, 46
Costa, Terezinha Martins, 255
Couto e Silva, Golbery do, 81, 129, 167, 177
CPC (Centro Popular de Cultura), 36, 53, 66-7, 97, 99, 123
Cresta, Isolda, 66
crise dos mísseis (1962), 54
Cristo total (peça teatral), 183
Cruzeiro, O (revista), 85
CSC (Conselho Superior de Censura), 135, 201-2, 217-8, 220, 223-4, 229, 231, 239-41, 254-5, 260, 262, 279-80; *ver também* Censura
CTI (Comando dos Trabalhadores Intelectuais), 60

Cuba, 54, 94, 111, 122, 129, 279
Cultura (TV), 19, 86, 184
cultura brasileira, 13, 33, 165, 167, 237
cultura de massa, 92, 126
Cunha, Euclides da, 56-7
Cuoco, Francisco, 142, 161, 164, 168, 182, 251, 271
Curi, Alberto, 99
Curitiba (PR), 265

Daniel Filho, 106, 142, 152, 157, 160, 162-4, 167, 240, 245, 248-9, 251-2
Dantas, Nelson, 260
Datafolha, pesquisa, 239, 281
DCDP (Divisão de Censura de Diversões Públicas), 11-2, 15, 73-4, 128, 142-4, 146, 153, 155, 194, 201-2, 209, 217-8, 222-4, 227, 229-31, 239-41, 245, 248, 250, 255-7, 259, 268-74, 277-8, 280; *ver também* Censura
Decreto nº 20 493 (1946), 70, 78, 144, 201, 274
Del Nero, Cyro, 43
DEM (Democratas), 240
democracia, 20, 22, 136, 147, 170, 196, 213-4, 223, 227, 233-5, 238, 244, 254, 256, 267, 281
Departamento de Análises e Pesquisas da Globo, 162
Departamento Federal de Segurança Pública, 68, 70, 81
Dercy de verdade (programa de TV), 120
Despedida de casado (telenovela), 196, 198, 200-3
Di Biasi, Emilio, 65
Dia, O (jornal), 223
Diaféria, Lourenço, 208-9
Diário de Notícias (jornal), 90
Diário Oficial da União, 242, 255
Diários Associados, 85-6

Dines, Alberto, 173-4, 202
"Dinheiro na mão é vendaval" (canção), 182
DIP (Departamento de Imprensa e Propaganda), 16, 30, 68
direita política, 20, 54, 56, 60, 74, 76, 199, 202, 220, 232, 281
Direito de nascer, O (telenovela), 88-91
direitos humanos, 76, 169, 174, 212
Diretas, movimento/votação das, 214, 231, 234, 236, 254
Diretório Central de Estudantes da PUC, 121
ditadura militar (1964-85), 9-13, 16, 18-22, 30, 37, 61, 63, 67-8, 70, 76-8, 81, 87, 91, 93-8, 102-3, 105-9, 111-2, 114, 116, 121-3, 128-30, 132, 136-7, 147, 168-70, 173-8, 181, 184-5, 191, 198, 202, 204, 206, 210, 215, 217, 221, 223, 231, 233-4, 238, 240, 244-5, 253-4, 259-60, 267, 269, 274, 277-9, 281
ditadura salazarista, 196
ditadura soviética, 20; *ver também* União Soviética
Divisão de Segurança e Informações do Ministério da Justiça, 195, 242
Divisões de Segurança e Informações (DSIS), 15
DOI-Codi (Destacamentos de Operação Interna-Centro de Operação e Defesa Interna), 15, 19, 64, 136, 169, 190, 199, 209
Dolabella, Carlos Eduardo, 165
Dom & Ravel (dupla musical), 233
Dona Redonda (personagem), 189-90
Dondinha (personagem), 268
Dops (Departamentos de Ordem Política e Social), 15, 46, 64, 66, 97
Doutrina de Segurança Nacional, 80-1
Doutrina Truman, 81

Dr. Getúlio, sua vida e sua glória (Dias Gomes), 99
Drummond de Andrade, Carlos, 236
Drummond, Roberto, 263
Duarte, Lima, 10, 128, 142, 146, 164-5, 168, 251
Duarte, Regina, 10, 161, 164, 167-8, 200, 251-2
Duas sombras apenas (Dias Gomes), 27
Durst, Walter George, 100, 107, 124, 152, 181, 196, 200, 216
Dutra, Eurico Gaspar, 70, 85

"É proibido proibir" (canção), 239
Édipo Rei (Sófocles), 279
Elbrik, Charles Burke, 221
Electra (Sófocles), 65
Eles não usam black-tie (Guarnieri), 36, 93
Elis Regina, 67
Elisângela, 251, 268
Embrafilme (Empresa Brasileira de Filmes), 171
Embratel (Empresa Brasileira de Telecomunicações), 87, 102, 174
Encontro Nacional de Professores de Literatura, 192
Encontros com a Civilização Brasileira (revista), 211
Engels, Friedrich, 74
Erichsen, Edgardo Manoel, 109-10, 119, 142, 181
Escalada (telenovela), 133, 146, 152, 157, 162, 175, 207
Escola Superior de Guerra (ESG), 80
Espigão, O (telenovela), 129-30, 132, 139, 210-1
esquerda política, 11-4, 16, 20, 28, 33, 36, 53, 56, 61, 63, 66, 74, 80, 86, 92-4, 103, 106-8, 112-3, 117, 123-4, 128,

135, 138, 170-1, 173-4, 176-7, 179-83, 191, 196, 199, 206-7, 215, 221, 227, 229, 233-5, 249-50, 259, 279, 281
Estado de S. Paulo, O (jornal), 90, 134, 148, 158, 163, 174, 176, 192, 279
Estado de sítio (filme), 218
Estado Novo, 29-30, 68, 74, 90, 191, 216, 274
Estados Unidos, 54-5, 66, 80, 85-7, 95, 181, 195, 221, 238, 249, 279
Estatuto da Criança e do Adolescente, 21
estudantes *ver* movimento estudantil; UNE (União Nacional dos Estudantes)
Estúpido cupido (telenovela), 207
Eu prometo (telenovela), 182
"Eu te amo, meu Brasil" (canção), 233
Europa, 9, 30, 65-6, 275
Excelsior (TV), 67, 86-7, 93, 100, 110
Exército, 15, 34, 56, 61, 82, 118, 129, 184, 199, 208, 212-3, 232, 244; *ver também* CIE (Centro de Informações do Exército)

Fábio Jr., 268
Facebook, 22
Fadul, Wilson, 176
Fagundes, Antonio, 229
Fagundes, Coriolano de Loyola Cabral, 157, 171-2, 223, 241, 245, 248-50, 255, 257-60, 268-74, 278, 281
fake news, 22
Falcão, Armando, 86, 103, 155-6, 164, 168, 172, 177-8, 180, 192, 199, 201, 204-5, 217, 266
Fantástico (programa de TV), 192
Faria, Betty, 142, 164, 182, 251
Farias, Roberto, 223
Faya, Antônio, 160
FEB (Força Expedicionária Brasileira), 9, 58, 66, 80-2, 95, 144

Feijó (personagem), 252, 271, 273
Feira Brasileira de Opinião, 98
Feira Paulista de Opinião, 98
Fernandes, Ismael, 281
Fernandes, Millôr, 218
Ferreira, Antonio Gomes, 143
Ferreira, Bibi, 275
Ferreira, Heitor, 129
Ferreira, Procópio, 29-30
Ferreira, Silva, 34
Festival Internacional da TV, 138
Festival Nacional de Música Brasileira, 67
Fiel Filho, Manuel, 184-5, 192, 199
Figueiredo, João, 214-5, 217, 224, 226, 232, 237
Fischer, Vera, 279
Flamengo, bairro/praia do (Rio de Janeiro), 28, 74
Flan (revista), 26
Fogo sobre terra (telenovela), 114, 134, 207
Folha de S.Paulo (jornal), 76-8, 89, 98, 146, 163, 172-4, 193, 196, 198, 205, 207-9, 238-41, 245, 252-3, 255, 261, 265, 270-1, 274-5, 278, 281
Fonda, Jane, 66
Fonseca, Rubem, 236
Fontoura, Ary, 252, 266, 268
Forças Armadas, 10, 15, 68, 79-81, 97, 128-9, 169, 175-6, 180, 215
França, 12, 85, 101, 212, 238
Francis, Paulo, 45, 48, 61-4, 75, 118, 183, 255
Franco, Duarte F., 257
Freire, Paulo, 53
Frente de Estudante do Calabouço, 97-8
Frente Liberal, 240
"frentismo cultural", 127
Frô (personagem), 239

Frota, Sylvio, 208, 213, 218
Funarte (Fundação Nacional da Arte), 171

Gabeira, Fernando, 231
Gabriela (telenovela), 152-3
Galvão, Cristina, 268
Gama Filho, 99
Garcia, Marília, 244
"Garota de Ipanema" (canção), 53
Garrincha (Manuel Francisco dos Santos), 53
Gaspari, Elio, 242
Gaviões da Fiel (torcida organizada), 213
Gavras, Costa, 218
gays *ver* homossexuais, censura a
Gazeta (TV), 237
Gazzaneo, Luiz Mário, 191
Geicine (Grupo Executivo da Indústria Cinematográfica), 50
Geisel, Ernesto, 129, 133, 135, 147-8, 158, 164-5, 167, 177, 192, 199, 204-5, 208-9, 213-5, 219
Gerson do Valle (personagem), 268-70, 273
Gertel, Vera, 121
Getúlio, Vargas, 16, 26-7, 30, 68, 70, 99
Gil, Gilberto, 98
Glauco (cartunista), 277
Globo, O (jornal), 82, 110-1, 120, 129, 163, 174, 180, 191, 216, 221-3, 231
Globo, Rede, 9-10, 12-3, 18-9, 22, 72, 82, 89, 91-3, 95-6, 101-3, 105-10, 112-7, 119-20, 123-4, 126-30, 132-3, 137-9, 141-5, 148, 150, 152-5, 157-65, 168, 170, 174-8, 180-3, 191-2, 195-205, 209, 216, 218, 224-6, 228, 233, 236, 238-40, 243-5, 248, 250, 252, 257-60, 263-5, 267-70, 276, 279
Godard, Jean-Luc, 278

Goering, Hermann, 62, 75
golpe militar (1964), 9, 11, 16, 30, 54, 56, 60-4, 68, 70, 76-7, 81, 86-7, 89-90, 98-9, 110, 132, 139, 141, 153, 160, 164, 213, 215, 221
Gomes, Alfredo Dias (filho de Dias Gomes), 41, 96, 103, 108, 243
Gomes, Alice (mãe de Dias Gomes), 28
Gomes, Dias, 9-10, 12-5, 18, 20-1, 25-6, 28-32, 36-7, 40-2, 45-9, 51, 53, 55-7, 60-2, 64-7, 71-7, 79-82, 85, 87-90, 92-9, 102-3, 105-15, 117-21, 123, 126, 128-31, 133-9, 141, 143, 146, 149, 151, 157-9, 162, 164, 167, 174-83, 185, 189-96, 201, 204-5, 207-10, 212-8, 220-2, 224-38, 241-3, 245, 248, 251-2, 254-6, 261-6, 270-1, 274-82
Gomes, Guilherme Dias (filho de Dias Gomes), 28
Gomes, Marcos Plínio Dias (filho de Dias Gomes), 96
Gomes, Guilherme Dias (irmão de Dias Gomes), 26, 34
Gonçalves, Dercy, 88, 120-1
Gonçalves, Milton, 155, 164, 248, 251
Gonzaga, Castro, 189
Gonzaguinha, 121
Google, 22
Goulart, João (Jango), 51, 53-5, 60, 81, 99, 105, 176
Goulart, Jorge, 292*n*
Gracindo, Paulo, 112, 128, 164-5, 168, 217, 248, 258, 263
Grande Otelo, 181, 236
Gretchen, 239
greves, 27, 36, 66, 78, 235
Grupo Decisão (companhia teatral), 65-6
Grupo Opinião (companhia teatral), 37, 67, 99
Guanabara, estado da, 55, 68, 78

Guarapari (ES), 48-9
Guaratiba (RJ), 142-3, 160, 251
Guarnieri, Gianfrancesco, 36, 67, 93, 98, 178, 216
Guarnieri, Rossine Camargo, 39
Guerra de Canudos (1896-7), 56-7
Guerra dos sexos (telenovela), 239
guerra fria, 27, 54, 80, 116, 271, 273
Guerra, Sales, 72
guerrilheiros de esquerda, 11, 109, 128, 135, 169, 190, 220-1; *ver também* Araguaia, guerrilha do; luta armada
Guevara, Che, 231
Guigonetto, Antonio, 65
Gullar, Ferreira, 12, 37, 92-3, 99, 111, 114-5, 215, 244

habeas corpus, 11, 99
Hegel, Georg W. F., 289n
Hernandes, José, 27
Hernandez, Solange ("Solange Tesourinha"), 223-5, 240-1
Herzog, Vladimir, 19, 184-5, 199
hierarquia militar, cisão na, 177
Hime, Francis, 216
Hipólito, d. Adriano, 199
Holanda, Nestor de, 48, 292n
Holanda, Sérgio Buarque de, 212
Homem que deve morrer, O (telenovela), 113, 115
homossexuais, censura a, 12, 16, 123, 228, 258-9
Hora do Brasil (programa de rádio), 31
Houaiss, Antônio, 241, 255

Ibad (Instituto Brasileiro de Ação Democrática), 54-6
Ibirapuera, ginásio do (São Paulo), 88
Ibope, 87, 106, 109, 113-5, 124, 162, 175, 264-5, 267

Icaza Sánchez, Homero, 162
Igreja católica, 12, 76, 128, 151, 168, 170, 174, 184, 191, 213, 249-50, 278, 280, 296n
Imaginário vigiado, O (Moraes), 39
Império brasileiro, censura no, 68
imprensa, 12, 18-9, 26, 51, 61, 74, 76, 86-7, 89-91, 94, 103, 119, 122, 134-5, 146-7, 164, 167, 172, 174, 176, 183, 191, 197-8, 201, 206, 214, 223, 230, 244, 261, 269, 274-5, 278, 280; *ver também* jornalismo
"Indecente" (canção), 254
indústria cultural, 14, 20, 92, 107, 124
Inglaterra, 26, 85, 238
Instituto de Intercâmbio Cultural Brasil-URSS, 94, 192, 212
intelectuais, 21, 37, 40, 45-7, 54, 60-1, 64, 68, 78, 94, 98, 111, 114, 117, 121-2, 128, 168, 173, 179, 181, 202, 204, 221, 232, 236, 241, 254, 270, 281
internet, 22
Invasão, A (Dias Gomes), 13, 20, 37-40, 42, 44, 50, 56, 67, 133, 216
Ipes (Instituto de Pesquisas e Estudos Sociais), 54-6, 81
IPM (Inquérito Policial Militar) da Feijoada, 63
IPMs (Inquéritos Policiais-Militares), 11, 64, 107-8, 137
Irmãos Coragem (telenovela), 113, 115, 118-9, 263-4
Iseb (Instituto Superior de Estudos Brasileiros), 183
Isto É (revista), 206, 262
Itaboraí (RJ), 102
Itacolomi (TV), 86
Itália, 58, 80-1
Itapevi (SP), 136

Jalkh, Bechara, 199

Jango *ver* Goulart, João
Jardim Botânico (Rio de Janeiro), 28, 82, 89, 243
Jdanov, Andrei, 40
Je Vous Salue, Marie (filme), 278
Jerônimo, o herói do sertão (radionovela), 91
Jesus Cristo, 76, 278
João Gibão (personagem), 189
João Ligeiro (personagem), 144, 258, 268
Jobim, Tom, 53, 236
Jornal da Tarde, 106, 158-9, 163-4, 167-8, 172, 174, 222, 261
Jornal do Brasil, 190-1, 196, 198, 205, 209, 212-3, 217, 221, 225, 235-6, 238
Jornal Nacional (telejornal), 9, 105, 145, 156, 159-60, 176-7, 182, 199, 202
Jornal, O, 93
jornalismo, 17, 74, 82, 123, 138, 157, 184; *ver também* imprensa
Juazeiro (CE), 43
"judicialização" da censura, 22, 277
Juizado de Menores, 90, 277

Kennedy, John, 86
Kiss, Cássia, 257, 269-70
Kruel, Amauri, 95
Kruel, Riograndino, 95
Krushev, Nikita, 31, 46
Kubitschek, Juscelino, 51, 86-7, 89, 99, 108, 292n

L. Fernando (técnico da DCDP), 144
Lacerda, Carlos, 25-6, 27, 55, 69, 71, 74-80, 85-7, 89-91, 99, 108, 118, 123, 275, 292n, 296n
Lacerda, Maurício de, 74
Lacerda, Sebastião de, 74
Lady Francisco, 251
Lage, Wilson Lemos, 180

Lago, Mário, 26, 30, 61, 102, 181, 236
Lamarca, Carlos, 231
Lampião da Esquina (jornal), 123
Leal, Ângela, 231
Leblon (Rio de Janeiro), 110
Lei de Anistia (1979), 232; *ver também* anistia
Lei de Imprensa, 119; *ver também* imprensa; jornalismo
Lei de Segurança Nacional, 27, 119, 148
Lei do Divórcio (1977), 197
Lei Falcão (1976), 205
Lei n$^{\underline{o}}$ 5536 (1968), 103, 135, 241
Leme, Alexandre Vannucchi, 169
Lemos, Haidée Salles, 289n
Lemos, Túlio de, 27
Lênin em Gorki (tela de Nalbandián), 211
Lennon, John, 66
Lima, Alceu Amoroso, 26, 76-8, 207
Lima, Maria José Bezerra de, 144, 149
Linda Bastos (personagem), 145, 268-70
"linha dura" (ala dos militares), 19, 90, 177, 208, 213, 218
Linhares, José, 70
Lins do Rego, José, 181
Lins, Lucinha, 268
Lisboa, 196
Living Theatre (companhia de Nova York), 66
Lobo, Edu, 67, 98
Lobo, Luiz, 180
Longo, Pascoal, 34
Lucinha (personagem), 182
Luiz Gustavo, 101
Lukács, Georg, 127
Lula (personagem), 38
Lula da Silva, Luiz Inácio, 235
Lulu (personagem), 257-8, 268-73
Lusíadas, Os (Camões), 134

Lustosa, Paulo, 264
luta armada, 17, 109, 128, 135, 147, 169, 220-1; *ver também* guerrilheiros de esquerda
Lyra, Fernando, 67, 240-1, 243, 248, 254-6, 270-1, 274, 276, 278
Lyzio, Bernadeth, 12, 33, 265

macarthismo, 91
Machado, Luiz Paulo, 190-1
Maciel, Marco, 243, 269
Madeira, José Vieira, 223
Mafalda, Eloísa, 268, 271
Magadan, Glória, 14, 87, 101, 105-6, 120
Magaldi, João Carlos, 174
Magalhães, Ioná, 168, 252, 257
Maia, Paulo, 174
Mais querido, O (projeto de telenovela), 244, 252
Major Chico Manga (personagem), 59, 66, 75, 79, 102, 141
Malina, Judith, 66
Malu mulher (série de TV), 216, 229
Maluf, Maria Helena, 224
Maluf, Paulo, 223, 238
Manchete (revista), 191
Mandala (telenovela), 279
Manga, Carlos, 133
Maracanãzinho (Rio de Janeiro), 88
Marcina (personagem), 189
Marginal, O (filme), 132
Marighella, Carlos, 135, 169
Marinha, 15, 108, 112, 195, 212, 244; *ver também* Cenimar (Centro de Informações da Marinha)
Marinho, Euclides, 244
Marinho, Flavio, 221
Marinho, Roberto, 9, 17, 82, 89, 91, 110, 117, 129, 155, 170, 174-5, 177-81, 191, 197, 199, 245, 280
Marka (jornal peruano), 230

Marx, Karl, 29, 74, 289n
marxismo/marxistas, 29, 51, 54, 65, 111, 117, 127, 136, 170, 172, 176, 180, 183, 206-7, 233, 249-50, 263-4
Marzo, Cláudio, 167
Massaini, Oswaldo, 131, 133
Matilde (personagem), 250, 257
Mattar, Maurício, 258, 268
Mausoléu da Praça Vermelha (Moscou), 25
MDB (Movimento Democrático Brasileiro), 147, 190, 213, 232; *ver também* PMDB (Partido do Movimento Democrático Brasileiro)
Medeiros, Lauro, 82
Médici, Emílio Garrastazu, 66
Meira, Tarcísio, 87, 115, 164, 168
Mello, Ednardo D'Ávila, 199
Mendes, Cassiano Gabus, 100, 124
Mendonça, Joaquim, 239
Menezes, Glória, 87, 164, 168
meningite, epidemia de (anos 1970), 134-5
Menudos (banda), 266
mercado publicitário *ver* publicidade
Mesquita, Raymundo Eustáquio de, 272-3
metalúrgicos, 235
México, 88, 190, 265
Michalski, Yan, 221
"milagre econômico" da ditadura, 18, 106, 129, 132, 135, 169, 233; *ver também* ditadura militar (1964-85)
Mina (personagem), 251
Mineirão, estádio do (Belo Horizonte), 88
Ministério da Educação, 207
Ministério da Justiça, 12, 15, 21, 73, 86, 135, 195, 207, 218, 223, 240, 242-3, 255, 262, 270
Ministério das Comunicações, 217, 232

Ministério das Relações Exteriores, 196, 217
Ministério Público Federal, 55
Mirandão (personagem), 217
mísseis, crise dos (1962), 54
Mocinha (personagem), 151, 268
"moderados" (ala dos militares), 177
Moniz, Edmundo, 51
Montenegro, Carlos Augusto, 264
Montenegro, Fernanda, 35, 214
Montenegro, Paulo, 162
Moraes, Dênis de, 39
Moraes, Marcílio, 252, 275-6, 279
Moraes, Milton, 66
Moraes, Vinicius de, 53, 67, 130
Moreira, Cid, 9, 19, 159-62
Moreira, Moraes, 254
Moscou, 25-6, 55, 76, 111, 122, 138, 215
Motta, Nelson, 160, 180
Movimento (jornal), 123, 210
Movimento do Custo de Vida (ou Movimento Contra a Carestia), 170
movimento estudantil, 66, 97, 135, 169-70; *ver também* UNE (União Nacional dos Estudantes)
Movimento Feminino pela Anistia (MFPA), 213
Moya, Álvaro de, 93, 110
Mulher sem pecado, A (Rodrigues), 31
Muniz, Lauro César, 65, 98, 100, 107, 124, 131, 146, 157, 164, 179, 190, 207, 253
Museu da Imagem e do Som (MIS, Rio de Janeiro), 204

Nabuco, Ana Maria, 75
Nalbandián, Dmitriy, 211
Napolitano, Marcos, 63
Natel, Laudo, 134
National War College (Estados Unidos), 80

Navalhada (personagem), 246-7, 274
Negrão, Walter, 123-4
Neves, Eugênio dos Santos, 288n
Neves, Tancredo, 236-8, 240, 254, 266-7, 275
Ney, Nora, 61
Niemeyer, Oscar, 60, 204, 212, 215, 231-2
Nina (telenovela), 200
Ninguém crê em mim (telenovela), 100
Niño, Ilva, 75, 251
Ninon (personagem), 251, 268, 271, 273
Niterói (RJ), 29
Nívea (personagem), 108
Nixon, Richard, 86
Nogueira, Armando, 138, 157, 179, 191, 245
Nordeste brasileiro, 60, 97, 128, 139, 142, 174, 190, 252
Nossa Senhora da Conceição da Praia, festa de (Salvador), 35-6
Nova Iguaçu (RJ), 199
Nova Jerusalém (PE), 142
Nova República, 11, 240, 242-4, 248-50, 252-4, 256-7, 260-1, 264-6, 270-1, 275-6, 278, 281
Nova York, 63, 66
Novela da traição (panfleto militar), 177, 232
Nunes, Rogério, 142, 145-6, 149-50, 153, 160, 201, 223, 248

OAB (Ordem dos Advogados do Brasil), 170, 199
Oban (Operação Bandeirantes), 15
Odorico Paraguaçu (personagem), 49, 56, 75, 123, 128, 175, 220, 223, 225, 229, 231, 233, 248, 292n
Olinda (PE), 184
Oliveira Sobrinho, José Bonifácio de *ver* Boni

Oliveira, Ísis de, 252
Oliveira, Juca de, 189
Oliveira, Paulo de, 28, 61
Oliveira, Valmira Nogueira de, 197
Olivier, Laurence, 147
Onassis, Jaqueline, 145
Operação Grande Rio, 190
Operação Radar, 136, 178, 184
Opinião (jornal), 123-4
Opinião (peça), 67
opinião pública, 117, 206, 226
Ottati, José Leite, 72, 119-20, 198

Pacote de Abril (1977), 204
Padre Albano (personagem), 249, 251, 266, 271, 273-5, 280
Padre Hipólito (personagem), 247-50, 258, 263
Padre Honório (personagem), 248
Pagador de promessas, O (Dias Gomes), 12-3, 33-9, 42, 44, 48, 50-1, 56, 61, 67, 103, 124-5, 195-6, 211, 217
Pagador de promessas, O (filme), 12-3, 47, 50-1, 53, 111, 131
Pagador de promessas, O (minissérie de TV), 280
Pai herói (telenovela), 264
Paim, Alina, 39
Paixão de Cristo, A (espetáculo pernambucano), 142
Palácio do Planalto, 15, 165, 167, 199
Pará, 129
Paraíba, 67
Paraná, 136
parlamentarismo, 54
"Partido alto" (canção), 122
Partido Comunista Brasileiro, 10, 19-20, 26-7, 28-32, 37-40, 45-7, 60, 74, 77-8, 89, 92, 94, 97, 107-11, 114-5, 117, 127-9, 132, 135-7, 147, 165, 178, 183-4, 190-1, 195-6, 211, 221, 231-2, 234-6, 279

Partido Comunista Soviético, 31
Partido Socialista (Portugal), 196
Pasquim, O (jornal), 61, 123, 191
Passarinho, Jarbas, 99, 106
Passeata dos Cem Mil (Rio de Janeiro, 1968), 98
Passos, Joana Silveira, 250
Paulinho da Viola, 182
PCB *ver* Partido Comunista Brasileiro
PCdoB (Partido Comunista do Brasil), 123, 129
PDS (Partido Democrático Social), 238, 240
Pé de cabra (Dias Gomes), 29-30, 32
Pecado capital (telenovela), 181-2, 200
Pedro Azulão (personagem), 134
Pedroso, Bráulio, 39, 98, 100, 113, 123, 191, 200
Pelé (Edson Arantes do Nascimento), 190
Penafiel, Sérgio, 234-5
Pennsylvania State University (Estados Unidos), 195
Peralva, Osvaldo, 46
Pereira, Cristina, 239
Pereira, Hiram de Lima, 136
Pernambuco, 48, 88, 142
Pessoa, Epitácio, 69
Pessoa, Lenildo Tabosa, 174
PFL (Partido da Frente Liberal), 240
Pignatari, Itália, 224
Pillar, Patrícia, 268, 270
Pinhati, Maria das Graças Sampaio, 197, 250, 271-2
Pinheiro, Maria Aurineide, 250, 258, 268, 272-4
Pinto, Sobral, 26, 76-7, 215
Playboy (revista), 276, 292n
Plínio Marcos, 98
PMDB (Partido do Movimento Democrático Brasileiro), 232, 236-7; *ver*

também MDB (Movimento Democrático Brasileiro)
Polícia Federal, 12, 15, 95, 98, 114, 116, 153, 156, 168, 201, 204, 223, 239, 244, 248, 277
Polícia Judiciária, 72, 74, 76
Política Nacional de Cultura, 170
Pombinha (personagem), 151, 268, 271
Ponte dos suspiros, A (telenovela), 105
Pontes, Paulo, 165
Pontes, Walter, 108, 111
Pontifícia Universidade Católica, 76, 121, 192
Pontual, Jorge, 181
"populismo cultural", 53, 193
Porcina *ver* Viúva Porcina (personagem)
Portella, Petrônio, 217, 223
Porto Alegre (RS), 99, 199, 265
Portugal, 196
Pra frente, Brasil (filme), 223
"Pra não dizer que não falei das flores" (canção), 169
Prata, Mário, 207
presidencialismo, 54
Prestes, Luís Carlos, 45, 213, 215, 231
Preto no Branco (programa de TV), 67
Primeira República, censura na, 69
Primícias, As (Dias Gomes), 216
Proclamação da República (1889), 68
Professor Aristóbulo (personagem), 189
Programa Flávio Cavalcanti (programa de TV), 121
Programa Silvio Santos (programa de TV), 145
proletariado, 29, 46, 109, 191
prostituição, censura à, 59, 79, 249, 269
PSTU (Partido Socialista dos Trabalhadores Unificado), 212
PT (Partido dos Trabalhadores), 212, 235-6
PTB (Partido Trabalhista Brasileiro), 53-4
publicidade/mercado publicitário, 13, 17, 28, 87, 103, 106, 123-4

Quadros, Jânio, 54, 86, 279
Queiroz, Emiliano, 143
Queiroz, Luiz Armando, 251, 268

Rádio Clube, 25-8, 31, 88, 93
Rádio de Moscou, 122, 138
Rádio Globo, 82, 89, 178
Rádio Nacional, 29, 31, 60-1, 74, 139, 178, 183, 195, 232
Rádio Panamericana, 30, 288*n*
Rafael (personagem), 38-9
Raia, Cláudia, 251-2
Ramos, Graciliano, 40
Rangel, Flávio, 36, 43, 48, 61, 217
Ratto, Gianni, 35, 97
realismo socialista, 40, 127
Rebelo, Marques, 26
Recife (PE), 48, 143, 184, 234
Record (TV), 85
Recreio dos Bandeirantes (Rio de Janeiro), 96
redemocratização do Brasil, 10-1, 260
"reformas de base", 54
regulamentação financeira, 54
Rei de Ramos, O (musical), 216-7
Rei, Marcos, 181
Relatório Especial de Informações (Centro de Informações do Exército), 182
Relatório Krushev (1956), 31, 46
repressão cultural, 11, 90, 120, 135, 169, 178; *ver também* Censura
"República de São Bernardo" (movimento sindical), 235

República Dominicana, 66
Resende, Maria Angélica R. de, 274
Resende, Otto Lara, 245
Restinga do Marambaia (RJ), 101
Resto é silêncio, O (Veríssimo), 181
Revista Civilização Brasileira, 63, 72, 74, 77, 81, 92, 211
revistas pornográficas, censura a, 224
Revolução Cubana (1959), 101
Revolução de 1932, 131
Revolução dos beatos, A (Dias Gomes), 13, 43-4, 56, 96, 211
Revolução dos Cravos (Portugal, 1974), 196
Revolução Russa (1917), 29, 192
Ribeiro, José Augusto de Sousa, 180
Richers, Herbert, 95, 143
Ridenti, Marcelo, 53
Rio de Janeiro, 26, 28, 35, 38, 50, 54, 65, 67, 71-2, 74, 77, 82, 86, 88-91, 93, 96, 98-9, 102, 110, 119, 129, 136, 139, 142, 144, 147, 169, 178, 182, 190, 192, 199, 204, 213, 215-6, 221-2, 232, 236, 252, 254, 263-5
Riocentro, atentado no (1981), 232
Roberto Matias (personagem), 145, 150-2, 268, 273
Rocha, Glauber, 36
Rocha, Salomão da, 56
Rock'n Rio, 266
Rodrigues, Marlene, 224
Rodrigues, Nelson, 31, 75, 122
Romeu e Julieta (Shakespeare), 192
Ronaldo (personagem), 269-73
Roque Santeiro (musical de 1996), 275
Roque Santeiro (personagem), 10, 22, 141-3, 145, 149, 151, 159, 182, 245-8, 251, 258, 260, 263, 266, 268-9, 274-6, 280-1
Rua da Matriz (telenovela), 89

"s.o.s Globo" (campanha de 1966), 92
Sabag, Fábio, 179
Salazar, António de Oliveira, 196
Salles, Mauro, 82
Salvador (BA), 26, 35, 72, 133, 212, 263, 265
Sangirard Jr., 93
Santa Catarina, 113, 136
"Santa Fé" (canção), 254
Santana, bairro de (São Paulo), 224
Santana, Belarmino, 49
Santo Inquérito, O (Dias Gomes), 93, 95, 196
Santo milagroso, O (Muniz), 131
Santoro, Cláudio, 25-6
Santos (time de futebol), 213
Santos, Nelson Pereira dos, 236, 296n
Santos, Silvio, 145
São Bernardo do Campo (SP), 235
São Paulo, 19, 26, 28, 30-1, 35-6, 47, 50, 54, 65, 67, 82, 85, 88, 98, 102, 131, 134, 136, 147, 166, 170, 179, 190, 199, 209, 213, 222, 224, 235, 237, 239, 254, 263-6, 277
Saramandaia (telenovela), 189-90, 192-3, 195-6, 207
Sargentelli, Osvaldo, 67
Sarney, José, 11, 76, 240, 242-3, 255, 260, 263, 266, 269, 277-8
Sartre, Jean-Paul, 66
Scarpa, Chiquinho, 262-3
SCDP (Serviço de Censura de Diversões Públicas, 1946), 70; *ver também* Censura
Schmidt, Augusto Frederico, 292n
Scorsese, Martin, 76
Segunda Guerra Mundial, 9, 58, 80, 95
Segurança Pública, 15, 78, 80-1, 144
Selva de pedra (telenovela), 114, 157, 161-2, 181, 264
Senado, 147, 190, 204

"senadores biônicos", 205
Senhoras de Santana (mulheres conservadoras), 224, 229
Sérgio Ricardo, 98, 169
Sertões, Os (Cunha), 56-7
Seu Flô (personagem), 247, 252, 266, 268
Sexta-Feira Sangrenta (Rio de Janeiro, 1968), 98
Sexus (boate fictícia), 21, 247, 250, 253, 257
Sfat, Dina, 236
Sheik de Agadir, O (telenovela), 101
Sigab (Serviço de Informação do Gabinete), 135
Silva, Abel, 125
Silva, Aguinaldo, 21, 123, 244, 252, 261, 270, 275-6, 328n
Silveira, Ênio, 60-4, 94, 146, 176, 211-2
Silveira, Helena, 203
Simplesmente Maria (telenovela), 113
Sinal de alerta (telenovela), 115, 209-11, 216
sindicalismo/sindicalistas, 74, 212, 235
Sinhozinho Malta (personagem), 10, 12, 133, 141-2, 146, 150, 152, 155, 175, 246-7, 251-2, 260, 262, 266, 269, 271, 273, 276, 280
Sirkis, Alfredo, 231
SNI (Serviço Nacional de Informações), 10, 12, 14-6, 20, 63-4, 81, 94-5, 97, 105, 112, 114-5, 117, 119, 121-2, 129, 133, 135, 138, 175-80, 183-5, 190-2, 195-6, 199, 204-7, 212, 215, 223, 226-7, 229-33, 236, 242-5, 255, 278-9
SNT (Serviço Nacional de Teatro), 51, 171
Soares, Ana Carolina, 241, 255
Soares, Glaucia Baena, 197
socialismo, 29, 40, 44, 212

Sociedade Brasileira pelo Progresso da Ciência (SBPC), 170
sociedade civil, 135, 170, 202, 217
Sociedades dos Amigos de Bairros, 170
Sodré, Nelson Werneck, 60, 139, 142, 175-6, 183, 204, 207, 263-4
Sodré Júnior, Asdrúbal, 71, 73
Sófocles, 65, 279
Solange "Tesourinha" (censora) *ver* Hernandez, Solange
Som Livre (gravadora), 178
Sonho a mais, Um (telenovela), 253
Sóror Helena (personagem), 90
Souto, Edson Luís de Lima, 98, 169
Souza, Roberto Pompeu de, 217, 255
spoiler, 275
Stálin, Ióssif, 25, 31, 40, 46, 119
Stallone, Sylvester, 281
Standard Propaganda, 29, 93
Starling, Heloisa, 19
"subversivos", 14, 25, 61, 63, 75, 82, 85-6, 99, 108, 118, 123, 148, 151-2, 181, 183, 209, 231, 233, 242
Sucupira (cidade fictícia), 49, 123, 128, 220, 223, 225
Sucupira, ame-a ou deixe-a (Dias Gomes), 230
Sued, Ibrahim, 120
Supremo Tribunal Federal, 21, 70, 164
Suzuki Jr., Matinas, 241

Tamoio (rádio), 31
Tânia (personagem), 271, 273-4, 280
Távola, Arthur da, 190
"Teatrinho Kibon" (programa de TV), 93
Teatro Brasileiro de Comédia (TBC, São Paulo), 28, 35-7, 42, 290n
Teatro Casa Grande (Rio de Janeiro), 236-8, 254-5, 270-1, 276

"Teatro como expressão da realidade nacional, O" (Guarnieri), 36
Teatro de Amadores (Recife), 48
Teatro de Arena (São Paulo), 28, 35-6, 67, 93, 98, 146
Teatro do Autor Brasileiro (TAB, companhia teatral), 97
"Teatro dos Nove" (companhia teatral), 93
Teatro dos Sete (companhia teatral), 35
Teatro João Caetano (Rio de Janeiro), 99, 121, 216
Teatro Jovem (Rio de Janeiro), 93
Teatro Nacional de Comédia (TNC), 51
Teatro Oficina (São Paulo), 66, 98-9
Teatro Princesa Isabel (Rio de Janeiro), 67, 71, 77, 119
Teatro Serrador (Rio de Janeiro), 75
Teixeira, Francisco, 176
teledramaturgia, 13, 107, 112, 115, 205, 226, 243-5
Telemundo (canal hispânico), 87
Telenovela brasileira: memória (Fernandes), 281
telenovelas no Brasil, consolidação das, 87-8
televisão no Brasil, evolução da, 86-7
Telles, Carlos Queirós, 216
Teologia da Libertação, 12, 170, 249-50
Tereza Rachel, 66, 75
"terrorismo cultural", 77
Testa de ferro, O (teleteatro), 44
Tijuca (Rio de Janeiro), 143
Timberg, Natália, 43
Time-Life (grupo norte-americano), 89, 95, 102, 117, 179
Tito (personagem), 145, 251, 268, 273
Toda nudez será castigada (Rodrigues), 75
Todo poderoso, O (telenovela), 220
Toledo, Ary, 98

Toninho Jiló (personagem), 251
Toquinho, 130
tortura, 11, 15, 17, 66, 69, 90, 93, 107-10, 122, 136, 156, 169, 178, 199, 215, 218, 221, 223, 279; *ver também* assassinatos de militantes de esquerda
totalitarismo soviético, 54; *ver também* União Soviética
Três (editora), 206
Tribuna da Bahia (jornal), 133, 135
Tribuna da Imprensa (jornal), 25, 55, 76-7, 90, 218, 225, 237
"Trigo e o joio, O" (Tristão de Ataíde), 77
Trinta anos esta noite (filme), 131-2
Trombeta, A (jornal fictício), 220
trotskistas, 212
Truman, Henry, 80-1
Tucão (personagem), 112, 120, 217
Tudo a declarar (Falcão), 192
Túnel, O (Dias Gomes), 98, 121, 211
Tupi (TV), 17, 28, 35, 67, 82, 85, 88, 93, 100-1, 110, 113
TV de Moscou, 138
TV Globo *ver* Globo, Rede
TV Paulista, 85
TV Rio, 85, 88, 90-1
Twitter, 22

Ubiratan, Paulo, 128, 252, 264
Última Hora (jornal), 26-7, 48, 61, 90, 102, 248
Última tentação de Cristo, A (filme), 76
Último tango em Paris, O (filme), 277
UNE (União Nacional dos Estudantes), 36, 53, 66, 97, 112; *ver também* movimento estudantil
União da Juventude Comunista, 36
União Soviética, 20, 25-7, 31, 40, 46, 54, 80, 94, 112, 138, 192, 204, 211-2, 279

Universidade da Bahia, 35
Universidade de São Paulo, 19, 169
Uruguai, 99

Vale a pena ver de novo (reprise de telenovelas), 257
Valle, Maurício do, 252, 271
Vandré, Geraldo, 169
Var-Palmares (Vanguarda Armada Revolucionária Palmares), 181
Vasconcelos, Sebastião, 66, 75, 102
Vaz, Mário Lúcio, 219
Veja (revista), 32, 113-4, 126, 175, 191, 206, 214, 217, 220, 254, 261, 266, 270, 279, 281
Veloso, Caetano, 36, 98, 239
Veltman, Henrique, 287n
Vendem-se terrenos no céu (teleteatro), 44
Veneza, 105
Verão vermelho (telenovela), 105, 112, 211
Vereda tropical (telenovela), 239-40
Veríssimo, Érico, 181
Vestido de noiva (Rodrigues), 31
Véu de noiva (telenovela), 106
Vianna Filho, Oduvaldo, 45, 97
Vianna, Luiz Jorge Werneck, 121
Vianna, Oduvaldo, 20, 30, 45, 61, 288n
Viany, Alex, 45, 121
Vida escrachada de Baby Stompanato, A (telenovela), 200
Vidas secas (filme), 296n
videotape, 18, 87, 249
Vilar, Leo, 43
Vilar, Leonardo, 131

Virgem Maria, 79
vitória-régia, lenda da, 254
Vitório (suposto codinome de Dias Gomes), 105, 111
Viúva Antonieta (personagem), 66, 75, 141
Viúva Porcina (personagem), 10, 141-2, 145, 150-2, 155, 182, 247, 251, 258-9, 266, 280
Von Holleben, Ehrenfried, 221
VPR (Vanguarda Popular Revolucionária), 110, 181

Wainer, Samuel, 25-6
Wallach, Joe, 117, 179, 197
Washington Luís, 70
Weltman, Moysés, 28, 82, 89, 91, 287n
Wilker, José, 251, 266
Wilza Carla, 190

Xexéo, Artur, 114, 198, 220

Yoshinaga, Massafumi, 110

Zampari, Franco, 36-7, 290n
Zé das Medalhas (personagem), 143, 257-9, 268-9, 273
Zé do Burro (personagem), 34-7, 48, 50, 53
Zeca Diabo (personagem), 128, 147, 225, 230
Zerbini, Therezinha, 213
Zico Rosado (personagem), 189
Ziembinski, Zbigniew, 93
Ziraldo, 215, 236, 241, 255
Zumbi, rei dos Palmares (musical), 67

ESTA OBRA FOI COMPOSTA PELA SPRESS EM ABRIL TEXT E IMPRESA PELA GRÁFICA BARTIRA EM OFSETE SOBRE PAPEL PÓLEN SOFT DA SUZANO S.A. PARA A EDITORA SCHWARCZ EM SETEMBRO DE 2019

A marca FSC® é a garantia de que a madeira utilizada na fabricação do papel deste livro provém de florestas que foram gerenciadas de maneira ambientalmente correta, socialmente justa e economicamente viável, além de outras fontes de origem controlada.